STUDIEN ZUM INTERNATIONALEN, EUROPÄISCHEN UND ÖFFENTLICHEN RECHT

Herausgegeben von Eibe Riedel

Band 26

PL ACADEMIC RESEARCH

Rechtliche Grenzen von Privatisierungen im Strafvollzug

Stephan Fehrentz

Rechtliche Grenzen von Privatisierungen im Strafvollzug

Unter besonderer Beachtung des Gesetzes über elektronische Aufsicht im Vollzug der Freiheitsstrafe

PL ACADEMIC RESEARCH

Bibliografische Information der Deutschen Nationalbibliothek
Die Deutsche Nationalbibliothek verzeichnet diese Publikation in der Deutschen Nationalbibliografie; detaillierte bibliografische Daten sind im Internet über http://dnb.d-nb.de abrufbar.

Zugl.: Mannheim, Univ., Diss., 2012

D 180
ISSN 1430-5380
ISBN 978-3-631-63458-5

PL Academic Research ist ein Imprint der Peter Lang GmbH.

Peter Lang – Frankfurt am Main · Bern · Bruxelles · New York · Oxford · Warszawa · Wien

www.peterlang.de

Für meine Eltern,
Tom und Frauke

Danksagung

Die vorliegende Arbeit wurde im Sommer 2012 von der Fakultät für Rechtswissenschaft und Volkswirtschaftslehre der Universität Mannheim als Dissertation angenommen. Sie befindet sich grundsätzlich auf dem Stand der Abgabe im Frühjahr 2011. Darüber hinaus konnte das Urteil des Bundesverfassungsgerichts zu Privatisierungen im hessischen Maßregelvollzug (zitierte Fundstelle: BVerfG, NJW 2012, 1563) noch Berücksichtigung finden.

Danken möchte ich meinem Doktorvater, Herrn Professor Dr. Thomas Puhl, für die stets vertrauensvolle Betreuung. Mein Dank gilt zudem Herrn Professor Dr. Eibe Riedel für die äußerst zügige Erstellung des Zweitgutachtens sowie für die Aufnahme in die vorliegende Schriftenreihe.

Herrn Professor Dr. Rüdiger Wulf und Herrn Dr. Oliver Ratzel vom Justizministerium Baden-Württemberg danke ich für die wertvollen und detaillierten Einblicke in den Ablauf des Modellversuchs zum EAStVollzG.

Ich danke zudem Frau Marika Balogh-Hiatt, die die Arbeit mehr als einmal Korrektur gelesen hat. Valerie Schweppe, Niklas Anzlinger und Henrick Hambsch danke ich nicht nur für die Durchsicht der Arbeit, sondern vor allem für die vielen Kleinigkeiten, die gute Freunde eben ausmachen.

Der größte Dank gebührt jedoch zweifellos zum einen meinen Eltern und meinem Bruder Thomas, die mir schon immer jede nur erdenkliche Unterstützung zukommen ließen. Ohne diese hätte die Arbeit gar nicht erst entstehen können. Zum anderen meiner Freundin Frauke, deren Beistand, Ermutigung und Hilfe während des gesamten Promotionsvorhabens eine große Stütze für mich waren.

Ihnen ist die Arbeit daher gewidmet.

Mannheim, im Oktober 2012 Stephan Fehrentz

Inhaltsverzeichnis

Erstes Kapitel: Grundlagen

A. Einleitung

Die teilweise private Wahrnehmung des Strafvollzugs ist im Ausland mittlerweile zum Alltag geworden. Auch in Deutschland hielt die Diskussion um Privatisierungspotentiale auf diesem Gebiet Ende des letzten Jahrhunderts Einzug.[1] Die Errichtung von Anstalten durch Private mit anschließender Vermietung oder Veräußerung an den Staat wird seit 1996 praktiziert,[2] wirft jedoch allenfalls haushaltsrechtliche Probleme auf, sofern die Sicherheitsvorgaben erfüllt werden,[3] und ist deshalb nicht Gegenstand der vorliegenden Betrachtung. Weitaus interessanter ist die Frage, ob die vollständige oder teilweise Ausführung des Vollzuges durch Private in Betracht kommt. Dabei sind zwei Aspekte strikt voneinander zu trennen. Einerseits die rechtspolitische Frage, inwieweit eine Privatisierung dieses Sektors wünschenswert ist. Andererseits die Herausarbeitung des rechtlichen Rahmens, der sich für solche Vorhaben aus den einschlägigen Artikeln des Grundgesetzes und den einfachgesetzlichen Normen ergibt. Beide Punkte sind gleichermaßen umstritten. Die Verwaltungspraxis hat die in der Literatur geführte Diskussion indes teilweise überholt. Private werden mittlerweile in verschiedensten Ausprägungen in die Durchführung des Strafvollzugs eingebunden. Dies reicht von punktuellen, vereinzelten Heranziehungen bis zum Betrieb ganzer teilprivatisierter Vollzugsanstalten. Die erste Anstalt in Deutschland wurde erst im Jahr 2005 teilprivatisiert. Der Bereich hat somit lediglich eine kurze praktische Entwicklungsphase durchlaufen. Die Umsetzung fand jedoch so großen Anklang, dass weitere vergleichbare Anstalten folgten und in Planung sind, weshalb eine hohe praktische Relevanz besteht. Zusätzlich zu diesen im regulären Vollzug stattfindenden Maßnahmen wurde im Jahr 2009 in Baden-Württemberg ein Gesetz erlassen, das erstmals eine elektronische Aufsicht im Strafvollzug ermöglicht und dabei weite Privatisierungsmöglichkeiten vorsieht.

---

1 Beispiele für eine frühe Auseinandersetzung mit dem Thema finden sich etwa bei *Haneberg*, ZfStrVo 1993, 289 und *Pollähne*, ZfStrVo 1994, 131.

2 *Laubenthal*, Strafvollzug, Rn. 45.

3 *Wydra*, in: Schwind/Böhm/Jehle/Laubenthal (StVollzG), § 155 Rn. 2; *Hoffmann-Riem*, JZ 1999, 421 (428); *Arloth*, ZfStrVo 2002, 3 (4); Arbeitsbericht „Modellprojekt", 7.

In der vorliegenden Arbeit werden – von einem rechtspolitisch möglichst neutralen Standpunkt aus – die rechtlichen Kriterien dargestellt, an denen sich die geplanten und bereits durchgeführten Vorhaben messen lassen müssen.

B. Gang der Untersuchung

In diesem ersten Kapitel erfolgt mit der Klärung des Privatisierungsbegriffs und der Darstellung der momentan herrschenden Verwaltungspraxis eine Darlegung der Grundlagen. Anschließend werden im zweiten Kapitel die rechtlichen Grenzen von Privatisierungsvorhaben dargelegt. Im Mittelpunkt stehen dabei die Regelungen des Grundgesetzes wie das staatliche Gewaltmonopol, das Demokratieprinzip und insbesondere Art. 33 IV GG. Zudem erfolgt eine exemplarische Betrachtung der Landesverfassungen derjenigen Länder, die als erste eigene Strafvollzugsgesetze geschaffen haben, und der entsprechenden einfachgesetzlichen Regelungen, hinsichtlich ihrer Klassifizierung als Privatisierungsschranke. Die Untersuchung thematisiert dabei die Zulässigkeit von verschiedenen Privatisierungsvarianten, angefangen bei punktuellen Aufgabenübertragungen über den Betrieb vollständig privatisierter Anstalten bis hin zur völligen Privatisierung des gesamten Strafvollzugs. Das dritte Kapitel enthält eine ausführliche Betrachtung des baden-württembergischen *Gesetzes über elektronische Aufsicht im Vollzug der Freiheitsstrafe* hinsichtlich Entstehungsgeschichte, Anwendungsbereich, Regelungsgehalt und insbesondere der Privatisierungsproblematik. Das 2009 erlassene Gesetz sieht erstmals in Deutschland eine elektronische Überwachung im Strafvollzug vor und eröffnet umfangreiche Privatisierungsmöglichkeiten.

C. Aktuelle Situation in der Verwaltungspraxis

Am 7. Dezember 2005 wurde im osthessischen Hünfeld die erste teilprivatisierte Justizvollzugsanstalt eingeweiht[4] und nahm am 2. Januar 2006 den Echtbetrieb auf.[5] Durch die Schaffung von 502 Haftplätzen konnte die Überbelegungssituation in Hessen stark gemindert werden.[6] In der Anstalt sind 115 staatliche Bedienstete und 102 Angestellte eines privaten Unternehmens beschäftigt.[7] Bei der

4 *Laubenthal*, Strafvollzug, Rn. 46.
5 *Päckert*, FS 2007, 217 (221).
6 *Banzer*, FS 2007, 199 (199); *Päckert*, FS 2007, 217 (217).
7 Stand September 2007: *Barisch*, Die Privatisierung im deutschen Strafvollzug, 44; *Banzer*, FS 2007, 199 (199); *Päckert*, FS 2007, 217 (220).

Planung angestrebt[8] und später auch erreicht[9] wurde eine private Aufgabenerfüllung in Höhe von 45 % am Gesamtvolumen aller anfallenden Tätigkeiten. Privat wahrgenommen werden Organisation und Betrieb der Werkstätten, Akquisition von Unternehmensbetrieben, Organisation und Durchführung des Gefangeneneinkaufs, Wartung und Instandhaltung der technischen Anlagen, Reinigungsarbeiten, Führung der Gefangenenbücherei, Rechnungswesen, Versorgungswesen, Schreibdienst, Telefonzentrale, Poststelle, Führung der Betriebskantine, medizinische Versorgung, psychologische, pädagogische und sozialarbeiterische Betreuung, Drogen-, Ausländer-, Schuldnerberatung, Organisation und Durchführung von Freizeitveranstaltungen und Sportmöglichkeiten, Arbeitstherapie, schulische und berufliche Bildung.[10] Angestrebt wurde eine Kosteneinsparung von bis zu 15 % (660.000 € p.a.) gegenüber einer rein staatlichen Einrichtung.[11]

Weitere ähnliche Anstalten wurden im badischen Offenburg und in Burg bei Magdeburg in Betrieb genommen:

Mit dem Bau der JVA Offenburg wurden 440 Haftplätze und 60 Plätze für sozialtherapeutische Maßnahmen geschaffen.[12] Die Anstalt ging am 1. Juni 2009 in Betrieb.[13] Die dort privatisierten Bereiche umfassen die gesamte ständige Beschäftigung für 230 Gefangene, das Gebäude-, Versorgungs- und Betreuungsmanagement, die Durchführung von schulischen und beruflichen Ausbildungsmaßnahmen, Teile des Bewachungsmanagements sowie einige Hilfstätigkeiten. Insgesamt sollen 40 % der Gesamtaufgaben in der Anstalt von einem privaten Dienstleister übernommen werden.[14]

Die JVA Burg bietet 650 Haftplätze[15] und wurde am 30. April 2009 vom privaten Bauherren an das Land übergeben. Folgende Tätigkeiten werden dabei von privater Seite übernommen: Verpflegungswesen, Reinigungs-/Entsorgungswesen, technische Wartung und Betreuung, Kraftfahrthilfsdienste, Fuhrparkmanagement, Freizeitgestaltung, Sportübungsleitung, vollzugliche Hilfsdienste (Be-

8 *Päckert*, FS 2007, 217 (217).

9 *Päckert*, FS 2007, 217 (220); *Barisch*, Die Privatisierung im deutschen Strafvollzug, 44 f.

10 *Päckert*, FS 2007, 217 (220); *Barisch*, Die Privatisierung im deutschen Strafvollzug, 44.

11 *Päckert*, FS 2007, 217 (220); *Laubenthal*, Strafvollzug, Rn. 46.

12 *Steindorfner*, FS 2007, 205 (208); *Barisch*, Die Privatisierung im deutschen Strafvollzug, 47 f.; http://www.amtsgericht-aalen.de/servlet/PB/menu/1242455/index.html?ROOT=1153239&ARCHIV=1153564 (Stand: 24.02.2011).

13 http://www.amtsgericht-aalen.de/servlet/PB/menu/1242455/index.html?ROOT=1153239&ARCHIV=1153564 (Stand: 24.02.2011).

14 *Steindorfner*, FS 2007, 205 (208); *Barisch*, Die Privatisierung im deutschen Strafvollzug, 48; http://www.amtsgericht-aalen.de/servlet/PB/menu/1242455/index.html?ROOT=1153239&ARCHIV=1153564 (Stand: 24.02.2011).

15 *Kratz*, FS 2007, 215 (215); *Barisch*, Die Privatisierung im deutschen Strafvollzug, 49.

suchshilfsdienst, Nachthilfsdienst, Gitterkontrolle, Außenpfortenhilfsdienst), Verwaltungshilfsdienste (Hilfsdienste in der Vollzugsgeschäftsstelle, in der allgemeinen Verwaltung, in der Personalgeschäftsstelle, im Schreibdienst, in der Poststelle, in der Telefonzentrale, beim Friseur und in der Bibliothek), medizinischer Dienst (mit Ausnahme des leitenden Anstaltsarztes), psychologischer Dienst (mit Ausnahme des leitenden Anstaltspsychologen) und sozialer Dienst (mit Ausnahme des leitenden Sozialarbeiters).[16] Jeder privatisierte Bereich untersteht einem verbeamteten Controller, der gegenüber dem privaten Personal weisungsbefugt ist.[17] Vertragspartner des Landes ist ein Konsortium, das zu 90 % aus der *Bilfinger Berger BOT* GmbH und zu 10 % aus der *KÖTTER Justizdienstleistungen* GmbH und Co. KG besteht.[18]

Auch in Niedersachsen und Berlin sind teilprivatisierte Anstalten in Planung bzw. befinden sich bereits in Bau.[19]

Auch in Vollzugsanstalten, die nicht explizit als teilprivatisierte Einheiten geplant wurden, werden häufig Private zur Aufgabenerfüllung herangezogen.[20] Insbesondere Fachkräfte wie Ärzte und Psychologen werden bei Bedarf vertraglich in den Vollzug eingebunden.[21] So werden in Schleswig-Holstein[22] beispielsweise 42 % der gesamten Gesundheitsfürsorge von Privaten wahrgenommen. Neben der zahnärztlichen Fürsorge in allen Justizvollzugsanstalten wurde die gesamte allgemeinärztliche Versorgung in den Anstalten Flensburg, Itzehoe sowie in der Jugendanstalt Schleswig vertraglich privaten Ärzten übertragen. Zusätzlich werden in den entsprechenden Fällen regelmäßig externe Fachärzte herangezogen. Zur Vertretung von verbeamteten Lehrkräften wird ebenfalls auf Private zurückgegriffen. Auch die psychologische Betreuung der Gefangenen sowie deren Aus- und Weiterbildung wird aus Kostengründen von Privaten wahrgenommen. Die entsprechende Qualifikation von Beamten und die sich daraus ergebenden laufenden Kosten hätten die öffentlichen Haushalte unverhältnismäßig stärker belastet. Seit dem Jahr 2002 werden in der Abschiebehaftanstalt Rendsburg zudem zur Entlastung des allgemeinen Vollzugsdienstes verschiedene Hilfsdienste im Umfang von ca. 550 Stunden pro Woche auf Private übertragen.

---

16 *Kratz*, FS 2007, 215 (215).

17 *Kratz*, FS 2007, 215 (215).

18 *Kratz*, FS 2007, 215 (215); *Barisch*, Die Privatisierung im deutschen Strafvollzug, 29 ff.

19 *Barisch*, Die Privatisierung im deutschen Strafvollzug, 50 f.

20 *Laubenthal*, Strafvollzug, Rn. 46.

21 *Laubenthal*, Strafvollzug, Rn. 46.

22 Zu allen gemachten Angaben zum Justizvollzug in Schleswig-Holstein bis zum Ende dieses Absatzes: *Sandmann*, in: Preusker/Maelicke/Flügge (Hrsg.), Das Gefängnis als Risikounternehmen, 259 (262 f.); *Jöhnk*, in: Stober (Hrsg.), Privatisierung im Strafvollzug?, 55 (57).

D. Begriff der Privatisierung

I. Übergeordneter Privatisierungsbegriff

Der Begriff Privatisierung ist weder gesetzlich noch durch höchstrichterliche Rechtsprechung definiert.[23] In der Literatur werden unterschiedliche Definitionen verwendet und diverse Differenzierungen vorgenommen. Die Problematik einer eindeutigen Begriffsbestimmung liegt darin, dass die Vorgänge, die in der Literatur unter Privatisierung gefasst werden, zwar eine gemeinsame Tendenz aufweisen, sich im Einzelnen jedoch erheblich unterscheiden.[24] Diese Gemeinsamkeit wird meist mit *Entstaatlichung*, also dem Prozess, bei dem etwas „Staatliches" durch etwas „Privates" ersetzt wird, beschrieben.[25] Ein Teil der Literatur belässt es bei dieser oder ähnlichen zutreffenden, aber wenig aussagekräftigen Umschreibungen. *Landau* sieht beispielsweise die Verlagerung von bisher durch die öffentliche Hand wahrgenommenen Angelegenheiten in den privaten Bereich als übergeordnetes Merkmal einer jeden Privatisierung an.[26] *Kulas* beschreibt den Prozess als eine Bewegung weg vom Staat hin zu Privaten.[27] *Oehlerking* fasst unter den Begriff „Maßnahmen (…), mit denen bislang in behördlicher Trägerschaft wahrgenommene öffentliche Aufgaben auf Private übertragen werden."[28] Solche allgemeinen Definitionen der Privatisierung leisten kaum mehr, als die wenigen Überschneidungen ähnlicher Phänomene zu beschreiben, haben dabei jedoch wenig Aussagegehalt.[29] Teilweise wird deshalb ein differenzierterer Definitionsansatz verwendet. *Erbguth* etwa versteht unter der Privatisierung „(…) die Verwendung privatwirtschaftlicher Instrumentarien und Methoden und/oder Beteiligung von Privatpersonen in irgendeiner, meist untergeordneten Funktion, um

---

23 In § 7 I 2 BHO wird der Begriff zwar erwähnt, aber nicht definiert. In § 123a II BRRG wird von der Umwandlung einer öffentlich-rechtlichen Einrichtung in eine privatrechtlich organisierte Einrichtung gesprochen. Daraus lässt sich jedoch keine allgemeingültige Definition des Begriffs der Privatisierung ableiten. Ähnlich *Mösinger*, BayVBl. 2007, 417 (417 Rn. 8).

24 In diese Richtung auch *Kulas*, Privatisierung hoheitlicher Verwaltung, 19.

25 *Kämmerer*, Privatisierung, 16 ff.; *Görgmaier*, DÖV 1977, 356 (356 f.); *Di Fabio*, JZ 1999, 585 (585); *Schimpfhauser*, Das Gewaltmonopol des Staates, 115; *Leisner*, DVBl. 1978, 733 (733); *Kirchhof*, AöR 2007, 215 (220, 236); *Barisch*, Die Privatisierung im deutschen Strafvollzug, 21. Auch der allgemeine Sprachgebrauch versteht unter Privatisierung „Die Verlagerung staatlicher Aktivitäten in den privaten Wirtschaftsbereich": Brockhaus Enzyklopädie, Band 22; *Schimpfhauser*, Das Gewaltmonopol des Staates, 115.

26 *Landau*, Tagungsbericht 27. Triberger Symposium, 30 (32).

27 *Kulas*, Privatisierung hoheitlicher Verwaltung, 19.

28 *Oehlerking*, Auslagerung von Funktionen der Justiz, 14.

29 Ähnlich *Stober*, NJW 2008, 2301 (2302).

eine größere Flexibilität bei der Aufgabenerfüllung zu erreichen.“[30] *Stober* definiert Privatisierung als „die Verlagerung herkömmlich von der öffentlichen Hand erbrachten Güter und Dienstleistungen auf private Träger oder die Privatwirtschaft oder deren Einschaltung in die Erledigung öffentlich-rechtlicher Aufgaben.“[31] Jedoch liefern auch diese Ansätze keine zufriedenstellende Definition, sondern enthalten lediglich Aufzählungen der Merkmale möglichst vieler bisher aufgetretener Privatisierungsformen. Die Schwierigkeit einer abschießenden Begriffsbestimmung liegt in der Dynamik der sich in der Praxis neu bildenden Unterformen[32] und der teilweise nur geringen Gemeinsamkeiten derselben. Es handelt sich bei der „Privatisierung“ um einen „offenen Brücken- und Verbundbegriff“, dessen Gehalt vom jeweiligen Kontext abhängig ist.[33] Einen einheitlichen Privatisierungsbegriff über die geteilte Tendenz der Entstaatlichung hinaus, gibt es deshalb nicht.[34] Gegenstand einer jeden Untersuchung können folglich nur die einzelnen vorkommenden Ausprägungen sein.

II. Ausprägungen der Privatisierung

Im Schrifttum werden unterschiedliche Einteilungen vorgenommen.[35] Die wohl herrschende Meinung kennt vier Arten der Privatisierung öffentlicher Verwaltungsaufgaben: die Vermögens-, Organisations-, Aufgaben- und Funktionalprivatisierung.[36] Teilweise werden dabei andere Begrifflichkeiten verwendet, inhaltlich ist die vorgenommene Kategorisierung jedoch weitestgehend identisch. Es gilt nun die verschiedenen Privatisierungsarten und ihre Voraussetzungen gegeneinander abzugrenzen und ihre mögliche Relevanz für den Strafvollzug zu beurteilen, bevor die jeweiligen rechtlichen Grenzen festgelegt werden.

30 *Erbguth*, UPR 1995, 369 (369).

31 *Stober*, NJW 2008, 2301 (2302).

32 *Stober*, NJW 2008, 2301 (2302).

33 *Stober*, NJW 2008, 2301 (2302).

34 *Strauß*, Funktionsvorbehalt und Berufsbeamtentum, 197; *Jachmann/Strauß*, ZBR 1999, 289 (295); *Schimpfhauser*, Das Gewaltmonopol des Staates, 115.

35 Eine Übersicht findet sich in *Kämmerer*, Privatisierung, 16 ff.

36 *Landau*, Tagungsbericht 27. Triberger Symposium, 30 (33 ff.); *Di Fabio*, JZ 1999, 585 (585 ff.); *Schoch*, DVBl. 1994, 962 (962); *Mösinger*, BayVBl. 2007, 417 (417 f.); *Bonk*, JZ 2000, 435 (436 f.); *Maurer*, Allgemeines Verwaltungsrecht, § 23 Rn. 61 ff.; *Strauß*, Funktionsvorbehalt und Berufsbeamtentum, 197 ff.; *Barisch*, Die Privatisierung im deutschen Strafvollzug, 21. Leicht abweichend: *Ipsen*, Allgemeines Verwaltungsrecht, Rn. 267 ff.; *Stober*, NJW 2008, 2301 (2302), *Sterzel*, LBGS Gutachten, 15 f., die die Vermögensprivatisierung nicht thematisieren. Auch *Kirchhof*, der eine eigene Einteilung vertritt, bezeichnet diese Vierteilung als „anerkannte Ordnung“: *Kirchhof*, AöR 2007, 215 (225).

1) Vermögensprivatisierung

Unter einer Vermögensprivatisierung wird die Übertragung staatlicher Vermögensbestandteile auf private Rechtssubjekte verstanden.[37] Dazu können jede Art von Eigentum, wie Liegenschaften, oder auch Anteile an Wirtschaftsunternehmen zählen.[38] Fraglich ist jedoch, ob es sich dabei tatsächlich um eine Form der Privatisierung handelt.[39] An dieser Stelle zeigt sich erneut die Schwierigkeit einer abschließenden Privatisierungsdefinition. Übergeordnetes Merkmal der Privatisierung ist eine Bewegung weg vom Staat hin zu Privaten. Wenn ein Bürger aber beispielsweise einen Bescheid erhält, so bewegt sich dieser ebenfalls vom Staat zu einem Privaten. Von einer Privatisierung würde hier jedoch wohl niemand sprechen. Dieses Beispiel verdeutlicht, dass nicht jede Form der „Entstaatlichung" im genannten Sinne auch eine Privatisierung darstellt. So verhält es sich auch für die Vorgänge, die als Vermögensprivatisierung bezeichnet werden. Falls durch die Übertragung von Vermögensbestandteilen auf Private Finanzmittel akquiriert werden sollen, handelt es sich um ein reines fiskalisches Hilfsgeschäft, vergleichbar mit dem Erwerb von Büromaterial oder dem Verkauf ausgedienter Büroeinrichtung. Auch in diesen Fällen findet eine Bewegung von Gütern oder Finanzmitteln weg vom Staat hin zu Privaten statt, diese ist jedoch rein fiskalischer Natur. Falls darüber hinaus, etwa mit der Übertragung von Anteilen an Wirtschaftsunternehmen, auch Kompetenzen abgegeben werden, ist dies im Rahmen der Funktionalprivatisierung oder der materiellen Privatisierung zu betrachten. Ein eigenständiger Bereich für die Vermögensprivatisierung verbleibt deshalb nicht. Selbst bei Anerkennung dieser Privatisierungsform hätte sie keine betrachtenswerte Relevanz für den Strafvollzug,[40] weshalb von weiteren Ausführungen abgesehen werden kann.

Gleiches gilt für die vereinzelt vorgenommene Ausweitung der Vermögensprivatisierung. Nach dieser Ansicht soll auch die Anmietung von privaten Grundstücken und Gebäuden durch die öffentliche Hand zu dieser Privatisie-

---

37 *Landau*, Tagungsbericht 27. Triberger Symposium, 30 (33); *Mösinger*, BayVBl. 2007, 417 (417); *Jachmann/Strauß*, ZBR 1999, 289 (295); *Strauß*, Funktionsvorbehalt und Berufsbeamtentum, 198; *Schimpfhauser*, Das Gewaltmonopol des Staates, 119 f.; *Kirchhof*, AöR 2007, 215 (225); *Barisch*, Die Privatisierung im deutschen Strafvollzug, 21.

38 *Di Fabio*, JZ 1999, 585 (585); *Jachmann/Strauß*, ZBR 1999, 289 (295); *Schimpfhauser*, Das Gewaltmonopol des Staates, 120; *Kirchhof*, AöR 2007, 215 (225).

39 So ausdrücklich auch ablehnend *Oehlerking*, Auslagerung von Funktionen der Justiz, 14. Konkludent durch die Nichterwähnung: *Ipsen*, Allgemeines Verwaltungsrecht, Rn. 267 ff.; *Stober*, NJW 2008, 2301 (2302), *Sterzel*, LBGS Gutachten, 15 f.

40 So auch *Barisch*, Die Privatisierung im deutschen Strafvollzug, 21 f.

rungsart „im weiteren Sinne“ gehören.[41] Dabei liegt jedoch bereits keine Bewegung *weg* vom Staat, sondern ein Hilfsgeschäft vor, bei dem etwas *zum Staat hin* bewegt wird. Auch hier gilt, dass selbst wenn man diese Ausweitung anerkennen wollte und ihr eine gewisse Relevanz für den Strafvollzug, etwa bei der Anmietung von Haftanstalten, zuspräche,[42] sich keine betrachtenswerten rechtlichen Besonderheiten ergeben würden.[43] Voraussetzung für ein solches Vorgehen wäre lediglich, dass den allgemeinen Anforderungen an Haftanstalten entsprochen wird. Sie müssten den gesetzlichen Vorschriften, insbesondere denen der Strafvollzugsgesetze, entsprechen.[44] Infolgedessen wird auf weitere Ausführungen zur sogenannten Vermögensprivatisierung, auch im weiteren Sinn, verzichtet.

2) Organisationsprivatisierung

Bei einer Organisationsprivatisierung bzw. formellen Privatisierung bedient sich der Staat privater Rechtsformen zur Erfüllung öffentlicher Aufgaben. Er schafft oder übernimmt dazu ein privates Rechtssubjekt, in der Regel eine AG oder GmbH, und hält die Anteile daran meist ganz, zumindest aber mehrheitlich selbst.[45] Die staatliche Verantwortlichkeit für die Aufgabe bleibt vollständig erhalten.[46] Die Vorteile einer Organisationsprivatisierung werden in der dadurch

---

41 Arbeitsbericht „Modellprojekt“, 6 f.; *Bonk*, JZ 2000, 435 (436); *Barisch*, Die Privatisierung im deutschen Strafvollzug, 21 f.

42 So Arbeitsbericht „Modellprojekt“, 6 f.; *Barisch*, Die Privatisierung im deutschen Strafvollzug, 21 f.

43 Arbeitsbericht „Modellprojekt“, 6 f.; *Kruis*, ZRP 2000, 1 (2); *Barisch*, Die Privatisierung im deutschen Strafvollzug, 21.

44 *Hoffmann-Riem*, JZ 1999, 421 (428).

45 *Maurer*, Allgemeines Verwaltungsrecht, § 23 Rn. 61; *Landau*, Tagungsbericht 27. Triberger Symposium, 30 (33); *Lange*, DÖV 2001, 898 (899), *Erbguth*, UPR 1995, 369 (370); *Di Fabio*, JZ 1999, 585 (588); *Oehlerking*, Auslagerung von Funktionen der Justiz, 15; *Strauß*, Funktionsvorbehalt und Berufsbeamtentum, 197; *Mösinger*, BayVBl. 2007, 417 (418); *Jachmann/Strauß*, ZBR 1999, 289 (295); *Kulas*, in: Stober (Hrsg.), Privatisierung im Strafvollzug?, 35 (37); *Schimpfhauser*, Das Gewaltmonopol des Staates, 117; *Kirchhof*, AöR 2007, 215 (225); *Tams*, NVwZ 2006, 1226 (1227); *Barisch*, Die Privatisierung im deutschen Strafvollzug, 22; *Peine*, DÖV 1997, 353 (354); *König*, DÖV 1999, 322 (323).

46 BVerwG, DVBl. 2009, 1382 (1384); *Di Fabio*, JZ 1999, 585 (588); *Sterzel*, LBGS Gutachten, 16; *Oehlerking*, Auslagerung von Funktionen der Justiz, 15; *Strauß*, Funktionsvorbehalt und Berufsbeamtentum, 197; *Jachmann/Strauß*, ZBR 1999, 289 (295); *Isensee*, ZBR 1998, 295 (303); *Schimpfhauser*, Das Gewaltmonopol des Staates, 118; *Tams*, NVwZ 2006, 1226 (1227); *Barisch*, Die Privatisierung im deutschen Strafvollzug, 22.

wegfallenden besoldungs- und haushaltsrechtlichen Bindung und der insgesamt größeren Flexibilität des Privatrechts gesehen.[47]

Eine relevante finanzielle Entlastung des Staates ist durch diese Form der Privatisierung nicht ersichtlich. Der Wettbewerb wird nicht gefördert. Zudem besteht für die jeweilige staatliche Stelle keine Möglichkeit, fremdes Know-how zu akquirieren.[48] Diese ergibt sich erst durch die zusätzliche Einbindung externen Personals, welche der Funktionalprivatisierung zuzuordnen ist.[49] Eine eigenständige Relevanz der Organisationsprivatisierung für den Strafvollzug besteht folglich nicht,[50] sondern ergibt sich erst in Kombination mit zusätzlichen Privatisierungsmaßnahmen. Aus diesem Grund kann auf eine Thematisierung ihrer rechtlichen Zulässigkeit verzichtet werden.

3) Funktionalprivatisierung

Bei einer Funktional-, Erfüllungs- oder Verfahrensprivatisierung zieht der Staat Private zur Erfüllung von Verwaltungsaufgaben heran und überträgt diesen gewisse Bereiche. Aufgabenzuständigkeit und -verantwortung verbleiben jedoch beim Träger der öffentlichen Verwaltung und sind damit noch immer öffentlich-rechtlicher Natur.[51] Eingebundene Privatpersonen üben ihre Tätigkeit unter staatlicher Aufsicht und Kontrolle aus.[52] Die Verfahrensprivatisierung stellt ei-

---

47 *Maurer*, Allgemeines Verwaltungsrecht, § 23 Rn. 61; *Schimpfhauser*, Das Gewaltmonopol des Staates, 118.

48 Dazu, dass die von einer Privatisierung erhofften Effekte nicht durch eine Organisationsprivatisierung erreicht werden können, auch *Kulas*, in: Stober (Hrsg.), Privatisierung im Strafvollzug?, 35 (37).

49 Dazu sogleich 1. Kapitel, D., II., 3).

50 So auch: Arbeitsbericht „Modellprojekt", 8; *Kulas*, in: Stober (Hrsg.), Privatisierung im Strafvollzug?, 35 (37); *Barisch*, Die Privatisierung im deutschen Strafvollzug, 22.

51 BVerwG, DVBl. 2009, 1382 (1384); *Erbguth*, UPR 1995, 369 (369); *Mösinger*, BayVBl. 2007, 417 (418); *Jachmann/Strauß*, ZBR 1999, 289 (295); *Strauß*, Funktionsvorbehalt und Berufsbeamtentum, 198; *Oehlerking*, Auslagerung von Funktionen der Justiz, 37; *Kulas*, in: Stober (Hrsg.), Privatisierung im Strafvollzug?, 35 (37); *Burgi*, in: Stober (Hrsg.), Privatisierung im Strafvollzug?, 43 (45); *Hoffmann-Riem*, JZ 1999, 421 (428); *Schimpfhauser*, Das Gewaltmonopol des Staates, 120 f.; *Kirchhof*, AöR 2007, 215 (225); *Meyer*, BewHi 2004, 272 (273); *Di Fabio*, JZ 1999, 585 (589), *Reidt*, NVwZ 1998, 592 (592); *Tams*, NVwZ 2006, 1226 (1227); *König*, DÖV 1999, 322 (324). Lediglich bezogen auf eine Beleihung: *Burgi*, NVwZ 2007, 383 (384); *Burgi*, in: Stober (Hrsg.), Privatisierung im Strafvollzug?, 43 (45); *Sellmann*, NVwZ 2008, 817 (818); *Barisch*, Die Privatisierung im deutschen Strafvollzug, 24.

52 *Landau*, Tagungsbericht 27. Triberger Symposium, 30 (34); *Ipsen*, Allgemeines Verwaltungsrecht, Rn. 274; *Kruis*, ZRP 2000, 1 (2); *Sterzel*, LBGS Gutachten, 16 f.; *Jachmann/Strauß*, ZBR 1999, 289 (295); *Strauß*, Funktionsvorbehalt und Berufsbeamtentum, 198; *Reidt*, NVwZ 1998, 592 (592); *Tams*, NVwZ 2006, 1226 (1227).

nen Mittelweg zwischen vollständiger Aufgabenprivatisierung und Organisationsprivatisierung dar. Der Staat involviert zwar Private, nutzt auf diese Weise deren besonderes Fachwissen, Initiative und finanzielle Mittel, die Aufgabenverantwortung wird jedoch nicht übertragen. Die herangezogenen Privaten werden dabei nach hergebrachter Sichtweise entweder als Beliehene oder weisungsgebundene, unselbstständige Verwaltungshelfer tätig.[53] Die Relevanz der Funktionalprivatisierung für den Strafvollzug ist hoch. In der Literatur wird sie größtenteils als die Sinnvollste für diesen Bereich angesehen.[54]

a) Beleihung

aa) Definition

Beliehene sind private Rechtssubjekte, denen bestimmte Verwaltungsaufgaben in mehreren möglichen Abstufungen hin bis zu einer selbstständigen, hoheitlichen Wahrnehmung übertragen werden.[55] Beleihungsadressaten können sowohl juristische als auch natürliche Personen des Privatrechts sein.[56] Der Beliehene ist dem Staatsapparat nur an-, nicht in ihn eingegliedert.[57] Es handelt sich um einen

---

53 *Mösinger*, BayVBl. 2007, 417 (418); *Jachmann/Strauß*, ZBR 1999, 289 (295); *Strauß*, Funktionsvorbehalt und Berufsbeamtentum, 198; *Meyer*, BewHi 2004, 272 (273), *Reidt*, NVwZ 1998, 592 (592); *Tams*, NVwZ 2006, 1226 (1227); *Barisch*, Die Privatisierung im deutschen Strafvollzug, 23 f.

54 *Lange*, DÖV 2001, 898 (900 ff.); *Kruis*, ZRP 2000, 1 (2 ff.); *Meyer*, BewHi 2004, 272 (273 f.); *Gusy/Lührmann*, StV 2001, 46 (46 ff.); *Mösinger*, BayVBl. 2007, 417 (418 ff.); *Bonk*, JZ 2000, 435 (437 ff.).

55 BVerwG, NuR 2006, 499 (499); *Detterbeck*, Öffentliches Recht, Rn. 1075; *Maurer*, Allgemeines Verwaltungsrecht, § 23 Rn. 56; *Sterzel*, LBGS Gutachten, 64; *Strauß*, Funktionsvorbehalt und Berufsbeamtentum, 216; *Krölls*, GewArch 1997, 445 (446); *Kulas*, in: Stober (Hrsg.), Privatisierung im Strafvollzug?, 35 (37); *Gusy/Lührmann*, StV 2001, 46 (46); *Schmidt am Busch*, DÖV 2007, 533 (535); *Erbguth*, UPR 1995, 369 (370); *Burgi*, in: Stober (Hrsg.), Privatisierung im Strafvollzug?, 43 (44); *Burgi*, NVwZ 2007, 383 (383 f.); *Schimpfhauser*, Das Gewaltmonopol des Staates, 192; *Waechter*, NZV 1997, 329 (337); *Lange*, DÖV 2001, 898 (900); *Stober*, NJW 2008, 2301 (2306); *Klement*, VerwArch 2010, 112 (118 f.); *Braun/Buchmann*, NZBau 2007, 691 (693); *Di Fabio*, VVDStRL 56 (1997), 235 (271); *Meyer*, BewHi 2004, 272 (273); *Barisch*, Die Privatisierung im deutschen Strafvollzug, 24.

56 *Schmidt*, ZG 2002, 353 (356); *Schmidt am Busch*, DÖV 2007, 533 (537); *Erbguth*, UPR 1995, 369 (370); *Burgi*, in: Stober (Hrsg.), Privatisierung im Strafvollzug?, 43 (44); *Sellmann*, NVwZ 2008, 817 (818); *Di Fabio*, VVDStRL 56 (1997), 235 (271); *Barisch*, Die Privatisierung im deutschen Strafvollzug, 24.

57 BremStGH, NVwZ 2003, 81 (83); *Bonk*, JZ 2000, 435 (437), *Sterzel*, LBGS Gutachten, 65; *Lange*, DÖV 2001, 898 (900); *Sellmann*, NVwZ 2008, 817 (818); *Barisch*, Die Privatisierung im deutschen Strafvollzug, 24. Zur Tendenz, den Beliehenen als selbstständigen Hoheitsträger

Fall der mittelbaren Staatsverwaltung.[58] Ein Beliehener handelt regelmäßig im Außenverhältnis in eigenem Namen und ist Behörde im funktionellen Sinne.[59] Traditionell werden Beliehenen eingriffsrechtliche Kompetenzen, etwa in Form der Ermächtigung zum Erlass von Verwaltungsakten, übertragen.[60] Eine Beschränkung darauf gilt jedoch im Zuge eines moderneren Beleihungsverständnisses als überholt.[61] Mittlerweile ist anerkannt, dass auch die Befugnis zum Abschluss öffentlich-rechtlicher Verträge[62] und zu schlicht hoheitlichem Handeln[63] durch eine Beleihung übertragbar ist. Klassische Beispiele für Beliehene sind Flug-[64] und Schiffskapitäne[65] sowie TÜV-Sachverständige[66].[67] Über solche gängigen Erscheinungsformen hinaus ist aber etwa auch die Übertragung der Trägerschaft einer öffentlich-rechtlichen Anstalt auf Private mittels Beleihung möglich.[68] Da Beliehene in der Regel eigenständig handeln und über einen gewissen Beurteilungs- und Entscheidungsspielraum verfügen, ist eine Beleihung nur

---

und nicht als Behörde des beleihenden Verwaltungsträgers zu sehen, ausführlich *Schmidt am Busch*, DÖV 2007, 533 (539).

58 *Helfrich*, DÖV 1990, 553 (555); *Burgi*, NVwZ 2007, 383 (384).

59 *Detterbeck*, Allgemeines Verwaltungsrecht, Rn. 192 f.; *Maurer*, Allgemeines Verwaltungsrecht, § 23 Rn. 59; *Sterzel*, LBGS Gutachten, 65; *Strauß*, Funktionsvorbehalt und Berufsbeamtentum, 216 f.; *Oehlerking*, Auslagerung von Funktionen der Justiz, 37; *Gusy/Lührmann*, StV 2001, 46 (46); *Erbguth*, UPR 1995, 369 (370); *Burgi*, in: Stober (Hrsg.), Privatisierung im Strafvollzug?, 43 (44); *Burgi*, NVwZ 2007, 383 (384); *Schimpfhauser*, Das Gewaltmonopol des Staates, 192; *Lange*, DÖV 2001, 898 (900); *Stober*, DÖV 2000, 261 (263); *Stober*, NJW 2008, 2301 (2306); *Sellmann*, NVwZ 2008, 817 (818); *Braun/Buchmann*, NZBau 2007, 691 (693); *Barisch*, Die Privatisierung im deutschen Strafvollzug, 24. Ein Auftreten im Außenverhältnis gegenüber Dritten ist jedoch nicht zwingend erforderlich: *Burgi*, FS Maurer, 581 (586 Fn. 41); *Klement*, VerwArch 2010, 112 (119).

60 *Maurer*, Allgemeines Verwaltungsrecht, § 23 Rn. 59; *Kulas*, in: Stober (Hrsg.), Privatisierung im Strafvollzug?, 35 (37); *Burgi*, in: Stober (Hrsg.), Privatisierung im Strafvollzug?, 43 (44 f.); *Burgi*, NVwZ 2007, 383 (384); *Schmidt am Busch*, DÖV 2007, 533 (535); *Erbguth*, UPR 1995, 369 (370); *Lange*, DÖV 2001, 898 (900); *Klement*, VerwArch 2010, 112 (115); *Sellmann*, NVwZ 2008, 817 (818); *Di Fabio*, VVDStRL 56 (1997), 235 (271).

61 *Di Fabio*, VVDStRL 56 (1997), 235 (271 ff.); *Schmidt am Busch*, DÖV 2007, 533 (535) m. w. N.

62 *Schmidt*, ZG 2002, 353 (366); *Schmidt am Busch*, DÖV 2007, 533 (535); *Burgi*, NVwZ 2007, 383 (384).

63 *Schmidt am Busch*, DÖV 2007, 533 (535); *Burgi*, in: Stober (Hrsg.), Privatisierung im Strafvollzug?, 43 (44); *Burgi*, NVwZ 2007, 383 (384); *Lange*, DÖV 2001, 898 (900); *Kiefer*, LKRZ 2009, 441 (441); *Klement*, VerwArch 2010, 112 (125); *Sellmann*, NVwZ 2008, 817 (818).

64 § 12 LuftSiG.

65 § 106 II SeemG.

66 § 29 II 2 StVZO i. V. m. dem Kraftfahrsachverständigengesetz v. 12.12.1971 (BGBl. 1971 I, 2086 ff.).

67 *Schmidt am Busch*, DÖV 2007, 533 (534).

68 *Schmidt am Busch*, DÖV 2007, 533 (535).

durch ein Gesetz oder aufgrund eines Gesetzes – der Beleihungsgrundlage – möglich.[69] Die klassische abstrakt-generelle Beleihung durch Gesetz oder Verordnung wird dabei vermehrt durch eine konkret-individuelle Übertragung durch Verwaltungsakt oder öffentlich rechtlichen Vertrag ersetzt.[70] Eine „faktische Beleihung" mit Wissen und Wollen der Behörde, jedoch ohne wirksames Mandat, ist dagegen nicht möglich.[71] Die verwendete Beleihungsgrundlage sollte im Idealfall – unabhängig von ihrer Rechtsnatur – Art und Umfang der auf den Beliehenen übertragenen Befugnisse im Einzelnen normieren[72], Auswahlverfahren und -kriterien[73] sowie die notwendige Aufsicht regeln.[74] Es existieren jedoch

---

69 BVerfG, NJW 2012, 1563 (1569); BVerfG, BayVBl. 1985, 25 (26); BVerwG, DVBl. 1970, 735 (736); BVerwG, DÖV 1984, 1025 (1025); BVerwG, DVBl. 2006, 840 (841); BVerwG, NuR 2006, 499 (499); OVG NRW, NVwZ 1997, 806 (807); BremStGH, NVwZ 2003, 81 (81); *Detterbeck*, Allgemeines Verwaltungsrecht, Rn. 194; *Sterzel*, LBGS Gutachten, 64; *Krölls*, GewArch 1997, 445 (446); *Oehlerking*, Auslagerung von Funktionen der Justiz, 38; *Kötter*, BewHi 2004, 211 (220); *Meyer*, BewHi 2004, 272 (275); *Lange*, DÖV 2001, 898 (903); *Schoch*, DVBl. 1994, 962 (970); *Gusy/Lührmann*, StV 2001, 46 (46); *Erbguth*, UPR 1995, 369 (370); *Burgi*, in: Stober (Hrsg.), Privatisierung im Strafvollzug?, 43 (49); *Burgi*, FS Maurer, 581 (588); *Kulas*, Privatisierung hoheitlicher Verwaltung, 82; *Waechter*, NZV 1997, 329 (337); *Stober*, DÖV 2000, 261 (268); *Stober*, NJW 2008, 2301 (2306); *Kiefer*, LKRZ 2009, 441 (443); *Klement*, VerwArch 2010, 112 (123 f.); *Helfrich*, DÖV 1990, 553 (553 f.); *Sellmann*, NVwZ 2008, 817 (818); *Wamser*, NZV 2010, 436 (437); *Braun/Buchmann*, NZBau 2007, 691 (693); *Reidt*, NVwZ 1998, 592 (592); *Di Fabio*, VVDStRL 56 (1997), 235 (271); *Pitschas*, DÖV 1997, 393 (400 f.); *Barisch*, Die Privatisierung im deutschen Strafvollzug, 24; *Ossenbühl*, VVDStRL 29 (1971), 137 (169). Für die Notwendigkeit einer Beleihungsgrundlage aufgrund der Wesentlichkeitstheorie auch bei Beleihungen, die nicht mit Eingriffsbefugnissen verbunden sind: *Kiefer*, LKRZ 2009, 441 (443). Ausführlich zur Begründung, warum eine gesetzliche Grundlage erforderlich ist: *Ossenbühl*, VVDStRL 29 (1971), 137 (169 ff.).

70 *Schmidt*, ZG 2002, 353 (359 f.); *Schmidt am Busch*, DÖV 2007, 533 (538). Für die Möglichkeit der Verwendung dieser Methoden auch: BremStGH, NVwZ 2003, 81 (82); *Kiefer*, LKRZ 2009, 441 (443); *Klement*, VerwArch 2010, 112 (123); *Burgi*, NVwZ 2007, 383 (384); *Sellmann*, NVwZ 2008, 817 (818).

71 *Klement*, VerwArch 2010, 112 (121 f.). Für die Möglichkeit einer faktischen Beleihung dagegen: *Hoppe/Bleicher*, NVwZ 1996, 421 (423); *Burgi*, in: Stober (Hrsg.), Privatisierung im Strafvollzug?, 43 (49); *Burgi*, FS Maurer, 581 (586).

72 BVerfG, BayVBl. 1985, 25 (26); *Burgi*, in: Stober (Hrsg.), Privatisierung im Strafvollzug?, 43 (49); *Mösinger*, BayVBl. 2007, 417 (423); *Winterhoff*, FS Starck, 463 (474); *Barisch*, Die Privatisierung im deutschen Strafvollzug, 138 f. Vereinzelt wird dazu eine Regelung durch ergänzende Absätze und Paragraphen für unzureichend angesehen und ein eigener Abschnitt im jeweiligen Gesetzestext für notwendig erachtet: *Burgi*, in: Stober (Hrsg.), Privatisierung im Strafvollzug?, 43 (49).

73 *Helfrich*, DÖV 1990, 553 (555); *Kiefer*, LKRZ 2009, 441 (443); *Winterhoff*, FS Starck, 463 (474). Dazu zählen beispielsweise Anforderungen an Zuverlässigkeit, Leistungsfähigkeit und Sachkunde: *Kiefer*, LKRZ 2009, 441 (443).

74 *Burgi*, in: Stober (Hrsg.), Privatisierung im Strafvollzug?, 43 (49); *Winterhoff*, FS Starck, 463 (474).

mehrere allgemein anerkannte Beleihungsgrundlagen, die die genannten Angaben nur vereinzelt enthalten.[75] Vom Gesetzgeber wird eine uneinheitliche Terminologie zur Beleihung verwendet.[76] Ob ein Rechtsakt eine Beleihungsgrundlage darstellt, ist im Wege der Auslegung zu ermitteln.[77] Der Staat hat bei jeder Beleihung sicherzustellen, dass die Aufgaben ordnungsgemäß durchgeführt werden. Es besteht eine Rechts- oder Fachaufsicht,[78] die ausreichende Einwirkungs- und Kontrollmöglichkeiten der übergeordneten Behörde beinhalten muss.[79] Bei einer reinen Rechtsaufsicht sind aufgrund der sich daraus ergebenden geminderten sachlich-inhaltlichen demokratischen Legitimation[80] erhöhte Anforderungen an die Regelungsdichte durch Gesetz oder kooperativen Verleihungsakt zu stellen.[81] Der Umfang der Kontrollmaßnahmen hat sich an der Reichweite der übertragenen Befugnisse, der Grundrechtsrelevanz der Tätigkeit, deren Zugehörigkeit zur Eingriffsverwaltung sowie berührten Dritt- und Gemeinwohlbelangen zu orientieren.[82] Falls dem Beliehenen umfassende Grundrechtseingriffe ermöglicht werden sollen, reicht es nicht aus, in der Gesetzesbegründung auf die Aufsicht der beleihenden Behörde hinzuweisen. Vielmehr bedarf es einer ausdrücklichen gesetzlichen Regelung.[83] Beliehene werden im Strafvollzug sinnvoll dann eingesetzt, wenn Vorbereitung, Entscheidung und Durchführung einer Handlung in

---

75 So enthält beispielsweise § 25 BJagdG keinerlei Vorschriften zur Aufsicht, normiert jedoch die Befugnisse des beliehenen Jagdaufsehers. Gleiches gilt für § 1 III UZwGBw, der die Übertragung militärischer Wachaufgaben der Bundeswehr auf zivile Wachpersonen ermöglicht, und § 106 III SeemG: *Winterhoff*, FS Starck, 463 (474 Fn. 84).

76 § 12 LuftSiG nutzt ausdrücklich die Formulierung „Luftfahrzeugführer (…) als Beliehener“. § 106 II SeemG legt lediglich die Rechte und Pflichten des Kapitäns fest. § 3a BinSchAufgG setzt die Beleihung mit einer Beauftragung gleich. § 10 II KWKG spricht von einer Übertragung der Durchführung von Aufgaben. § 4 II ABMG nennt die Übertragung von Aufgaben und die Beauftragung nebeneinander: *Kiefer*, LKRZ 2009, 441 (441).

77 *Klement*, VerwArch 2010, 112 (122); *Ossenbühl*, VVDStRL 29 (1971), 137 (156). Stark auf eine genetische Auslegung abstellend: *Kiefer*, LKRZ 2009, 441 (441).

78 BremStGH, NVwZ 2003, 81 (82 f.); *Mösinger*, BayVBl. 2007, 417 (418); *Sterzel*, LBGS Gutachten, 65 f.; *Kulas*, in: Stober (Hrsg.), Privatisierung im Strafvollzug?, 35 (37); *Burgi*, in: Stober (Hrsg.), Privatisierung im Strafvollzug?, 43 (45); Arbeitsbericht „Modellprojekt“, 21 f.; *Stober*, NJW 2008, 2301 (2306); *Kiefer*, LKRZ 2009, 441 (445); *Klement*, VerwArch 2010, 112 (117). Zur Zulässigkeit einer reinen Rechtsaufsicht ohne Fachaufsicht ausführlich *Schmidt am Busch*, DÖV 2007, 533 (540) m. w. N. Für die Unabdingbarkeit einer Fachaufsicht dagegen: *Burgi*, NVwZ 2007, 383 (384).

79 *Kötter*, BewHi 2004, 211 (220); *Kiefer*, LKRZ 2009, 441 (443).

80 BremStGH, NVwZ 2003, 81 (82 f.); *Schmidt am Busch*, DÖV 2007, 533 (540). Allgemein zur demokratischen Legitimation siehe 2. Kapitel, A., I., 3).

81 *Schmidt am Busch*, DÖV 2007, 533 (540).

82 *Burgi*, FS Maurer, 581 (592); *Schmidt am Busch*, DÖV 2007, 533 (540, 542).

83 *Kiefer*, LKRZ 2009, 441 (445).

einer Hand liegen sollen, ein Vollzugsbediensteter also vollständig ersetzt werden soll.[84]

bb) Die Beleihung als Form der Funktionalprivatisierung

Ob die Beleihung eine Unterform der Funktionalprivatisierung darstellt, ist umstritten. Teilweise wird sie der Organisationsprivatisierung zugeordnet, da Private dabei auch öffentliche Aufgaben in eigenem Namen ausführen.[85] Einer weitverbreiteten Ansicht nach stellt die Beleihung jedoch eine Art der Funktionalprivatisierung dar.[86] Dafür spricht, dass bei einer Beleihung im Rahmen der staatlichen Aufgabenerfüllung Private herangezogen werden, die dann für den Staat handeln,[87] was die Definition einer Funktionalprivatisierung erfüllt. Die staatliche Verantwortungszuständigkeit bleibt auch bei einer Beleihung erhalten.

Eine solche Konstellation besteht jedenfalls bei einer konkret-individuellen Beleihung, die genutzt wird, um Private punktuell und ergänzend zur Erfüllung von Aufgaben im bestehenden staatlichen Verwaltungsgefüge heranzuziehen. Sie stellt deshalb eine Form der Funktionalprivatisierung dar.

Die klassischen Fälle der abstrakt-generellen Beleihung, etwa der Flug- sowie Schiffskapitän oder Jagdaufseher, agieren eigenständiger; sie sind räumlich und zeitlich weniger eng an die öffentliche Verwaltung angegliedert. Ihre Beleihung dient der Aufrechterhaltung der öffentlichen Sicherheit und Ordnung für Fälle, in denen die regulär zuständige staatliche Gewalt nicht anwesend ist und ihrer Aufgabe deshalb nicht nachkommen kann. So sind beispielsweise Schiffskapitäne für die Aufrechterhaltung der Schiffsordnung zuständig, Jagdaufsehern sind die Aufgaben des Jagdschutzes übertragen, weshalb sie etwa befugt sind, Personen anzuhalten, ihnen unberechtigt gejagtes Wild abzunehmen und ihre Identität festzustellen.[88] Man könnte deshalb annehmen, es handle sich um eine für einen

84 *Burgi*, in: Stober (Hrsg.), Privatisierung im Strafvollzug?, 43 (48).

85 *Burgi*, Funktionale Privatisierung und Verwaltungshilfe, 79 f.; *Peine*, DÖV 1997, 353 (360 f.); *Scholz*, NJW 1997, 14 (15). Demgegenüber *Kirchhof*, der die Beleihung als „Spiegelbild" der Organisationsprivatisierung ansieht, da nicht der Staat in privatrechtlicher Form, sondern der Private in öffentlich-rechtlicher Form tätig werde: *Kirchhof*, AöR 2007, 215 (222 f.).

86 BVerwG, DVBl. 2006, 840 (841); *Mösinger*, BayVBl. 2007, 417 (418); *Jachmann/Strauß*, ZBR 1999, 289 (295); *Strauß*, Funktionsvorbehalt und Berufsbeamtentum, 198; *Tams*, NVwZ 2006, 1226 (1227); *Menzer*, DVBl. 1998, 820 (821); *Bonk*, JZ 2000, 435 (437); Arbeitsbericht „Modellprojekt", 10; *Lange*, DÖV 2001, 898 (900); *Stober*, NJW 2008, 2301 (2306); *Meyer*, BewHi 2004, 272 (273); *Di Fabio*, JZ 1999, 585 (589). Wohl auch *Kruis*, ZRP 2000, 1 (4); *Reidt*, NVwZ 1998, 592 (592); *Barisch*, Die Privatisierung im deutschen Strafvollzug, 24.

87 *Schimpfhauser*, Das Gewaltmonopol des Staates, 193.

88 *Schmidt am Busch*, DÖV 2007, 533 (535).

bestimmten Personenkreis vorgenommene Ausweitung der Jedermannrechte[89]. Auch diese werden den Bürgern vom Staat für Situationen gewährt, in denen letzterer selbst keine Gewalt ausüben, die allgemeine Friedenspflicht also nicht durchsetzen kann.[90] Die Jedermannrechte stehen jedoch, wie der Name vermuten lässt, nicht nur bestimmten Personengruppen, sondern allen Bürgern zu, sofern ihre Voraussetzungen vorliegen. Auch bei einer traditionellen, abstrakt-generellen Beleihung liegt ein öffentliches Aufgabenfeld vor, bei dem die Aufgabenzuständigkeit und -verantwortung grundsätzlich dem Staat obliegen. In den genannten Beispielen handelt es sich etwa um die Aufrechterhaltung der öffentlichen Sicherheit und Ordnung, die der Staat in der Regel durch seinen Polizeiapparat sicherstellt. Dieses Aufgabenfeld bleibt ein staatliches, auch wenn Beliehene abstrakt-generell zur Wahrnehmung einzelner Teilbereiche ermächtigt werden. Auch die klassische Form der Beleihung entspricht deshalb der Definition einer Funktionalprivatisierung.

b) Verwaltungshilfe

aa) Die klassische, unselbstständige Verwaltungshilfe

Unter der klassischen, unselbstständigen Verwaltungshilfe versteht man die Heranziehung Privater zur Erfüllung öffentlicher Aufgaben in dem Sinne, dass diese für eine Behörde als unselbstständiges, weisungsgebundenes Hilfsorgan tätig werden.[91] Eine enge räumlich-zeitliche Anbindung an einen staatlichen Aufgabenträger ist für den Verwaltungshelfer kennzeichnend.[92] Der Private wird unterstützend oder vorbereitend als verlängerter Arm oder Werkzeug der Verwaltung tätig.[93] Er handelt nicht in eigenem Namen, sein Handeln wird der Behörde zuge-

---

89 Dazu zählen beispielsweise die in den §§ 32, 34 StGB, §§ 227, 228, 229, 859 I, 904 BGB und § 127 I StPO normierten Rechte. Dazu ausführlich unten: 2. Kapitel, A., I., 1).

90 *Schulte*, DVBl 1995, 130 (133); *Burgi*, Funktionale Privatisierung und Verwaltungshilfe, 189; *Jeand'Heur*, AöR 1994, 107 (115); *Hoffmann-Riem*, ZRP 1977, 277 (280); *Kunz*, ZStW 1983, 973 (975 f.); *Kämmerer*, FS Stober, 595 (599).

91 *Krölls*, GewArch 1997, 445 (447); *Mösinger*, BayVBl. 2007, 417 (418); *Di Fabio*, JZ 1999, 585 (589); *Waechter*, NZV 1997, 329 (337); *Lange*, DÖV 2001, 898 (900); *Stober*, NJW 2008, 2301 (2306); *Klement*, VerwArch 2010, 112 (119); *Burgi*, Funktionale Privatisierung und Verwaltungshilfe, 153; *Burgi*, NVwZ 2007, 383 (384); *Sellmann*, NVwZ 2008, 817 (818); *Wamser*, NZV 2010, 436 (437), *Reidt*, NVwZ 1998, 592 (592); *Meyer*, BewHi 2004, 272 (273); *König*, DÖV 1999, 322 (324); *Barisch*, Die Privatisierung im deutschen Strafvollzug, 25.

92 *Winterhoff*, FS Starck, 463 (468); *Waechter*, NZV 1997, 329 (337).

93 *Ramsauer*, in: Kopp/Ramsauer (VwVfG), § 1 Rn. 64; *Erbguth*, UPR 1995, 369 (370); *Stober*, NJW 2008, 2301 (2306); *Sellmann*, NVwZ 2008, 817 (818); *Wamser*, NZV 2010, 436 (437);

rechnet.[94] Die Entscheidungskompetenz und Leistungsverantwortung verbleibt bei ihr.[95] Für die Heranziehung von Privaten als Verwaltungshelfer ist grundsätzlich keine gesetzliche Grundlage erforderlich, da diese keine eigenständigen Eingriffsbefugnisse und nur einen geringen eigenen Entscheidungsspielraum besitzen.[96] Notwendig ist lediglich die generelle gesetzliche Zuweisung der Aufgabe, in deren Zusammenhang ein Verwaltungshelfer eingesetzt werden soll, an die Verwaltung.[97] Als typisches Beispiel für Verwaltungshelfer gelten Abschleppunternehmer.[98] Unselbstständige Verwaltungshelfer sind im Strafvollzug dann einzusetzen, wenn sie Vollzugsbeamte nicht ersetzen, sondern diesen zuarbeiten oder für sie Maßnahmen durchführen sollen.[99] Dadurch wären die Personaleinsparungspotentiale jedoch begrenzt.[100]

bb) Selbstständige Verwaltungshilfe

Wären die Möglichkeiten, Private im Zuge der Funktionalprivatisierung in die Verwaltung einzubinden damit erschöpft, wären diese erheblich eingeschränkt, da lediglich zwei sehr gegensätzliche, extreme Alternativen zur Verfügung stünden. Einerseits die Beleihung, die zwar hin bis zur Ausstattung mit Hoheitsrechten ein weites Spektrum an Einbindungsmöglichkeiten umfasst, jedoch auf eine entsprechend detaillierte gesetzliche Regelung angewiesen ist, weshalb eine er-

---

Burgi, Funktionale Privatisierung und Verwaltungshilfe, 154; *Barisch*, Die Privatisierung im deutschen Strafvollzug, 25.

94 *Detterbeck*, Allgemeines Verwaltungsrecht, Rn. 194; *Kastner*, in: Fehling/Kastner/Wahrendorf, HK-Verwaltungsrecht, § 1 VwVfG, Rn. 37; *Krölls*, GewArch 1997, 445 (447); *Lange*, DÖV 2001, 898 (900, 903); *Stober*, NJW 2008, 2301 (2306); *Klement*, VerwArch 2010, 112 (115); *Mösinger*, BayVBl. 2007, 417 (423); *König*, DÖV 1999, 322 (324); *Burgi*, Funktionale Privatisierung und Verwaltungshilfe, 153; *Barisch*, Die Privatisierung im deutschen Strafvollzug, 25.

95 *Maurer*, Allgemeines Verwaltungsrecht, § 23 Rn. 62; *Winterhoff*, FS Starck, 463 (468); *Stober*, NJW 2008, 2301 (2306).

96 *Kastner*, in: Fehling/Kastner/Wahrendorf, HK-Verwaltungsrecht, § 1 VwVfG, Rn. 37; *Ramsauer*, in: Kopp/Ramsauer (VwVfG), § 1 Rn. 65; *Peine*, DÖV 1997, 353 (357); *Stober*, NJW 2008, 2301 (2306); *Sellmann*, NVwZ 2008, 817 (818); *Reidt*, NVwZ 1998, 592 (592); *Mösinger*, BayVBl. 2007, 417 (423); *Burgi*, in: HdbStR IV, § 75 Rn. 19. Schädlich ist eine ausdrückliche Normierung der Verwaltungshilfe – so beispielsweise in § 13 RettG NRW vorgenommen – jedoch nicht: *Sellmann*, NVwZ 2008, 817 (819). Die Gegenansicht fordert dagegen eine gesetzliche Grundlage schon bei jeder systematischen und dauerhaften Übertragung von prinzipiell staatlichen Aufgaben auf Verwaltungshelfer: *Erbguth*, UPR 1995, 369 (376 f.).

97 *Burgi*, Funktionale Privatisierung und Verwaltungshilfe, 287; *Lange*, DÖV 2001, 898 (903).

98 *Sellmann*, NVwZ 2008, 817 (818).

99 *Burgi*, in: Stober (Hrsg.), Privatisierung im Strafvollzug?, 43 (48); *Barisch*, Die Privatisierung im deutschen Strafvollzug, 127.

100 *Kruis*, ZRP 2000, 1 (4 f.); *Gramm*, VerwArch 1999, 329 (340); *Barisch*, Die Privatisierung im deutschen Strafvollzug, 127.

hebliche Abhängigkeit der Verwaltung vom Gesetzgeber besteht. Andererseits die Heranziehung Privater als klassische Verwaltungshelfer, deren Einsatzmöglichkeiten jedoch dahingehend eingeschränkt sind, dass diese nur unter mitschreitender Aufsicht des staatlichen Verwaltungsapparates als dessen Werkzeug verwendet werden können. Eine Beschränkung auf diese Alternativen würde den Anforderungen der Verwaltung an eine sinnvolle, flexible und effektive Einbindung Privater in ihre Tätigkeit nicht genügen.[101]

In der Literatur wird deshalb neben dem klassischen unselbstständigen Verwaltungshelfer teilweise die Figur des selbstständigen Verwaltungshelfers verwendet. Dieser könnte selbstständig öffentliche Aufgaben ohne Eingriffs- oder Letztendscheidungsbefugnis wahrnehmen bzw. hoheitliche Entscheidungen bis zur Entscheidungsreife vorbereiten.[102] Die Privaten könnten auf diese Weise ihre Aufgaben ohne mitschreitende Kontrolle und Anweisung, jedoch unter prinzipiell bestehender staatlicher Aufsicht und Weisungsbefugnis, ausüben. Die Lücke zwischen unselbstständigen Verwaltungshelfern und Beliehenen wäre damit sinnvoll geschlossen. Der Einsatz von selbstständigen Verwaltungshelfern im Strafvollzug hätte den Vorteil, dass sie eigenständiger agieren könnten und nicht ständig von Vollzugsbeamten begleitet und angeleitet werden müssten. Dadurch ergäben sich vermehrte Einsparungspotentiale hinsichtlich des Personals.[103]

Umstritten ist, welche Anforderungen an die Normierung einer solchen selbstständigen Verwaltungshilfe zu stellen sind. Teilweise wird aufgrund des Wesentlichkeitsgrundsatzes[104] die gesetzliche Zuweisung einer Aufgabe an den Staat für ausreichend gehalten.[105] Bei Aufgaben, die von überragender Bedeutung für die Allgemeinheit sind, soll zusätzlich eine gesetzliche Rahmenregelung zur Verwaltungshilfe erforderlich sein.[106] Andere sehen den selbstständigen Ver-

---

101 In diese Richtung auch: *Sellmann*, NVwZ 2008, 817 (818).

102 So beispielsweise *Di Fabio*, JZ 1999, 585 (589 ff.); *Di Fabio*, VVDStRL 56 (1997), 235 (273); *Mösinger*, BayVBl. 2007, 417 (423); *Burgi*, Funktionale Privatisierung und Verwaltungshilfe, 155 f.; *Lange*, DÖV 2001, 898 (900). Wohl auch *Trute*, ohne den Begriff „selbstständiger Verwaltungshelfer" ausdrücklich zu gebrauchen: *Trute*, DVBl. 1996, 950 (957). Andere wollen dagegen die Beleihung (im weiteren Sinn) auf diese Zwischenformen ausweiten: *Sellmann*, NVwZ 2008, 817 (818 ff.); wohl auch *Reidt*, NVwZ 1998, 592 (592). Falls hoheitliche Letztentscheidungsbefugnisse auf Private übertragen werden sollen, ist jedenfalls eine Beleihung vorzunehmen: *Sellmann*, NVwZ 2008, 817 (819).

103 So wohl auch *Mösinger*, BayVBl. 2007, 417 (423).

104 *Erbguth*, UPR 1995, 369 (376 f.); *Mösinger*, BayVBl. 2007, 417 (423).

105 *Mösinger*, BayVBl. 2007, 417 (423).

106 *Mösinger*, BayVBl. 2007, 417 (423).

waltungshelfer als an den Beliehenen angenähert und deshalb dem Gesetzesvorbehalt unterliegend an.[107]

Wenn die Befugnisse der selbstständigen Verwaltungshelfer zwischen denen der Beliehenen und der klassischen Verwaltungshelfer liegen, ist es konsequent, dies auch auf die erforderliche Normierung zu beziehen. Im Gegensatz zur unselbstständigen Verwaltungshilfe ist deshalb eine gesetzliche Regelung zur Einbindung Privater erforderlich. Diese muss jedoch nicht die an eine Beleihungsgrundlage gestellten Anforderungen[108] erfüllen. So hat der Gesetzgeber lediglich zu entscheiden, dass selbstständige Verwaltungshelfer eingesetzt werden dürfen, die Details können jedoch der Verwaltung überlassen werden. Dadurch ergeben sich gleich mehrere Vorteile gegenüber einer Ausweitung der Beleihung auf den strittigen Aufgabenbereich. Bei einer solchen könnte es zu einer Überlastung des Gesetzgebers durch die notwendige Regelung der Detailfragen kommen. Durch das Erfordernis einer einfachen Gesetzesgrundlage ohne weitere Anforderungen wird dagegen der Wesentlichkeitstheorie am besten entsprochen. Da selbstständige Verwaltungshelfer keine eigenen Eingriffskompetenzen besitzen, besteht keine Notwendigkeit einer Regelung, die die Anforderungen an eine Beleihungsgrundlage erfüllt und damit die Ausgestaltung des Rechtsverhältnisses detailliert regelt. Zudem bietet der hier vertretene Ansatz eine plausible Erklärung für solche Normen, die zwar die Beteiligung Privater in der Verwaltung vorsehen, jedoch aufgrund der fehlenden Detailregelungen keine Beleihungsgrundlage darstellen[109]. Würde man die Figur des selbstständigen Verwaltungshelfers nicht anerkennen, müsste man dem Gesetzgeber unterstellen, dass diese Normen nur deklaratorischen Charakter bezüglich eines möglichen Einsatzes von klassischen Verwaltungshelfern besitzen sollen. Würde man dagegen die Ausweitung der Beleihung auf den Tätigkeitsbereich selbstständiger Verwaltungshelfer fordern, wären diese Normen gegenstandslos, da sie die Anforderung an eine ausreichende Beleihungsgrundlage gerade nicht erfüllen. Überzeugender ist die Annahme, dass diese Normen den Einsatz von selbstständigen Verwaltungshelfern ermöglichen. Aus diesen Gründen ist es notwendig, die Figur des selbstständigen Verwaltungshelfers anzuerkennen und dahingehend zu verstehen, dass er zwischen den beiden klassischen Formen der Funktionalprivatisierung steht und seine Verwendung durch den Gesetzgeber ermöglicht werden muss. Die Einzelheiten,

---

107 *Di Fabio*, VVDStRL 56 (1997), 235 (273); *Di Fabio*, JZ 1999, 585 (589 f.). Wohl auch *Trute*, ohne den Begriff „selbstständiger Verwaltungshelfer" ausdrücklich zu gebrauchen: *Trute*, DVBl. 1996, 950 (957).

108 Beispielsweise Auswahlverfahren und -kriterien, Art und Umfang der auf den Beliehenen übertragenen Befugnisse im Einzelnen und die notwendige Aufsicht. Siehe 1. Kapitel, D., II., 3), a), aa).

109 So beispielsweise § 155 I 2 StVollzG. Dazu ausführlich unten: 2. Kapitel, A., I., 3), a).

etwa zu seinen Befugnissen, können im Sinne der Wesentlichkeitstheorie der Verwaltung überlassen werden, solange keine Eingriffs- oder Letztentscheidungsbefugnisse ausgeübt werden.

4) Materielle Privatisierung

Aufgabenprivatisierung oder materielle Privatisierung bedeutet, dass der Staat sich aus einer bestehenden Aufgabe zurückzieht und sie in vollem Umfang Privaten überlässt.[110] Die Übertragung erfolgt dabei nicht auf einzelne natürliche oder juristische private Subjekte, sondern auf die privatrechtlich organisierte Gesellschaft insgesamt. Die vormals staatliche Herrschaftsmacht, finanzieller, rechtlicher oder faktischer Art, geht vollständig auf Private über. Der Bereich ist nicht mehr der öffentlichen Verwaltung zuzuordnen, die Grundsätze des Verwaltungsrechts nicht mehr anwendbar.[111]

Bei einer materiellen Privatisierung des Strafvollzugs wäre der Staat nicht mehr für diesen verantwortlich. Er müsste keine Mittel mehr bereitstellen, um Personal und Anstalten zu unterhalten, wodurch sich eine erhebliche Kostenersparnis ergeben würde. Ein Wettbewerb zwischen verschiedenen privaten Anbietern, die nicht an das starre öffentliche Recht gebunden sind, könnte initiiert werden. Der Staat könnte sich vermehrt anderen Aufgaben widmen.

5) Zwischenergebnis

Nur die Funktionalprivatisierung und die materielle Privatisierung sind für den Strafvollzug relevant, weshalb im Folgenden lediglich auf diese Unterarten eingegangen wird.

---

110 *Scholz*, NJW 1997, 14 (15); *Mösinger*, BayVBl. 2007, 417 (418); *Landau*, Tagungsbericht 27. Triberger Symposium, 30 (33); *Meyer*, BewHi 2004, 272 (273); *Erbguth*, UPR 1995, 369 (370); *Oehlerking*, Auslagerung von Funktionen der Justiz, 14 f.; *Gramm*, VerwArch 1999, 329 (331); *Jachmann/Strauß*, ZBR 1999, 289 (295); *Strauß*, Funktionsvorbehalt und Berufsbeamtentum, 199; *Schimpfhauser*, Das Gewaltmonopol des Staates, 118; *Kirchhof*, AöR 2007, 215 (225); *Reidt*, NVwZ 1998, 592 (592); *Tams*, NVwZ 2006, 1226 (1227); *Barisch*, Die Privatisierung im deutschen Strafvollzug, 23; *Schoch*, DVBl. 1994, 962 (962 f.); *Peine*, DÖV 1997, 353 (354); *König*, DÖV 1999, 322 (324).

111 *Sterzel*, LBGS Gutachten, 15 f.; *Oehlerking*, Auslagerung von Funktionen der Justiz, 14 f.

Zweites Kapitel: Rechtliche Grenzen der Privatisierung des herkömmlichen Strafvollzugs

Die rechtlichen Grenzen sind für jede dieser Privatisierungsausprägungen, sofern sie für den Strafvollzug relevant sind, gesondert zu bestimmen. Ausschlaggebend dafür sind die Bestimmungen des Grundgesetzes, der Landesverfassungen sowie auf einfachgesetzlicher Ebene die des StVollzG bzw. der einzelnen Landes-Vollzugsgesetze.

A. Funktionalprivatisierung

I. Regelungen des Grundgesetzes

1) Das rechtsstaatliche Gewaltmonopol

Das rechtsstaatliche Gewaltmonopol könnte eine Schranke für Funktionalprivatisierungen darstellen.[112] Die dogmatische Herleitung des Rechtsstaatsprinzips ist umstritten. Mehrere Artikel des Grundgesetzes kommen als verfassungsmäßige Verankerung in Betracht. Art. 28 I 1 GG gibt für die verfassungsgemäße Ordnung in den Ländern vor, dass sie den „Grundsätzen des (...) sozialen Rechtsstaates im Sinne dieses Grundgesetzes" entsprechen. Es kann deshalb davon ausgegangen werden, dass Art. 28 I 1 GG die Geltung des Rechtsstaatsprinzips voraussetzt.[113] In Art. 23 I 1 GG ist zudem die Pflicht zur Mitwirkung der Bundesrepublik an einer Europäischen Union, die rechtsstaatlichen Grundsätzen entspricht, normiert. Das Rechtsstaatsprinzip wird zwar nicht ausdrücklich in Art. 20 GG erwähnt, oftmals wird zu seiner Herleitung jedoch auf diese Norm zurückgegriffen: Teilweise wird es aus Art. 20 III i. V. m. 28 I 1 GG[114] oder nur aus Art. 20 III GG[115] abgeleitet. Andere sehen es als ungeschriebenen Bestandteil

---

112 Mit der pauschalen Aussage, dass eine Privatisierung im Strafvollzug gegen das Rechtsstaatsprinzip verstieße: *Lindenlaub*, FS 2007, 201 (201), ohne weitere Begründung.

113 *Ipsen*, Staatsorganisationsrecht, Rn. 749.

114 *Burgi*, Funktionale Privatisierung und Verwaltungshilfe, 188; *Jeand'Heur*, AöR 1994, 107 (113).

115 BVerfGE 35, 41 (47); 39, 128 (143); *Degenhart*, Staatsorganisationsrecht, Rn. 255; *Baumann*, FS Stober, 433 (435).

des gesamten Art. 20 GG.[116] Wiederum andere leiten das Rechtsstaatsprinzip aus „allen einschlägigen“ Grundgesetzbestimmungen ab, zu denen auch Art. 20 II, III GG gehören.[117] Das Bundesverfassungsgericht bezeichnet das Rechtsstaatsprinzip als eine „der Leitideen des Grundgesetzes“ und verzichtet auf die Benennung einer textlichen Verankerung.[118] Unabhängig von der dogmatischen Herleitung ist das Rechtsstaatsprinzip überwiegend anerkannt. Es beinhaltet unter anderem den Bestimmtheitsgrundsatz, den Grundsatz der Gesetzmäßigkeit der Verwaltung, das Rückwirkungsverbot, den Grundsatz des Vertrauensschutzes, den Verhältnismäßigkeitsgrundsatz[119] und das staatliche Gewaltmonopol.[120] Dieses Monopol erlaubt es dem Staat, Rechte und Pflichten der Bürger einseitig festzusetzen und die Befolgung dieser Festsetzungen notfalls mit Gewalt durchzusetzen.[121] Es weist ihm die Verantwortung für die Sicherung des Rechtsfriedens und der inneren Sicherheit durch den Einsatz von Recht und Gesetz zu.[122] Prinzipiell darf allein der Staat aufgrund eigener Machtvollkommenheit physische Gewalt zur Erreichung seiner Ziele einsetzen.[123] Für Private besteht dagegen ein grundsätzliches Gewaltverbot.[124] Unter „Gewalt“ ist dabei der körperliche Zwang gegen Sachen oder Personen zu verstehen,[125] nicht auch andere Eingriffe. Durchbrochen wird das Monopol in den Fällen, in denen der Staat die allgemeine Friedenspflicht nicht durchsetzen kann, die Gewalt des Staates also nicht verfüg-

116 *Grzeszick*, in: Maunz/Dürig (GG), Art. 20 VII Rn. 33.

117 Ohne Erwähnung der sonstigen einschlägigen Normen: *Sachs*, in: Sachs (GG), Art. 20 Rn. 75.

118 BVerfGE 95, 96 (130). Ebenfalls ohne textliche Verankerung und mit der Ansicht, dass das Grundgesetz das Gewaltmonopol nicht enthält, sondern voraussetzt: *Barisch*, Die Privatisierung im deutschen Strafvollzug, 107.

119 Zu allen genannten Punkten: *Degenhart*, Staatsorganisationsrecht, Rn. 255 ff.; *Jarass*, in: Jarass/Pieroth (GG), Art. 20 Rn. 28 ff. Eine ausführliche Übersicht findet sich in: *Sachs*, in: Sachs (GG), Art. 20 Rn. 77 f.

120 *Schulte*, DVBl 1995, 130 (132); *Jeand'Heur*, AöR 1994, 107 (113); *Burgi*, in: HdbStR IV, § 75 Rn. 19; *Hammer*, DÖV 2000, 613 (617); *Sachs*, in: Sachs (GG), Art. 20 Rn. 162; *Degenhart*, Staatsorganisationsrecht, Rn. 289.

121 *Di Fabio*, JZ 1999, 585 (591 f.); *Krölls*, GewArch 1997, 445 (448); *Sterzel*, LBGS Gutachten, 178.

122 BVerfGE 61, 126 (136); *Di Fabio*, JZ 1999, 585 (591 f.); *Schoch*, FS Stober, 559 (567); *Kämmerer*, FS Stober, 595 (603); *Schimpfhauser*, Das Gewaltmonopol des Staates, 70 f.; *Hummler*, Staatliches Gewaltmonopol und Notwehr, 191; *Sterzel*, LBGS Gutachten, 178 f.

123 *Burgi*, in: HdbStR IV, § 75 Rn. 19; *Burgi*, Funktionale Privatisierung und Verwaltungshilfe, 187; *Isensee*, in: HdbStR II, § 15 Rn. 86; *Stober*, NJW 1997, 889 (890).

124 *Schulte*, DVBl 1995, 130 (132 f.); *Schoch*, FS Stober, 559 (566 f.); *Burgi*, in: HdbStR IV, § 75 Rn. 19; *Burgi*, Funktionale Privatisierung und Verwaltungshilfe, 187; *Isensee*, in: HdbStR II, § 15 Rn. 90; *Barisch*, Die Privatisierung im deutschen Strafvollzug, 167.

125 *Stober*, NJW 1997, 889 (890); *Stober*, DÖV 2000, 261 (263); *Schulte*, DVBl 1995, 130 (132); *Kötter*, BewHi 2004, 211 (220); *Burgi*, in: HdbStR IV, § 75 Rn. 19; *Sterzel*, LBGS Gutachten, 178.

bar ist.[126] In diesen Situationen müssen die Bürger den für sich oder andere erforderlichen Schutz selbst gewährleisten können. Zu diesem Zweck stellt ihnen der Staat die notwendigen Mittel in Form von speziellen Gewaltermächtigungen zur Verfügung.[127] Hier sind beispielsweise die in den §§ 32, 34 StGB, §§ 227, 228, 229, 859 I, 904 BGB und § 127 I StPO normierten Rechte zu nennen. Diese werden als Jedermann-[128] oder Notrechte[129] bezeichnet. Unter den dort festgelegten Voraussetzungen sieht die Rechtsordnung eine rechtmäßige Gewaltanwendung durch Private vor. Fraglich ist, inwieweit das staatliche Gewaltmonopol eine Schranke für Funktionalprivatisierungen darstellen könnte. Jedenfalls wird die Übertragung von Aufgaben, die nicht mit der Ausübung von „Gewalt" im oben genannten Sinn verbunden sind, auf Private nicht von diesem Verfassungsprinzip berührt.[130]

a) Beleihung

Einer Privatperson können im Zuge einer Beleihung durch Gesetz oder aufgrund eines Gesetzes eingriffsrechtliche Kompetenzen zur selbstständigen Wahrnehmung verliehen werden. Sie wird dadurch zur Behörde im funktionellen Sinn und Teil der mittelbaren Staatsverwaltung.[131] Auch falls ein Beliehener im Rahmen der ihm übertragenen Befugnisse „Gewalt" im oben genannten Sinn ausübt, ist diese deshalb öffentlich-rechtlicher Natur.[132] Er ist dabei als Teil der Exekutive gemäß Art. 1 III GG an die Grundrechte gebunden.[133] Ein Verstoß gegen das

---

126 *Schulte*, DVBl 1995, 130 (133); *Burgi*, Funktionale Privatisierung und Verwaltungshilfe, 189; *Jeand'Heur*, AöR 1994, 107 (115); *Hoffmann-Riem*, ZRP 1977, 277 (280); *Kunz*, ZStW 1983, 973 (975 f.); *Kämmerer*, FS Stober, 595 (599); *Barisch*, Die Privatisierung im deutschen Strafvollzug, 114 f., 167.

127 *Burgi*, Funktionale Privatisierung und Verwaltungshilfe, 189; *Burgi*, in: HdbStR IV, § 75 Rn. 19; *Jeand'Heur*, AöR 1994, 107 (115); *Hummler*, Staatliches Gewaltmonopol und Notwehr, 191; *Schimpfhauser*, Das Gewaltmonopol des Staates, 111 f., m. w. N.

128 *Schulte*, DVBl 1995, 130 (133); *Burgi*, in: HdbStR IV, § 75 Rn. 19 f.; *Barisch*, Die Privatisierung im deutschen Strafvollzug, 165.

129 *Hoffmann-Riem*, ZRP 1977, 277 (281); *Barisch*, Die Privatisierung im deutschen Strafvollzug, 114 f.

130 *Barisch*, Die Privatisierung im deutschen Strafvollzug, 115.

131 Zur Rechtsfigur des Beliehenen siehe 1. Kapitel, D., II., 3), a), aa).

132 *Hammer*, DÖV 2000, 613 (619); *Lange*, DÖV 2001, 898 (903); *Burgi*, in: Stober (Hrsg.), Privatisierung im Strafvollzug?, 43 (50 f.); *Burgi*, NVwZ 2007, 383 (384); *Scholz*, NJW 1997, 14 (15); *Sellmann*, NVwZ 2008, 817 (818); *Barisch*, Die Privatisierung im deutschen Strafvollzug, 116.

133 *Dreier*, in: Dreier (GG I), Art. 1 III Rn. 39; *Kiefer*, LKRZ 2009, 441 (444); *Klement*, VerwArch 2010, 112 (117); *Burgi*, NVwZ 2007, 383 (384); *Burgi*, in: Stober (Hrsg.), Privatisierung im Strafvollzug?, 43 (45); *Barisch*, Die Privatisierung im deutschen Strafvollzug, 24, 149.

Gewaltmonopol ist deshalb bei einer solchen Beleihung und der dazu gehörenden Gewaltausübung nicht gegeben.[134] Allerdings besteht auch die Möglichkeit, im Wege der Beleihung Aufgaben zu übertragen, die nicht mit Eingriffsbefugnissen verbunden sind.[135] In diesen Fällen haben Beliehene keine über Jedermannrechte hinausgehenden Befugnisse. Sie sind diesbezüglich Verwaltungshelfern gleichgestellt, weshalb auf die folgenden Ausführungen verwiesen werden kann.

b) Verwaltungshilfe

Bei Verwaltungshelfern erfolgt keine Übertragung von Hoheitsbefugnissen.[136] Sie sollen lediglich unterstützend und vorbereitend tätig werden.[137] Ein Eingriff in Rechte Dritter ist lediglich im Einzelfall und aufgrund einer staatlichen Weisung zulässig.[138] Selbstständigen Verwaltungshelfern wird zwar ein eigenständig wahrzunehmender Aufgabenbereich übertragen, es besteht jedoch keine Möglichkeit sie mit Eingriffsbefugnissen auszustatten. Bezüglich des Gewaltmonopols ergeben sich deshalb keine Unterschiede zwischen beiden Arten der Verwaltungshilfe. Im Strafvollzug müsste ein Vollzugsbediensteter vor jeder Gewaltanwendung durch einen Verwaltungshelfer eine entsprechende Anordnung erteilen.[139] Falls sich der Einsatz von Verwaltungshelfern in diesem Rahmen bewegt, ist ein Konflikt mit dem staatlichen Gewaltmonopol ausgeschlossen. Ihre Einsatzmöglichkeiten wären jedoch sehr begrenzt.[140] In einer Justizvollzugsanstalt kann es regelmäßig zu Situationen kommen, in denen schnell gewaltsam gegen Personen vorgegangen werden muss. Hier sind beispielsweise Angriffe auf das Wachpersonal, gewaltsame Auseinandersetzungen der Gefangenen untereinander und Fluchtversuche zu nennen.[141] Solche Situationen sind nicht voraussehbar. Staatliche Bedienstete müssten jeden Verwaltungshelfer, der in diesen Fällen Gewalt anwenden soll, ständig begleiten, um im Notfall die notwendige

134 *Lange*, DÖV 2001, 898 (903); *Stober*, GewArch. 1999, 217 (219); *Winterhoff*, FS Starck, 463 (471); *Burgi*, in: HdbStR IV, § 75 Rn. 19; *Burgi*, in: Stober (Hrsg.), Privatisierung im Strafvollzug?, 43 (50 f.); *Scholz*, NJW 1997, 14 (15); *Barisch*, Die Privatisierung im deutschen Strafvollzug, 116.

135 Siehe 1. Kapitel, D., II., 3), a), aa).

136 *Gramm*, VerwArch 1999, 329 (341); *Barisch*, Die Privatisierung im deutschen Strafvollzug, 117.

137 *Kastner*, in: Fehling/Kastner/Wahrendorf, HK-Verwaltungsrecht, § 1 VwVfG, Rn. 37.

138 *Gusy/Lührmann*, StV 2001, 46 (46 ff.); *Lange*, DÖV 2001, 898 (904); *Mösinger*, BayVBl. 2007, 417 (421); *Barisch*, Die Privatisierung im deutschen Strafvollzug, 117.

139 *Gusy*, in: Stober (Hrsg.), Privatisierung im Strafvollzug?, 5 (19 f.).

140 *Gusy*, in: Stober (Hrsg.), Privatisierung im Strafvollzug?, 5 (19 f.).

141 *Gusy/Lührmann*, StV 2001, 46 (49).

Einzelanweisung erteilen zu können.[142] Abgesehen davon, dass man schon die Realisierbarkeit einer solchen Vorgehensweise bezweifeln kann, würde dadurch doch jedenfalls eines der wichtigsten Ziele einer Privatisierung nicht verwirklicht: Eine Personaleinsparung – und die damit verbundene Kostenreduktion – auf staatlicher Seite würde nicht erreicht werden.[143] Aus diesem Grund wird in der Literatur diskutiert, ob auf eine Einzelanweisung verzichtet werden kann.[144] Hier setzt sich eine Diskussion fort, die im Bereich der Ergänzung der Polizei durch private Sicherheitsdienste bereits ausführlicher geführt wurde.[145] Es erscheint möglich, dass Verwaltungshelfer regelmäßig und selbstständig physische Gewalt ausüben. Als Grundlage hierfür kommen die Notrechte in Betracht. In der Literatur wird in der Regel auf die in § 32 StGB normierte Nothilfe abgestellt. Da es sich um eine regel- und berufsmäßige Ausübung dieses Rechts handelt, wird teilweise der Begriff „professionelle Nothilfe" verwendet.[146] Grundsätzlich kommen jedoch auch alle anderen Notrechte als besondere Gewaltermächtigung in Betracht.[147] Folglich ist es richtiger, von einer „professionellen Notrechtsausübung" zu sprechen. Dieser Begriff soll im Folgenden verwendet werden.

aa) Generelle Zulässigkeit professioneller Notrechtsausübung

Grundvoraussetzung wäre, dass Private sich regelmäßig, auch im Rahmen ihrer beruflichen Tätigkeit, auf die Notrechte als spezielle Gewaltermächtigung stützen können. Dies ist ebenfalls in der Diskussion bezüglich der privaten Sicherheitsdienste eine Kernfrage. Strittig ist, ob sich beispielsweise die Mitarbeiter eines von einem abwesenden Hauseigentümer engagierten Sicherheitsunternehmens gegenüber Dritten auf die Notrechte, beispielswiese auf § 32 StGB, berufen können. Teilweise wird dies verneint.[148] Gestützt wird diese Ansicht darauf, dass die Jedermannrechte auf Extremsituationen zugeschnitten sind, in denen ein

---

142 *Gusy*, in: Stober (Hrsg.), Privatisierung im Strafvollzug?, 5 (19 f.).

143 *Gusy/Lührmann*, StV 2001, 46 (49); *Gramm*, VerwArch 1999, 329 (340); *Gusy*, in: Stober (Hrsg.), Privatisierung im Strafvollzug?, 5 (20).

144 *Mösinger*, BayVBl. 2007, 417 (421); *Laubenthal*, Strafvollzug, Rn. 49; *Gusy/Lührmann*, StV 2001, 46 (49); *Gusy*, in: Stober (Hrsg.), Privatisierung im Strafvollzug?, 5 (19 ff.); *Gramm*, VerwArch 1999, 329 (339 ff.); *Schimpfhauser*, Das Gewaltmonopol des Staates, 187 ff.

145 Beispielsweise: *Hammer*, DÖV 2000, 613 (620); *Schoch*, FS Stober, 559 (566 ff.); *Stober*, NJW 1997, 889 (893 f.); *Pitschas*, DÖV 1997, 393 (396 f.).

146 *Schulte*, DVBl 1995, 130 (133); *Hoffmann-Riem*, ZRP 1977, 277 (283); *Mösinger*, BayVBl. 2007, 417 (421); *Stober*, NJW 1997, 889 (893).

147 *Schulte*, DVBl 1995, 130 (133); *Burgi*, in: HdbStR IV, § 75 Rn. 20.

148 *Kunz*, ZStW 1983, 973 (974 f.); *Hoffmann-Riem*, ZRP 1977, 277 (282 f.); *Jeand'Heur*, AöR 1994, 107 (127 ff.); *Mösinger*, BayVBl. 2007, 417 (422).

unvorbereiteter Bürger außergewöhnliche und unerwartete Ereignisse bewältigen muss.[149] Die allgemeinen Rechtfertigungsgründe seien relativ weitreichend, um der Hilflosigkeit der Bürger in einer solchen Situation Rechnung zu tragen.[150] Private Sicherheitskräfte seien jedoch gerade für die Bewältigung solcher Ereignisse ausgebildet. Sie stünden einem Angriff nicht hilflos gegenüber, da sie zumindest über ein Selbstverteidigungstraining, eventuell auch über eine spezielle Schutzausrüstung oder Bewaffnung, verfügten.[151] Die Bewältigung von Angriffen sei für sie keine Sondersituation, sondern Berufsalltag.[152]

Die wohl überwiegende Literatur lehnt diese Argumentation ab.[153] Der Grund für die Gewährung der Notrechte ist, dass der Staat in den entsprechenden Situationen keine Hilfe leisten, seinem Gewaltmonopol also nicht nachkommen kann.[154] Eine solche Situation liegt auch bei der geschilderten Beispielsituation vor. Der Gesetzestext unterscheidet nicht zwischen „gewöhnlicher" und professioneller Nothilfe.[155] Dies gilt auch für alle übrigen Notrechte.[156] Zudem stellt ein Angriff auch für die Mitarbeiter eines privaten Sicherheitsunternehmens eine Sondersituation dar. Sie mögen zwar speziell geschult und ausgerüstet sein, Notwehrsituationen sind jedoch auch für sie überraschend.[157] Des Weiteren kann nicht von jedem Rechteinhaber verlangt werden, die ihm zustehenden Rechte

---

149 *Kunz*, ZStW 1983, 973 (974 f.); *Hoffmann-Riem*, ZRP 1977, 277 (283); *Jeand'Heur*, AöR 1994, 107 (128); *Barisch*, Die Privatisierung im deutschen Strafvollzug, 165.

150 *Hoffmann-Riem*, ZRP 1977, 277 (283); *Barisch*, Die Privatisierung im deutschen Strafvollzug, 165 f.

151 *Kunz*, ZStW 1983, 973 (974 f.); *Mösinger*, BayVBl. 2007, 417 (422); *Barisch*, Die Privatisierung im deutschen Strafvollzug, 166.

152 *Hoffmann-Riem*, ZRP 1977, 277 (283), mit dieser Begründung jedoch inkonsequent, da der Autor an gleicher Stelle die Zulässigkeit der Notwehr bejaht, falls es um die Verteidigung persönlicher Rechte des Sicherheitsunternehmers geht; *Mösinger*, BayVBl. 2007, 417 (422); *Kunz*, ZStW 1983, 973 (974 f.).

153 *Schulte*, DVBl 1995, 130 (133 f.); *Mahlberg*, Gefahrenabwehr durch gewerbliche Sicherheitsunternehmen, 124 ff.; *Hammer*, DÖV 2000, 613 (619 f.); *Stober*, NJW 1997, 889 (893 f.); *Schimpfhauser*, Das Gewaltmonopol des Staates, 187 ff.; *Burgi*, in: HdbStR IV, § 75 Rn. 19; *Burgi*, Funktionale Privatisierung und Verwaltungshilfe, 189 f. Teilweise wird der Streit auch nicht thematisiert und eine Einschlägigkeit von § 32 StGB vorausgesetzt: *Schoch*, FS Stober, 559 (568); *Gusy/Lührmann*, StV 2001, 46 (49 f.).

154 *Hammer*, DÖV 2000, 613 (620); *Schimpfhauser*, Das Gewaltmonopol des Staates, 162. Siehe 2. Kapitel, A., I., 1).

155 *Schulte*, DVBl 1995, 130 (133); *Stober*, NJW 1997, 889 (894); *Schimpfhauser*, Das Gewaltmonopol des Staates, 188.

156 *Mösinger* erkennt dies zwar an, sieht die Formulierung jedoch darin begründet, dass der Gesetzgeber die Entwicklung privater Sicherheitsdienste nicht vorausgesehen hätte: *Mösinger*, BayVBl. 2007, 417 (422).

157 So auch *Mahlberg*, Gefahrenabwehr durch gewerbliche Sicherheitsunternehmen, 124.

selbst geltend zu machen.[158] Dies ist aus rein tatsächlichen Gründen oft nicht möglich. Wäre eine professionelle Nothilfe nicht zulässig, müsste jeder darauf hoffen, dass in seiner Abwesenheit zufällig schutzbereite Personen für die Verteidigung seiner Rechte sorgen.[159] Dies wäre kaum zumutbar. Teilweise wird auch auf verfassungsrechtlicher Ebene für die Zulässigkeit der professionellen Nothilfe argumentiert. Durch die Vertragsfreiheit, die Vereinigungsfreiheit und der Verfügungsbefugnis über das Eigentum ergäbe sich, dass Bürger sich zum Schutz ihrer Rechte auch Dritter bedienen dürften.[160] Etwas anderes könnte nur gelten, wenn der Staat einen allumfassenden Schutz privater Rechte schaffen würde. Dies ist ebenfalls aus tatsächlichen Gründen unmöglich.[161]

Der letztgenannten Ansicht ist zuzustimmen. Zusätzlich dazu, dass sie überzeugende Argumente vorbringt, sind auch die Ansätze der Gegenansicht nicht tragfähig. Der Argumentation *Mösingers*, der Gesetzgeber hätte die Entwicklung privater Sicherheitsdienste nicht vorausgesehen,[162] kann entgegengehalten werden, dass bereits 1977 mehr als 51.000 Personen bei privaten Sicherheitsunternehmen tätig waren.[163] Seitdem wurde das StGB bei zahlreichen Gelegenheiten geändert. Hätte der Gesetzgeber eine Veranlassung gesehen, zwischen gewöhnlicher und professioneller Nothilfe zu unterscheiden, hätte in über 30 Jahren eine entsprechende Regelung getroffen werden können. Auch der Ansatz, auf die Häufigkeit von Notrechtsausübungen oder Ausbildung und Ausrüstung des Nothelfers abzustellen, geht fehl. Würde man diesem Argument folgen, stünde jedem hilfsbereiten Bürger nur ein bestimmtes „Kontingent" an möglichen Notrechtsausübungen zu, nach dessen Ausschöpfung solche Situationen zu alltäglich für ihn wären. Je besser jemand ausgebildet wäre, desto weniger dürfte er Hilfe leisten. Auch beispielsweise Soldaten, Polizisten oder Kampfsportler sind für Extremsituationen ausgebildet. Folgte man dem angesprochenen Ansatz, dürfte keiner dieser Gruppen, auch nicht außerhalb der beruflichen Tätigkeit, Nothilfe leisten oder von anderen Notrechten Gebrauch machen. Warum eine besondere Qualifikation gegen eine generelle Ausübung von Jedermannrechten sprechen sollte, ist nicht ersichtlich. Gerade durch eine besondere Ausbildung wird eine sachkundige, effektive und opferschonende Gefahrenabwehr möglich. Entscheidend ist allein, ob die anerkannten Voraussetzungen des jeweiligen Notrechtes

158 *Stober*, NJW 1997, 889 (894).
159 *Schimpfhauser*, Das Gewaltmonopol des Staates, 188.
160 *Stober*, NJW 1997, 889 (894).
161 *Hammer*, DÖV 2000, 613 (620).
162 *Mösinger*, BayVBl. 2007, 417 (422).
163 *Hoffmann-Riem*, ZRP 1977, 277 (277).

vorliegen.[164] Grundsätzlich ist eine professionelle Ausübung von Notrechten somit zulässig.

bb) Generelle Zulässigkeit der Notrechtsausübung durch Verwaltungshelfer

Des Weiteren wäre erforderlich, dass sich auch die vom Staat herangezogenen Verwaltungshelfer generell auf die Jedermannrechte stützen können. Verträge mit privaten Sicherheitsunternehmen enthalten regelmäßig Klauseln, in denen festgelegt wird, dass die Notrechte bestehen bleiben.[165] Eine anderslautende vertragliche Vereinbarung könnte die strafrechtlichen Regelungen auch nicht außer Kraft setzen.[166] Nach zutreffender Ansicht bleiben die Notrechte grundsätzlich auch für Fälle staatlicher Präsenz erhalten.[167] Anderenfalls dürfte sich etwa ein Abschleppunternehmer, der der Polizei als Verwaltungshelfer dient, nicht selbst gegen den angreifenden Eigentümer des abzuschleppenden Wagens verteidigen. Würde man eine Berufung auf Notwehr hier ausschließen, käme man zu dem unbefriedigenden Ergebnis, dass der Verwaltungshelfer den Angriff widerstandslos erdulden müsste, bis ihm die Polizeibeamten zu Hilfe kämen.[168] Aber auch hier liegt, wenn auch nur auf wenige Momente beschränkt, eine Situation vor, in der der Staat seiner Friedensgewährleistungspflicht nicht nachkommen kann. Auch als Verwaltungshelfer kann sich der Unternehmer deshalb grundsätzlich auf die Notrechte berufen, falls die Voraussetzungen der Norm erfüllt sind. Eine Rechtfertigung, beispielsweise durch § 32 StGB, ist folglich möglich.[169]

cc) Notrechte als Gewaltermächtigungsgrundlage für Verwaltungshelfer zur Erfüllung der ihnen übertragenen Tätigkeiten

Nun stellt sich die Frage, ob sich Verwaltungshelfer auch auf Notrechte berufen können, um zur Erfüllung ihrer Tätigkeit Gewalt auszuüben. Entscheidend ist, wie ein solches Vorgehen dogmatisch einzuordnen wäre. Es könnte sich um eine staatliche oder private Gewaltausübung handeln. Im letztgenannten Fall müssten lediglich die Anforderungen des jeweiligen Notrechts, andernfalls weitere Vor-

164 *Schulte*, DVBl 1995, 130 (133).

165 *Gusy*, in: Stober (Hrsg.), Privatisierung im Strafvollzug?, 5 (20).

166 *Gusy*, in: Stober (Hrsg.), Privatisierung im Strafvollzug?, 5 (20 f.); *Barisch*, Die Privatisierung im deutschen Strafvollzug, 166.

167 *Mahlberg*, Gefahrenabwehr durch gewerbliche Sicherheitsunternehmen, 136 ff.; a. A.: *Kunz*, ZStW 1983, 973 (976).

168 *Mahlberg*, Gefahrenabwehr durch gewerbliche Sicherheitsunternehmen, 136 ff.

169 So auch *Gusy*, in: Stober (Hrsg.), Privatisierung im Strafvollzug?, 5 (20).

aussetzungen erfüllt sein. Der Staat kann zwar aufgrund eigener Machtvollkommenheit physische Gewalt ausüben,[170] er ist dabei jedoch an Recht und Gesetz gebunden. Aufgrund des Prinzips des Vorbehalts des Gesetzes wäre eine entsprechende gesetzliche Eingriffsgrundlage erforderlich.[171] Ohne eine solche wäre eine staatliche Gewaltanwendung rechtswidrig.[172]

Bei Beliehenen werden ausdrücklich Hoheitsbefugnisse übertragen, womit die Ausübung öffentlicher Gewalt vorliegt. Bei Verwaltungshelfern liegt eine solche Übertragung nicht vor. Problematisch ist, dass die Figur des Verwaltungshelfers so konzipiert ist, dass dieser gerade keine Gewalt ausübt und nach außen rechtlich nicht selbstständig auftreten soll. Es gilt nun Kriterien zu finden, um den Sonderfall einer eigenständigen Gewaltanwendung durch Verwaltungshelfer einzuordnen. *Burgi* geht von einer privaten Gewaltausübung aus, die dem Staat nicht zuzurechnen ist.[173] Er begründet diese Ansicht damit, dass es sich lediglich um die „Erbringung einer privaten Durchführungsleistung" handle und die Tätigkeit von Verwaltungshelfern nicht als „Wahrnehmung von Staatsaufgaben qualifiziert werden kann."[174] Die Gegenansicht geht von einem öffentlichrechtlichen Charakter der Gewalt aus, da diese materiell dem Staat zuzurechnen sei.[175] Andere sehen die Gefahr eines staatlichen „Missbrauchs" der Notrechte gegeben.[176] Eine regelmäßige Berufung von Verwaltungshelfern auf die Notrechte sei eine „planmäßige Instrumentalisierung privater Gewaltbefugnisse zu öffentlichen Zwecken."[177] Deshalb müsse diese dem Staat zugerechnet werden. Teilweise wird in der Literatur wohl stillschweigend von der Ausübung öffentlicher Gewalt ausgegangen[178], da von § 32 StGB als „Ermächtigungsgrundlage" gesprochen wird. Dieser Schluss mag naheliegen. Schließlich werden die Handlungen eines Verwaltungshelfers grundsätzlich der entsprechenden Behörde zugerechnet. Bei einer Gewaltanwendung nach einer Einzelanweisung wird dem in der Regel auch zuzustimmen sein. Zur Diskussion steht hier jedoch die eigen-

---

170 Siehe 2. Kapitel, A., I., 1).

171 *Jarass*, in: Jarass/Pieroth (GG), Art. 20 Rn. 44 f.; *Lange*, DÖV 2001, 898 (903).

172 BVerfGE 41, 251 (266); 51, 268 (287); *Jarass*, in: Jarass/Pieroth (GG), Art. 20 Rn. 56; *Degenhart*, Staatsorganisationsrecht, Rn. 288.

173 *Burgi*, Funktionale Privatisierung und Verwaltungshilfe, 190 ff.; *Burgi*, in: HdbStR IV, § 75 Rn. 19.

174 *Burgi*, Funktionale Privatisierung und Verwaltungshilfe, 188; *Burgi*, in: HdbStR IV, § 75 Rn. 19.

175 *Bracher*, Gefahrenabwehr durch Private, 149 ff.; *Barisch*, Die Privatisierung im deutschen Strafvollzug, 167 f.

176 *Schulte*, DVBl 1995, 130 (135).

177 *Bracher*, Gefahrenabwehr durch Private, 149 f.; *Schulte*, DVBl 1995, 130 (135); *Barisch*, Die Privatisierung im deutschen Strafvollzug, 167.

178 *Mösinger*, BayVBl. 2007, 417 (422); *Gusy/Lührmann*, StV 2001, 46 (50).

ständige Gewaltausübung durch Verwaltungshelfer. Es muss eine differenziertere Betrachtung durchgeführt werden.

Man kann hier auf die im Staatshaftungsrecht geltenden Merkmale zurückgreifen. Auch dort wird diskutiert, unter welchen Umständen das Verhalten eines Verwaltungshelfers dem Staat zuzurechnen ist. Nach aktueller BGH Rechtsprechung[179] können Verwaltungshelfer funktionell dem öffentlich-rechtlichen Tätigkeitsbereich zugeordnet werden, also „jemand in Ausübung eines öffentlichen Amtes“ darstellen.[180] Diese Einordnung kommt umso mehr in Betracht, „je stärker der hoheitliche Charakter der Aufgabe in den Vordergrund tritt, je enger die Verbindung zwischen der übertragenen Tätigkeit und der von der Behörde zu erfüllenden hoheitlichen Aufgabe und je begrenzter der Entscheidungsspielraum des Unternehmers“ ist.[181] Der Strafvollzug wird von Aufgaben geprägt, die zum Kernbereich hoheitlicher Aufgaben zählen.[182] Sein Zweck ist zwar keinesfalls eine körperliche Bestrafung im Sinne einer Gewaltanwendung, allerdings wäre die Durchführung eines geregelten Vollzuges ohne die Möglichkeit einer Durchsetzung mittels physischen Zwanges nicht denkbar. Eine enge Verbindung zur hoheitlichen Aufgabe der Behörde besteht somit. Allerdings läge hier ein erheblicher Entscheidungsspielraum des Verwaltungshelfers vor. Untersucht wird ja gerade die Möglichkeit der Gewaltausübung ohne ständige Kontrolle und Anweisung eines Beamten. Die Relevanz dieses Kriteriums wurde jedoch durch die begrüßenswerte Abkehr des BGH von der früher vertretenen „Werkzeugtheorie“[183], die allein auf dieses Merkmal abstellte, abgeschwächt.[184] Dieser Prüfungspunkt ist somit nicht entscheidend. Teilweise werden die vom BGH aufgestellten Kriterien ergänzt: Entscheidend sei, ob es sich um eine staatlich gewollte Gewaltausübung handle.[185] Dem ist zuzustimmen. Wenn der Staat gezielt die Voraussetzungen dafür schafft, dass Private innerhalb des staatlichen Gefüges Gewalt ausüben, muss er sich diese auch zurechnen lassen.[186] Es würde sich folglich um eine öffentlich-rechtliche Gewaltausübung handeln. Dies deckt sich mit der im

179 BGHZ 121, 161 (161 ff.); BGH, Urt. v. 14. Oktober 2004, Az.: III ZR 169/04, (7 f.); *Maurer*, Allgemeines Verwaltungsrecht, § 26 Rn. 13.

180 BGHZ 121, 161 (164 f.); BGH, Urt. v. 14. Oktober 2004, Az.: III ZR 169/04, (7 f.); *Maurer*, Allgemeines Verwaltungsrecht, § 26 Rn. 13.

181 BGHZ 121, 161 (164 f.); BGH, Urt. v. 14. Oktober 2004, Az.: III ZR 169/04, (7 f.); *Papier*, in: Maunz/Dürig (GG), Art. 34 Rn. 113; *Maurer*, Allgemeines Verwaltungsrecht, § 26 Rn. 13.

182 *Di Fabio*, JZ 1999, 585 (591); *Scholz*, NJW 1997, 14 (15 f.).

183 BGHZ 48, 99 (103 ff.); 70, 212 (216).

184 BGHZ 121, 161 (165); *Papier*, in: Maunz/Dürig (GG), Art. 34 Rn. 113; *Maurer*, Allgemeines Verwaltungsrecht, § 26 Rn. 13.

185 *Papier*, in: Maunz/Dürig (GG), Art. 34 Rn. 113; *Barisch*, Die Privatisierung im deutschen Strafvollzug, 167.

186 So auch *Schulte*, DVBl 1995, 130 (135); *Papier*, in: Maunz/Dürig (GG), Art. 34 Rn. 113.

Staatshaftungsrecht üblichen Einordnung. Dort wird „jedenfalls“ ein Tätigwerden im Bereich der Eingriffsverwaltung dem Staat zugerechnet.[187]

Folglich müssten die Notrechte eine taugliche Ermächtigungsgrundlage darstellen. Problematisch ist dabei bereits, dass selbstverständlich die Voraussetzungen des jeweiligen Notrechts vorliegen müssten. Dies ist bei weitem nicht in allen Situationen, in denen in einer JVA Gewalt ausgeübt werden muss, der Fall. Zu denken ist dabei schon an den regelmäßigen abendlichen Einschluss. Falls ein Gefangener sich schlicht weigert, seine Zelle zu betreten, liegen die Voraussetzungen eines Notrechts nicht zwingend vor. Die betroffene Person müsste dennoch zwangsweise in die Zelle verbracht werden. Des Weiteren sind auch Fluchtversuche oder körperliche Durchsuchungen zu nennen.[188] Denkbar ist auch eine Situation, in der ein Gefangener sich selbst verletzt. Auch in diesem Fall wäre kein Notrecht einschlägig. Diese Beispiele zeigen, dass die Notrechte schon kaum geeignet sind, die Erfordernisse an eine Gewaltermächtigung in einer JVA zu erfüllen. Es besteht nur eine begrenzte Anzahl von Fällen, in denen die Notrechte tatsächlich taugliche Ermächtigungsgrundlagen darstellen würden. Sie sind jedoch denkbar.

Dem Wortlaut nach könnte man annehmen, dass die Notrechte eine taugliche Ermächtigungsgrundlage darstellen. Er unterscheidet ebenso wenig zwischen Anwendungen durch den Staat und sonstigen Fällen, wie zwischen professioneller und gewöhnlicher Notrechtsausübung. Entscheidend ist jedoch der Telos der Normen. Die Jedermannrechte sind Ausnahmen zum staatlichen Gewaltmonopol.[189] Sie wurden für solche Situationen geschaffen, in denen der Staat aus tatsächlichen Gründen nicht in der Lage ist, die Rechte der Bürger zu schützen. Die Jedermannrechte sind darauf ausgelegt, eine Lücke bei staatlicher Abwesenheit oder Handlungsunfähigkeit zu füllen. Es entspricht nicht ihrem Sinn, eine Eingriffsgrundlage für den Staat darzustellen.[190] Zudem erfüllen sie auch nicht die Anforderungen an eine Ermächtigungsgrundlage. Diese müssen strikt dem Verhältnismäßigkeitsgrundsatz unterworfen sein,[191] was bei den Notrechten nicht der Fall ist.[192] Falls der Staat eine ständige Gewaltausübung durch Verwaltungs-

---

187 BGHZ 121, 161 (166); *Papier*, in: Maunz/Dürig (GG), Art. 34 Rn. 113; *Maurer*, Allgemeines Verwaltungsrecht, § 26 Rn. 13.

188 *Mösinger*, BayVBl. 2007, 417 (422).

189 Siehe 2. Kapitel, A., I., 1).

190 *Barisch*, Die Privatisierung im deutschen Strafvollzug, 114; *Barisch*, Die Privatisierung im deutschen Strafvollzug, 167.

191 BVerfGE 38, 348 (368); *Sachs*, in: Sachs (GG), Art. 20 Rn. 145 ff.; *Jarass*, in: Jarass/Pieroth (GG), Art. 20 Rn. 80 ff.

192 *Gramm*, VerwArch 1999, 329 (340); *Mösinger*, BayVBl. 2007, 417 (422); *Laubenthal*, Strafvollzug, Rn. 49.

helfer herbeiführen wollte, müsste er eine entsprechende Ermächtigungsgrundlage schaffen. Die Notrechte stellen eine solche nicht dar.[193]

dd) Auswirkungen auf die Einsatzmöglichkeiten von Verwaltungshelfern

Die Notrechte stellen somit keine taugliche Grundlage für Verwaltungshelfer dar, um zur Erfüllung der ihnen übertragenen Tätigkeiten selbstständig Gewalt auszuüben. Fraglich ist, welche Einsatzmöglichkeiten mit diesem Ergebnis für sie verbleiben. Teilweise wird gefolgert, dass ein direkter physischer Kontakt zu den Häftlingen ausgeschlossen sein muss, sofern eine Begleitung durch einen Beamten nicht gesichert ist, um potentielle Notwehrsituationen zu vermeiden.[194] *Gusy/Lührmann* wollen den Einsatz in grundrechtssensiblen Bereichen ausschließen.[195] Andere stellen darauf ab, ob die auszuübende Tätigkeit „gewaltgeneigt" ist, also voraussichtlich nur mit dem Einsatz von Gewalt durchgeführt werden kann.[196]

Entscheidend sind allein die oben aufgestellten Kriterien: der hoheitliche Charakter der Aufgabe, eine enge Verbindung zwischen der Tätigkeit und der von der Behörde zu erfüllenden hoheitlichen Aufgabe sowie die Durchführung der Gewaltausübung mit Wissen und Wollen des Staates. Die Gewaltgeneigtheit und Grundrechtsrelevanz der Tätigkeit stellen dabei wichtige Indizien dar. Je eher eine Tätigkeit diesen Merkmalen zuzuordnen ist, desto eher liegt eine dem Staat zuzuordnende Gewaltausübung vor.

Ein Kontaktverbot wird bei der Heranziehung von Verwaltungshelfern außerhalb einer JVA nicht gefordert und ist auch im Justizvollzug nicht notwendig. Potentielle Notwehrsituationen sind auch in anderen Bereichen, in denen Verwaltungshelfer tätig sind, nicht generell auszuschließen. Das zeigt bereits der Fall des angegriffenen Abschleppunternehmers. Verwaltungshelfer dürfen sich, wie oben dargestellt, unbegrenzt auf die Notrechte als individuelle Rechtfertigungsgründe berufen. Nach den aufgestellten Kriterien ist nicht jede Notrechtsausübung dem Staat zuzurechnen. Reine Dienst- und Serviceleistungen haben beispielsweise keinen hoheitlichen Charakter.[197] Die Ausübung solcher Aufgaben haben nur lose mit der Erfüllung der hoheitlichen Aufgabe des Strafvollzu-

193 So auch *Mösinger*, BayVBl. 2007, 417 (422).

194 *Lange*, DÖV 2001, 898 (904).

195 *Gusy/Lührmann*, StV 2001, 46 (50). Ähnlich *Barisch*, Die Privatisierung im deutschen Strafvollzug, 168, die auf den „hoheitsrechtlich sensiblen Bereich" abstellt.

196 Ohne weitere Begründung: *Mösinger*, BayVBl. 2007, 417 (422); *Gramm*, VerwArch 1999, 329 (343).

197 *Gusy*, in: Stober (Hrsg.), Privatisierung im Strafvollzug?, 5 (18); *Meyer*, BewHi 2004, 272 (277); Arbeitsbericht „Modellprojekt", 21.

ges zu tun. Eine dauerhafte Kontrolle durch Beamte ist nicht erforderlich. Eine Ausübung von Notrechten kommt lediglich als unerwünschte Nebenfolge der Tätigkeit in Betracht.

Falls es in einem solchen Zusammenhang zu einer Situation käme, in der sich ein Verwaltungshelfer auf ein Notrecht berufen müsste, wäre die Gewaltanwendung folglich nicht dem Staat zuzurechnen. Die Notrechte müssten nicht die Anforderungen an eine Ermächtigungsgrundlage erfüllen. Ausreichend wäre, dass die Voraussetzungen des entsprechenden Notrechts vorlägen. In diesem Kontext könnten sich Verwaltungshelfer darauf berufen. Das Gewaltmonopol steht der Ausübung solcher Tätigkeiten nicht entgegen.

Verwaltungshelfer sind jedoch von der selbstständigen Wahrnehmung von Tätigkeiten, bei denen eine Gewaltausübung dem Staat zugerechnet werden würde, ausgeschlossen. Sie dürften bei solchen aber vorbereitend und unterstützend für staatliche Bedienstete tätig werden.[198]

2) Vollzugsziel der Gefangenenresozialisierung

Einziges Vollzugsziel ist es, Straftäter erstmals oder wieder in die Gesellschaft einzugliedern, sie also zu (re-)sozialisieren.[199] Einfachgesetzlich ist dies in § 2 S. 1 StVollzG normiert: „Im Vollzug der Freiheitsstrafe soll der Gefangene fähig werden, künftig in sozialer Verantwortung ein Leben ohne Straftaten zu führen (Vollzugsziel).“[200] Satz 2, nach dem der Vollzug der Freiheitsstrafe auch dem Schutz der Allgemeinheit vor weiteren Straftaten dient, stellt demgegenüber kein

---

198 So auch: *Mösinger*, BayVBl. 2007, 417 (422).

199 *Calliess/Müller-Dietz* (StVollzG), § 2 Rn. 1; *Böhm/Jehle*, in: Schwind/Böhm/Jehle/Laubenthal (StVollzG), § 2 Rn. 12; *Arloth*, in: Arloth (StVollzG), § 2 StVollzG Rn. 2; *Laubenthal*, Strafvollzug, Rn. 137; *Veith*, Sicherungsmaßnahmen und Resozialisierung, 50; *Köhne*, ZRP 2003, 207 (207); *Kulas*, Privatisierung hoheitlicher Verwaltung, 95; *Schimpfhauser*, Das Gewaltmonopol des Staates, 146; *Bemmann*, StV 1988, 549 (549). Dadurch wird impliziert, dass die Gefangenen nicht fähig sind, selbstständig in sozialer Verantwortung und ohne die Begehung von Straftaten zu leben, dies aber im Strafvollzug erlernen können: *Laubenthal*, Strafvollzug, Rn. 142.

200 Entsprechende Formulierungen sind in den nach der Föderalismusreform geschaffenen Strafvollzugsgesetzen der Länder enthalten. Teilweise wird der Resozialisierungsauftrag jedoch nicht zum „Vollzugsziel“ erklärt oder neben diesem weitere Vollzugsziele benannt. Die entsprechenden Regelungen finden sich unter: Art. 2 S. 2 BayStVollzG: Er (der Vollzug der Freiheitsstrafe) soll die Gefangenen befähigen, künftig in sozialer Verantwortung ein Leben ohne Straftaten zu führen (Behandlungsauftrag). § 2 II HmbStVollzG: Im Vollzug der Freiheitsstrafe sollen die Gefangenen befähigt werden, künftig in sozialer Verantwortung ein Leben ohne Straftaten zu führen (Behandlungsauftrag). § 5 S. 1 NJVollzG: Im Vollzug der Freiheitsstrafe sollen die Gefangenen fähig werden, künftig in sozialer Verantwortung ein Leben ohne Straftaten zu führen.

weiteres eigenständiges Vollzugsziel dar.[201] In der Literatur herrscht Uneinigkeit darüber, ob das Resozialisierungsziel Privatisierungsvorhaben begrenzt, sie erfordert oder in dieser Hinsicht irrelevant ist. Verfassungsrechtlich ist es zweifach verankert.

a) Resozialisierungsanspruch der Gefangenen gemäß Art. 2 I i. V. m. Art. 1 I GG

Das vom Bundesverfassungsgericht aus Art. 2 I i. V. m. Art. 1 I GG entwickelte allgemeine Persönlichkeitsrecht[202] beinhaltet, neben zahlreichen anderen Ausprägungen, auch ein Recht der inhaftierten Straftäter auf die Wiedereingliederung in die Gesellschaft.[203] Das allgemeine Persönlichkeitsrecht schützt als eigenständiges Grundrecht solche Verhaltensweisen, die in besonderer Weise mit der durch Art. 1 I GG geschützten Menschenwürde verknüpft und deshalb schutzbedürftiger als die sonstigen von Art. 2 I GG erfassten Handlungen sind.[204] Der Schutzbereich umfasst „die engere persönliche Lebenssphäre und die Er-

201 *Bemmann*, StV 1988, 549 (549).

202 Mit der Formulierung „Unantastbarer Bereich privater Lebensgestaltung“: BVerfGE 27, 1 (6); 34, 269 (282 f.). Später „Allgemeines Persönlichkeitsrecht“: 35, 202 (219 ff.; 224); 54, 148 (152 f.); 65, 1 (41 f.); 72, 155 (167); 79, 256 (268 f.); 80, 367 (373 f.); 101, 361 (379 f.); 114, 339 (346 f.).

203 Anfangs noch vom „Interesse“ des Täters an einer Resozialisierung sprechend, dann teilweise jedoch explizit einen grundrechtlichen Anspruch bejahend: BVerfGE 35, 202 (236); 36, 174 (188); 45, 187 (238 f.); 64, 261 (297); 96, 100 (115); 98, 169 (199 ff.); 103, 21 (39 f.); BVerfG, NJW 1998, 1133 (1133); BVerfG, NJW 2000, 1859 (1860); BVerfG, NStZ 1998, 430 (431). Dem folgend: *Dreier*, in: Dreier (GG I), Art. 2 Rn. 77, Art. 1 Rn. 145; *Murswiek*, in: Sachs (GG), Art. 2 Rn. 71; *Lorenz*, in: Dolzer/Waldhoff/Graßhof (GG), Art. 2 I Rn. 324; *Di Fabio*, in: Maunz/Dürig (GG), Art. 2 I Rn. 216; *Hofmann*, in: Schmidt-Bleibtreu/Hofmann/Hopfauf (GG), Art. 1 Rn. 44, 46; *Antoni*, in: Hömig (GG), Art. 1 Rn. 11; *Jarass*, in: Jarass/Pieroth (GG), Art. 2 Rn. 50, 69; *Calliess/Müller-Dietz* (StVollzG), Einl. Rn. 31, § 2 Rn. 6; *Jarass*, NJW 1989, 857 (859); *Kruis/Cassardt*, NStZ 1995, 521 (521); *Schneider*, NStZ 1999, 157 (158); *Degenhart*, JuS 1992, 361 (367); *Mösinger*, BayVBl. 2007, 417 (419); *Arloth*, JuS 2003, 1041 (1044); *Veith*, Sicherungsmaßnahmen und Resozialisierung, 57 f.; *Laubenthal*, Strafvollzug, Rn. 145; *Meyer*, BewHi 2004, 272 (276); *Gusy*, in: Stober (Hrsg.), Privatisierung im Strafvollzug?, 5 (12); *Schimpfhauser*, Das Gewaltmonopol des Staates, 146; *Barisch*, Die Privatisierung im deutschen Strafvollzug, 158. Lediglich auf Art. 1 I GG gestützt: *Lüderssen*, KJ 1968, 179 (179 ff.); *Suhrbier*, in: Stober (Hrsg.), Privatisierung im Strafvollzug?, 71 (73). Mitunter handelt es sich auch um eine erstmalige Eingliederung in die Gesellschaft. Dazu: *Laubenthal*, Strafvollzug, Rn. 143. Dafür, dass es sich bei dem Recht auf Resozialisierung nicht um ein Leistungsrecht, sondern eine verhältnismäßige Begrenzung eines vorausgegangenen Eingriffs in das allgemeine Persönlichkeitsrecht handelt: *Lorenz*, in: Dolzer/Waldhoff/Graßhof (GG), Art. 2 I Rn. 325.

204 *Jarass*, NJW 1989, 857 (857); *Murswiek*, in: Sachs (GG), Art. 2 Rn. 62 ff.

haltung ihrer Grundbedingungen."[205] Zu letztgenanntem, den Grundbedingungen der Lebenssphäre, der Persönlichkeitsentfaltung und der Selbstbestimmung zählt auch das auf einen zukünftigen Entfaltungsschutz gerichtete Recht der Gefangenen auf Resozialisierung. Straftäter sollen eine Chance auf Wiedereingliederung und zu einem Neubeginn haben, nachdem die angemessene Strafe für eine begangene Tat verbüßt wurde.[206] Grundvoraussetzung dafür ist, dass jeder Gefangene, selbst zu lebenslänglichen Haftstrafen verurteilte Straftäter[207], die prinzipielle Aussicht hat, seine Freiheit wiederzugewinnen.[208] Die gesamte Ausgestaltung des Strafvollzuges ist auf das Vollzugsziel auszurichten,[209] bei jeder den Gefangenen betreffenden Maßnahme ist das Ziel seiner Resozialisierung zu beachten.[210] Insbesondere gilt dies für alle den Gefangenen belastende Maßnahmen.[211] Ungeachtet finanzieller und organisatorischer Probleme sind im Rahmen

---

205 BVerfGE 54, 148 (153); 72, 155 (170); 79, 256 (268); 96, 56 (61); *Murswiek*, in: Sachs (GG), Art. 2 Rn. 60; *Jarass*, in: Jarass/Pieroth (GG), Art. 2 Rn. 41; *Antoni*, in: Hömig (GG), Art. 1 Rn. 10; *Degenhart*, JuS 1992, 361 (361, 366 f.).

206 BVerfGE 35, 202 (235 f.); 45, 187 (239); 98, 169 (200); *Di Fabio*, in: Maunz/Dürig (GG), Art. 2 I Rn. 216; *Hofmann*, in: Schmidt-Bleibtreu/Hofmann/Hopfauf (GG), Art. 1 Rn. 44; *Dreier*, in: Dreier (GG I), Art. 1 I Rn. 145, Art. 2 Rn. 77; *Jarass*, in: Jarass/Pieroth (GG), Art. 2 Rn. 50; *Jarass*, NJW 1989, 857 (859); *Degenhart*, JuS 1992, 361 (367); *Laubenthal*, Strafvollzug, Rn. 146; *Barisch*, Die Privatisierung im deutschen Strafvollzug, 158 f. Zu den daneben geschützten Grundbedingungen ausführlich: *Dreier*, in: Dreier (GG I), Art. 2 Rn. 77; *Degenhart*, JuS 1992, 361 (366 ff.); *Schimpfhauser*, Das Gewaltmonopol des Staates, 164.

207 BVerfGE 45, 187 (238 f.); 64, 261 (281); 98, 169 (200); BVerfG, NStZ, 1996, 614 (614); *Di Fabio*, in: Maunz/Dürig (GG), Art. 2 I Rn. 216; *Lorenz*, in: Dolzer/Waldhoff/Graßhof (GG), Art. 2 I Rn. 326; *Hofmann*, in: Schmidt-Bleibtreu/Hofmann/Hopfauf (GG), Art. 20 Rn. 39; *Calliess/Müller-Dietz* (StVollzG), Einl. Rn. 39; *Arloth*, in: Arloth (StVollzG), § 2 StVollzG Rn. 6; *Jarass*, NJW 1989, 857 (859); *Laubenthal*, Strafvollzug, Rn. 148.

208 BVerfGE 64, 261 (281); 72, 105 (115 ff.); *Hofmann*, in: Schmidt-Bleibtreu/Hofmann/Hopfauf (GG), Art. 1 Rn. 44; *Lorenz*, in: Dolzer/Waldhoff/Graßhof (GG), Art. 2 I Rn. 326; *Degenhart*, JuS 1992, 361 (367).

209 BVerfGE 98, 169 (200 ff.); *Hofmann*, in: Schmidt-Bleibtreu/Hofmann/Hopfauf (GG), Art. 1 Rn. 46; *Di Fabio*, in: Maunz/Dürig (GG), Art. 2 I Rn. 216; *Lorenz*, in: Dolzer/Waldhoff/Graßhof (GG), Art. 2 I Rn. 325; *Jarass*, in: Jarass/Pieroth (GG), Art. 2 Rn. 69; *Jarass*, NJW 1989, 857 (859); *Calliess/Müller-Dietz* (StVollzG), Einl. Rn. 32 f.; § 2 Rn. 32; *Mösinger*, BayVBl. 2007, 417 (419); *Ploog*, in: Stober (Hrsg.), Privatisierung im Strafvollzug?, 109 (109); *Kulas*, Privatisierung hoheitlicher Verwaltung, 95; *Laubenthal*, Strafvollzug, Rn. 147; *Kruis*, ZRP 2000, 1 (5).

210 *Di Fabio*, in: Maunz/Dürig (GG), Art. 2 I Rn. 216; *Böhm/Jehle*, in: Schwind/Böhm/Jehle/Laubenthal (StVollzG), § 2 Rn. 12; *Mösinger*, BayVBl. 2007, 417 (419), *Degenhart*, JuS 1992, 361 (367); *Veith*, Sicherungsmaßnahmen und Resozialisierung, 58; *Laubenthal*, Strafvollzug, Rn. 147; *Kruis*, ZRP 2000, 1 (5); *Barisch*, Die Privatisierung im deutschen Strafvollzug, 158.

211 BVerfGE 98, 169 (200); *Di Fabio*, in: Maunz/Dürig (GG), Art. 2 I Rn. 216; *Hofmann*, in: Schmidt-Bleibtreu/Hofmann/Hopfauf (GG), Art. 1 Rn. 46; *Laubenthal*, Strafvollzug, Rn. 147; *Gusy*, in: Stober (Hrsg.), Privatisierung im Strafvollzug?, 5 (12).

des Zumutbaren die erforderlichen sachlichen und personellen Mittel zur Erreichung des Vollzugsziels bereitzustellen.[212] Durch die Wahl von Struktur und Einrichtung der Vollzugsanstalten sowie Ausbildung, Auswahl und Einsatz der Vollzugsbediensteten ist ein insgesamt resozialisierungsfreundliches Klima im Strafvollzug sicherzustellen.[213] Sozusagen als Grundgerüst zur Erreichung des Vollzugsziels ist durch den Gesetzgeber ein wirksames Resozialisierungskonzept zu entwickeln, wobei ihm jedoch ein weiter Spielraum zusteht.[214] In diesem Konzept muss insbesondere die Leistung von Pflichtarbeit als bedeutsamer Teil berücksichtigt und angemessen anerkannt werden.[215] Dies soll „dem Gefangenen den Wert regelmäßiger Arbeit für ein künftiges eigenverantwortliches und straffreies Leben in Gestalt eines für ihn greifbaren Vorteils vor Augen (...) führen."[216] Auch bei der Auslegung von unbestimmten Rechtsbegriffen und Generalklauseln sowie bei der Ausübung eines Rechtsfolgeermessens ist das Vollzugsziel der Resozialisierung zu beachten.[217] Einer möglichen Persönlichkeitsschädigung des Gefangenen im Strafvollzug ist entgegenzuwirken.[218] Aufgrund des außergewöhnlich engen Abhängigkeitsverhältnisses, in dem sich der Gefangene zum Staat befindet, und der daraus resultierenden fehlenden Möglichkeit einer alternativen Wahrnehmung von speziell auf die Resozialisierung gerichteten Behandlungsmaßnahmen, hat er zudem einen Anspruch auf die Durchführung von solchen.[219] Entsprechende personelle und sachliche Rahmenbedingun-

---

212 BVerfGE 40, 276 (284); 45, 187 (239); *Laubenthal*, Strafvollzug, Rn. 54, 147; *Calliess/Müller-Dietz* (StVollzG), Einl. Rn. 33; § 2 Rn. 32. Ein unmittelbar einklagbarer Anspruch des einzelnen Gefangenen darauf besteht jedoch nicht: *Kulas*, Privatisierung hoheitlicher Verwaltung, 97 Fn. 204; *Laubenthal*, Strafvollzug, Rn. 148; *Barisch*, Die Privatisierung im deutschen Strafvollzug, 157.

213 *Böhm/Jehle*, in: Schwind/Böhm/Jehle/Laubenthal (StVollzG), § 2 Rn. 12; *Calliess/Müller-Dietz* (StVollzG), § 2 Rn. 32; *Mösinger*, BayVBl. 2007, 417 (419); *Ploog*, in: Stober (Hrsg.), Privatisierung im Strafvollzug?, 109 (109).

214 BVerfGE 98, 169 (201); *Di Fabio*, in: Maunz/Dürig (GG), Art. 2 I Rn. 217; *Barisch*, Die Privatisierung im deutschen Strafvollzug, 158.

215 BVerfGE 98, 169 (201); BVerfG, NJW 2002, 2023 (2024); *Di Fabio*, in: Maunz/Dürig (GG), Art. 2 I Rn. 217; *Lorenz*, in: Dolzer/Waldhoff/Graßhof (GG), Art. 2 I Rn. 326; *Antoni*, in: Hömig (GG), Art. 1 Rn. 11; Für die Bedeutsamkeit regelmäßiger Arbeit für die Gefangenenresozialisierung auch: *Hofmann*, in: Schmidt-Bleibtreu/Hofmann/Hopfauf (GG), Art. 12 Rn. 96; *Banzer*, FS 2007, 199 (199); *Lange*, DÖV 2001, 898 (903).

216 BVerfGE 98, 169 (201).

217 BVerfGE 98, 169 (201); *Di Fabio*, in: Maunz/Dürig (GG), Art. 2 I Rn. 218.

218 BVerfGE 45, 187 (238 ff.); 64, 261 (277); 98, 169 (200); *Dreier*, in: Dreier (GG I), Art. 1 I Rn. 144; *Di Fabio*, in: Maunz/Dürig (GG), Art. 2 I Rn. 216; *Calliess/Müller-Dietz* (StVollzG), Einl. Rn. 33; *Laubenthal*, Strafvollzug, Rn. 147; *Gusy*, in: Stober (Hrsg.), Privatisierung im Strafvollzug?, 5 (11 f.).

219 *Gusy*, in: Stober (Hrsg.), Privatisierung im Strafvollzug?, 5 (12); *Mösinger*, BayVBl. 2007, 417 (419); *Kulas*, Privatisierung hoheitlicher Verwaltung, 97.

gen sind auch hierfür zu schaffen.[220] Daneben wird die zulässige Darstellung des Täters in der Öffentlichkeit, etwa durch Fernseh- oder Zeitungsberichterstattung, vom Resozialisierungsziel beeinflusst. Eine (zivilrechtliche) Rechtsanwendung ist dahingehend zu gestalten, dass die Öffentlichkeit dem Straftäter bei Entlassung möglichst nicht negativ gegenübersteht, womit der Gefahr einer sozialen Isolierung und inneren Destabilisierung vorgebeugt werden soll.[221]

b) Objektivrechtliche Verpflichtung zur Gefangenenresozialisierung aus dem Sozialstaatsprinzip

Das Sozialstaatsprinzip ist in Art. 20 I GG, gemäß dem die Bundesrepublik Deutschland ein demokratischer und sozialer Bundesstaat ist, und in Art. 28 I 1 GG verankert.[222] Eine genaue inhaltliche Bestimmung des Sozialstaatsprinzips ist kaum durchführbar, sein exakter Inhalt umstritten.[223] Es gebietet dem Staat für soziale Gerechtigkeit zu sorgen und „schädliche Auswirkungen schrankenloser Freiheit zu verhindern".[224] Grundgedanke des Prinzips ist, dass der Staat auf einen sozialen Ausgleich und soziale Gerechtigkeit hinarbeiten muss. Er muss für soziale Sicherheit und eine gerechte Sozialordnung sorgen.[225] Das Verfassungsprinzip verpflichtet den Staat zudem dazu, die notwendigen Grundvoraus-

---

220 *Kulas*, Privatisierung hoheitlicher Verwaltung, 97; *Laubenthal*, Strafvollzug, Rn. 147.

221 BVerfGE 35, 202 (235 ff.); 97, 391 (404 f.); BVerfG, NJW 2000, 1859 (1860); BVerfG, NVwZ 2008, 306 (306 f.); *Di Fabio*, in: Maunz/Dürig (GG), Art. 2 I Rn. 218; *Jarass*, in: Jarass/Pieroth (GG), Art. 2 Rn. 69, Art. 5 Rn. 78; *Lorenz*, in: Dolzer/Waldhoff/Graßhof (GG), Art. 2 I Rn. 327; *Degenhart*, JuS 1992, 361 (367). Es besteht jedoch kein Anspruch darauf, in der Öffentlichkeit überhaupt nicht mehr mit der Tat konfrontiert zu werden: BVerfG, NJW 2000, 1859 (1860).

222 *Jarass*, in: Jarass/Pieroth (GG), Art. 20 Rn. 112; *Hofmann*, in: Schmidt-Bleibtreu/Hofmann/Hopfauf (GG), Art. 20 Rn. 29; *Antoni*, in: Hömig (GG), Art. 20 Rn. 4; *Calliess/Müller-Dietz* (StVollzG), § 2 Rn. 6; Arbeitsbericht „Modellprojekt", 23; *Kötter*, BewHi 2004, 211 (220); *Mösinger*, BayVBl. 2007, 417 (421); *Kulas*, Privatisierung hoheitlicher Verwaltung, 83; *Bonk*, JZ 2000, 435 (440); Arbeitsbericht „Modellprojekt", 23; *Barisch*, Die Privatisierung im deutschen Strafvollzug, 156.

223 *Hofmann*, in: Schmidt-Bleibtreu/Hofmann/Hopfauf (GG), Art. 20 Rn. 29; *Sachs*, in: Sachs (GG), Art. 20 Rn. 46; *Jarass*, in: Jarass/Pieroth (GG), Art. 20 Rn. 113; *Antoni*, in: Hömig (GG), Art. 20 Rn. 4; *Kulas*, Privatisierung hoheitlicher Verwaltung, 83; *Kötter*, BewHi 2004, 211 (220).

224 BVerfGE 5, 85 (206); *Mösinger*, BayVBl. 2007, 417 (421); *Kötter*, BewHi 2004, 211 (220); *Kulas*, in: Stober (Hrsg.), Privatisierung im Strafvollzug?, 35 (40); *Kulas*, Privatisierung hoheitlicher Verwaltung, 84.

225 BVerfGE 1, 97 (105); 5, 85 (205); 69, 272 (314); 94, 241 (263); 97, 169 (185); 110, 412 (445); *Jarass*, in: Jarass/Pieroth (GG), Art. 20 Rn. 119; *Hofmann*, in: Schmidt-Bleibtreu/Hofmann/Hopfauf (GG), Art. 20 Rn. 29; *Sachs*, in: Sachs (GG), Art. 20 Rn. 46; *Antoni*, in: Hömig (GG), Art. 20 Rn. 4; *Kötter*, BewHi 2004, 211 (220); *Sterzel*, LBGS Gutachten, 181.

setzungen für die Existenzsicherung der Bürger zu treffen.[226] Es garantiert jedoch, auch im Bereich des Strafvollzugs, lediglich ein Mindestmaß an Leistungen.[227] Dabei besteht ein weiter Spielraum für den Gesetzgeber.[228] Bestimmte Mittel[229] oder der Rechtsstatus der erfüllenden Personen[230] sind ihm nicht vorgegeben. Der Staat kann dem Sozialstaatsprinzip grundsätzlich in jeder Form gerecht werden, die ihm als die erfolgversprechendste erscheint. Es begründet zudem grundsätzlich keine subjektiven Rechte des Einzelnen,[231] sondern stellt eine Handlungs- und Auslegungsregel für alle staatliche Gewalt dar.[232]

Das Bundesverfassungsgericht leitet aus diesem Prinzip die objektivrechtliche Verpflichtung zur Resozialisierung von Strafgefangenen her:[233] „Von der Gemeinschaft aus betrachtet, verlangt das Sozialstaatsprinzip staatliche Vor- und Fürsorge für Gruppen der Gesellschaft, die aufgrund persönlicher Schwäche oder Schuld, Unfähigkeit oder gesellschaftlicher Benachteiligung in ihrer persönlichen und sozialen Entfaltung gehindert sind; dazu gehören auch die Gefangenen und Entlassenen.“[234] Die Gesellschaft hat zudem ein unmittelbares Interesse

---

226 *Jarass*, in: Jarass/Pieroth (GG), Art. 20 Rn. 114; *Hofmann*, in: Schmidt-Bleibtreu/Hofmann/Hopfauf (GG), Art. 20 Rn. 29; *Antoni*, in: Hömig (GG), Art. 20 Rn. 4; Arbeitsbericht „Modellprojekt“, 23; *Kulas*, Privatisierung hoheitlicher Verwaltung, 84; *Bonk*, JZ 2000, 435 (440).

227 *Calliess/Müller-Dietz* (StVollzG), Einl. Rn. 33; Arbeitsbericht „Modellprojekt“, 23; *Mösinger*, BayVBl. 2007, 417 (421); *Meyer*, BewHi 2004, 272 (275); *Kötter*, BewHi 2004, 211 (220 f.); *Bonk*, JZ 2000, 435 (440); *Barisch*, Die Privatisierung im deutschen Strafvollzug, 157.

228 BVerfGE 1, 97 (105); 59, 231 (263); 82, 60 (80); 97, 169 (185); 100, 271 (284); BVerfG, NJW 1998, 3337 (3338); *Sachs*, in: Sachs (GG), Art. 20 Rn. 48; *Jarass*, in: Jarass/Pieroth (GG), Art. 20 Rn. 116; *Hofmann*, in: Schmidt-Bleibtreu/Hofmann/Hopfauf (GG), Art. 20 Rn. 29; *Antoni*, in: Hömig (GG), Art. 20 Rn. 4; *Lange*, DÖV 2001, 898 (903); *Meyer*, BewHi 2004, 272 (275); *Sterzel*, LBGS Gutachten, 181.

229 *Mösinger*, BayVBl. 2007, 417 (421); *Kulas*, Privatisierung hoheitlicher Verwaltung, 84 f.; Arbeitsbericht „Modellprojekt“, 23; *Bonk*, JZ 2000, 435 (440).

230 *Bonk*, JZ 2000, 435 (440); *Barisch*, Die Privatisierung im deutschen Strafvollzug, 157.

231 BVerfGE 1, 97 (105); 6, 376 (385); 27, 253 (283); 41, 126 (153 f.); 48, 64 (79); 82, 60 (80); *Jarass*, in: Jarass/Pieroth (GG), Art. 20 Rn. 113; *Hofmann*, in: Schmidt-Bleibtreu/Hofmann/Hopfauf (GG), Art. 20 Rn. 37; *Antoni*, in: Hömig (GG), Art. 20 Rn. 4; *Sachs*, in: Sachs (GG), Art. 20 Rn. 50; *Kulas*, Privatisierung hoheitlicher Verwaltung, 84.

232 BVerfGE 1, 97 (105); *Jarass*, in: Jarass/Pieroth (GG), Art. 20 Rn. 121 ff.; *Antoni*, in: Hömig (GG), Art. 20 Rn. 4; *Sachs*, in: Sachs (GG), Art. 20 Rn. 54; *Badura*, DÖV 1989, 491 (495).

233 BVerfGE 35, 202 (235 f.). Dem folgend: *Lorenz*, in: Dolzer/Waldhoff/Graßhof (GG), Art. 2 I Rn. 325; *Hofmann*, in: Schmidt-Bleibtreu/Hofmann/Hopfauf (GG), Art. 20 Rn. 39; *Calliess/Müller-Dietz* (StVollzG), § 2 Rn. 6; *Kruis/Cassardt*, NStZ 1995, 521 (521); *Veith*, Sicherungsmaßnahmen und Resozialisierung, 52; *Mösinger*, BayVBl. 2007, 417 (421); *Laubenthal*, Strafvollzug, Rn. 51, 145 f.; *Arloth*, JuS 2003, 1041 (1044); *Lange*, DÖV 2001, 898 (903); *Meyer*, BewHi 2004, 272 (276); *Suhrbier*, in: Stober (Hrsg.), Privatisierung im Strafvollzug?, 71 (73); *Gusy*, in: Stober (Hrsg.), Privatisierung im Strafvollzug?, 5 (12); *Bonk*, JZ 2000, 435 (440); *Sterzel*, LBGS Gutachten, 181 f.

234 BVerfGE 35, 202 (236).

daran, dass Entlassene nicht wieder straffällig werden, da die Taten zu ihren Lasten gehen würden.[235] Deshalb sind von staatlicher Seite die notwendigen Ressourcen zur Realisierung der Resozialisierungsbemühungen zur Verfügung zu stellen.[236]

c) Das Vollzugsziel als Privatisierungsschranke

Mitunter wird das Vollzugsziel der Resozialisierung als mögliche Privatisierungsschranke diskutiert.[237] Eine restriktive Ansicht geht dabei davon aus, dass der Strafvollzug nicht nur eine staatliche Trägerschaft erfordert, sondern aufgrund des Vollzugsziels auch personell rein öffentlich-rechtlich ausgestaltet werden muss. Jede Form der Privatisierung, auch in Form einer Beleihung oder Verwaltungshilfe, sei folglich ausgeschlossen.[238] Bei privater Wahrnehmung von Behandlungsaufgaben bestünde die Gefahr, dass Leistungen, insbesondere zeit- und personalintensive therapeutische Maßnahmen, aus Kostengründen gekürzt würden, da die Ausgestaltung der Behandlung gesetzlich nicht detailliert vorgegeben ist.[239] Auch die enge Verzahnung von Eingriffs- und resozialisierenden Behandlungsmaßnahmen im Strafvollzug spreche gegen Privatisierungen.[240] Zudem wird vorgebracht, dass die Annahme, Private könnten besser für eine Resozialisierung der Gefangenen sorgen, nicht bewiesen und auch nicht zu vermuten

---

235 BVerfGE 35, 202 (236); 98, 169 (200); *Calliess/Müller-Dietz* (StVollzG), § 2 Rn. 6; *Mösinger*, BayVBl. 2007, 417 (421); *Köhne*, ZRP 2003, 207 (207).

236 BVerfGE 35, 202 (236); *Laubenthal*, Strafvollzug, Rn. 145.

237 Arbeitsbericht „Modellprojekt", 23; *Mösinger*, BayVBl. 2007, 417 (419 f., 421); *Lange*, DÖV 2001, 898 (903); *Meyer*, BewHi 2004, 272 (275); *Kruis*, ZRP 2000, 1 (4 f.); *Ploog*, in: Stober (Hrsg.), Privatisierung im Strafvollzug?, 109 (109 f.); *Kulas*, in: Stober (Hrsg.), Privatisierung im Strafvollzug?, 35 (41 f.); *Kulas*, Privatisierung hoheitlicher Verwaltung, 83 ff.; *Bonk*, JZ 2000, 435 (440); *Schimpfhauser*, Das Gewaltmonopol des Staates, 164 ff.; *Bachl*, FS 2007, 200 (200); *Braum/Varwig/Bader*, ZfStrVo 1999, 67 (69); *Laubenthal*, Strafvollzug, Rn. 54; *Hoffmann-Riem*, JZ 1999, 421 (428); *Barisch*, Die Privatisierung im deutschen Strafvollzug, 159 f. Bezogen auf eine Privatisierung im Bereich der Bewährungshilfe: *Kötter*, BewHi 2004, 211 (220 f.). Den Resozialisierungsanspruch dagegen nicht als Privatisierungsgrenze thematisierend: *Gusy/Lührmann*, StV 2001, 46 (46 ff.); *Gusy*, JZ 2006, 651 (651 ff.); *Arloth*, JuS 2003, 1041 (1041 ff.); *Krölls*, GewArch 1997, 445 (453 f.); *Gramm*, VerwArch 1999, 329 (339 ff.); *Wagner*, ZRP 2000, 169 (171 f.); *Burgi*, in: Stober (Hrsg.), Privatisierung im Strafvollzug?, 43 (47 ff.).

238 *Ploog*, in: Stober (Hrsg.), Privatisierung im Strafvollzug?, 109 (109 f.); *Braum/Varwig/Bader*, ZfStrVo 1999, 67 (69); *Laubenthal*, Strafvollzug, Rn. 51; *Arloth*, in: Arloth (StVollzG), § 155 StVollzG Rn. 2; *Calliess/Müller-Dietz* (StVollzG), § 155 Rn. 3; *Gusy*, in: Stober (Hrsg.), Privatisierung im Strafvollzug?, 5 (11 ff.).

239 *Laubenthal*, Strafvollzug, Rn. 54. In diese Richtung auch *Schimpfhauser*, Das Gewaltmonopol des Staates, 166; *Barisch*, Die Privatisierung im deutschen Strafvollzug, 156.

240 *Laubenthal*, Strafvollzug, Rn. 51.

sei.[241] Außerdem sei der Strafvollzug aufgrund des bestehenden besonderen Gewaltverhältnisses nicht mit anderen öffentlichen Aufgaben vergleichbar.[242] Andere knüpfen den Einsatz Privater an strenge Bedingungen. Er sei nur zulässig, um eine Resozialisierung so effizient wie möglich umzusetzen. Dies sei nur der Fall, wenn Private zeitlich begrenzt herangezogen würden und die Fachkennnisse der Externen die der Vollzugsbeamten übersteigen (Fachärzte, externe Therapeuten usw.).[243] Von anderer Seite wird dagegen im Resozialisierungsziel keine Grenze, sondern ein Argument für eine Privatisierung gesehen. Bestehende Überbelegungen und mangelnde adäquate Arbeitsangebote im rein staatlichen Vollzug ließen eine angemessene Verfolgung des Resozialisierungsziels nicht zu.[244] Auch die in der Praxis häufig fehlenden finanziellen Mittel begrenzten die angemessene Durchführung des Behandlungsvollzugs.[245] In Hessen mussten beispielsweise wegen der Anfang des Jahrtausends bestehenden Überbelegung Zellen mehrfach belegt und Beschäftigungsmöglichkeiten eingeschränkt werden,[246] was dem Vollzugsziel zuwiderläuft. Durch eine (Teil)Privatisierung von Anstalten seien eine modernere Vollzugsstrukturierung, bessere Beschäftigungsmöglichkeiten und eine Personalerhöhung zu erreichen. Eine ausreichende Personalquote pro Gefangenem sei so zu garantieren.[247] Dadurch könne eine bessere, individuellere Betreuung erreicht und die Resozialisierung gefördert werden.[248] Die Heranziehung Privater könne zudem zur Schaffung modernerer Arbeitsplätze und einem damit verbundenen besseren Angebot von qualitativ hochwertigeren Arbeitsmöglichkeiten für Gefangene führen.[249]

Die Argumentation, der Strafvollzug sei mit anderen Verwaltungsbereichen aufgrund des bestehenden besonderen Gewaltverhältnisses nicht vergleichbar, ist für sich genommen wenig überzeugend. Die angeführte enge Verbindung zwischen Eingriffs- und Behandlungsmaßnahmen liegt im Strafvollzug zwar vor, sie allein sagt jedoch nichts über die Ausgestaltung von Resozialisierungsmaßnahmen nach den Vorgaben der verfassungsrechtlichen Verankerungen des Vollzugsziels aus. Die Verzahnung beider Elemente wird erst im Rahmen des Art. 33

241 *Arloth*, in: Arloth (StVollzG), § 155 StVollzG Rn. 4; *Arloth*, ZfStrVo 2002, 3 (5); *Bosch/Reichert*, ZStW 2001, 207 (230 ff.).

242 *Ploog*, in: Stober (Hrsg.), Privatisierung im Strafvollzug?, 109 (109).

243 *Bachl*, FS 2007, 200 (200).

244 *Kulas*, in: Stober (Hrsg.), Privatisierung im Strafvollzug?, 35 (35).

245 *Kulas*, in: Stober (Hrsg.), Privatisierung im Strafvollzug?, 35 (35); *Jöhnk*, in: Stober (Hrsg.), Privatisierung im Strafvollzug?, 55 (55); *Köhne*, ZRP 2003, 207 (208).

246 *Mösinger*, BayVBl. 2007, 417 (420).

247 *Kulas*, in: Stober (Hrsg.), Privatisierung im Strafvollzug?, 35 (41).

248 *Kulas*, in: Stober (Hrsg.), Privatisierung im Strafvollzug?, 35 (35 f.).

249 *Kulas*, in: Stober (Hrsg.), Privatisierung im Strafvollzug?, 35 (36).

IV GG ausführlich zu diskutieren sein.[250] Wenn Resozialisierungsangebote durch den Einsatz Privater erweitert werden können, auch wenn dies nur aufgrund der geringeren Kosten der Fall ist, und keine sonstigen negativen Auswirkungen zu erwarten sind, spricht dies für die Durchführung von Privatisierungsmaßnahmen.[251] Sowohl das Sozialstaatsprinzip als auch das allgemeine Persönlichkeitsrecht geben lediglich die Gefangenenresozialisierung als Ziel des Strafvollzugs, nicht jedoch die dafür einzusetzenden Mittel vor. Das Bundesverfassungsgericht hat in anderem Zusammenhang entschieden, dass der Staat zur Erreichung einer gerechten Sozialordnung nicht auf ein bestimmtes Personal festgelegt ist und etwa auch private Wohlfahrtsorganisationen zur Mithilfe heranziehen kann.[252] Anders als in Art. 33 IV GG finden sich in beiden grundgesetzlichen Verankerungen des Resozialisierungsziels keine Anhaltspunkte dafür, dass das Grundgesetz von einer grundsätzlich qualifizierteren Wahrnehmung durch Beamte ausgeht. Weder das Sozialstaatsprinzip noch das allgemeine Persönlichkeitsrecht enthalten einen Beamtenvorbehalt für Resozialisierungsmaßnahmen oder sonstige Aufgaben im Strafvollzug. Es bestehen auch keine Anhaltspunkte dafür, dass die Durchführung von Behandlungsmaßnahmen durch Private die Resozialisierungschancen von Gefangenen grundsätzlich verbessert oder verschlechtert.[253] Der Einsatz Privater ist schon deshalb durch die Einschätzungsprärogative des Gesetzgebers gedeckt. Auch bei einer Aufgabenwahrnehmung durch Private können sämtliche Maßnahmen auf eine Resozialisierung ausgerichtet sein. Die Qualität und Quantität von Resozialisierungsmaßnahmen ist letztendlich keine Frage öffentlich-rechtlicher oder privater Erfüllung, sondern entscheidet sich anhand der aufgewendeten finanziellen Mittel. Je mehr hier investiert wird, desto mehr spezielle Resozialisierungsmaßnahmen können angeboten und desto besser kann das Personal bezüglich der resozialisierungsfreundlichen Durchführung von allgemeinen Maßnahmen qualifiziert werden. Folglich spricht das Vollzugsziel nicht prinzipiell gegen Privatisierungen, solange bestimmte Bedingungen beachtet werden. So ergibt sich aus dem Sozialstaatsprinzip eine Garantenpflicht des Staats, auch nach erfolgten Privatisierungsmaßnahmen vertraglich abgesi-

250 Siehe dazu 2. Kapitel, A., I., 4).

251 So auch *Mösinger*, BayVBl. 2007, 417 (420).

252 BVerfGE 22, 180 (204). Dem folgend: *Hofmann*, in: Schmidt-Bleibtreu/Hofmann/Hopfauf (GG), Art. 20 Rn. 29; *Antoni*, in: Hömig (GG), Art. 20 Rn. 4; *Sachs*, in: Sachs (GG), Art. 20 Rn. 48; Arbeitsbericht „Modellprojekt“, 23; *Meyer*, BewHi 2004, 272 (275); *Lange*, DÖV 2001, 898 (903); *Mösinger*, BayVBl. 2007, 417 (421); *Kulas*, Privatisierung hoheitlicher Verwaltung, 86; *Bonk*, JZ 2000, 435 (440); *Sterzel*, LBGS Gutachten, 182.

253 A. A. *Barisch*, Die Privatisierung im deutschen Strafvollzug, 250, die annimmt, dass Private prinzipiell kostengünstiger wirtschaften und daher das Resozialisierungsziel eher verwirklichen können.

chert ein hohes Qualitätsniveau zu erhalten.[254] Die private Erbringung muss bei gleichem Kostenaufwand mindestens das gleiche Niveau erreichen.[255] Aufgrund der Möglichkeit und Pflicht zur vertraglichen Absicherung qualitativer und quantitativer Standards spielt auch die fehlende gesetzliche Ausgestaltung des Behandlungsvollzugs keine Rolle. Daneben steht es den Beteiligten natürlich frei, ein gegenüber dem staatlichen Vollzug erhöhtes Niveau festzulegen und die Resozialisierungschancen der Gefangenen in der Folge zu erhöhen.[256] In der JVA Hünfeld wurde der private Partner beispielsweise vertraglich verpflichtet, die durchschnittlich in Hessen bestehende Beschäftigungsquote von weniger als 50 % zu übertreffen. Bei technischen Störungen und Personalausfall muss umgehend für Ersatz gesorgt werden.[257] Im Januar 2007 lag die Beschäftigungsquote bereits bei 80 %. Da ca. 20 % der Insassen aufgrund psychischer oder physischer Probleme keine Arbeit wahrnehmen können, lag damit quasi eine Vollbeschäftigung vor.[258] Um ein entsprechendes Niveau durchgehend zu garantieren, sind zudem staatliche Selbsteintrittsrechte für die Fälle einer Nicht- oder Schlechterfüllung[259] sowie ausreichend lange Kündigungsfristen für Private[260] unabdingbar. Zudem sind Notdienste während eines eventuellen Arbeitskampfes abzusichern.[261] In Notfällen muss der Staat den privaten Partner durch andere Externe ersetzen oder selbst die entsprechenden Aufgaben übernehmen können.[262] Zudem sind effektive Sanktionsmöglichkeiten[263] sowie eine wirksame Aufsicht und

---

254 *Kulas*, Privatisierung hoheitlicher Verwaltung, 85; *Thiele*, GewArch 1980, 105 (107); *Görgmaier,* DÖV 1977, 356 (359). Bezogen auf eine Privatisierung im Bereich der Bewährungshilfe: *Kötter*, BewHi 2004, 211 (221).

255 *Kulas*, Privatisierung hoheitlicher Verwaltung, 85; *Thiele*, GewArch 1980, 105 (107); *Görgmaier,* DÖV 1977, 356 (359).

256 *Kulas*, in: Stober (Hrsg.), Privatisierung im Strafvollzug?, 35 (41); *Mösinger*, BayVBl. 2007, 417 (420); *Lange*, DÖV 2001, 898 (903).

257 *Mösinger*, BayVBl. 2007, 417 (420).

258 *Barisch*, Die Privatisierung im deutschen Strafvollzug, 232 f.

259 *Kulas*, Privatisierung hoheitlicher Verwaltung, 85 f.; *Mösinger*, BayVBl. 2007, 417 (420); *Tiemann*, BayVBl. 1976, 261 (267); Arbeitsbericht „Modellprojekt", 23; *Lange*, DÖV 2001, 898 (903); *Bonk*, JZ 2000, 435 (440); *Barisch*, Die Privatisierung im deutschen Strafvollzug, 160. Bezogen auf eine Privatisierung im Bereich der Bewährungshilfe: *Kötter*, BewHi 2004, 211 (221).

260 Bezogen auf eine Privatisierung im Bereich der Bewährungshilfe: *Kötter*, BewHi 2004, 211 (221).

261 BVerfG, NJW 2012, 1563 (1567); *Kulas*, in: Stober (Hrsg.), Privatisierung im Strafvollzug?, 35 (41); *Kulas*, Privatisierung hoheitlicher Verwaltung, 89; *Kulas*, in: Stober (Hrsg.), Privatisierung im Strafvollzug?, 35 (41); *Mösinger*, BayVBl. 2007, 417 (420). Bezogen auf eine Privatisierung im Bereich der Bewährungshilfe: *Kötter*, BewHi 2004, 211 (221).

262 *Mösinger*, BayVBl. 2007, 417 (420); *Bonk*, JZ 2000, 435 (440).

263 *Kulas*, Privatisierung hoheitlicher Verwaltung, 86; *Kulas*, in: Stober (Hrsg.), Privatisierung im Strafvollzug?, 35 (41); *Mösinger*, BayVBl. 2007, 417 (420).

Kontrolle[264] vertraglich sicherzustellen. Das Resozialisierungsgebot könnte nur als Grenze fungieren, wenn in teilprivatisierten Vollzugsanstalten ein resozialisierungsfeindliches Klima herrschen würde, beziehungsweise eine Resozialisierung durch Privatisierungen beeinträchtigt werden würde.[265] Das wäre der Fall, wenn ehemals in solchen Anstalten untergebrachte Gefangene statistisch gesehen schlechter wieder in die Gesellschaft eingegliedert werden könnten. Anzeichen dafür sind jedoch nicht erkennbar. Es gilt aber zu beachten, dass es ein entscheidender Teil des Resozialisierungskonzepts für die Gefangenen ist, einer regelmäßigen Arbeit nachzugehen.[266] Zu den wahrgenommenen Tätigkeiten zählen beispielsweise Reinigungsarbeiten oder der Küchendienst. Würden solche Aufgaben an Private übertragen werden, liefe dies dem Resozialisierungsziel entgegen.[267] Es ist deshalb darauf zu achten, dass entsprechende Ausgleichsarbeitsplätze geschaffen werden. Bei Beachtung dieser Vorgaben steht das Vollzugsziel funktionalen Privatisierungen nicht entgegen.[268] Dies gilt sowohl für eine Beleihung als auch für die Verwaltungshilfe.

3) Demokratieprinzip

Das Demokratieprinzip ist in Art. 20 GG verankert. Ob die genaue Herleitung dabei aus Art. 20 I GG[269], Art. 20 II GG[270], aus beiden Absätzen[271], beiden Absätzen unter zusätzlicher Heranziehung des Art. 28 I GG[272] oder lediglich aus Art. 20 II 1 GG[273] bzw. Art. 20 II 2 GG[274] erfolgt, ist umstritten, kann an dieser

---

264 *Mösinger*, BayVBl. 2007, 417 (420); *Lange*, DÖV 2001, 898 (903); als entscheidend sieht *Mösinger* hier bereits eine Überprüfung der persönlichen Zuverlässigkeit und sachlichen Eignung der Privaten vor der Auftragsvergabe an.

265 *Barisch*, Die Privatisierung im deutschen Strafvollzug, 157 f.; bezogen auf Art. 33 IV GG: *Hoffmann-Riem*, JZ 1999, 421 (428).

266 BVerfGE 98, 169 (201 f.); *Lorenz*, in: Dolzer/Waldhoff/Graßhof (GG), Art. 2 I Rn. 326; *Mösinger*, BayVBl. 2007, 417 (420). Siehe 2. Kapitel, A., I., 2), a).

267 *Calliess/Müller-Dietz* (StVollzG), § 155 Rn. 11.

268 Mit diesem Ergebnis auch *Barisch*, Die Privatisierung im deutschen Strafvollzug, 160.

269 *Degenhart*, Staatsorganisationsrecht, Rn. 23.

270 BVerfGE 107, 59 (93); OVG NRW, NVwZ 1997, 806 (807); *Mösinger*, BayVBl. 2007, 417 (423); *Meyer*, BewHi 2004, 272 (275); *Erbguth*, UPR 1995, 369 (372); *Ossenbühl*, VVDStRL 29 (1971), 137 (159).

271 *Kulas*, Privatisierung hoheitlicher Verwaltung, 81; *Pieroth*, in: Jarass/Pieroth (GG), Art. 20 Rn. 1; *Sachs*, in: Sachs (GG), Art. 20 Rn. 11; *Hofmann*, in: Schmidt-Bleibtreu/Hofmann/Hopfauf (GG), Art. 20 Rn. 41; *Landau*, Tagungsbericht 27. Triberger Symposium, 30 (39); *Barisch*, Die Privatisierung im deutschen Strafvollzug, 137.

272 *Kötter*, BewHi 2004, 211 (220); *Klement*, VerwArch 2010, 112 (117).

273 *Gusy/Lührmann*, StV 2001, 46 (46).

274 *Schoch*, DVBl. 1994, 962 (969).

Stelle jedoch dahingestellt bleiben. Zumindest konkretisiert Art. 20 II 1 GG das Demokratieprinzip dahingehend, dass alle Staatsgewalt vom Volke ausgehen muss, sie also keine anderen Legitimationsquellen haben darf.[275] Zur Legitimation jeder staatlichen Gewalt erfordert das Prinzip deshalb eine ununterbrochene Legitimationskette vom Volk zu den mit staatlichen Aufgaben betrauten Amtswaltern und Organen.[276] Die personelle Legitimation erfolgt vom Parlament über die Regierung bis hin zu den einzelnen Amtsträgern.[277] Die sachlich-inhaltliche Legitimation wird durch normative Vorgaben und konkrete Weisungen einer höher legitimierten Stelle erreicht.[278] Das Legitimationsniveau ergibt sich dabei aus einer Gesamtbetrachtung der Legitimationsarten.[279] Die personelle Legitimation muss umso höher, oder Tatbestand und Rechtsfolgen umso genauer geregelt sein, je komplexer die Materie ist und je wichtiger, grundrechtsrelevanter und umfangreicher die Aufgaben und Kompetenzen der Ausführenden sind.[280] Neben der Legitimationskette muss eine lückenlose Kontrollkette bestehen. Jede legitimierende Instanz muss die legitimierte überwachen und kontrol-

---

275 BVerfG, DVBl. 2005, 50 (52); *Pieroth*, in: Jarass/Pieroth (GG), Art. 20 Rn. 4; *Sachs*, in: Sachs (GG), Art. 20 Rn. 12, 28; *Hofmann*, in: Schmidt-Bleibtreu/Hofmann/Hopfauf (GG), Art. 20 Rn. 42; *Degenhart*, Staatsorganisationsrecht, Rn. 23; *Landau*, Tagungsbericht 27. Triberger Symposium, 30 (39); *Barisch*, Die Privatisierung im deutschen Strafvollzug, 138.

276 BVerfG, NJW 1988, 890 (891); BVerfG, NJW 1991, 159 (160); BVerfG, NVwZ 1996, 574 (575); *Sachs*, in: Sachs (GG), Art. 20 Rn. 35; *Antoni*, in: Hömig (GG), Art. 20 Rn. 3; *Pieroth*, in: Jarass/Pieroth (GG), Art. 20 Rn. 9; *Hofmann*, in: Schmidt-Bleibtreu/Hofmann/Hopfauf (GG), Art. 20 Rn. 46; *Schoch*, DVBl. 1994, 962 (970); *Oehlerking*, Auslagerung von Funktionen der Justiz, 40; *Lindner*, ZBR 2010, 26 (28); *Kulas*, Privatisierung hoheitlicher Verwaltung, 82; *Mösinger*, BayVBl. 2007, 417 (423); Arbeitsbericht „Modellprojekt“, 22; *Kötter*, BewHi 2004, 211 (220); *Degenhart*, Staatsorganisationsrecht, Rn. 24; *Meyer*, BewHi 2004, 272 (275); *Lange*, DÖV 2001, 898 (903); *Bonk*, JZ 2000, 435 (440); *Schoch*, DVBl. 1994, 962 (969 f.); *Erbguth*, UPR 1995, 369 (372); *Gusy/Lührmann*, StV 2001, 46 (46); *Kruis*, ZRP 2000, 1 (4); *Schimpfhauser*, Das Gewaltmonopol des Staates, 196; *Landau*, Tagungsbericht 27. Triberger Symposium, 30 (39); *Barisch*, Die Privatisierung im deutschen Strafvollzug, 138; *Sterzel*, LBGS Gutachten, 163.

277 BVerfG, NJW 2012, 1563 (1568).

278 BVerfG, NJW 2012, 1563 (1568); *Landau*, Tagungsbericht 27. Triberger Symposium, 30 (39); *Sterzel*, LBGS Gutachten, 165. Zur Unterscheidung von institutioneller, sachlich-inhaltlicher und persönlicher Legitimation: *Kruis*, ZRP 2000, 1 (4); *Pieroth*, in: Jarass/Pieroth (GG), Art. 20 Rn. 9 ff.; *Sachs*, in: Sachs (GG), Art. 20 Rn. 35 ff.

279 BVerfG, NJW 2012, 1563 (1568); BVerfGE 93, 37 (67 ff.); *Pieroth*, in: Jarass/Pieroth (GG), Art. 20 Rn. 9; *Landau*, Tagungsbericht 27. Triberger Symposium, 30 (39).

280 BVerfGE 40, 237 (248 ff.); *Pieroth*, in: Jarass/Pieroth (GG), Art. 20 Rn. 9; *Mösinger*, BayVBl. 2007, 417 (423); *Kruis*, ZRP 2000, 1 (4); *Landau*, Tagungsbericht 27. Triberger Symposium, 30 (39); *Barisch*, Die Privatisierung im deutschen Strafvollzug, 139; *Sterzel*, LBGS Gutachten, 164.

lieren können.[281] So muss auch die Regierung jeden Amtsträger steuern können. Nur dadurch kann sie ihrer Sachverantwortung gegenüber Parlament und Volk gerecht werden.[282] Die Organisationsstruktur der Verwaltung wird dadurch jedoch nicht detailliert vorgegeben, sondern orientiert sich an anderen Verfassungsnormen.[283] Auch ergibt sich aus dem Demokratieprinzip kein Staatsvorbehalt für bestimmte Aufgaben,[284] weshalb es bei Beachtung der aufgestellten Anforderungen einer formellen Privatisierung prinzipiell nicht entgegensteht.[285] Die Pflicht zur demokratischen Kontrolle jeder vollziehenden Gewalt erfordert jedoch, dass der Hoheitsträger bei formellen Privatisierungen über entsprechende Ingerenzrechte verfügen muss.[286] Privates Handeln im grundrechtsrelevanten exekutiven Bereich kommt nur in Betracht, wenn die Tätigkeit durch eine hohe Regelungsdichte vorgegeben ist, mitschreitend kontrolliert wird oder auf Weisungen von Beamten im Einzelfall beruht.[287] Der Kernbereich des Strafvollzugs ist mit Eingriffsbefugnissen verbunden und hat deshalb eine hohe Grundrechtsrelevanz.[288] Zudem muss jedes Handeln in der Anstalt auf die Resozialisierung der Gefangenen ausgerichtet sein.[289] Der Großteil dieser Aufgaben ist sofort vollziehbar und deshalb nicht mitschreitend kontrollierbar, bzw. würde durch den entsprechenden Personalaufwand seinen Zweck nicht erreichen. Eine vollständig privatisierte Anstalt scheitert deshalb am Demokratieprinzip. Lediglich punktuelle Privatisierungen sind möglich.[290]

a) Beleihung

Eine Beleihung erfolgt durch oder aufgrund eines formellen Gesetzes[291], wodurch das letzte Glied einer ununterbrochenen Legitimations- und Kontrollkette

---

281 OVG NRW, NVwZ 1997, 806 (807); *Sachs*, in: Sachs (GG), Art. 20 Rn. 39; *Schmidt am Busch*, DÖV 2007, 533 (539).

282 *Kruis*, ZRP 2000, 1 (4); Arbeitsbericht „Modellprojekt", 22.

283 *Erbguth*, UPR 1995, 369 (372); *Schoch*, DVBl. 1994, 962 (970); *Ossenbühl*, VVDStRL 29 (1971), 137 (159); *Erbguth/Stollmann*, DÖV 1993, 798 (800).

284 BVerfGE 107, 59 (93); dem folgend: *Landau*, Tagungsbericht 27. Triberger Symposium, 30 (40).

285 A. A. *Lindenlaub*, nach dem eine Privatisierung im Strafvollzug gegen das Demokratieprinzip verstößt: *Lindenlaub*, FS 2007, 201 (201), ohne weitere Begründung.

286 *Schoch*, DVBl. 1994, 962 (970); *Laubenthal*, Strafvollzug, Rn. 50; *Barisch*, Die Privatisierung im deutschen Strafvollzug, 138 f.

287 *Kruis*, ZRP 2000, 1 (4).

288 Siehe dazu ausführlich 2. Kapitel, A., I., 4), b), dd), (1).

289 Siehe 2. Kapitel, A., I., 2), a).

290 *Kruis*, ZRP 2000, 1 (5).

291 Siehe 1. Kapitel, D., II., 3), a), aa).

sichergestellt ist.[292] Die genutzte Beleihungsgrundlage muss dabei Art und Umfang der auf den Beliehenen übertragenen Befugnisse im Einzelnen normieren.[293] Daneben muss eine ausreichende demokratische Kontrolle gewährleistet werden. Das Parlament muss durch eine lückenlose Kontrollkette auch die Tätigkeit der Beliehenen wirksam überwachen können[294] und eine letztentscheidende Einflussmöglichkeit behalten.[295] Der zuständige Minister behält die Kontrolle und Verantwortung über sie.[296] Dabei besteht zwar grundsätzlich die Wahl zwischen einer reinen Rechts- und einer zusätzlichen Fachaufsicht.[297] Um die Kontrollmöglichkeiten optimal auszugestalten, sollte jedoch eine Fach-, nicht nur Rechtsaufsicht gewählt werden.[298]

Fraglich ist, ob eine ausreichende Beleihungsgrundlage für den Strafvollzug *de lege lata* besteht. Wäre dies nicht der Fall und Private würden dennoch Befugnisse ausüben, die Beliehenen vorbehalten sind, würde sich daraus die Verfassungswidrigkeit dieser Privatisierung ergeben.[299] Vereinzelt wird eine Beleihungsgrundlage in § 155 I 2 StVollzG gesehen.[300] Die Norm sieht vor, dass die Aufgaben der Justizvollzugsanstalten aus besonderen Gründen auch vertraglich verpflichteten Personen übertragen werden können. Die überwiegende Ansicht lehnt die Norm als Beleihungsgrundlage jedoch ab, da sie keine ausreichende Aussage zu Ausmaß und Inhalt von Eingriffsrechten gegenüber Gefangenen trifft.[301] Zudem sind keinerlei Anforderungen an Beleihungssubjekte oder Aus-

---

292 *Schimpfhauser*, Das Gewaltmonopol des Staates, 196; *Klement*, VerwArch 2010, 112 (117); *Helfrich*, DÖV 1990, 553 (554); *Barisch*, Die Privatisierung im deutschen Strafvollzug, 138.

293 BVerfG, BayVBl. 1985, 25 (26); *Burgi*, in: Stober (Hrsg.), Privatisierung im Strafvollzug?, 43 (49); *Mösinger*, BayVBl. 2007, 417 (423).

294 OVG NRW, NVwZ 1997, 806 (807); *Sachs*, in: Sachs (GG), Art. 20 Rn. 39; *Schmidt am Busch*, DÖV 2007, 533 (539); *Kiefer*, LKRZ 2009, 441 (443).

295 *Pieroth*, in: Jarass/Pieroth (GG), Art. 20 Rn. 10.

296 *Lange*, DÖV 2001, 898 (903); *Bonk*, JZ 2000, 435 (440).

297 *Lange*, DÖV 2001, 898 (903); *Barisch*, Die Privatisierung im deutschen Strafvollzug, 138.

298 *Lange*, DÖV 2001, 898 (903).

299 *Sellmann*, NVwZ 2008, 817 (818).

300 *Gramm*, VerwArch 1999, 329 (343); *Gusy/Lührmann*, StV 2001, 46 (46); *Gusy*, in: Stober (Hrsg.), Privatisierung im Strafvollzug?, 5 (13), ohne weitere Begründung. Den Streit dagegen offenlassend, da für rein akademischer Natur gehalten: *Barisch*, Die Privatisierung im deutschen Strafvollzug, 185 f.

301 *Lange*, DÖV 2001, 898 (903); Arbeitsbericht „Modellprojekt“, 27, 32; *Bonk*, JZ 2000, 435 (441); *Mösinger*, BayVBl. 2007, 417 (423); *Burgi*, in: Stober (Hrsg.), Privatisierung im Strafvollzug?, 43 (49); *Schimpfhauser*, Das Gewaltmonopol des Staates, 196; *Kulas*, Privatisierung hoheitlicher Verwaltung, 83; *Laubenthal*, Strafvollzug, Rn. 52. Ohne Begründung: *Wydra*, in: Schwind/Böhm/Jehle/Laubenthal (StVollzG), § 155 Rn. 2; *Calliess/Müller-Dietz* (StVollzG), § 155 Rn. 7; *Müller-Dietz*, NK 2006, 11 (11); *Winterhoff*, FS Starck, 463 (474).

wahlkriterien bei mehreren Bewerbern enthalten.[302] Es werden keine Regelungen hinsichtlich Kontrolle und Aufsicht der Beliehenen getroffen.[303] Dem Argument, wonach sich aus der Formulierung „vertraglich verpflichtete Personen“ ergebe, dass lediglich Private, die im Namen der Behörde handeln[304], was bei Beliehenen nicht der Fall ist, erfasst sein sollen,[305] kann nicht gefolgt werden. Eine Beleihung ist auch mittels eines öffentlich-rechtlichen Vertrages möglich,[306] weshalb der Wortlaut diesbezüglich die Einordnung der Norm als Beleihungsgrundlage nicht ausschließt. Allerdings scheitert eine Beleihung durch oder aufgrund von § 155 I 2 StVollzG im Einklang mit der überwiegenden Ansicht an den unzureichenden Angaben zu Anforderungen an Bewerber sowie Umfang und Inhalt von Eingriffsrechten. Zwar enthalten auch einige andere allgemein anerkannte Beleihungsgrundlagen nur wenige der für eine Beleihungsgrundlage notwendigen Angaben,[307] bei § 155 I 2 StVollzG fehlen diese jedoch vollständig.[308] Die Tätigkeiten von Vollzugsbeamten bewegen sich zudem in einem äußerst grundrechtsrelevanten Bereich, weshalb die Regelungsdichte entsprechend hoch sein müsste. Diesen Anforderungen genügt die Vorschrift nicht. Sonstige bestehende Beleihungsgrundlagen sind auf Bundesebene nicht ersichtlich.[309] Auch die landesrechtlichen Regelungen der Art. 176 BayStVollzG, § 105 HmbStVollzG,[310] § 177 NJVollzG und § 178 NJVollzG enthalten keine ausreichenden Angaben, um als Beleihungsgrundlage dienen zu können. § 178 S. 2 NJVollzG schließt für Niedersachsen darüber hinaus ausdrücklich eine Aufgabenübertragung durch eine Beleihung aus.[311]

Fraglich ist, ob die Schaffung einer Beleihungsgrundlage überhaupt möglich wäre, was *Laubenthal* verneint. Die Intensität der im Strafvollzug ausgeübten

---

302 *Winterhoff*, FS Starck, 463 (474).

303 *Winterhoff*, FS Starck, 463 (474). Wohl auch *Burgi*, in: Stober (Hrsg.), Privatisierung im Strafvollzug?, 43 (49 f.).

304 *Calliess/Müller-Dietz* (StVollzG), § 155 Rn. 7; Arbeitsbericht „Modellprojekt“, 26; *Bonk*, JZ 2000, 435 (441).

305 *Arloth*, in: Arloth (StVollzG), § 155 StVollzG Rn. 1; *Mösinger*, BayVBl. 2007, 417 (423); *Lange*, DÖV 2001, 898 (903).

306 Siehe 1. Kapitel, D., II., 3), a), aa).

307 So enthält beispielsweise § 25 BJagdG keinerlei Vorschriften zur Aufsicht, normiert jedoch die Befugnisse des beliehenen Jagdaufsehers. Gleiches gilt für § 1 III UZwGBw, der die Übertragung militärischer Wachaufgaben der Bundeswehr auf zivile Wachpersonen ermöglicht und § 106 III SeemG: *Winterhoff*, FS Starck, 463 (474 Fn. 84).

308 *Mösinger*, BayVBl. 2007, 417 (423).

309 *Lange*, DÖV 2001, 898 (903).

310 Die Regelungen der Länder Bayern und Hamburg sind in den relevanten Punkten inhaltsgleich mit den bundesrechtlichen Regelungen. Siehe 2. Kapitel, A., III., 2) und 3).

311 Nds. LT-Drs. 15/3565, 211; *Arloth*, in: Arloth (StVollzG), § 178 NJVollzG Rn. 1; *Barisch*, Die Privatisierung im deutschen Strafvollzug, 188.

Eingriffsbefugnisse wäre nicht mit anderen Bereichen vergleichbar.[312] *Laubenthal* erkennt zwar die Möglichkeit der Betrauung von Beliehenen mit kontrollierenden, eingreifenden Tätigkeiten etwa im Bereich der Sicherheitskontrollen am Flughafen an, sieht jedoch den entscheidenden Unterschied darin, dass sich Strafgefangene den Eingriffen nicht freiwillig aussetzen.[313] Die Schaffung einer Beleihungsgrundlage sei deshalb im Bereich des Strafvollzugs nicht möglich. Historisch gesehen war die Beleihung anfangs jedoch auf eingriffsrechtliche Kompetenzen beschränkt.[314] Das zeigen etwa die klassischen Beispiele des Schiffs- und Flugkapitäns, die für die Erhaltung der Sicherheit und Ordnung an Bord zuständig sind. Erst im Laufe der Zeit wurde auch die Befugnis zum Abschluss öffentlich-rechtlicher Verträge und zu schlicht hoheitlichem Handeln übertragen.[315] Warum eine Beleihung mit Eingriffsbefugnissen ausgerechnet im Strafvollzug ausgeschlossen sein sollte, ist nicht ersichtlich. Solange eine Vereinbarkeit mit den sonstigen Artikeln des Grundgesetzes vorliegt und den allgemeinen Anforderungen an eine Beleihungsgrundlage entsprochen wird, steht das Demokratieprinzip der Schaffung einer entsprechenden Norm nicht entgegen.[316]

b) Verwaltungshilfe

Unselbstständige Verwaltungshelfer üben keine eigenständigen Eingriffsbefugnisse aus und haben nur einen geringen Entscheidungsspielraum. Ihr Handeln wird der sie einsetzenden Behörde zugerechnet.[317] Eine gesetzliche Ermächtigungsgrundlage für ihre Heranziehung ist deshalb grundsätzlich nicht notwendig.[318] Lediglich die Normierung der betroffenen Staatsaufgabe als solche ist erforderlich. Eine solche ist bezüglich des Strafvollzugs durch das StVollzG[319] und die entsprechenden Landesgesetze gegeben. Mit einer ausreichenden demokratischen Legitimation der einsetzenden Behörde ist dem Demokratieprinzip Genüge getan. Ebenfalls garantiert ist die erforderliche demokratische Kontrolle.[320]

---

312 *Laubenthal*, Strafvollzug, Rn. 53.

313 *Laubenthal*, Strafvollzug, Rn. 53.

314 Siehe 1. Kapitel, D., II., 3), a), aa).

315 *Schmidt am Busch*, DÖV 2007, 533 (535).

316 So auch *Burgi*, in: Stober (Hrsg.), Privatisierung im Strafvollzug?, 43 (50); *Kulas*, Privatisierung hoheitlicher Verwaltung, 83; *Stober*, DÖV 2000, 261 (268 f.).

317 Siehe 1. Kapitel, D., II., 3), b), aa).

318 *Ramsauer*, in: Kopp/Ramsauer (VwVfG), § 1 Rn. 65; *Peine*, DÖV 1997, 353 (357); *Mösinger*, BayVBl. 2007, 417 (423); *Kastner*, in: Fehling/Kastner/Wahrendorf, HK-Verwaltungsrecht, § 1 VwVfG, Rn. 37; *Gusy*, in: Stober (Hrsg.), Privatisierung im Strafvollzug?, 5 (9); *Barisch*, Die Privatisierung im deutschen Strafvollzug, 139.

319 *Lange* stellt hier explizit auf § 155 I 2 StVollzG ab: *Lange*, DÖV 2001, 898 (903 f.).

320 Arbeitsbericht „Modellprojekt", 22 f.; *Bonk*, JZ 2000, 435 (440).

Der für den Strafvollzug zuständige Minister ist gegenüber Parlament und Volk auch dann verantwortlich, wenn fehlsame Handlungen von Verwaltungshelfern begangen werden.[321] Die Aufsichtsrechte und -pflichten der Landesjustizverwaltung und des Ministers über die Justizvollzugsanstalten sind durch § 151 I StVollzG normiert.[322]

Selbstständige Verwaltungshelfer nehmen darüber hinaus eigenständig öffentliche Aufgaben ohne Eingriffs- oder Letztentscheidungsbefugnis wahr, bzw. bereiten hoheitliche Entscheidungen bis zur Entscheidungsreife vor. Der Wesentlichkeitsgrundsatz verlangt zur demokratischen Legitimation ihres Handelns eine gesetzliche Regelung, die eine Aufgabenerfüllung durch Private prinzipiell vorsieht.[323] Diese muss jedoch nicht die strengen Anforderungen, die an Beleihungsgrundlagen gestellt werden, erfüllen. Eine entsprechende Rahmenregelung liegt für den Strafvollzug mit § 155 I 2 StVollzG vor.[324] Dieser sieht vor, dass die Aufgaben der Justizvollzugsanstalten unter bestimmten Umständen[325] auch vertraglich verpflichteten Personen übertragen werden können. Dadurch hat der Gesetzgeber eine Heranziehung Privater ermöglicht. Die notwendige demokratische Legitimation ist deshalb auch für den Einsatz von selbstständigen Verwaltungshelfern gegeben.

Das Demokratieprinzip stellt folglich prinzipiell keine Grenze der Funktionalprivatisierung dar. Nach zutreffender Ansicht besteht jedoch keine ausreichende einfachgesetzliche Grundlage für eine Beleihung. Bis eine solche geschaffen wird, würde die Heranziehung von Beliehenen gegen das Demokratieprinzip verstoßen. Der Einsatz von selbstständigen und unselbstständigen Verwaltungshelfern ist jedoch durch das StVollzG gedeckt.

4) Funktionsvorbehalt des Art. 33 IV GG

Gemäß Art. 33 IV GG ist die Ausübung hoheitsrechtlicher Befugnisse als ständige Aufgabe in der Regel Angehörigen des öffentlichen Dienstes zu übertragen, die in einem öffentlich-rechtlichen Dienst- und Treueverhältnis stehen. Nach all-

---

321 Arbeitsbericht „Modellprojekt“, 22 f.; *Bonk*, JZ 2000, 435 (440); *Barisch*, Die Privatisierung im deutschen Strafvollzug, 139 f.

322 Arbeitsbericht „Modellprojekt“, 23; *Bonk*, JZ 2000, 435 (440).

323 Siehe 1. Kapitel, D., II., 3), b), bb).

324 *Mösinger*, BayVBl. 2007, 417 (423); *Lange*, DÖV 2001, 898 (903 f.). Andere Ansicht, ohne Begründung: *Burgi*, in: Stober (Hrsg.), Privatisierung im Strafvollzug?, 43 (49 f.): „(…) taugt (…) nicht als Grundlage eines aufgabenübergreifenden Verwaltungshilfemodells“. Zur Notwendigkeit einer solchen gesetzlichen Grundlage: *Burgi*, Funktionale Privatisierung und Verwaltungshilfe, 283 ff., 289 ff.

325 Siehe 2. Kapitel, A., III., 1), b), bb).

gemeiner Auffassung sind darunter nur Berufsbeamte, nicht auch Angestellte und Arbeiter, zu verstehen.[326] Dafür spricht eine genetische Auslegung.[327] Ursprünglich war die unmissverständliche Formulierung „sind in der Regel Berufsbeamten zu übertragen, die in einem öffentlich-rechtlichen Dienst- und Treueverhältnis stehen" vorgesehen.[328] Der allgemeine Redaktionsausschuss des parlamentarischen Rates ging jedoch nach „überlieferter Rechtsauffassung" davon aus, dass nur Berufsbeamte in einem öffentlich-rechtlichen Dienst- und Treueverhältnis stehen und ersetzte den Terminus durch „Angehörigen des öffentlichen Dienstes", um einen Pleonasmus zu vermeiden.[329] Zudem stützt der Wortlaut eine Beschränkung des Art. 33 IV GG auf Beamte:[330] Auch wenn die Rechtsverhältnisse der Angestellten und Arbeiter im öffentlichen Dienst öffentlich-rechtliche Elemente enthalten, sind sie grundsätzlich jedoch dem Privatrecht zuzuordnen.[331] Für die Einschränkung spricht weiter eine systematische Betrachtung in Verbindung mit Art. 33 V GG,[332] welcher sich nur auf Berufsbeamte bezieht[333]. Die Absätze sind sachlich aufeinander bezogen und daher einheitlich

---

326 BVerfGE 3, 162 (186); 9, 268 (284 f.); BVerwGE 57, 55 (60); *Pieroth*, in: Jarass/Pieroth (GG), Art. 33 Rn. 40; *Masing*, in: Dreier (GG II), Art. 33 Rn. 63; *Kunig*, in: v. Münch/Kunig (GG II), Art. 33 Rn. 39; *Maunz*, in: Maunz/Dürig (GG), Art. 33 Rn. 39; *Jachmann*, in: v. Mangoldt/Klein/Starck (GG), Art. 33 Rn. 30; *Isensee*, in: HdbVerfR II, § 32 Rn. 51; *Strauß*, Funktionsvorbehalt und Berufsbeamtentum, 55 f.; *Bansch*, Die Beleihung als verfassungsrechtliches Problem, 66; *Kulas*, Privatisierung hoheitlicher Verwaltung, 61; *Oehlerking*, Auslagerung von Funktionen der Justiz, 14 f.; *Haug*, NVwZ 1999, 816 (816); *Sterzel*, LBGS Gutachten, 68; *Becker*, Abgrenzung von Beamten und Arbeitnehmern, 206 ff.; *Benndorf*, DVBl. 1981, 23 (23); *Kirchhof*, Der Begriff der hoheitsrechtlichen Befugnisse, 69 f.; *Lecheler*, Verfassungspflicht bei der Erfüllung staatlicher Daueraufgaben, 5; *Lecheler*, Die Beamtenaufgaben nach dem Funktionsvorbehalt des GG, 17; *Dörr*, ZTR 1991, 182 (183); *Pilz*, DÖV 2009, 102 (103); *Becker*, Gemeinschaftsrecht und Berufsbeamtentum, 131; *Remmert*, Private Dienstleistungen in Verwaltungsverfahren, 354; *Thieme*, Der Aufgabenbereich der Angestellten im Öffentlichen Dienst, 8; *Laubenthal*, Strafvollzug, Rn. 52; *Burgi*, in: Stober (Hrsg.), Privatisierung im Strafvollzug?, 43 (50); *Barisch*, Die Privatisierung im deutschen Strafvollzug, 119.

327 *Strauß*, Funktionsvorbehalt und Berufsbeamtentum, 55 f.

328 *V. Doemming/Füßlein/Matz*, JöR n. F., Bd. 1, 314 (323).

329 *V. Doemming/Füßlein/Matz*, JöR n. F., Bd. 1, 314 (323). Zum Verlauf der Beratungen des Parlamentarischen Rates, die zu der unklaren Formulierung führten, ausführlich: *v. Doemming/Füßlein/Matz*, JöR n. F., Bd. 1, 314 (314 ff.); *Maunz*, in: Maunz/Dürig (GG), Art. 33 Rn. 39; *Becker*, Gemeinschaftsrecht und Berufsbeamtentum, 132 f.

330 *Becker*, Gemeinschaftsrecht und Berufsbeamtentum, 133; *Thieme*, Der Aufgabenbereich der Angestellten im Öffentlichen Dienst, 22.

331 BVerfGE 9, 268 (284 f.).

332 *Kunig*, in: v. Münch/Kunig (GG II), Art. 33 Rn. 39; *Maunz*, in: Maunz/Dürig (GG), Art. 33 Rn. 39; *Jachmann*, in: v. Mangoldt/Klein/Starck (GG), Art. 33 Rn. 30; *Strauß*, Funktionsvorbehalt und Berufsbeamtentum, 56; *Becker*, Gemeinschaftsrecht und Berufsbeamtentum, 133 f.

333 Ausführlich dazu 2. Kapitel, A., I., 4), b), bb), (3), (b), (aa).

auszulegen und anzuwenden.[334] Auch eine teleologische Auslegung spricht für die Beschränkung auf Beamte. Wären Angestellte und Arbeiter einbezogen, würde die Norm lediglich einen Staatsvorbehalt für bestimmte Aufgaben festsetzen. Ihre verwaltungsinterne Verteilerfunktion würde die Vorschrift verlieren und quasi inhaltslos werden.[335] Gemäß Art. 33 IV GG sind folglich bestimmte Aufgaben grundsätzlich Beamten vorbehalten. Dieser wird daher auch als „Funktionsvorbehalt" zugunsten des Berufsbeamtentums bezeichnet.[336]

a) Art. 33 IV GG als Privatisierungsschranke

Der Funktionsvorbehalt wird von der ganz überwiegenden Auffassung in der Literatur und nunmehr auch ausdrücklich vom Bundesverfassungsgericht als Schranke für eine Funktionalprivatisierung angesehen.[337] Vereinzelt wird die

---

334 *Battis*, in: Sachs (GG), Art. 33 Rn. 45; *Maunz*, in: Maunz/Dürig (GG), Art. 33 Rn. 39; Arbeitsbericht „Modellprojekt", 15; *Strauß*, Funktionsvorbehalt und Berufsbeamtentum, 56, 200; *Becker*, Abgrenzung von Beamten und Arbeitnehmern, 242; *Thieme*, Der Aufgabenbereich der Angestellten im Öffentlichen Dienst, 22; *Becker*, Gemeinschaftsrecht und Berufsbeamtentum, 133 f.

335 *Becker*, Gemeinschaftsrecht und Berufsbeamtentum, 133; *Isensee*, DÖV 1970, 397 (399); *Becker*, Abgrenzung von Beamten und Arbeitnehmern, 208; *Oehlerking*, Auslagerung von Funktionen der Justiz, 29; *Strauß*, Funktionsvorbehalt und Berufsbeamtentum, 55.

336 BVerwG, NuR 2006, 499 (499); *Jachmann*, in: v. Mangoldt/Klein/Starck (GG), Art. 33 Rn. 28; *Masing*, in: Dreier (GG II), Art. 33 Rn. 63; *Maunz*, in: Maunz/Dürig (GG), Art. 33 Rn. 33; *Kunig*, in: v. Münch/Kunig (GG II), Art. 33 Rn. 39; *Wydra*, in: Schwind/Böhm/Jehle/Laubenthal (StVollzG), § 155 Rn. 2; *Isensee*, in: HdbVerfR II, § 32 Rn. 51; *Landau*, Tagungsbericht 27. Triberger Symposium, 30 (35); *Schimpfhauser*, Das Gewaltmonopol des Staates, 76; *Oehlerking*, Auslagerung von Funktionen der Justiz, 28; *Strauß*, Funktionsvorbehalt und Berufsbeamtentum, 21; *Burgi*, Funktionale Privatisierung und Verwaltungshilfe, 222; *Burgi*, in: Stober (Hrsg.), Privatisierung im Strafvollzug?, 43 (50); *Waechter*, NZV 1997, 329 (329); *Kruis*, ZRP 2000, 1 (4); *Erbguth*, UPR 1995, 369 (372); *Scholz*, NJW 1997, 14 (15); *Bansch*, Die Beleihung als verfassungsrechtliches Problem, 65; *Mösinger*, BayVBl. 2007, 417 (423); *Haug*, NVwZ 1999, 816 (816); *Kulas*, Privatisierung hoheitlicher Verwaltung, 61; *Sterzel*, LBGS Gutachten, 68; *Meyer*, BewHi 2004, 272 (275); *Leisner*, DVBl. 1978, 733 (735); *Krölls*, GewArch 1997, 445 (451); *Peine*, DV 1984, 415 (418); *Lecheler*, Verfassungspflicht bei der Erfüllung staatlicher Daueraufgaben, 6; *Benndorf*, DVBl. 1981, 23 (23); *Pilz*, DÖV 2009, 102 (102); *Warbeck*, RiA 1998, 22 (22); *Dörr*, ZTR 1991, 182 (183); *Becker*, Gemeinschaftsrecht und Berufsbeamtentum, 130; *Laubenthal*, Strafvollzug, Rn. 52.

337 BVerfG, NJW 2012, 1563 (1564); BVerwG, NuR 2006, 499 (499); BVerwGE 57, 55 (60); *Masing*, in: Dreier (GG II), Art. 33 Rn. 62; *Pieroth*, in: Jarass/Pieroth (GG), Art. 33 Rn. 40; *Mösinger*, BayVBl. 2007, 417 (424); *Gusy/Lührmann*, StV 2001, 46 (48); *Lange*, DÖV 2001, 898 (901); *Landau*, Tagungsbericht 27. Triberger Symposium, 30 (35 ff.); *Strauß*, Funktionsvorbehalt und Berufsbeamtentum, 202 ff.; Arbeitsbericht „Modellprojekt", 15 ff.; *Oehlerking*, Auslagerung von Funktionen der Justiz, 28; *Di Fabio*, JZ 1999, 585 (592); *Isensee*, in: HdbVerfR II, § 32 Rn. 59; *Gramm*, VerwArch 1999, 329 (343); *Krölls*, GewArch 1997, 445 (451); *Gusy*, JZ

Norm jedoch gegenteilig interpretiert.[338] Begründet wird die Auffassung damit, dass Art. 33 IV GG lediglich verhindern sollte, dass Beamte zugunsten von Angestellten und Arbeitern auf unbedeutende Funktionen abgeschoben werden und das Berufsbeamtentum dadurch „ausgehöhlt" wird.[339] Weitere Begründungen beruhen auf den Annahmen, dass die Norm ausschließlich die Binnenstruktur, also die interne Aufgabenverteilung in der Verwaltung regle,[340] der Verfassungsgeber die Möglichkeit einer Privatisierung nicht bedacht hätte[341] oder der Funktionsvorbehalt nicht strikt verbindlich sei und lediglich die „Kontinuität hoheitlicher Funktion des Staates" sichere[342]. Dem folgend würden sich funktionale Privatisierungsmöglichkeiten an anderen Rechtsgrundsätzen, beispielsweise dem staatlichen Gewaltmonopol, orientieren.[343] Art. 33 IV GG könnte höchstens eine faktische Schranke darstellen, falls zu viele Beamte in einem Dienstzweig vorhanden sind, die nicht auf ihre Rechte verzichten wollten.[344]

Die Argumentation, dass Art. 33 IV GG nur darauf gerichtet ist, das Berufsbeamtentum vor einer Verdrängung durch Angestellte und Arbeiter zu schützen, ist insofern undurchdacht, dass auch bei einer vermehrten Aufgabenübertragung auf Private eine „Aushöhlung" des Berufsbeamtentums erfolgen könnte. Die Verdrängung würde in der Konsequenz nicht durch Angestellte und Arbeiter sondern Verwaltungsexterne erfolgen.[345] Zudem mag zwar zutreffen, dass der Verfassungsgesetzgeber die Privatisierungsproblematik nicht erkannt hat,[346] dies schließt jedoch nicht aus, dass die Norm auf Privatisierungen anzuwenden ist.

2006, 651 (655 ff.); *Arloth*, JuS 2003, 1041 (1042); *Müller-Dietz*, NK 2006, 11 (11); *Hammer*, DÖV 2000, 613 (617 f.); *Meyer*, BewHi 2004, 272 (275 f.); *Sterzel*, LBGS Gutachten, 62 ff.; *Jachmann/Strauß*, ZBR 1999, 289 (291, 296 f.); *Waechter*, NZV 1997, 329 (330); *Peine*, DV 1984, 415 (418); *Sandmann*, in: Preusker/Maelicke/Flügge (Hrsg.), Das Gefängnis als Risikounternehmen, 259 (260); *Schimpfhauser*, Das Gewaltmonopol des Staates, 193; *Stober*, NJW 2008, 2301 (2306); *Barisch*, Die Privatisierung im deutschen Strafvollzug, 119 f.

338 *Bansch*, Die Beleihung als verfassungsrechtliches Problem, 65 ff.; *Kruis*, ZRP 2000, 1 (4); *Erbguth*, UPR 1995, 369 (372); *Scholz*, NJW 1997, 14 (15); *Püttner*, LKV 1994, 193 (194); Vielfach unzutreffend zitiert: *Lübbe-Wolff*, in: Dreier (GG II – 1. Aufl.), Art. 33 Rn. 55, die sich ausschließlich auf die materielle Privatisierung bezieht.

339 *Bansch*, Die Beleihung als verfassungsrechtliches Problem, 67.

340 *Kruis*, ZRP 2000, 1 (4); *Bansch*, Die Beleihung als verfassungsrechtliches Problem, 67; *Erbguth*, UPR 1995, 369 (372); *Scholz*, NJW 1997, 14 (15).

341 *Bansch*, Die Beleihung als verfassungsrechtliches Problem, 68.

342 *Kruis*, ZRP 2000, 1 (4).

343 So *Püttner*, LKV 1994, 193 (194); *Scholz*, NJW 1997, 14 (15).

344 *Püttner*, LKV 1994, 193 (194).

345 In diese Richtung auch: BVerfG, NJW 2012, 1563 (1564); *Jachmann/Strauß*, ZBR 1999, 289 (296).

346 In den Beratungen des Parlamentarischen Rates zu Art. 33 IV GG finden sich keine entsprechenden Hinweise: *v. Doemming/Füßlein/Matz*, JöR n. F., Bd. 1, 314 (314 ff.).

Für die Auslegung einer Bestimmung sind nicht die subjektiven Vorstellungen der am Gesetzgebungsverfahren beteiligten Organe oder einzelner ihrer Mitglieder maßgeblich. Entscheidend ist der „zum Ausdruck kommende objektivierte Wille des Gesetzgebers, so wie er sich aus dem Wortlaut der Gesetzesbestimmung und dem Sinnzusammenhang ergibt, in den dieser hineingestellt ist.“[347] Der Entstehungsgeschichte einer Vorschrift kommt für deren Auslegung zudem „nur insofern Bedeutung zu, als sie die Richtigkeit einer nach den angegebenen Grundsätzen ermittelten Auslegung bestätigt oder Zweifel behebt, die auf dem angegebenen Weg allein nicht ausgeräumt werden können.“[348]

Erster Ansatzpunkt für eine Auslegung ist der Wortlaut. Die Formulierung beinhaltet lediglich eine Einschränkung auf Berufsbeamte. Die Gruppen, denen in der Regel keine hoheitlichen Befugnisse übertragen werden sollen, werden nicht genannt. Das spricht dafür, dass alle Gruppen – außer den Berufsbeamten – von der Übertragung ausgeschlossen werden sollten.[349] Hätten lediglich Angestellte und Arbeiter ausgenommen werden sollen, hätte dies durch den Wortlaut deutlich gemacht werden können. Eine Formulierungsmöglichkeit wäre etwa „öffentlich rechtliche Angestellte und Arbeiter sind in der Regel von der Ausübung hoheitsrechtlicher Befugnisse ausgenommen.“ Zudem lässt sich die Behauptung, Art. 33 IV GG sei nicht strikt verbindlich, anhand des Wortlauts widerlegen. So wurde die Formulierung „ist (…) zu übertragen“ gewählt, was für eine strikte Verbindlichkeit der Norm spricht.[350] Wäre lediglich ein Richtliniencharakter vorgesehen gewesen, hätte dies etwa durch eine „Soll“-Vorschrift zum Ausdruck gebracht werden können.

Letztlich entscheidend dafür, ob Art. 33 IV GG sich auf eine Funktionalprivatisierung bezieht, ist eine teleologische Auslegung, also die Frage nach Sinn und Zweck des Vorbehaltes. Durch den Funktionsvorbehalt sollten wesentliche Staatsfunktionen in die Hände einer statusrechtlich besonders abgesicherten Gruppe – den Berufsbeamten – gelegt werden.[351] Diese zeichnen sich nach den

347 BVerfGE 1, 299 (312), sinngemäß st. Rspr., beispielsweise BVerfGE 62, 1 (45) m. w. N.

348 BVerfGE 1, 299 (312), sinngemäß st. Rspr., beispielsweise BVerfGE 62, 1 (45) m. w. N.

349 *Barisch*, Die Privatisierung im deutschen Strafvollzug, 119. In diesem Sinne auch BVerfG, NJW 2012, 1563 (1564), mit dem Argument, dass sich dem Wortlaut nicht entnehmen lässt, dass Art. 33 IV GG für die Übertragung auf Private unanwendbar sein soll.

350 *Strauß*, Funktionsvorbehalt und Berufsbeamtentum, 57; *Becker*, Abgrenzung von Beamten und Arbeitnehmern, 208; *Becker*, Gemeinschaftsrecht und Berufsbeamtentum, 134. Für die Verbindlichkeit auch über das Wortlautargument hinaus: *Pieroth*, in: Jarass/Pieroth (GG), Art. 33 Rn. 40; *Dörr*, ZTR 1991, 182 (183); *Becker*, Gemeinschaftsrecht und Berufsbeamtentum, 134 ff.

351 BVerfGE 35, 79 (127 f.); OVG Münster, OVGE 26, 115 (118); *Kunig*, in: v. Münch/Kunig (GG II), Art. 33 Rn. 40; *Jachmann*, in: v. Mangoldt/Klein/Starck (GG), Art. 33 Rn. 28; *Maunz*, in: Maunz/Dürig (GG), Art. 33 Rn. 32; *Battis*, in: Sachs (GG), Art. 33 Rn. 45 ff.; *Mösinger*,

Vorstellungen des Grundgesetzes durch eine gesteigerte demokratische Verantwortlichkeit[352], Sachkunde[353], Qualifikation[354], Loyalität[355], Flexibilität[356], Innovationsbereitschaft[357], Unabhängigkeit[358] und Leistungsbereitschaft[359] aus. Durch ihren Einsatz soll Stetigkeit[360], Gemeinwohlorientiertheit[361], Zuverlässigkeit[362], Neutralität[363], rechtsstaatliches[364] sowie verfassungs- und gesetzmäßiges[365] Han-

---

BayVBl. 2007, 417 (423 f.); *Haug*, NVwZ 1999, 816 (817); *Gusy/Lührmann*, StV 2001, 46 (49); *Bansch*, Die Beleihung als verfassungsrechtliches Problem, 68; *Strauß*, Funktionsvorbehalt und Berufsbeamtentum, 55; *Peine*, DV 1984, 415 (423); *Warbeck*, RiA 1998, 22 (22); *Waechter*, NZV 1997, 329 (330); *Kulas*, Privatisierung hoheitlicher Verwaltung, 66; *Barisch*, Die Privatisierung im deutschen Strafvollzug, 120.

352 *Gusy*, in: Stober (Hrsg.), Privatisierung im Strafvollzug?, 5 (16); *Gusy/Lührmann*, StV 2001, 46 (48); *Barisch*, Die Privatisierung im deutschen Strafvollzug, 119.

353 BVerfGE 7, 155 (162); BVerfG, DVBl. 2007, 1359 (1360); *Kenntner*, DVBl. 2007, 1321 (1325); *Burgi*, Funktionale Privatisierung und Verwaltungshilfe, 222; *Sterzel*, LBGS Gutachten, 69; *Bansch*, Die Beleihung als verfassungsrechtliches Problem, 68; *Haug*, NVwZ 1999, 816 (817); *Oehlerking*, Auslagerung von Funktionen der Justiz, 29; *Erbguth*, UPR 1995, 369 (372); *Landau*, DVBl. 2007, 133 (135).

354 BVerfG, NJW 2012, 1563 (1564); *Maunz*, in: Maunz/Dürig (GG), Art. 33 Rn. 32; *Kunig*, in: v. Münch/Kunig (GG II), Art. 33 Rn. 40; *Burgi*, Funktionale Privatisierung und Verwaltungshilfe, 222; *Mösinger*, BayVBl. 2007, 417 (423); *Hammer*, DÖV 2000, 613 (618); *Barisch*, Die Privatisierung im deutschen Strafvollzug, 120.

355 BVerfGE 7, 155 (162); BVerfG, DVBl. 2007, 1359 (1360); BVerfG, NJW 2012, 1563 (1564); *Jachmann*, in: v. Mangoldt/Klein/Starck (GG), Art. 33 Rn. 30; *Kunig*, in: v. Münch/Kunig (GG II), Art. 33 Rn. 40; *Mösinger*, BayVBl. 2007, 417 (423); *Oehlerking*, Auslagerung von Funktionen der Justiz, 29; *Gusy*, in: Stober (Hrsg.), Privatisierung im Strafvollzug?, 5 (16); *Gusy/Lührmann*, StV 2001, 46 (48); *Hammer*, DÖV 2000, 613 (618); *Pilz*, DÖV 2009, 102 (103); *Landau*, DVBl. 2007, 133 (135).

356 *Landau*, Tagungsbericht 27. Triberger Symposium, 30 (35).

357 *Landau*, Tagungsbericht 27. Triberger Symposium, 30 (35).

358 *V. Doemming/Füßlein/Matz*, JöR n. F., Bd. 1, 314 (315); *Jachmann*, in: v. Mangoldt/Klein/Starck (GG), Art. 33 Rn. 30; *Kenntner*, DVBl. 2007, 1321 (1325); *Landau*, DVBl. 2007, 133 (135).

359 BVerfG, DVBl. 2007, 1359 (1360); *Oehlerking*, Auslagerung von Funktionen der Justiz, 29; *Landau*, Tagungsbericht 27. Triberger Symposium, 30 (35).

360 BVerfGE 88, 103 (114); *Kruis*, ZRP 2000, 1 (4); *Barisch*, Die Privatisierung im deutschen Strafvollzug, 119.

361 *Jachmann*, in: v. Mangoldt/Klein/Starck (GG), Art. 33 Rn. 30; *Kenntner*, DVBl. 2007, 1321 (1327); *Mösinger*, BayVBl. 2007, 417 (423); *Sterzel*, LBGS Gutachten, 69; *Haug*, NVwZ 1999, 816 (817); *Burgi*, in: Stober (Hrsg.), Privatisierung im Strafvollzug?, 43 (51); *Thiele*, DÖV 1981, 773 (777).

362 *Pilz*, DÖV 2009, 102 (103); *Haug*, NVwZ 1999, 816 (817); *Burgi*, in: Stober (Hrsg.), Privatisierung im Strafvollzug?, 43 (51); *Landau*, DVBl. 2007, 133 (135).

363 *V. Doemming/Füßlein/Matz*, JöR n. F., Bd. 1, 314 (315); *Jachmann*, in: v. Mangoldt/Klein/Starck (GG), Art. 33 Rn. 30; *Sterzel*, LBGS Gutachten, 69; *Bansch*, Die Beleihung als verfassungsrechtliches Problem, 68; *Haug*, NVwZ 1999, 816 (817); *Burgi*, in: Stober (Hrsg.), Privatisierung im Strafvollzug?, 43 (51); *Strauß*, Funktionsvorbehalt und Berufsbeamtentum, 51;

deln bei der Ausübung hoheitsrechtlicher Befugnisse sichergestellt werden. Das Berufsbeamtentum stellt eine Institution dar, die „eine stabile Verwaltung sichern und damit einen ausgleichenden Faktor gegenüber den das Staatswesen gestaltenden politischen Kräften" bilden soll.[366] Andererseits stehen Beamte in einem besonders engen Verhältnis zum Staat und sind deshalb effektiver kontrollierbar[367] und durch das fehlende Streikrecht[368] uneingeschränkter einsetzbar. Dies dient nicht nur der Sicherung der Institution des Berufsbeamtentums[369], sondern insbesondere auch dem Schutz des Rechtsstaats und des einzelnen Bürgers.[370]

Sicher werden die genannten Eigenschaften nicht mit der Ernennung zu unabänderlichen Eigenschaften des Menschen, der sich hinter dem Beamtenbegriff verbirgt. Auch Beamte begehen Fehler und verhalten sich beispielsweise durch einen „Dienst nach Vorschrift" nicht ihrem Amt entsprechend.[371] Nicht jeder Be-

---

Gusy, in: Stober (Hrsg.), Privatisierung im Strafvollzug?, 5 (16); *Gusy/Lührmann*, StV 2001, 46 (48); *Pilz*, DÖV 2009, 102 (103); *Kenntner*, DVBl. 2007, 1321 (1326); *Thiele*, DÖV 1981, 773 (777); *Barisch*, Die Privatisierung im deutschen Strafvollzug, 119.

364 BVerfGE 11, 203 (216 f.); *Jachmann*, in: v. Mangoldt/Klein/Starck (GG), Art. 33 Rn. 28; *Oehlerking*, Auslagerung von Funktionen der Justiz, 29; *Kenntner*, DVBl. 2007, 1321 (1325).

365 BVerfGE 8, 1 (16); 21, 329 (345); 39, 196 (201); 44, 249 (265); 56, 146 (162); 70, 69 (80); BVerfG, NJW 2012, 1563 (1564); *Jachmann*, in: v. Mangoldt/Klein/Starck (GG), Art. 33 Rn. 28, 30; *Kenntner*, DVBl. 2007, 1321 (1325); *Sterzel*, LBGS Gutachten, 70; *Oehlerking*, Auslagerung von Funktionen der Justiz, 29; *Strauß*, Funktionsvorbehalt und Berufsbeamtentum, 44;

366 BVerfGE 7, 155 (162); BVerfG, DVBl. 2007, 1359 (1360).

367 *Haug*, NVwZ 1999, 816 (817); *Burgi*, in: Stober (Hrsg.), Privatisierung im Strafvollzug?, 43 (51); *Hammer*, DÖV 2000, 613 (618); *Jachmann/Strauß*, ZBR 1999, 289 (296); *Barisch*, Die Privatisierung im deutschen Strafvollzug, 120.

368 BVerfGE 8, 1 (17); BVerwG, NJW 1984, 2713 (2714); *Maunz*, in: Maunz/Dürig (GG), Art. 33 Rn. 32; *Leisner*, Legitimation des Berufsbeamtentums, 168 ff.; *Leisner*, in: Isensee (Hrsg.), Beamtentum, 109 (114); *Mösinger*, BayVBl. 2007, 417 (424); *Peine*, DV 1984, 415 (416); *Jachmann/Strauß*, ZBR 1999, 289 (291); *Thiele*, DÖV 1981, 773 (777).

369 BVerfG, NJW 2012, 1563 (1564); *Bansch*, Die Beleihung als verfassungsrechtliches Problem, 67.

370 *V. Doemming/Füßlein/Matz*, JöR n. F., Bd. 1, 314 (315); BVerfGE 9, 268 (286); BVerfG, NJW 2012, 1563 (1564); *Wydra*, in: Schwind/Böhm/Jehle/Laubenthal (StVollzG), § 155 Rn. 2; *Burgi*, Funktionale Privatisierung und Verwaltungshilfe, 222; *Di Fabio*, JZ 1999, 585 (591); *Landau*, Tagungsbericht 27. Triberger Symposium, 30 (36 f.); *Sterzel*, LBGS Gutachten, 69, 94. Ebenso sogar die Vertreter der Gegenauffassung *Kruis*, ZRP 2000, 1 (4); *Bansch*, Die Beleihung als verfassungsrechtliches Problem, 68; *Strauß*, Funktionsvorbehalt und Berufsbeamtentum, 203; *Warbeck*, RiA 1998, 22 (24); *Benndorf*, DVBl. 1981, 23 (26); *Ossenbühl*, VVDStRL 29 (1971), 137 (162). Auch wenn sich aus dem Funktionsvorbehalt kein Recht des Einzelnen ableiten lässt. Er stellt lediglich eine objektiv-rechtliche Verfassungsregelung dar: BVerfG, BayVBl. 1988, 268 (269).

371 *Kulas*, Privatisierung hoheitlicher Verwaltung, 68.

amte wird den Anforderungen, die sein Amt an ihn stellt, gerecht. Daneben ist auch die Besoldung der Beamten gewiss nicht hoch genug, um sie für monetäre Anreize in jeglicher Höhe unempfänglich zu machen. Entsprechende finanzielle Mittel wären gar nicht aufzubringen. Das ändert jedoch nichts daran, dass das Grundgesetz dahingehend zu verstehen ist, dass es die genannten Eigenschaften und Garantien durch das Berufsbeamtentum, und zwar nur durch dieses, in größtmöglichem Umfang garantiert sieht. Und nur daran ist die verfassungsrechtliche Diskussion zu messen. Bei Privaten besteht eine entsprechende Absicherung nicht. Sie sind noch weniger an den Staat gebunden als öffentlich-rechtliche Angestellte und Arbeiter. Es ist daher zu erwarten, dass sie zumindest in vergleichbarem Umfang Eigeninteressen verfolgen und nicht eine den Beamten vergleichbare Neutralität an den Tag legen. Gleiches gilt bezüglich Loyalität, demokratischer Verantwortlichkeit, Stetigkeit, Zuverlässigkeit und Gemeinwohlorientiertheit. Wenn der Verfassungsgeber diese Eigenschaften schon bei nichtverbeamteten öffentlich- rechtlichen Arbeitnehmern nicht in ausreichendem Maß gesehen hat, dann muss dies erst recht für Private außerhalb der Verwaltung gelten.[372] Diese sind noch weniger an den Staat gebunden, ihre Stellung weicht noch mehr von der der Beamten ab. Insbesondere gilt dies für teilweise vorgeschlagene Konzepte, bei denen private Arbeitnehmer je nach Bedarf kurzfristig eingesetzt oder abgezogen werden.[373] Die Ansicht, dass das Ziel einer fachkundigen Ausführung gerade durch eine Privatisierung erreicht werden könnte, da diese besser als Beamte qualifiziert seien,[374] ist wenig zielführend. Sie weicht erheblich von dem Bild des Beamten im Grundgesetz ab. Auch die Überlegung, der Vorbehalt könnte seine Verbindlichkeit durch stetige Missachtung in der Praxis[375] verloren haben, greift nicht. Wiederkehrendes verfassungswidriges Verhalten kann nicht zu einer Änderung des Grundgesetztes führen.[376] Die Verwaltungspraxis hat sich an der Verfassung zu orientieren, nicht umgekehrt. Maßgebliche Funktion des Art. 33 IV GG ist der Schutz der Bürger im sensiblen Be-

372 So auch: *Strauß*, Funktionsvorbehalt und Berufsbeamtentum, 203; *Lange*, DÖV 2001, 898 (901); *Krölls*, GewArch 1997, 445 (451); *Jachmann/Strauß*, ZBR 1999, 289 (296); *Schimpfhauser*, Das Gewaltmonopol des Staates, 193; *Barisch*, Die Privatisierung im deutschen Strafvollzug, 119 f.

373 So beispielsweise *Aumüller*, in: Stober (Hrsg.), Privatisierung im Strafvollzug?, 59 (67); *Lange*, DÖV 2001, 898 (900).

374 *Erbguth*, UPR 1995, 369 (372); *Ossenbühl*, VVDStRL 29 (1971), 137 (162).

375 Den Art. 33 IV GG als „unerfülltes Verfassungsrecht“ bezeichnend: *Kunig*, in: v. Münch/Kunig (GG II), Art. 33 Rn. 46; *Kämmerer*, Privatisierung, 215. Zur Abweichung von Verfassungsrecht und Wirklichkeit in diesem Bereich auch *Pieroth*, in: Jarass/Pieroth (GG), Art. 33 Rn. 42; *Ossenbühl*, VVDStRL 29 (1971), 137 (161 f.).

376 *Kulas*, Privatisierung hoheitlicher Verwaltung, 64; *Strauß*, Funktionsvorbehalt und Berufsbeamtentum, 58; *Peine*, DV 1984, 415 (426).

reich der Ausübung hoheitsrechtlicher Befugnisse durch den Einsatz von Beamten. Die Norm kann dem nur nachkommen, wenn sie auch auf eine Funktionalprivatisierung anzuwenden ist. Folglich stellt der Funktionsvorbehalt, in Einklang mit der überwiegenden Meinung, eine Schranke für diese Privatisierungsart dar.

Um die exakten Grenzen, die sich dadurch für den Einsatz von Privaten ergeben, zu bestimmen, sind zwei Punkte relevant: erstens der Begriff der „hoheitsrechtlichen Befugnisse“, also die Frage danach, welche Tätigkeiten prinzipiell Beamten zugewiesen sind und zweitens die davon vorgesehenen Ausnahmemöglichkeiten.

b) „Hoheitsrechtliche Befugnisse“

Eine eindeutige Definition des Begriffes durch das Bundesverfassungsgericht steht bisher aus.[377] Auch in der Literatur sind Bezugspunkt und Auslegung umstritten.[378] Bei der Betrachtung wird üblicherweise eine Dreiteilung der Verwaltungstätigkeit in Eingriffs-, Leistungs- und Fiskalverwaltung vorgenommen. Unter der Eingriffsverwaltung ist die exekutive Ausübung von Eingriffsbefugnissen zu verstehen. Diese erlegt dem Bürger ein Tun, Dulden oder Unterlassen durch Zwang und Befehl auf und greift damit in seine Grundrechte ein.[379] Als klassische Bereiche der Eingriffsverwaltung werden die Polizei, die Bundeswehr, die Justiz, der Zoll, die Steuererhebung und auch der Strafvollzug angesehen.[380] Die Leistungsverwaltung[381] umfasst dagegen die Bereiche der Verwaltung, die in der Regel ohne den Einsatz von Zwangsmitteln auskommen und dem

---

377 Auch in der Entscheidung zum hessischen Maßregelvollzug wurde ausdrücklich offen gelassen, ob und inwieweit der Begriff der hoheitsrechtlichen Befugnisse über den Bereich der Eingriffsverwaltung hinausreicht: BVerfG, NJW 2012, 1563 (1565).

378 Eine ausführliche Darstellung findet sich in diesem und dem folgenden Abschnitt.

379 BVerfG, NJW 2012, 1563 (1565); *Ipsen*, Allgemeines Verwaltungsrecht, Rn. 187; *Haug*, NVwZ 1999, 816 (817); *Kötter*, BewHi 2004, 211 (221); *Pilz*, DÖV 2009, 102 (103); *Strauß*, Funktionsvorbehalt und Berufsbeamtentum, 61; *Peine*, DV 1984, 415 (436 f.); *Gusy*, JZ 2006, 651 (655); *Jung*, Die Zweispurigkeit des öffentlichen Dienstes, 153; *Hill*, DVBl. 1989, 321 (323); *Warbeck*, RiA 1998, 22 (23 f.); *Becker*, Gemeinschaftsrecht und Berufsbeamtentum, 141.

380 *Jachmann*, in: v. Mangoldt/Klein/Starck (GG), Art. 33 Rn. 34; *Di Fabio*, JZ 1999, 585 (591); *Scholz*, NJW 1997, 14 (15 f); *Peine*, DV 1984, 415 (436); *Krölls*, GewArch 1997, 445 (452 ff.); *Landau*, Tagungsbericht 27. Triberger Symposium, 30 (36); *Strauß*, Funktionsvorbehalt und Berufsbeamtentum, 61; *Benndorf*, DVBl. 1981, 23 (24); *Peine*, DV 1984, 415 (436); *Pilz*, DÖV 2009, 102 (103); *Oehlerking*, Auslagerung von Funktionen der Justiz, 30; *Gusy*, JZ 2006, 651 (655); *Becker*, Gemeinschaftsrecht und Berufsbeamtentum, 141; *Isensee*, in: HdbVerfR II, § 32 Rn. 56.

381 Auch „schlichte Hoheitsverwaltung“ oder „gewährende Verwaltung“.

Bürger Leistungen oder sonstige Vergünstigungen gewähren.[382] Beispiele sind die Zahlung von Sozialhilfe, Wirtschaftssubventionen, die Abwasserbeseitigung sowie der Betrieb von Schulen, Kindergärten, öffentlichen Verkehrsmitteln, Müllabfuhr, Krankenhäusern und kulturellen Einrichtungen.[383] Zur Fiskalverwaltung zählen sowohl fiskalische Hilfsgeschäfte (die Beschaffung von Arbeitsmaterialien, Verbrauchsgütern, Reparaturen usw.) wie auch erwerbswirtschaftliche Tätigkeiten des Staats (die staatliche Beteiligung am Wirtschaftsleben zur Finanzakquirierung).[384] Ein Konsens besteht insoweit, dass die Eingriffsverwaltung zum Kernbereich hoheitlicher Befugnisse gehört.[385]

aa) Verwaltungsbereich, Beschäftigungsposition oder konkrete Tätigkeit als Bezugspunkt

Fraglich ist, ob eine generalisierende Betrachtung eines Verwaltungsbereichs sachgerecht ist[386] oder ob eine differenziertere Beurteilung vorgenommen werden muss. Die überwiegende Meinung stellt auf den jeweiligen Dienstposten

---

382 *Benndorf*, DVBl. 1981, 23 (24); *Becker*, Gemeinschaftsrecht und Berufsbeamtentum, 143 f.; *Warbeck*, RiA 1998, 22 (23).

383 *Becker*, Gemeinschaftsrecht und Berufsbeamtentum, 144; *Warbeck*, RiA 1998, 22 (23); *Gusy*, in: Stober (Hrsg.), Privatisierung im Strafvollzug?, 5 (17).

384 *Benndorf*, DVBl. 1981, 23 (24); *Becker*, Gemeinschaftsrecht und Berufsbeamtentum, 141; *Warbeck*, RiA 1998, 22 (23).

385 BVerfG, NJW 2012, 1563 (1565); *Masing*, in: Dreier (GG II), Art. 33 Rn. 64; *Jachmann*, in: v. Mangoldt/Klein/Starck (GG), Art. 33 Rn. 31; *Battis*, in: Sachs (GG), Art. 33 Rn. 55 ff.; *Maunz*, in: Maunz/Dürig (GG), Art. 33 Rn. 33; *Kunig*, in: v. Münch/Kunig (GG II), Art. 33 Rn. 47 ff.; *Pieroth*, in: Jarass/Pieroth (GG), Art. 33 Rn. 41; *Isensee*, in: HdbVerfR II, § 32 Rn. 56; *Haug*, NVwZ 1999, 816 (817); *Kulas*, Privatisierung hoheitlicher Verwaltung, 62; *Oehlerking*, Auslagerung von Funktionen der Justiz, 30; *Strauß*, Funktionsvorbehalt und Berufsbeamtentum, 61; *Meyer*, BewHi 2004, 272 (276); *Krölls*, GewArch 1997, 445 (451); *Benndorf*, DVBl. 1981, 23 (24); *Jung*, Die Zweispurigkeit des öffentlichen Dienstes, 192; *Pilz*, DÖV 2009, 102 (103); *Jachmann/Strauß*, ZBR 1999, 289 (291); *Isensee*, DÖV 1970, 397 (398); *Schimpfhauser*, Das Gewaltmonopol des Staates, 85; *Becker*, Abgrenzung von Beamten und Arbeitnehmern, 246; *Gusy*, JZ 2006, 651 (655); *Gusy*, in: Stober (Hrsg.), Privatisierung im Strafvollzug?, 5 (17); *Hill*, DVBl. 1989, 321 (323); *Warbeck*, RiA 1998, 22 (23); *Becker*, Gemeinschaftsrecht und Berufsbeamtentum, 139; *Gramm*, VerwArch 1999, 329 (343); *Remmert*, Private Dienstleistungen in Verwaltungsverfahren, 356 f.; *Barisch*, Die Privatisierung im deutschen Strafvollzug, 121.

386 So *Calliess/Müller-Dietz* (StVollzG), § 155 Rn. 3; *Kulas*, Privatisierung hoheitlicher Verwaltung, 63; *Kulas*, in: Stober (Hrsg.), Privatisierung im Strafvollzug?, 35 (38 ff.); *Leisner*, in: Leisner (Hrsg.), Das Berufsbeamtentum im demokratischen Staat, 121 (138); *Peine*, DV 1984, 415 (436 f.); *Fischbach*, DÖV 1951, 453 (455 f.), die darauf abstellen, ob der Verwaltungsbereich insgesamt betrachtet eher hoheitlich geprägt ist.

ab.[387] Die Argumentation, der Wortlaut sei klar auf die jeweilige Beschäftigungsposition gemünzt,[388] vermag zwar nicht zu überzeugen. Die Formulierung „die Ausübung der hoheitsrechtlichen Befugnisse“ sei „Angehörigen des öffentlichen Dienstes zu übertragen“ kann auch auf einen ganzen Verwaltungszweig bezogen sein. Der Telos der Norm spricht jedoch eine abgestuftere Betrachtung:[389] Sinn des Funktionsvorbehaltes ist es, wichtige Aufgaben in die Hände von besonders qualifizierten Personen zu legen. Solche besonders relevanten Tätigkeiten liegen nicht zwingend bei jeder Aufgabe in einem an sich hoheitlich geprägten Bereich vor. Zu nennen sind etwa reine Schreibkräfte bei der Polizei, Reinigungskräfte in einer Strafvollzugsanstalt oder Köche in der Bundeswehrkantine. Es gibt keine Veranlassung, solche Tätigkeiten Beamten zu übertragen. Bei der Beurteilung, ob die Ausübung hoheitsrechtlicher Befugnisse vorliegt, ist deshalb die Betrachtung des einzelnen Dienstpostens gegenüber einer Einordnung anhand des Verwaltungszweiges vorzugswürdig. Die „klassischen“ Bereiche der Eingriffsverwaltung weisen lediglich eine vergleichsweise hohe Dichte von hoheitlichen Tätigkeiten auf und werden durch diese geprägt. Allerdings geht auch die durch die herrschende Meinung vorgenommene Differenzierung noch nicht weit genug. Ein einzelner Dienstposten kann eine Vielzahl von Tätigkeiten beinhalten, die nur in den seltensten Fällen alle entweder hoheitsrechtlicher Natur oder nicht hoheitsrechtlicher Natur sind. So gehören zu den Aufgaben von Strafvollzugsbeamten etwa die Durchführung von Disziplinarmaßnahmen, aber auch die Leistung von erster Hilfe für einen verletzten Gefangenen oder auch Reinigungsarbeiten.[390] Weshalb diese Aufgaben pauschal beurteilt werden sollten, nur weil sie innerhalb desselben Dienstpostens ausgeübt werden, ist nicht ersichtlich. Wenn im Folgenden also von der Eingriffs-, Leistungs-, oder Fiskalverwaltung gesprochen wird, bezieht sich dies stets auf die konkret ausgeübte

---

387 *Jachmann*, in: v. Mangoldt/Klein/Starck (GG), Art. 33 Rn. 31; *Battis*, in: Sachs (GG), Art. 33 Rn. 57; *Kunig*, in: v. Münch/Kunig (GG II), Art. 33 Rn. 49; *Schimpfhauser*, Das Gewaltmonopol des Staates, 82 ff.; *Oehlerking*, Auslagerung von Funktionen der Justiz, 32 f.; *Burgi*, in: HdbStR IV, § 75 Rn. 4; *Isensee*, in: HdbVerfR II, § 32 Rn. 56; *Strauß*, Funktionsvorbehalt und Berufsbeamtentum, 61 ff.; *Krölls*, GewArch 1997, 445 (451); *Di Fabio*, JZ 1999, 585 (591); *Lecheler*, Verfassungspflicht bei der Erfüllung staatlicher Daueraufgaben, 6; *Lecheler*, Die Beamtenaufgaben nach dem Funktionsvorbehalt des GG, 22 f.; *Benndorf*, DVBl. 1981, 23 (25); *Badura*, ZBR 1996, 321 (326); *Remmert*, Private Dienstleistungen in Verwaltungsverfahren, 354. Wohl auch BVerfG, NJW 2012, 1563 (1566).

388 *Schimpfhauser*, Das Gewaltmonopol des Staates, 83; *Lecheler*, Die Beamtenaufgaben nach dem Funktionsvorbehalt des GG, 23.

389 *Schimpfhauser*, Das Gewaltmonopol des Staates, 83; *Oehlerking*, Auslagerung von Funktionen der Justiz, 33.

390 Nr. 12 II DSVollz.

Tätigkeit, nicht auf den einzelnen Dienstposten oder gar den gesamten Verwaltungsbereich.[391]

bb) Reichweite der hoheitsrechtlichen Befugnisse

Was neben der Eingriffsverwaltung unter hoheitlichen Befugnissen zu verstehen ist, ist hoch umstritten. Die Literatur zeigt hier eine erhebliche Uneinheitlichkeit. Von der Beschränkung des Funktionsvorbehaltes auf die reine Eingriffs- bis hin zur Einbeziehung der gesamten öffentlichen Verwaltung finden sich, inklusive Zwischenformen und Abstufungen jeder Art, eine Vielfalt von verschiedenen Ansichten. Aufschluss bringt eine Betrachtung des Begriffs anhand der klassischen Auslegungsmethoden.

(1) Grammatische Auslegung

Erster Ausgangspunkt der Gesetzesauslegung ist der Wortlaut. Die grammatische Auslegung versucht aus Ausdrucksweise und sprachlicher Fassung einen Rückschluss auf den Inhalt zu ziehen.[392] Eine Auslegung entgegen des Wortlautes ist grundsätzlich unzulässig.[393] Innerhalb des dadurch gesetzten Rahmens sind die Auslegungsmöglichkeiten jedoch weitestgehend unbeschränkt. Nach Formulierung des Bundesverfassungsgerichts soll am Wortlaut nicht gehaftet werden.[394] Vielmehr ist auf den objektivierten Gehalt der Norm abzustellen.[395] Der hier relevante Wortlaut lautet „hoheitsrechtliche Befugnisse".

(a) „Hoheitsrechtliche"

Ein spezifischer, gesicherter juristischer Sprachgebrauch des „Hoheitsrechtlichen" existiert nicht[396], weshalb vom allgemeinen Sprachgebrauch auszugehen

391 So wohl auch *Mösinger*, BayVBl. 2007, 417 (424); *Barisch*, Die Privatisierung im deutschen Strafvollzug, 123, die auf die einzelne „Beschäftigungsposition" bzw. „Vollzugsmaßnahme" abstellen. Ob die Ausübung einer hoheitsrechtlichen Tätigkeit innerhalb eines Dienstpostens dazu führt, dass dieser insgesamt von einem Beamten wahrgenommen werden muss, ausführlich 2. Kapitel, A., I., 4), b), bb), (4), (c), (jj).

392 *Becker*, Gemeinschaftsrecht und Berufsbeamtentum, 166.

393 *Dörr*, ZTR 1991, 182 (184).

394 BVerfGE 8, 210 (221).

395 BVerfGE 47, 109 (127); 48, 246 (256); 53, 135 (147); 53, 207 (212); 71, 81 (106).

396 *Kirchhof*, Der Begriff der hoheitsrechtlichen Befugnisse, 6 f.; *Becker*, Gemeinschaftsrecht und Berufsbeamtentum, 168; *Benndorf*, DVBl. 1981, 23 (24); *Peine*, DV 1984, 415 (421); *Strauß*, Funktionsvorbehalt und Berufsbeamtentum, 67 f.; *Jung*, Die Zweispurigkeit des öffentlichen Dienstes, 134.

ist. Das „Hoheitliche" drückt Überlegenheit und Überordnung aus.[397] „Hoheit" bezeichnet die Staatsgewalt und die mit ihr verbundenen Rechte.[398] Bereits im älteren deutschen Recht wurden geistliche und weltliche Fürsten als „Hoheit" bezeichnet. Im Zuge der Aufklärung änderte sich das Wortverständnis, sodass das „Hoheitliche" nicht mehr das Verhältnis zwischen Herrscher und Untertan, sondern das zwischen Staat und Bürger bezeichnet.[399] Mittlerweile versteht der allgemeine Sprachgebrauch unter „Hoheitsrechte" die „dem Staat zur Erledigung seiner Aufgaben vorbehaltene Befugnis zur einseitigen verbindlichen Regelung und Anordnung gegenüber dem Einzelnen oder der Allgemeinheit."[400] Die Überlegenheit des Staates zeigt sich am deutlichsten, wenn er in die Rechte seines Bürgers eingreift, also im Bereich der Eingriffsverwaltung.[401] Teilweise wird deshalb angenommen, dass sich der Begriff „hoheitlich" auf diesen Bereich, die Anwendung von Befehl und Zwang, beschränkt.[402] Diese Auslegung greift jedoch zu kurz. Auch im Bereich der Leistungsverwaltung trifft der Staat teilweise einseitig verbindliche Regelungen und Anordnungen. Man denke beispielsweise an die Zahlung von Sozialhilfe, Renten, Kurzarbeitergeld oder Subventionen. Auch hier bestimmt die staatliche Seite beispielsweise Modalitäten und Höhe der Leistungen autonom und bindend. Dadurch äußert sich auch in diesem Bereich ein Über-/Unterordnungsverhältnis.[403] Begibt sich der Staat jedoch auf die Stufe der Bürger, etwa bei fiskalischen Hilfsgeschäften, ist eine Überlegenheit oder Überordnung grundsätzlich nicht mehr gegeben.[404] Beide Parteien unterliegen den gleichen Regelungen und begegnen sich auf Augenhöhe. Eine Ausdehnung des Begriffes „hoheitsrechtlich" auf solche Fälle würde die Wortlautgrenze über-

---

397 *Kirchhof*, Der Begriff der hoheitsrechtlichen Befugnisse, 3; *Becker*, Gemeinschaftsrecht und Berufsbeamtentum, 168.

398 Brockhaus Enzyklopädie, Band 12; *Kirchhof*, Der Begriff der hoheitsrechtlichen Befugnisse, 4; *Becker*, Abgrenzung von Beamten und Arbeitnehmern, 234.

399 Ausführlich: *Kirchhof*, Der Begriff der hoheitsrechtlichen Befugnisse, 3; *Hill*, DVBl. 1989, 321 (321).

400 Brockhaus Enzyklopädie, Band 12; inhaltlich gleichbedeutend die von *Peine* genutzte Definition „eine dem Staat eingeräumte und vom Recht akzeptierte Herrschaftsmacht, die sich als Ausfluss der Staatsgewalt in der Überlegenheit des Staates gegenüber dem Bürger, also: in einem tatsächlichen Über- und Unterordnungsverhältnis manifestiert.": *Peine*, DV 1984, 415 (420).

401 *Kirchhof*, Der Begriff der hoheitsrechtlichen Befugnisse, 4; *Becker*, Abgrenzung von Beamten und Arbeitnehmern, 234; *Becker*, Gemeinschaftsrecht und Berufsbeamtentum, 169; *Strauß*, Funktionsvorbehalt und Berufsbeamtentum, 67.

402 *Peine*, DV 1984, 415 (420 f.).

403 *Becker*, Abgrenzung von Beamten und Arbeitnehmern, 234; *Kirchhof*, Der Begriff der hoheitsrechtlichen Befugnisse, 4; *Strauß*, Funktionsvorbehalt und Berufsbeamtentum, 67.

404 Zur Möglichkeit, ausnahmsweise ein faktisches Subordinationsverhältnis anzunehmen, siehe 2. Kapitel, A., I., 4), b), bb), (4), (c), (ii).

schreiten.[405] Die Verwendung des Zusatzes „-rechtlich" hat keinen darüber hinausgehenden Aussagegehalt,[406] weshalb die Begriffe „hoheitlich" und „hoheitsrechtlich" synonym verwendet werden können.

(b) „Befugnisse"

Es bleibt zu klären, ob die Verwendung des Terminus „Befugnisse" von Bedeutung ist. „Befugnis" entspricht inhaltlich den Begriffen „Befähigung", „Berechtigung", „Ermächtigung", „Erlaubnis" oder „Vollmacht".[407] Diese drücken ebenfalls lediglich ein Über-/Unterordnungsverhältnis zwischen zwei Parteien und somit eine Entscheidungsgewalt des einen über den anderen aus. Eine solche kann ebenso gut im Bereich der Leistungsverwaltung wie im Bereich der Eingriffsverwaltung liegen.[408] Dies entspricht der bei der Betrachtung des Wortes „hoheitlich" getroffenen Feststellung. Folglich kann nicht angenommen werden, dass die Formulierung „Befugnisse" für die Wortlautauslegung völlig unerheblich ist.[409] Vielmehr untermauert sie das bisherige Ergebnis. Umfasst wird ein Verhältnis, bei dem der Staat dem Bürger überlegen ist, unerheblich davon, ob dieses der Eingriffsverwaltung zuzuordnen ist. Lediglich solche Tätigkeiten, bei denen sich der Staat auf eine Stufe mit seinen Bürgern begibt, werden nicht vom Wortlaut des Art. 33 IV GG umfasst. Eine weitergehende Aussage ergibt sich durch die Verwendung der Formulierung jedoch nicht.

---

405 *Strauß*, Funktionsvorbehalt und Berufsbeamtentum, 67.

406 *Battis*, in: Sachs (GG), Art. 33 Rn. 55; *Kirchhof*, Der Begriff der hoheitsrechtlichen Befugnisse, 8; *Strauß*, Funktionsvorbehalt und Berufsbeamtentum, 67; *Jung*, Die Zweispurigkeit des öffentlichen Dienstes, 132; *Schimpfhauser*, Das Gewaltmonopol des Staates, 82; *Becker*, Abgrenzung von Beamten und Arbeitnehmern, 233; *Becker*, Gemeinschaftsrecht und Berufsbeamtentum, 168. Andere Ansicht: *Dörr*, ZTR 1991, 182 (184), der „hoheitlich" mit „öffentlich-rechtlich" gleichsetzt, „hoheitsrechtlich" dagegen mit „obrigkeitlich". Da „obrigkeitlich" jedoch sowohl in einem weiten als auch in einem engen Zusammenhang verwendet werden würde, bliebe die Wortlautauslegung ohne Ergebnis.

407 *Kirchhof*, Der Begriff der hoheitsrechtlichen Befugnisse, 10.

408 Siehe 2. Kapitel, A., I., 4), b), bb), (1), (a).

409 So aber *Strauß*, Funktionsvorbehalt und Berufsbeamtentum, 66; *Kirchhof*, Der Begriff der hoheitsrechtlichen Befugnisse, 10; *Peine*, DV 1984, 415 (419); *Becker*, Gemeinschaftsrecht und Berufsbeamtentum, 168; *Becker*, Abgrenzung von Beamten und Arbeitnehmern, 233; *Jung*, Die Zweispurigkeit des öffentlichen Dienstes, 132 mit der Argumentation, dass der Parlamentarische Rat die Begriffe „Befugnis" und „Aufgabe" synonym verwendete – *v. Doemming/Füßlein/Matz*, JöR n. F., Bd. 1, 314 (323) – was zwar zutreffend, jedoch innerhalb der genetischen Auslegung zu betrachten ist.

(2) Genetische Auslegung

Die genetische Auslegung betrachtet die Entstehungsgeschichte der Norm. Die ursprünglich vom Abgeordneten *Strauß* für die CDU eingebrachte Formulierung lautete: „Die staatlichen und gemeindlichen Daueraufgaben sind grundsätzlich von Berufsbeamten auszuüben (…).“[410] Der Abgeordnete führte aus, dass er den Begriff „Hoheitsaufgaben“ im Hinblick auf die wechselhafte Rechtsprechung des Reichsgerichts bewusst nicht verwendet habe. Er wollte so vermeiden, dass die Post, Ernährungs- und Wirtschaftsämter unter den Begriff gezählt werden.[411] Der Abgeordnete *Wagner* wandte ein, dass etwa auch der Betrieb eines „Elektrizitätswerkes, eines Staatsbetriebs oder eines gemeindlichen Eigenbetriebs“ eine Daueraufgabe sei. Bei solchen Fällen bestehe jedoch keine Notwendigkeit, durchgehend Beamte zu verwenden.[412] Der Zuständigkeitsausschuss beauftragte daraufhin die Abgeordneten *Strauß* und *Hoch* mit einer Neufassung.[413] Der neu ausgearbeitete Vorschlag lautete „Dauernde Aufgaben in Ausübung öffentlicher Gewalt (…).“[414] Begründet wurde die Formulierung damit, dass diese konkreter sei und dadurch vermeide, das Berufsbeamtentum „über das notwendige Maß auszudehnen.“[415] Gegen den Vorschlag wurde eingewandt, dass es nicht möglich sei, „in Hamburg die ganze Kategorie der Fürsorgerinnen zu Beamten zu machen, obwohl sie Daueraufgaben in Ausübung öffentlicher Gewalt wahrzunehmen haben.“[416] Zur Ausübung öffentlicher Gewalt führte der Abgeordnete *v. Mangoldt* aus: „Ausübung öffentlicher Gewalt liegt vor, wenn mit zwingender Kraft die Staatsmacht dahinter steht. Das Wesen des Staates liegt darin, daß er mit unwiderstehlicher Kraft gebieten kann. Wo etwas Derartiges ausgeübt wird, liegt öffentliche Gewalt vor.“ Lehrer seien schon „immer zu den Beamten gerechnet“ worden. Postschalterbeamte und Stenotypistinnen gehörten nicht dazu.[417] Im allgemeinen Redaktionsausschuss wurde die Neufassung „Die Ausübung hoheitsrechtlicher Befugnisse soll als ständige Aufgabe (…)“ vorgeschlagen. Begründet wurde dies wie folgt: „Man sollte nicht von der Ausübung öffentlicher Gewalt sprechen. Die Ausübung öffentlicher Gewalt geht weiter als die Ausübung von hoheitsrechtlichen Befugnissen. Hoheitsrechtliche Befugnisse im engeren Sinne werden ausgeübt, wenn der Staat oder eine andere öffentlich-

410 *V. Doemming/Füßlein/Matz*, JöR n. F., Bd. 1, 314 (314).
411 *V. Doemming/Füßlein/Matz*, JöR n. F., Bd. 1, 314 (315).
412 *V. Doemming/Füßlein/Matz*, JöR n. F., Bd. 1, 314 (315).
413 *V. Doemming/Füßlein/Matz*, JöR n. F., Bd. 1, 314 (316).
414 *V. Doemming/Füßlein/Matz*, JöR n. F., Bd. 1, 314 (316).
415 *V. Doemming/Füßlein/Matz*, JöR n. F., Bd. 1, 314 (316 f.).
416 *V. Doemming/Füßlein/Matz*, JöR n. F., Bd. 1, 314 (318).
417 *V. Doemming/Füßlein/Matz*, JöR n. F., Bd. 1, 314 (320).

rechtliche Körperschaft als „Obrigkeit" tätig wird. Nur insoweit aber sollte man verlangen, daß die ständige Ausübung solcher Aufgaben durch Beamte erfolgen muß. Deshalb wird vorgeschlagen, in Absatz 1 von der „Ausübung hoheitsrechtlicher Befugnisse als ständige Aufgabe" zu sprechen."[418]

Der ursprünglich gewählte Begriff der „Daueraufgabe" war relativ weitreichend. Er bezieht sich lediglich auf den Zeitraum der Tätigkeit und stellt keine qualitativen Anforderungen an die Aufgabe. Anschließend wurde die Formulierung der „Ausübung öffentlicher Gewalt" verwendet. Diese sollte enger gefasst sein und eine Ausuferung des Berufsbeamtentums vermeiden. Schließlich wurde die Norm durch die Verwendung des Terminus „Ausübung hoheitlicher Befugnisse" noch einmal eingeschränkt. Der Redaktionsausschuss ging ausdrücklich davon aus, dass dieser nicht so weit reicht wie die „Ausübung öffentlicher Gewalt". Im Rahmen der Beratungen des parlamentarischen Rates wurden die Formulierungen folglich immer weiter eingeschränkt. Letztendlich sollte die Norm nur noch Aufgaben erfassen, bei denen der Staat als „Obrigkeit" tätig wird. Die Einbeziehung der Leistungsverwaltung mag in einer früheren Fassung teilweise vorgesehen gewesen sein, im Verlauf des Beratungsprozesses wurde bewusst darauf verzichtet.[419] Man könnte annehmen, dass sich diese Tendenz auch in der Verwendung der Formulierung „Befugnisse" statt „Aufgaben" widerspiegelt. Im Parlamentarischen Rat wurden die Begriffe jedoch synonym verwendet[420], weshalb davon auszugehen ist, dass dem Wechsel der Begriffe keine tiefergehende Bedeutung zuzumessen ist.[421] Die genetische Auslegung führt dennoch zu einer Beschränkung der hoheitsrechtlichen Befugnisse auf die Eingriffsverwaltung.

(3) Systematische Auslegung

Die systematische Auslegung untersucht die Stellung einer Norm innerhalb des Gesetzes und setzt sie in Relation zu anderen Regelungen. Für eine systematische Bestimmung der hoheitsrechtlichen Befugnisse kommen mehrere Bezugspunkte in Betracht.

---

418 *V. Doemming/Füßlein/Matz*, JöR n. F., Bd. 1, 314 (323).

419 Mit diesem Ergebnis auch *Masing*, in: Dreier (GG II), Art. 33 Rn. 65; *Battis*, in: Sachs (GG), Art. 33 Rn. 55; *Strauß*, Funktionsvorbehalt und Berufsbeamtentum, 74 f.; *Becker*, Abgrenzung von Beamten und Arbeitnehmern, 238; *Becker*, Gemeinschaftsrecht und Berufsbeamtentum, 175, 180; *Benndorf*, DVBl. 1981, 23 (26); *Badura*, ZBR 1996, 321 (326); *Dörr*, ZTR 1991, 182 (185); *Benz*, Beamtenverhältnis und Arbeitsverhältnis, 153; *Gusy*, JZ 2006, 651 (655); *Gusy*, in: Stober (Hrsg.), Privatisierung im Strafvollzug?, 5 (17); *Gusy/Lührmann*, StV 2001, 46 (49).

420 *V. Doemming/Füßlein/Matz*, JöR n. F., Bd. 1, 314 (323).

421 So auch *Lecheler*, Verfassungspflicht bei der Erfüllung staatlicher Daueraufgaben, 5; *Strauß*, Funktionsvorbehalt und Berufsbeamtentum, 66; *Kirchhof*, Der Begriff der hoheitsrechtlichen Befugnisse, 10; *Peine*, DV 1984, 415 (419).

(a) Stellung der Norm im 2. Abschnitt des Grundgesetzes

Die Einordnung des Funktionsvorbehaltes im 2. Abschnitt des Grundgesetzes könnte sowohl hinsichtlich der Bezeichnung des Abschnitts als auch bezüglich der sonst enthaltenen Normen Aufschlüsse über die Reichweite der hoheitlichen Befugnisse geben.

Betitelt ist der Abschnitt mit „Der Bund und die Länder“. Betrachtet man die enthaltenen Normen, zeigt sich, dass diese nur teilweise der gewählten Überschrift entsprechen:[422] Den Artikeln 20, 30 oder 31 GG stehen beispielsweise das Staatsziel des Umwelt- und Tierschutzes (Art. 20 a GG), Regelungen zu politischen Parteien (Art. 21 GG) oder die Regelung zur Bildung einer einheitlichen Handelsflotte (Art. 27 GG) gegenüber, die keinen unmittelbaren inhaltlichen Bezug zur Benennung des Abschnitts aufweisen. Zu diesen Normen zählt auch Art. 33 IV GG. Der Funktionsvorbehalt steht in keinem Zusammenhang mit der Gliederung Deutschlands in Bund und Länder. Es finden sich auch keine Hinweise darauf, dass er mit einer bestimmten Zielsetzung seinen Platz in dem so bezeichneten Abschnitt des Grundgesetzes gefunden hat.[423] Folglich lässt sich durch die Betitelung des Abschnitts kein Rückschluss auf den Umfang der hoheitlichen Befugnisse ziehen.[424]

Die Uneinheitlichkeit des Abschnitts beschränkt sich jedoch nicht auf das Verhältnis der einzelnen Artikel zur Überschrift, sondern setzt sich auch in den Artikeln untereinander fort. Abgesehen davon, dass sie sich nur teilweise auf das Bund/Länder-Verhältnis beziehen, finden sich auch darüber hinaus wenige Gemeinsamkeiten. Es zeigt sich keine einheitliche Struktur, wie beispielsweise die ausschließliche Behandlung der Eingriffsverwaltung, weshalb auch durch den Vergleich mit den sonstigen Normen des Abschnitts keine Rückschlüsse auf den Umfang der hoheitlichen Befugnisse gezogen werden können. Die Einordnung der Norm in den 2. Abschnitt des Grundgesetzes ist somit für die systematische Auslegung unerheblich.[425]

---

422 *Strauß*, Funktionsvorbehalt und Berufsbeamtentum, 79.

423 *V. Doemming/Füßlein/Matz*, JöR n. F., Bd. 1, 314 (314 ff.); *Battis*, in: Sachs (GG), Art. 33 Rn. 7.

424 *Jung*, Die Zweispurigkeit des öffentlichen Dienstes, 141; *Kirchhof*, Der Begriff der hoheitsrechtlichen Befugnisse, 43 f.; *Strauß*, Funktionsvorbehalt und Berufsbeamtentum, 80.

425 So auch: *Jung*, Die Zweispurigkeit des öffentlichen Dienstes, 141 f.; *Strauß*, Funktionsvorbehalt und Berufsbeamtentum, 80; *Peine*, DV 1984, 415 (428); *Becker*, Abgrenzung von Beamten und Arbeitnehmern, 241; *Becker*, Gemeinschaftsrecht und Berufsbeamtentum, 181.

(b) Regelungszusammenhang innerhalb des Art. 33 GG

Innerhalb des Art. 33 GG bietet sich eine systematische Auslegung des Absatzes IV lediglich in Verbindung mit Absatz V an. Die restlichen Absätze regeln die staatsrechtliche Gleichberechtigung und stehen in keinem relevanten inhaltlichen Zusammenhang mit den beiden Genannten.[426] Auch hier setzt sich die systematische Unordnung des 2. Abschnitts fort. Die Absätze I und II sollten zuerst in Art. 13 GG enthalten sein, für die Absätze IV und V war eine Unterbringung in Art. 27b vorgesehen.[427] Erst später wurde, ohne ersichtlichen Grund, eine Zusammenfassung zu Art. 33 GG vorgenommen. Ein Rückgriff auf die Absätze I – III kommt deshalb nicht in Betracht. Zwischen den Absätzen IV und V besteht jedoch ein starker inhaltlicher Zusammenhang; sie ergänzen sich gegenseitig. Beide Normen enthalten allgemeine Rechtsgrundsätze zur Verwaltungsorganisation.[428] Während Absatz IV den Umfang des zwingenden Einsatzgebietes von Beamten bestimmt, regelt Absatz V dessen Ausgestaltung. Zusammen bilden die beiden Absätze eine institutionelle Garantie des Berufsbeamtentums.[429]

(aa) Rückschluss aufgrund des Anwendungsbereichs des Art. 33 V GG

Teilweise wird aus dem persönlichen Anwendungsbereich des Art. 33 V GG ein Rückschluss auf den Umfang der hoheitlichen Befugnisse gezogen. Dabei wird, mitunter gestützt auf den Wortlaut,[430] angenommen, dass Absatz V nicht nur Beamte, sondern auch Angestellte und Arbeiter erfasst.[431] Letztgenannte seien dadurch in eine den Beamten ähnliche Stellung erhoben, weshalb ihre Aufgaben entsprechend bedeutsam sein müssten. Um ihnen einen angemessenen Tätig-

426 *Becker*, Gemeinschaftsrecht und Berufsbeamtentum, 181; *Strauß*, Funktionsvorbehalt und Berufsbeamtentum, 75 f.; *Jung*, Die Zweispurigkeit des öffentlichen Dienstes, 142; *Thieme*, Der Aufgabenbereich der Angestellten im Öffentlichen Dienst, 22; *Peine*, DV 1984, 415 (423); *Becker*, Abgrenzung von Beamten und Arbeitnehmern, 241 f.; *Benndorf*, DVBl. 1981, 23 (26).

427 *V. Doemming/Füßlein/Matz*, JöR n. F., Bd. 1, 305 (306); 314 (322); *Strauß*, Funktionsvorbehalt und Berufsbeamtentum, 75.

428 *Becker*, Gemeinschaftsrecht und Berufsbeamtentum, 181.

429 BVerfGE 106, 225 (231); *Jachmann*, in: v. Mangoldt/Klein/Starck (GG), Art. 33 Rn. 40; *Battis*, in: Sachs (GG), Art. 33 Rn. 45; *Masing*, in: Dreier (GG II), Art. 33 Rn. 58, 71; *Battis*, in: Sachs (GG), Art. 33 Rn. 45; *Kenntner*, DVBl. 2007, 1321 (1321); *Jung*, Die Zweispurigkeit des öffentlichen Dienstes, 142; *Becker*, Abgrenzung von Beamten und Arbeitnehmern, 242; *Becker*, Gemeinschaftsrecht und Berufsbeamtentum, 182; *Strauß*, Funktionsvorbehalt und Berufsbeamtentum, 86; *Pilz*, DÖV 2009, 102 (103); *Jachmann/Strauß*, ZBR 1999, 289 (292); *Badura*, ZBR 1996, 321 (326); *Dörr*, ZTR 1991, 182 (186); *Waechter*, NZV 1997, 329 (331).

430 „Das Recht des öffentlichen Dienstes…".

431 *Wacke*, Grundlagen des Öffentlichen Dienstrechts, 28; *Thieme*, Der Aufgabenbereich der Angestellten im Öffentlichen Dienst, 22 ff.; *Kranz*, DÖV 1955, 166 (166 f.).

keitsbereich zuzusprechen, müsste sich der Beamtenvorbehalt auf ein Mindestmaß beschränken und nur die Eingriffsverwaltung umfassen.[432]

Die Ansicht scheitert an mehreren Punkten. So ist jedenfalls der letzte Schritt der Argumentation unschlüssig,[433] auch falls sich Art. 33 V GG tatsächlich auf Angestellte und Arbeiter beziehen sollte. Sie widerspricht dem Aufbau des Art. 33 IV GG: Die Ansicht geht davon aus, dass eine Gruppe – die Angestellten und Arbeiter – besonders bedeutsam sei und infolgedessen entsprechende Aufgaben zugewiesen bekommen müsste. Art. 33 IV GG verfolgt dagegen gerade den umgekehrten Ansatz. Ausgangspunkt ist die besondere Aufgabe, zu deren Erfüllung die entsprechende Gruppe herangezogen werden muss. Selbst wenn durch eine isolierte Betrachtung der hoheitsrechtlichen Befugnisse eine endgültige Klärung ihrer Reichweite nicht zu bewerkstelligen wäre und eine Begriffsbestimmung anhand der ausführenden Gruppe erfolgen muss, müsste man dafür vornehmlich auf die Beamten abstellen. Deren Rechtsstellung, nicht die der öffentlich-rechtlichen Arbeitnehmer, ist eng mit dem Funktionsvorbehalt verwoben und wäre deshalb erster Ansatzpunkt, um Rückschlüsse auf den Umfang der hoheitsrechtlichen Befugnisse zu ziehen.[434] Des Weiteren ist nicht ersichtlich, warum die so gezogene Grenze ausgerechnet zwischen Eingriffs- und Leistungsverwaltung liegen soll.[435] Darüber hinaus geht die Argumentation von einem falschen Grundgedanken, der Gleichstellung von Beamten mit Angestellten und Arbeitern, aus und verkennt die Zweispurigkeit des öffentlichen Dienstes[436]. Auch wenn in Art. 33 V GG keine strikte „Beachtung“, sondern lediglich eine

432 *Thieme*, Der Aufgabenbereich der Angestellten im Öffentlichen Dienst, 22 ff. Anders *Becker* und *Benndorf*, die davon ausgehen, dass sich Art. 33 V GG lediglich auf Beamte bezieht, daraus jedoch das gleiche Ergebnis – die Beschränkung der hoheitlichen Befugnisse auf die Eingriffsverwaltung – ableiten: *Becker*, Abgrenzung von Beamten und Arbeitnehmern, 242 f.; *Becker*, Gemeinschaftsrecht und Berufsbeamtentum, 181 ff.; *Benndorf*, DVBl. 1981, 23 (26).

433 Und keineswegs wie *Jung* behauptet „unanfechtbar“: *Jung*, Die Zweispurigkeit des öffentlichen Dienstes, 143.

434 Zu dieser Möglichkeit 2. Kapitel, A., I., 4), b), bb), (4).

435 Die Argumentation, dass die Eingriffsverwaltung sicher enthalten, die Fiskalverwaltung sicher nicht enthalten sei und deshalb allein die Leistungsverwaltung zur Diskussion stehe, überzeugt nicht. Sie verkennt die Möglichkeit zwischen den einzelnen Tätigkeiten innerhalb der Leistungsverwaltung zu differenzieren. So jedoch *Becker*, Abgrenzung von Beamten und Arbeitnehmern, 244; *Jung*, Die Zweispurigkeit des öffentlichen Dienstes, 147; *Peine*, DV 1984, 415 (423); *Thieme*, Der Aufgabenbereich der Angestellten im Öffentlichen Dienst, 24 f.

436 Darunter versteht man die Unterscheidung zwischen den in einem öffentlich-rechtlichen Dienst- und Treueverhältnis stehenden Berufsbeamten einerseits und den in einem arbeitsrechtlichen Vertragsverhältnis stehenden Beschäftigten andererseits. Ausführlich dazu: *Battis*, in: Sachs (GG), Art. 33 Rn. 45; *Becker*, Gemeinschaftsrecht und Berufsbeamtentum, 60 ff.

„Berücksichtigung" gefordert wird,[437] müssten nach *Thieme* doch das Streikverbot, das Alimentationsprinzip und das Recht auf Beschäftigung auf Lebenszeit zumindest in irgendeiner Form für alle Mitarbeiter des öffentlichen Dienstes eingeführt werden. Dies entspricht nicht dem Gedanken des Art. 33 V GG,[438] weshalb auch die herrschende Meinung richtigerweise davon ausgeht, dass sich dieser nur auf Berufsbeamte bezieht.[439] Der persönliche Anwendungsbereich des Art. 33 V GG lässt sich somit nicht für eine systematische Auslegung heranziehen.[440]

(bb) Der Funktionsvorbehalt für das Berufsbeamtentum als hergebrachter Grundsatz des Berufsbeamtentums i. S. d. Absatz V

Mitunter wird vertreten, dass der Funktionsvorbehalt für das Berufsbeamtentum ein hergebrachter Grundsatz i. S. d. Art. 33 V GG sei und sich daraus Rückschlüsse auf den Umfang der hoheitsrechtlichen Befugnisse ergäben.[441] Gestützt wird die Argumentation nicht etwa auf den im Absatz IV verankerten Funktionsvorbehalt, da dies zu einem Zirkelschluss führen würde. Sie beruht darauf, dass sich bereits in der Weimarer Republik die Zuständigkeit der Beamten für die Eingriffsverwaltung und die der Angestellten und Arbeiter für die Leistungsverwaltung abzeichnete.[442] Um daraus einen hergebrachten Grundsatz des Berufsbeamtentums abzuleiten, müsste diese Aufteilung zum „Kernbestand von Strukturprinzipien, die allgemein oder doch ganz überwiegend und während eines länge-

437 *Thieme*, Der Aufgabenbereich der Angestellten im Öffentlichen Dienst, 23. Zur Auslegung der Formulierung „berücksichtigen" ausführlich *Masing*, in: Dreier (GG II), Art. 33 Rn. 80 f.; *Battis*, in: Sachs (GG), Art. 33 Rn. 67; *Fischbach*, DÖV 1951, 453 (453).

438 *Pilz*, DÖV 2009, 102 (103); *Strauß*, Funktionsvorbehalt und Berufsbeamtentum, 77; *Fischbach*, DÖV 1951, 453 (455). Ausführlich dargestellt in *Jung*, Die Zweispurigkeit des öffentlichen Dienstes, 142 ff.

439 BVerfGE 3, 162 (186); 9, 268 (285 f.); 15, 167 (196); *Masing*, in: Dreier (GG II), Art. 33 Rn. 78 f.; *Pieroth*, in: Jarass/Pieroth (GG), Art. 33 Rn. 46; *Jachmann*, in: v. Mangoldt/Klein/Starck (GG), Art. 33 Rn. 42; *Battis*, in: Sachs (GG), Art. 33 Rn. 69; *Becker*, Gemeinschaftsrecht und Berufsbeamtentum, 134, 182; *Becker*, Abgrenzung von Beamten und Arbeitnehmern, 242; *Fischbach*, DÖV 1951, 453 (455).

440 Mit diesem Ergebnis auch *Strauß*, Funktionsvorbehalt und Berufsbeamtentum, 77; *Jung*, Die Zweispurigkeit des öffentlichen Dienstes, 144 f.; *Kirchhof*, Der Begriff der hoheitsrechtlichen Befugnisse, 49; *Dörr*, ZTR 1991, 182 (186).

441 *Jung*, Die Zweispurigkeit des öffentlichen Dienstes, 145; *Peine*, DV 1984, 415 (423); *Becker*, Abgrenzung von Beamten und Arbeitnehmern, 243; *Becker*, Gemeinschaftsrecht und Berufsbeamtentum, 183; *Thiele*, DÖV 1981, 773 (774).

442 *Jung*, Die Zweispurigkeit des öffentlichen Dienstes, 78 ff., 145 mit ausführlichen Nachweisen.

ren, Tradition bildenden Zeitraums, mindestens unter der Reichsverfassung von Weimar, als verbindlich anerkannt und gewahrt worden sind", zählen.[443]

Dies würde jedoch zu weit gehen. Dass sich die angesprochene Aufteilung in der Verwaltungspraxis so darstellte, bedeutet nicht automatisch, dass es sich dabei auch um ein tragendes Strukturprinzip des Beamtentums handelt, zumal sie, wie *Strauß* feststellt,[444] auch in der Weimarer Republik nicht durchgehend beachtet wurde. Folglich wird der Funktionsvorbehalt richtigerweise traditionell nicht zu den Grundsätzen im Sinne des Art. 33 V GG gezählt.[445]

Die ergänzende Feststellung, dass es nicht zu den hergebrachten Grundsätzen des Berufsbeamtentums gehört, dass die Aufgaben der Leistungsverwaltung von Beamten wahrgenommen werden,[446] mag zutreffen. Dazu hätten Beamte traditionsgemäß im Bereich der gesamten Leistungsverwaltung zwingend eingesetzt werden müssen. Das sagt jedoch nichts darüber aus, ob sich der Funktionsvorbehalt nicht doch auf besonders wichtige Posten in der Leistungsverwaltung bezieht. Eine systematische Auslegung des Funktionsvorbehaltes in Verbindung mit Absatz V bleibt somit auch unter diesem Gesichtspunkt, und damit insgesamt, ohne Ergebnis.[447]

(c) Regelungszusammenhang mit anderen Normen

(aa) Art. 34 GG

Art. 34 GG normiert in Verbindung mit § 839 BGB einen Amtshaftungsanspruch, aufgrund dessen Anwendungsbereichs ebenfalls Rückschlüsse auf die hoheitlichen Befugnisse gezogen werden könnten. Voraussetzung des Anspruchs ist unter anderem, dass eine Verletzung durch „jemand in Ausübung eines ihm anvertrauten öffentlichen Amtes" erfolgt. Die Formulierung „jemand" knüpft dabei zwar an den Beamten, jedoch nicht an den statusrechtlichen, sondern an

---

443 Stetige Rechtsprechung des BVerfG: BVerfGE 8, 332 (343); 15, 167 (195 f.); 38, 1 (12); 58, 68 (76 f.); 83, 89 (98); 106, 225 (232); 107, 218 (237); *Masing*, in: Dreier (GG II), Art. 33 Rn. 74; *Pieroth*, in: Jarass/Pieroth (GG), Art. 33 Rn. 47; *Jachmann*, in: v. Mangoldt/Klein/Starck (GG), Art. 33 Rn. 43; *Kenntner*, DVBl. 2007, 1321 (1321); *Thiele*, DÖV 1981, 773 (774). In Kurzform: *Battis*, in: Sachs (GG), Art. 33 Rn. 65.

444 *Strauß*, Funktionsvorbehalt und Berufsbeamtentum, 78, bezugnehmend auf die Aufstellung in *Jung*, Die Zweispurigkeit des öffentlichen Dienstes, 80.

445 *Masing*, in: Dreier (GG II), Art. 33 Rn. 80; *Jachmann*, in: v. Mangoldt/Klein/Starck (GG), Art. 33 Rn. 44 ff.; *Strauß*, Funktionsvorbehalt und Berufsbeamtentum, 78; *Leisner*, in: Isensee (Hrsg.), Beamtentum, 109 (112). Mit einer Übersicht zu Entscheidungen des BVerfG: *Battis*, in: Sachs (GG), Art. 33 Rn. 73.

446 *Peine*, DV 1984, 415 (423); *Becker*, Gemeinschaftsrecht und Berufsbeamtentum, 184.

447 So auch *Strauß*, Funktionsvorbehalt und Berufsbeamtentum, 78.

den haftungsrechtlichen Beamtenbegriff an.[448] Entscheidend ist nicht, ob derjenige durch Ernennung zum Beamten in einem öffentlich-rechtlichen Dienst- und Treueverhältnis steht, sondern ob ihm eine Tätigkeit anvertraut wurde, die im engen Sachzusammenhang mit der Erfüllung öffentlicher Aufgaben steht und die der Erreichung öffentlicher Ziele dient.[449] So können nicht nur Berufsbeamte Beamte im haftungsrechtlichen Sinne sein, sondern auch öffentliche Arbeiter, Angestellte[450] und sogar Beliehene sowie Verwaltungshelfer, falls sie mit der Wahrnehmung hoheitlicher Aufgaben betraut wurden[451]. Bemerkenswert dabei ist, dass die Definition des „hoheitlichen" im Zuge des Amtshaftungsanspruchs nicht nur die Eingriffsverwaltung erfasst. Diese wird lediglich als ihr Kernbereich angesehen.[452] Die Begriffe „öffentlich-rechtlich" und „hoheitlich" werden synonym verwendet.[453]

Nun stellt sich die Frage, ob dieses Verständnis der Hoheitlichkeit dem des Art. 33 IV GG entspricht und welche Rückschlüsse daraus gezogen werden können. Indiz für eine Übereinstimmung könnte das unmittelbare Aufeinanderfolgen der Normen sein.[454] Dies sollte aufgrund der allgemeinen systematischen Ungeordnetheit des Abschnitts[455] jedoch nicht überbewertet werden. Für die Annahme unterschiedlicher Hoheitsbegriffe[456] spricht dagegen der abweichende Wortlaut.[457] Des Weiteren würde die in Art. 34 GG angenommene Gleichstellung von Beamten und Nichtbeamten dem Gedanken des Art. 33 IV GG als Aufgaben-

---

448 BGH, NVwZ 2002, 375 (375); BGH, NJW 2002, 3172 (3173); *Detterbeck*, JuS 2003, 1003 (1004); *Dörr*, ZTR 1991, 182 (186); *Maurer*, Allgemeines Verwaltungsrecht, § 26 Rn. 12 f.

449 *Maurer*, Allgemeines Verwaltungsrecht, § 26 Rn. 12; *Dörr*, ZTR 1991, 182 (186); *Detterbeck*, JuS 2003, 1003 (1004); *Rinne/Schlick*, NJW 2004, 1918 (1918 ff.).

450 *Maurer*, Allgemeines Verwaltungsrecht, § 26 Rn. 13; *Dörr*, ZTR 1991, 182 (186).

451 *Maurer*, Allgemeines Verwaltungsrecht, § 26 Rn. 13; BGHZ 39, 358 (360 ff.); 121, 161 (166 ff.); BGH, NVwZ-RR 2003, 543 (544); BGH, NJW 1993, 1258 (1259); BGH, NJW 2001, 832 (832); *Rinne/Schlick*, NJW 2004, 1918 (1919); *Tiemann*, BayVBl. 1976, 261 (267); *Burgi*, in: Stober (Hrsg.), Privatisierung im Strafvollzug?, 43 (45); *Barisch*, Die Privatisierung im deutschen Strafvollzug, 147.

452 „Jedenfalls" das tätig werden eines Verwaltungshelfers im Bereich der Eingriffsverwaltung stellt die Wahrnehmung einer hoheitlichen Aufgabe dar: BGHZ 121, 161 (166); *Papier*, in: Maunz/Dürig (GG), Art. 34 Rn. 113; *Maurer*, Allgemeines Verwaltungsrecht, § 26 Rn. 13; *Jung*, Die Zweispurigkeit des öffentlichen Dienstes, 146.

453 *Jung*, Die Zweispurigkeit des öffentlichen Dienstes, 145; *Maurer*, Allgemeines Verwaltungsrecht, § 26 Rn. 12; *Strauß*, Funktionsvorbehalt und Berufsbeamtentum, 80 f.

454 *Kirchhof*, Der Begriff der hoheitsrechtlichen Befugnisse, 45.

455 Siehe 2. Kapitel, A., I., 4), b), bb), (3), (a).

456 So *Jung*, Die Zweispurigkeit des öffentlichen Dienstes, 145 ff.; *Becker*, Abgrenzung von Beamten und Arbeitnehmern, 244 Fn. 824; *Dörr*, ZTR 1991, 182 (186).

457 „Öffentlichem Amt" statt „hoheitsrechtlichen Befugnissen": *Jung*, Die Zweispurigkeit des öffentlichen Dienstes, 147 f.

verteilungsnorm entgegenlaufen. Daraus zieht *Jung* den Schluss, dass sich der Hoheitsbegriff des Art. 33 IV GG, im Gegensatz zu dem des Art 34 GG, auf die Eingriffsverwaltung beschränken müsse.[458] Die Gegenauffassung[459] sieht keinen Widerspruch darin, dass in der Konsequenz teilweise auch Angestellte, Arbeiter und Private von Art. 33 IV GG erfasst wären und geht von einem einheitlichen Hoheitsbegriff in beiden Artikeln aus. *Strauß* stützt dies darauf, dass der Funktionsvorbehalt Ausnahmetatbestände enthält, durch die Nichtbeamte verfassungskonform in der Eingriffsverwaltung tätig werden können. Deshalb würde sich die Gleichsetzung der Begriffe nicht widersprechen.[460]

Aufschluss bringt eine Gegenüberstellung der Zielsetzung beider Normen. Art. 34 GG wurde geschaffen, damit Bürger, die durch ein rechtswidriges Verhalten eines Amtswalters verletzt werden, sich nicht mehr an diesen wenden müssen, sondern ihren Anspruch direkt gegenüber dem Staat geltend machen können. Dies beruhte auf zwei Überlegungen: Einerseits sollte der Bürger einen leistungsfähigen und stets solventen Schuldner erhalten. Andererseits sollte dem handelnden Amtswalter das Risiko einer persönlichen Haftung genommen werden, um auf diese Weise seine Initiative und Einsatzbereitschaft zu stärken.[461] Im Sinne der Vorschrift ist es also, auch im Interesse der Bürger, eine möglichst große Zahl der Amtswalter zu erfassen. Durch den Funktionsvorbehalt des Art. 33 IV GG sollte demgegenüber lediglich ein bestimmter Kreis von besonders wichtigen Aufgaben in die Hände einer besonderen Gruppe gelegt werden. Dieser Bereich sollte so klein wie möglich und nur so groß wie nötig gezogen werden.[462] Beide Artikel verfolgen damit vollständig gegensätzliche Zielsetzungen. Würde man den weiten Hoheitsbegriff des Art. 34 GG unreflektiert auf den Funktionsvorbehalt übertragen, würde man diesem weitestgehend die Funktion nehmen.[463] Folglich muss von divergierenden Hoheitsbegriffen in beiden Nor-

458 *Jung*, Die Zweispurigkeit des öffentlichen Dienstes, 147. Anders *Becker*, der aus den verschiedenen Hoheitsbegriffen ableitet, dass der eine nichts zur Interpretation des anderen beitragen kann: *Becker*, Abgrenzung von Beamten und Arbeitnehmern, 244.

459 *Strauß*, Funktionsvorbehalt und Berufsbeamtentum, 81 f.

460 *Strauß*, Funktionsvorbehalt und Berufsbeamtentum, 81.

461 *Maurer*, Allgemeines Verwaltungsrecht, § 26 Rn. 5.

462 Der Funktionsvorbehalt soll lediglich einen minimal notwendigen Bestand an Aufgaben sichern: *Jachmann*, in: v. Mangoldt/Klein/Starck (GG), Art. 33 Rn. 32; *Masing*, in: Dreier (GG II), Art. 33 Rn. 65; *Isensee*, DÖV 1970, 397 (399); *Lange*, DÖV 2001, 898 (901); *Gusy/Lührmann*, StV 2001, 46 (49); *Gusy*, in: Stober (Hrsg.), Privatisierung im Strafvollzug?, 5 (17); *Dörr*, ZTR 1991, 182 (187).

463 Der Funktionsvorbehalt wäre quasi überflüssig, wenn er einen so großen Personenkreis erfassen würde: *Isensee*, DÖV 1970, 397 (399); *Oehlerking*, Auslagerung von Funktionen der Justiz, 29; *Becker*, Abgrenzung von Beamten und Arbeitnehmern, 208; *Becker*, Gemeinschaftsrecht und Berufsbeamtentum, 133.

men ausgegangen werden. Dies führt jedoch nicht dazu, dass durch den weiten Anwendungsbereich des Art. 34 GG auf einen engen Anwendungsbereich des Funktionsvorbehaltes geschlossen werden kann. Die Normen sind in ihren Ansatzpunkten zu unterschiedlich, als dass eine davon zur Interpretation der anderen herangezogen werden kann.[464]

(bb) Die Rolle des öffentlichen Angestellten im Grundgesetz

Teilweise wird eine Beschränkung der hoheitsrechtlichen Befugnisse auf die Eingriffsverwaltung auf die Regelungen des Grundgesetzes zum öffentlichen Angestellten und dem sich daraus ergebenden Gesamtbild gestützt.[465] Das Grundgesetz enthält im Vergleich zur Weimarer Reichsverfassung Vorschriften, die die Angestellten im öffentlichen Dienst betreffen und deren Rechtsverhältnisse regeln.[466] Daraus wird der Schluss gezogen, dass das Grundgesetz die Angestellten nicht nur als „Randfigur“ sehe, sie für wichtig erachte und sie adäquate Aufgaben erhalten müssten. Da die Eingriffsverwaltung Beamten zugewiesen und die Fiskalverwaltung ohnehin mit Nichtbeamten zu besetzen sei, müsse es sich dabei um die Leistungsverwaltung handeln.[467] Dies entspricht im Grunde der teilweise zum Anwendungsbereich des Art. 33 V GG vorgetragenen Argumentation und wurde bereits dort widerlegt.[468] Ausgangspunkt des Art. 33 IV GG ist die Relevanz der zur erfüllenden Aufgabe. Falls die Betrachtung derselben keinen endgültigen Aufschluss über die Reichweite der hoheitsrechtlichen Befugnisse bringt, ist bei einer Auslegung anhand der potentiell ausführenden Gruppe zuerst auf die Beamten abzustellen. Zudem wird die Möglichkeit und Notwen-

---

464 Mit diesem Ergebnis auch *Kirchhof*, Der Begriff der hoheitsrechtlichen Befugnisse, 49; *Becker*, Abgrenzung von Beamten und Arbeitnehmern, 244; *Benndorf*, DVBl. 1981, 23 (26); *Dörr*, ZTR 1991, 182 (186).

465 *Thieme*, Der Aufgabenbereich der Angestellten im Öffentlichen Dienst, 24 f.; *Jung*, Die Zweispurigkeit des öffentlichen Dienstes, 147 ff.; *Becker*, Abgrenzung von Beamten und Arbeitnehmern, 244; *Becker*, Gemeinschaftsrecht und Berufsbeamtentum, 184 f.; *Peine*, DV 1984, 415 (423).

466 Genannt werden Art. 34, 36 I 2, 73 Nr. 8, 85 II 2, 137 I GG, aufgelistet in *Strauß*, Funktionsvorbehalt und Berufsbeamtentum, 82. Art. 75 I Nr. 1 GG, auf den sich ältere Quellen beziehen, ist im Zuge der Föderalismusreform entfallen. Der Inhalt der Regelung wurde in Art. 74 I Nr. 27 GG aufgenommen, jedoch dahingehend abgewandelt, dass Angestellte und Arbeiter gerade nicht mehr erfasst werden: „(...) die Statusrechte und -pflichten der Beamten der Länder, Gemeinden und anderen Körperschaften des öffentlichen Rechts sowie der Richter in den Ländern mit Ausnahme der Laufbahnen, Besoldung und Versorgung; (...)“.

467 *Jung*, Die Zweispurigkeit des öffentlichen Dienstes, 147; *Peine*, DV 1984, 415 (423); *Becker*, Abgrenzung von Beamten und Arbeitnehmern, 244; *Thieme*, Der Aufgabenbereich der Angestellten im Öffentlichen Dienst, 24 f.

468 Siehe 2. Kapitel, A., I., 4), b), bb), (3), (b), (aa).

digkeit verkannt, zwischen den einzelnen Dienstposten, die unter dem Begriff Leistungsverwaltung zusammengefasst werden, zu differenzieren. Neben den grundsätzlichen Bedenken zum Ansatz der Begründung vermag sie auch darüber hinaus inhaltlich nicht zu überzeugen. Aus der bloßen Erwähnung der Angestellten in Normen, die nur geringen Aussagegehalt zu deren Tätigkeitsbereich haben[469], lässt sich nur schwerlich der Schluss ziehen, dass das Grundgesetz diesen Gruppen Aufgaben zugedacht hat, die zwingend über die Fiskalverwaltung hinausgehen. Die Rolle der öffentlichen Angestellten im Grundgesetz trägt somit nichts zur Auslegung der hoheitlichen Befugnisse bei.[470]

(cc) Art. 20 II 1 EV

Art. 20 II 1 EV[471] enthält eine Legaldefinition, die öffentliche Aufgaben und hoheitliche Befugnisse gleichsetzt.[472] Demzufolge ergäbe sich ein sehr weites Feld, in dem Beamte zwingend eingesetzt werden müssten. Es stellt sich jedoch die Frage, welchen Rang der Einigungsvertrag hat und ob das Grundgesetz durch ihn interpretiert werden kann. Art. 4 Nr. 1 – 6 EV sieht einige ausdrückliche Verfassungsänderungen vor, die zwar umgesetzt wurden,[473] jedoch alle nicht die hoheitlichen Befugnisse betreffen. Die Legaldefinition ist folglich nicht direkt durch den Einigungsvertrag in das Grundgesetz integriert worden.

Neben den Grundgesetzänderungen wurden die Bestimmungen des Einigungsvertrages durch das Einigungsvertragsgesetz in innerstaatliches Recht transformiert, wo sie im Rang einfachen Bundesrechts, unabhängig vom ursprünglichen Vertrag, fortbestehen.[474] Der Ansatz, dass der gesamte Einigungsvertrag – aufgrund der in Bundestag und Bundesrat erfolgten Verabschiedung

---

469 Beispielsweise:
- Art 36 I 2 GG, der lediglich vorsieht, dass die bei den Bundesbehörden, die nicht oberste Bundesbehörden sind, beschäftigten Personen in der Regel aus dem Lande genommen werden sollen, in dem sie tätig sind.
- 73 Nr. 8 GG, der eine Gesetzgebungskompetenz des Bundes für die Rechtsverhältnisse der im Dienste des Bundes und der bundesunmittelbaren Körperschaften des öffentlichen Rechtes stehenden Personen normiert.

470 Anders begründend, jedoch mit dem gleichen Ergebnis: *Strauß*, Funktionsvorbehalt und Berufsbeamtentum, 82 ff.

471 „Vertrag zwischen der Bundesrepublik Deutschland und der Deutschen Demokratischen Republik über die Einheit Deutschlands“ vom 31. August 1990.

472 „Die Wahrnehmung von öffentlichen Aufgaben (hoheitsrechtliche Befugnisse im Sinne von Artikel 33 Abs. 4 des Grundgesetzes) ist sobald wie möglich Beamten zu übertragen.“

473 Das BVerfG bestätige die Verfassungsmäßigkeit der Umsetzung auch ohne Einhaltung des regulären Gesetzgebungsverfahrens: BVerfGE 82, 316 (320 f.).

474 *Anker*, DÖV 1991, 1062 (1065).

mit weit mehr als der für eine Verfassungsänderung notwendigen 2/3 Mehrheit[475] – in Verfassungsrang erhoben wurde[476], scheitert bereits an Art. 79 I 1 GG. Das Grundgesetz kann nur durch ein Gesetz geändert werden, das seinen Wortlaut ausdrücklich ändert oder ergänzt. Auch die Ausnahmeregelung des Art. 79 I 2 GG greift nicht, da es zumindest an der erforderlichen Klarstellung im Grundgesetz fehlt.[477] Die Legaldefinition ist somit auch nicht durch die Transformation des Einigungsvertrages in Bundesrecht in das Grundgesetz eingegangen. Die Verfassung kann nicht anhand des niederrangigeren einfachen Bundesrechts ausgelegt werden, es gilt der Grundsatz lex superior derogat legi inferiori.[478]

Eine Bindungswirkung der Legaldefinition des Einigungsvertrages käme jedoch in Betracht, falls dieser in seiner ursprünglichen Form als völkerrechtlicher Vertrag fortbestünde und die Definition deshalb infolge der Pflicht zu einer völkerrechtskonformen Auslegung des Grundgesetzes[479] zu beachten wäre. Nun ging die DDR durch die Wiedervereinigung unstreitig als Völkerrechtssubjekt unter,[480] die Bundesrepublik trat ihre Rechtsnachfolge an. Damit liegt eine Konfusion vor, die zur Folge hat, dass die ehemals bestehenden Verträge grundsätzlich erlöschen.[481] Eine Ausnahme hierzu könnte jedoch durch Art. 44 EV gegeben sein. Dieser bestimmt, dass „Rechte aus diesem Vertrag zugunsten der Deutschen Demokratischen Republik" nach dem Beitritt auch von den neuen Bundesländern geltend gemacht werden können. Man könnte daraus eine Art partielle Rechtsnachfolge konstruieren. Die Bundesrepublik hätte somit weiterhin einen Vertragspartner. Abgesehen von dieser tendenziell eher zu verneinenden Überlegung, scheitert eine Bindungswirkung der Legaldefinition jedoch bereits an einem anderen Punkt. Die Gleichsetzung der öffentlichen Aufgaben und hoheitsrechtlichen Befugnisse stellt schon kein Recht zugunsten der DDR dar, kann also folglich nicht durch die neuen Länder geltend gemacht werden. Auch durch eine Heranziehung des Art. 44 EV und einer völkerrechtskonformen Auslegung des Grundgesetzes findet die vorgenommene Definition deshalb keinen Einzug ins Grundgesetz. Art. 20 II 1 EV ist somit für eine systematische Bestimmung der Reichweite der hoheitlichen Befugnisse im Sinne des Art. 33 IV GG unerheblich.

---

475 *Schmidt-Preuß*, DVBl 1993, 236 (238).

476 *Rupp*, in: HdbStR IX, § 203 Rn. 6.

477 *Höch*, Der Einigungsvertrag zwischen völkerrechtlichem Vertrag und nationalem Gesetz, 45.

478 So auch *Oehlerking*, Auslagerung von Funktionen der Justiz, 29.

479 Näher dazu: *Bernhardt*, FS Steinberger, 391 (391 ff.).

480 *Hailbronner*, JZ 1990, 449 (452); *Anker*, DÖV 1991, 1062 (1063); *Wagner*, Der Einigungsvertrag nach dem Beitritt, 32.

481 *Anker*, DÖV 1991, 1062 (1063); *Wagner*, Der Einigungsvertrag nach dem Beitritt, 58 f.

Somit vermag die systematische Auslegung des Art. 33 IV GG insgesamt nicht den Umfang der hoheitlichen Befugnisse zu bestimmen.

(4) Teleologische Auslegung

Die teleologische Auslegung fragt nach Sinn und Zweck der betrachteten Norm. Art. 33 IV GG schafft, in Verbindung mit Absatz V, eine Funktionsgarantie des Berufsbeamtentums. Den Beamten muss ein relevanter Tätigkeitsbereich verbleiben,[482] was jedoch nicht allein dem reinen Selbstzweck dient.[483] Sinn ist die Aufrechterhaltung der Funktionsfähigkeit des Staats im Interesse der Bürger. Quintessenz des Art. 33 IV GG ist es, bestimmte wichtige Aufgaben in die Hände der Berufsbeamten zu legen, um sie somit bestmöglich zu erfüllen. Bei den wichtigen Aufgaben handelt es sich um die hoheitlichen Befugnisse, deren bisherige Untersuchung jedoch unergiebig war. Als weiterer Ansatzpunkt verbleibt damit lediglich die besondere Gruppe, durch die die hoheitlichen Befugnisse wahrgenommen werden müssen – die Beamten. Möglicherweise können aus den Merkmalen der Beamten Rückschlüsse auf den Umfang der hoheitsrechtlichen Befugnisse gezogen werden.[484] Im Folgenden ist deshalb zu betrachten, welche besonderen Eigenschaften die Beamten innehaben, die sie von anderen Gruppen unterscheiden, warum ausgerechnet sie mit der Wahrnehmung der hoheitlichen Befugnisse betraut wurden und welche Aufgaben ordnungsgemäß nur durch Beamte erfüllt werden können.

(a) Besonderheiten des öffentlich-rechtlichen Dienst- und Treueverhältnisses

Die Besonderheiten des Beamtenverhältnisses ergeben sich unter anderem aus Art. 33 V GG. Dieser enthält die Vorgabe, das Recht des öffentlichen Dienstes unter Berücksichtigung der hergebrachten Grundsätze des Berufsbeamtentums zu regeln und fortzuentwickeln. Die Vorschrift bestimmt damit die Ausgestaltung des öffentlich-rechtlichen Dienst- und Treueverhältnisses im Wesentlichen mit. Dieses weist gegenüber privatrechtlichen Arbeitsverhältnissen teilweise erhebliche Unterschiede auf:

---

482 *Masing*, in: Dreier (GG II), Art. 33 Rn. 65; *Jachmann*, in: v. Mangoldt/Klein/Starck (GG), Art. 33 Rn. 29; *Maunz*, in: Maunz/Dürig (GG), Art. 33 Rn. 32; *Pilz*, DÖV 2009, 102 (103); *Schimpfhauser*, Das Gewaltmonopol des Staates, 76; *Jachmann/Strauß*, ZBR 1999, 289 (292); *Isensee*, in: HdbVerfR II, § 32 Rn. 54.

483 BVerfG, DVBl. 2007, 1359 (1360); *Kenntner*, DVBl. 2007, 1321 (1322); *Peine*, DV 1984, 415 (423); *Badura*, ZBR 1996, 321 (325); *Di Fabio*, JZ 1999, 585 (591).

484 *Strauß*, Funktionsvorbehalt und Berufsbeamtentum, 89.

Es handelt sich um ein Sonderrechtsverhältnis, das sich in einer besonders engen Bindung des Beamten an den Staat äußert.[485] Der Beamte ist verpflichtet, jederzeit für die freiheitlich-demokratische Grundordnung einzutreten.[486] Diese Verpflichtung zur Verfassungstreue bezieht sich auf die gesamte Persönlichkeit des Beamten, auf dienstliches und außerdienstliches Verhalten.[487] Das Beamtenverhältnis wird nicht durch den Abschluss eines Arbeitsvertrags, sondern durch einen mitbestimmungsbedürftigen Verwaltungsakt, die Ernennung, begründet.[488] Die Ausgestaltung des Verhältnisses resultiert nicht aus Arbeits- oder Tarifvertrag, sondern aus den Regelungen des Beamtenrechts.[489] Die Verbeamtung erfolgt grundsätzlich auf Lebenszeit, sodass der Beamte dauerhaft dem Staat verpflichtet ist.[490] Aus dieser umfassenden Verpflichtung heraus ergeben sich auch

---

485 *Masing*, in: Dreier (GG II), Art. 33 Rn. 85; *Battis*, in: Sachs (GG), Art. 33 Rn. 76; *Thiele*, DÖV 1981, 773 (774); *Haug*, NVwZ 1999, 816 (816); *Kirchhof*, Der Begriff der hoheitsrechtlichen Befugnisse, 64; *Benndorf*, DVBl. 1981, 23 (26); *Peine*, DV 1984, 415 (423); *Jung*, Die Zweispurigkeit des öffentlichen Dienstes, 153 f.; *Loschelder*, ZBR 1977, 265 (268); *Fischbach*, DÖV 1951, 453 (454).

486 *Jachmann*, in: v. Mangoldt/Klein/Starck (GG), Art. 33 Rn. 47; *Pieroth*, in: Jarass/Pieroth (GG), Art. 33 Rn. 52; *Battis*, in: Sachs (GG), Art. 33 Rn. 73; *Leisner*, Legitimation des Berufsbeamtentums, 96; *Kirchhof*, Der Begriff der hoheitsrechtlichen Befugnisse, 89 f.; *Loschelder*, ZBR 1977, 265 (268); *Lehnguth*, ZBR 1991, 266 (269).

487 BVerwGE 73, 263 (284); 76, 157 (161); 83, 158 (161); BVerfG, DVBl. 2007, 1359 (1361); *Masing*, in: Dreier (GG II), Art. 33 Rn. 87; *Jachmann*, in: v. Mangoldt/Klein/Starck (GG), Art. 33 Rn. 47; *Pieroth*, in: Jarass/Pieroth (GG), Art. 33 Rn. 52; *Battis*, in: Sachs (GG), Art. 33 Rn. 52; *Leisner*, Legitimation des Berufsbeamtentums, 106; *Haug*, NVwZ 1999, 816 (816 f.); *Kirchhof*, Der Begriff der hoheitsrechtlichen Befugnisse, 64 f.; *Loschelder*, ZBR 1977, 265 (268); *Thieme*, Der Aufgabenbereich der Angestellten im Öffentlichen Dienst, 7.

488 BVerfGE 3, 255 (258 f.); BVerwGE 109, 59 (62); *Masing*, in: Dreier (GG II), Art. 33 Rn. 93; *Pieroth*, in: Jarass/Pieroth (GG), Art. 33 Rn. 49; *Sterzel*, LBGS Gutachten, 70.

489 Bezüglich Besoldung und Versorgung: BVerfGE 8, 28 (35); 52, 303 (331, 343); 81, 363 (386). Bezüglich Versetzung in den Wartestand und Beendigung des Beamtenverhältnisses: BVerfGE 7, 155 (163); 8, 332 (352 f.). Allgemein: BVerfGE 8, 1 (17); 44, 249 (264); *Masing*, in: Dreier (GG II), Art. 33 Rn. 71, 82; *Jachmann*, in: v. Mangoldt/Klein/Starck (GG), Art. 33 Rn. 44; *Pieroth*, in: Jarass/Pieroth (GG), Art. 33 Rn. 49; *Battis*, in: Sachs (GG), Art. 33 Rn. 46, 53; *Isensee*, DÖV 1970, 397 (400); *Schimpfhauser*, Das Gewaltmonopol des Staates, 77 f.; *Leisner*, in: Isensee (Hrsg.), Beamtentum, 109 (114); *Thiele*, DÖV 1981, 773 (778); *Kirchhof*, Der Begriff der hoheitsrechtlichen Befugnisse, 69; *Jung*, Die Zweispurigkeit des öffentlichen Dienstes, 154; *Badura*, ZBR 1996, 321 (326); *Loschelder*, ZBR 1977, 265 (268); *Thieme*, Der Aufgabenbereich der Angestellten im Öffentlichen Dienst, 7.

490 Sogenanntes Lebenszeitprinzip: BVerfGE 9, 268 (286); 55, 207 (237); 70, 251 (267); 71, 255 (268); BVerfG, DVBl. 2007, 1359 (1361); *Masing*, in: Dreier (GG II), Art. 33 Rn. 88; *Battis*, in: Sachs (GG), Art. 33 Rn. 73; *Jachmann*, in: v. Mangoldt/Klein/Starck (GG), Art. 33 Rn. 45; *Jachmann/Strauß*, ZBR 1999, 289 (292); *Pieroth*, in: Jarass/Pieroth (GG), Art. 33 Rn. 50; *Thiele*, DÖV 1981, 773 (774); *Kenntner*, DVBl. 2007, 1321 (1327); *Leisner*, in: Isensee (Hrsg.), Beamtentum, 109 (112); *Haug*, NVwZ 1999, 816 (817); *Kirchhof*, Der Begriff der hoheits-

das Prinzip der Hauptberuflichkeit des Beamtenverhältnisses und eine Beschränkung von Nebenbeschäftigungen für Beamte.[491] Die Entlassung oder Herabstufung eines Beamten ist gegen seinen Willen in der Regel nur im Wege eines gerichtlichen Verfahrens zu erreichen.[492] Prägend für das Beamtenverhältnis ist auch das Alimentationsprinzip.[493] Der Beamte erhält keinen Lohn für eine bestimmte Dienstleistung, sondern eine lebenslange Alimentation, die die Gegenleistung dafür darstellt, dass der Beamte seinem Dienstherrn mit seiner ganzen Persönlichkeit zur Verfügung steht.[494] So ist ein angemessener Lebensunterhalt des Beamten und seiner Familie, auch nach dem Ausscheiden aus dem aktiven Dienst, bei Krankheit oder Invalidität, gesichert.[495] Die Besoldung eines Beamten erfolgt aufgrund von Besoldungsgesetzen.[496] Ein Streikrecht wird ihm nicht zugestanden, da ein solches nicht mit der besonderen Treue- und Gehorsamspflicht des Beamten gegenüber seinem Dienstherrn zu vereinbaren wäre.[497] Beamte un-

---

rechtlichen Befugnisse, 63; *Oehlerking*, Auslagerung von Funktionen der Justiz, 29; *Isensee*, ZBR 1998, 295 (300); *Loschelder*, ZBR 1977, 265 (269). Es hat sich gezeigt, dass das Lebenszeitprinzip die Attraktivität des Beamtenverhältnisses steigert und so die Rekrutierung qualifizierteren Personals erleichtert: *Leisner*, Legitimation des Berufsbeamtentums, 115.

491 BVerfGE 9, 268 (286); 21, 329 (345); 44, 249 (264); 52, 303 (343); 55, 207 (237); 61, 43 (56); 71, 39 (59 f.); BVerfG, DVBl. 2007, 1359 (1361); *Masing*, in: Dreier (GG II), Art. 33 Rn. 92; *Jachmann*, in: v. Mangoldt/Klein/Starck (GG), Art. 33 Rn. 45; *Pieroth*, in: Jarass/Pieroth (GG), Art. 33 Rn. 50; *Battis*, in: Sachs (GG), Art. 33 Rn. 73; *Thiele*, DÖV 1981, 773 (774); *Leisner*, in: Isensee (Hrsg.), Beamtentum, 109 (112); *Badura*, ZBR 1996, 321 (325).

492 BVerfGE 7, 155 (163); 70, 251 (267 f.); *Masing*, in: Dreier (GG II), Art. 33 Rn. 89; *Isensee*, DÖV 1970, 397 (400); *Thiele*, DÖV 1981, 773 (774).

493 Stetige Rechtsprechung des BVerfG: BVerfGE 8, 1 (14); 55, 207 (240); 76, 256 (298); 99, 300 (314); BVerfG, DVBl. 2007, 1359 (1361). Dem folgend: *Masing*, in: Dreier (GG II), Art. 33 Rn. 87; *Isensee*, DÖV 1970, 397 (400); *Thiele*, DÖV 1981, 773 (774); *Pieroth*, in: Jarass/Pieroth (GG), Art. 33 Rn. 53; *Jachmann*, in: v. Mangoldt/Klein/Starck (GG), Art. 33 Rn. 50; *Jachmann/Strauß*, ZBR 1999, 289 (292); *Haug*, NVwZ 1999, 816 (817); *Oehlerking*, Auslagerung von Funktionen der Justiz, 29; *Badura*, ZBR 1996, 321 (325).

494 Stetige Rechtsprechung des BVerfG: BVerfGE 7, 155 (163); 21, 329 (345); 37, 167 (179); 39, 196 (201); 44, 249 (264 f.); 55, 207 (241); 70, 69 (80); 71, 39 (60); 99, 300 (317); 107, 218 (237). Dem folgend: *Masing*, in: Dreier (GG II), Art. 33 Rn. 87; *Pieroth*, in: Jarass/Pieroth (GG), Art. 33 Rn. 53; *Jachmann*, in: v. Mangoldt/Klein/Starck (GG), Art. 33 Rn. 50; *Thiele*, DÖV 1981, 773 (777); *Haug*, NVwZ 1999, 816 (817).

495 BVerfGE 11, 203 (210); 39, 196 (201); 44, 249 (265); BVerfG, DVBl. 2007, 1359 (1361, 1363); *Masing*, in: Dreier (GG II), Art. 33 Rn. 87; *Jachmann*, in: v. Mangoldt/Klein/Starck (GG), Art. 33 Rn. 50; *Pieroth*, in: Jarass/Pieroth (GG), Art. 33 Rn. 53; *Thiele*, DÖV 1981, 773 (774).

496 BVerfGE 8, 1 (17); 8, 28 (35); 52, 303 (331); 81, 363 (386); *Pieroth*, in: Jarass/Pieroth (GG), Art. 33 Rn. 53; *Sterzel*, LBGS Gutachten, 70; *Leisner*, in: Isensee (Hrsg.), Beamtentum, 109 (114); *Loschelder*, ZBR 1977, 265 (269).

497 BVerfGE 8, 1 (17); BVerfG, DVBl. 2007, 1359 (1361); BVerwGE 73, 97 (102); 69, 208 (212 f.); BVerwG, NJW 1984, 2713 (2714); *Maunz*, in: Maunz/Dürig (GG), Art. 33 Rn. 32; *Masing*,

terliegen weiter einer Remonstrationspflicht. Falls ein Beamter Bedenken bezüglich der Rechtmäßigkeit einer Weisung hat, muss er gegenüber seinem unmittelbaren Vorgesetzten Einwände dagegen erheben.[498] Falls die Bedenken danach nicht ausgeräumt sind, muss sich der Beamte an den nächsthöheren Vorgesetzten wenden. Bestätigt dieser die Rechtmäßigkeit der Anordnung, muss der Beamte sie ausführen. Selbst danach sind Beamte jedoch für solche Handlungen verantwortlich, die eine Straftat, Ordnungswidrigkeit oder einen Verstoß gegen die Menschenwürde darstellen,[499] da ihre Gehorsamspflicht solche nicht umfasst. Zudem unterliegt das Berufsbeamtentum dem Laufbahnprinzip.[500] Der Berufsweg des Beamten verläuft, nach einer anfänglichen Eingruppierung entsprechend seiner Vorbildung[501], grundsätzlich stetig, ohne „Sprünge“, von unten nach oben, anhand des Zeitablaufs und orientiert an den erbrachten Leistungen.[502]

---

in: Dreier (GG II), Art. 33 Rn. 84; *Jachmann*, in: v. Mangoldt/Klein/Starck (GG), Art. 33 Rn. 44; *Pieroth*, in: Jarass/Pieroth (GG), Art. 33 Rn. 51; *Battis*, in: Sachs (GG), Art. 33 Rn. 53; *Leisner*, Legitimation des Berufsbeamtentums, 168 ff.; *Leisner*, in: Isensee (Hrsg.), Beamtentum, 109 (116); *Mösinger*, BayVBl. 2007, 417 (424); *Peine*, DV 1984, 415 (423); *Jachmann/Strauß*, ZBR 1999, 289 (292); *Schimpfhauser*, Das Gewaltmonopol des Staates, 78; *Thiele*, DÖV 1981, 773 (778); *Haug*, NVwZ 1999, 816 (817); *Kirchhof*, Der Begriff der hoheitsrechtlichen Befugnisse, 64; *Becker*, Abgrenzung von Beamten und Arbeitnehmern, 246; *Becker*, Gemeinschaftsrecht und Berufsbeamtentum, 187; *Jung*, Die Zweispurigkeit des öffentlichen Dienstes, 154; *Isensee*, ZBR 1998, 295 (297); *Badura*, ZBR 1996, 321 (326); *Warbeck*, RiA 1998, 22 (23); *Loschelder*, ZBR 1977, 265 (268); Arbeitsbericht „Modellprojekt“, 16; *Lehnguth*, ZBR 1991, 266 (269).

498 *Jachmann*, in: v. Mangoldt/Klein/Starck (GG), Art. 33 Rn. 33; *Jachmann/Strauß*, ZBR 1999, 289 (292); *Strauß*, Funktionsvorbehalt und Berufsbeamtentum, 98; *Kenntner*, DVBl. 2007, 1321 (1327).

499 § 36 II BeamtStG.

500 BVerfGE 9, 268 (286); 62, 374 (383); 64, 323 (351); 71, 255 (268); BVerwGE 109, 292 (293); *Masing*, in: Dreier (GG II), Art. 33 Rn. 93; *Jachmann*, in: v. Mangoldt/Klein/Starck (GG), Art. 33 Rn. 33, 45; *Pieroth*, in: Jarass/Pieroth (GG), Art. 33 Rn. 50; *Battis*, in: Sachs (GG), Art. 33 Rn. 73; *Strauß*, Funktionsvorbehalt und Berufsbeamtentum, 99; *Kirchhof*, Der Begriff der hoheitsrechtlichen Befugnisse, 67; *Badura*, ZBR 1996, 321 (324); *Loschelder*, ZBR 1977, 265 (269).

501 BVerfGE 9, 268 (286); *Masing*, in: Dreier (GG II), Art. 33 Rn. 93; *Jachmann*, in: v. Mangoldt/Klein/Starck (GG), Art. 33 Rn. 44; *Pieroth*, in: Jarass/Pieroth (GG), Art. 33 Rn. 50; *Leisner*, in: Isensee (Hrsg.), Beamtentum, 109 (112); *Strauß*, Funktionsvorbehalt und Berufsbeamtentum, 99.

502 BVerfGE 64, 367 (379 f.); 71, 255 (268); BAG, ZBR 1999, 207 (208); *Jachmann*, in: v. Mangoldt/Klein/Starck (GG), Art. 33 Rn. 33, 45; *Pieroth*, in: Jarass/Pieroth (GG), Art. 33 Rn. 50; *Battis*, in: Sachs (GG), Art. 33 Rn. 73; *Leisner*, Legitimation des Berufsbeamtentums, 131; *Badura*, ZBR 1996, 321 (324); *Loschelder*, ZBR 1977, 265 (269).

(b) Gründe der Betrauung der Beamten mit der Ausübung hoheitsrechtlicher Befugnisse

Aus diesem besonderen Verhältnis des Beamtentums zum Staat ergeben sich die Gründe, warum gerade Beamte am besten zur Ausübung hoheitsrechtlicher Befugnisse geeignet sind.

(aa) Kontinuität der staatlichen Aufgabenerfüllung

Je relevanter die übertragenen Aufgaben sind, desto bedeutsamer ist es, dass sie planbar, beständig und kontinuierlich erfüllt werden. Der Einsatz von Beamten ist ein Garant für die Erfüllung dieser Ansprüche.[503] Das Beamtenverhältnis besteht grundsätzlich auf Lebenszeit, wobei das Verhältnis einseitig von staatlicher Seite ausgestaltet werden kann. Der Dienstherr muss bei der Aufgabenzuweisung prinzipiell keine Arbeitnehmerfluktuation berücksichtigen.[504] Der Beamte ist ihm mit seiner gesamten Persönlichkeit zur Treue verpflichtet. Eventuelle Nebenberufe, die die Pflichterfüllung beeinträchtigen könnten, sind für Beamte beschränkt. Aufgrund des Laufbahnprinzips ist der Berufsweg eines Beamten planbar und vorhersehbar. Durch die besondere Gehorsamspflicht und Loyalität, insbesondere durch das fehlende Streikrecht, ist er für seinen Dienstherrn effizient, planungssicher und verlässlich einsetzbar.[505] Durch diese Eigenschaften sichert der Einsatz von Beamten eine stetige, planbare und zuverlässige Aufgabenerfüllung der staatlichen Verwaltung. Davon profitiert nicht nur der einzelne Dienstherr, sondern die staatliche Aufgabenerfüllung insgesamt, etwa in einer Phase politischen Umbruchs im Falle eines Regierungswechsels. Beamte sind von solchen Entwicklungen unabhängig und sichern die ordnungsgemäße Aufgabener-

---

503 BVerfGE 7, 155 (162 f.); 88, 103 (114); BVerfG, DVBl. 2007, 1359 (1360); BVerwG, NuR 2006, 499 (499); *Kirchhof*, Der Begriff der hoheitsrechtlichen Befugnisse, 66 f.; *Schimpfhauser*, Das Gewaltmonopol des Staates, 79; *Haug*, NVwZ 1999, 816 (817); *Krölls*, GewArch 1997, 445 (451); *Jachmann/Strauß*, ZBR 1999, 289 (292); *Peine*, DV 1984, 415 (424); *Lange*, DÖV 2001, 898 (901 f.); *Isensee*, ZBR 1998, 295 (297, 300); *Badura*, ZBR 1996, 321 (325); *Warbeck*, RiA 1998, 22 (23); *Loschelder*, ZBR 1977, 265 (268 f.); *Becker*, Gemeinschaftsrecht und Berufsbeamtentum, 192; *Barisch*, Die Privatisierung im deutschen Strafvollzug, 119.

504 *Leisner*, Legitimation des Berufsbeamtentums, 115; *Kirchhof*, Der Begriff der hoheitsrechtlichen Befugnisse, 64.

505 BAG, ZBR 1999, 207 (208); *Schimpfhauser*, Das Gewaltmonopol des Staates, 79; *Haug*, NVwZ 1999, 816 (817); *Kirchhof*, Der Begriff der hoheitsrechtlichen Befugnisse, 64; *Badura*, ZBR 1996, 321 (326); *Loschelder*, ZBR 1977, 265 (269); *Becker*, Gemeinschaftsrecht und Berufsbeamtentum, 192.

füllung während der Umbruchphase.[506] Bereits der Parlamentarische Rat betonte deshalb die Bedeutung des Berufsbeamtentums für die Stabilisierung des Staates.[507] Es stellt, gegründet auf Sachwissen, fachliche Leistung und loyale Pflichterfüllung, einen ausgleichenden Faktor gegenüber den das Staatsleben gestaltenden politischen Kräften dar und sichert eine beständige Verwaltung.[508]

(bb) Neutralität und Unabhängigkeit von (partei-)politischen Einflüssen

Beamte befinden sich durch das Lebenszeit- und das Alimentationsprinzip in einer, im Vergleich zu Angestellten und Arbeitern, ungleich stärker abgesicherten Position. Aus dieser beruflichen und finanziellen Absicherung heraus ist es ihnen möglich, ihr Handeln allein an den Interessen der rechtsstaatlichen Verwaltung und der Allgemeinheit auszurichten.[509] Beamte garantieren damit eine neutrale, unabhängige und uneigennützige Aufgabenerfüllung.[510] Der Parlamentarische Rat zählte eine „innere Neutralität (...) gegenüber den widerstreitenden Interes-

---

506 *Kirchhof*, Der Begriff der hoheitsrechtlichen Befugnisse, 85 f.; *Kenntner*, DVBl. 2007, 1321 (1326); *Jachmann/Strauß*, ZBR 1999, 289 (292); *Strauß*, Funktionsvorbehalt und Berufsbeamtentum, 95; *Schimpfhauser*, Das Gewaltmonopol des Staates, 81.

507 *V. Doemming/Füßlein/Matz*, JöR n. F., Bd. 1, 314 (315). Dem folgend: BVerfGE 7, 155 (163); 64, 367 (379); 99, 300 (315); *Kenntner*, DVBl. 2007, 1321 (1326).

508 BVerfGE 7, 155 (162); 8, 1 (16); 11, 203 (216 f.); 21, 329 (345); 39, 196 (201); 44, 249 (265); 56, 146 (162); 70, 69 (80); BVerfG, DVBl. 2007, 1359 (1360); *Battis*, in: Sachs (GG), Art. 33 Rn. 56; *Jachmann*, in: v. Mangoldt/Klein/Starck (GG), Art. 33 Rn. 33, 40, 44; *Kenntner*, DVBl. 2007, 1321 (1326); *Haug*, NVwZ 1999, 816 (817); *Krölls*, GewArch 1997, 445 (451); *Strauß*, Funktionsvorbehalt und Berufsbeamtentum, 94; *Schimpfhauser*, Das Gewaltmonopol des Staates, 78; *Warbeck*, RiA 1998, 22 (24).

509 BVerfGE 70, 251 (267); BVerfG, DVBl. 2007, 1359 (1360 ff.); *Masing*, in: Dreier (GG II), Art. 33 Rn. 87 f.; *Jachmann*, in: v. Mangoldt/Klein/Starck (GG), Art. 33 Rn. 33, 43; *Pieroth*, in: Jarass/Pieroth (GG), Art. 33 Rn. 43; *Kenntner*, DVBl. 2007, 1321 (1328); *Thiele*, DÖV 1981, 773 (777); *Haug*, NVwZ 1999, 816 (817); *Schimpfhauser*, Das Gewaltmonopol des Staates, 78; *Kirchhof*, Der Begriff der hoheitsrechtlichen Befugnisse, 64; *Isensee*, ZBR 1998, 295 (300); *Loschelder*, ZBR 1977, 265 (269).

510 BVerfGE 7, 155 (163); 21, 329 (345); 44, 249 (264 f.); BVerfG, DVBl. 2007, 1359 (1361); *Masing*, in: Dreier (GG II), Art. 33 Rn. 85, 88; *Jachmann*, in: v. Mangoldt/Klein/Starck (GG), Art. 33 Rn. 33, 46; *Leisner*, Legitimation des Berufsbeamtentums, 112; *Kenntner*, DVBl. 2007, 1321 (1327); *Haug*, NVwZ 1999, 816 (817); *Jachmann/Strauß*, ZBR 1999, 289 (292); *Schimpfhauser*, Das Gewaltmonopol des Staates, 78; *Kirchhof*, Der Begriff der hoheitsrechtlichen Befugnisse, 66; *Becker*, Abgrenzung von Beamten und Arbeitnehmern, 246; *Thieme*, Der Aufgabenbereich der Angestellten im Öffentlichen Dienst, 26; *Jung*, Die Zweispurigkeit des öffentlichen Dienstes, 168; *Badura*, ZBR 1996, 321 (324); *Isensee*, ZBR 1998, 295 (300); *Warbeck*, RiA 1998, 22 (25); *Loschelder*, ZBR 1977, 265 (269); *Waechter*, NZV 1997, 329 (330); *Lehnguth*, ZBR 1991, 266 (269); *Barisch*, Die Privatisierung im deutschen Strafvollzug, 119.

sen"[511] zu den Vorzügen von Beamten. Durch ihren besonderen Status sind sie gegenüber eventuell versuchten Einflussnahmen gefestigter, unabhängig davon, ob diese von den Bürgern oder der Verwaltung selbst ausgehen. Beamte sind alleine der Verfassung, nicht etwa einzelnen politischen Parteien verpflichtet.[512] Wer weder eine Entlassung noch eine Degradierung fürchten muss, kann jeglichen Repressionen im Innenverhältnis besser Widerstand leisten als jemand, bei dem dies nicht der Fall ist.[513] Derart abgesichert kann der Beamte wesentlich einfacher auf eine (partei-)politisch unerwünschte, aber an den Anforderungen des Gemeinwohls orientierte Handlungsweise beharren.[514] Von ihm kann erwartet werden, dass er gesetzeswidrigen Maßnahmen widerspricht, da er seine Lebensgrundlage dadurch nicht gefährdet.[515] Auch im Außenverhältnis bestehen für den Beamten weniger Anreize, etwa auf Bestechungsversuche einzugehen, da er einerseits umfassend finanziell abgesichert ist, andererseits aber für ihn die Gefahr besteht, bei Verfehlungen seine lebenslange Versorgung aufs Spiel zu setzen.

(cc) Wahrung des Rechtsstaatsprinzips

Das Berufsbeamtentum ist des Weiteren ein Instrumentarium, um im Interesse des Bürgers, Rechtsstaatlichkeit und Gesetzmäßigkeit der Verwaltung – auch und gerade gegen die Staatsspitze – zu sichern.[516] Dies resultiert ebenfalls aus der geschützten Position der Beamten, aus der sie sich vollständig dem öffentlichen

---

511 *V. Doemming/Füßlein/Matz*, JöR n. F., Bd. 1, 314 (315). Dem folgend: *Kenntner*, DVBl. 2007, 1321 (1326).

512 BVerfGE, 39, 334 (347 ff.); BVerfG, DVBl. 2007, 1359 (1361); *Pieroth*, in: Jarass/Pieroth (GG), Art. 33 Rn. 52; *Jachmann*, in: v. Mangoldt/Klein/Starck (GG), Art. 33 Rn. 47; *Strauß*, Funktionsvorbehalt und Berufsbeamtentum, 94; *Schimpfhauser*, Das Gewaltmonopol des Staates, 81; *Kirchhof*, Der Begriff der hoheitsrechtlichen Befugnisse, 89; *Badura*, ZBR 1996, 321 (324).

513 *Masing*, in: Dreier (GG II), Art. 33 Rn. 88; *Jachmann*, in: v. Mangoldt/Klein/Starck (GG), Art. 33 Rn. 52; *Leisner*, Legitimation des Berufsbeamtentums, 116; *Kenntner*, DVBl. 2007, 1321 (1327); *Thieme*, Der Aufgabenbereich der Angestellten im Öffentlichen Dienst, 26.

514 BVerfG, DVBl. 2007, 1359 (1360); *Masing*, in: Dreier (GG II), Art. 33 Rn. 84; *Kenntner*, DVBl. 2007, 1321 (1327).

515 BVerfG, DVBl. 2007, 1359 (1360); *Oehlerking*, Auslagerung von Funktionen der Justiz, 29.

516 BVerfGE 7, 155 (162 f.); 11, 203 (216 f.); 21, 329 (345); 39, 196 (201); 44, 249 (265); 56, 146 (162); 70, 69 (80); BVerfG, DVBl. 2007, 1359 (1360); *Schimpfhauser*, Das Gewaltmonopol des Staates, 80; *Jachmann*, in: v. Mangoldt/Klein/Starck (GG), Art. 33 Rn. 40; *Jachmann/Strauß*, ZBR 1999, 289 (292); *Kenntner*, DVBl. 2007, 1321 (1325 f.); *Haug*, NVwZ 1999, 816 (817); *Kirchhof*, Der Begriff der hoheitsrechtlichen Befugnisse, 88; *Badura*, ZBR 1996, 321 (324); *Warbeck*, RiA 1998, 22 (24); *Loschelder*, ZBR 1977, 265 (269); *Landau*, Tagungsbericht 27. Triberger Symposium, 30 (37); *Jung*, Die Zweispurigkeit des öffentlichen Dienstes, 157.

Dienst widmen können.[517] Der einzelne Beamte ist für die Rechtmäßigkeit seines Handelns verantwortlich[518] und kann sich davon nur durch die Remonstration lösen.[519] Die ausschließlich im Beamtenrecht vorgesehene Remonstrationspflicht stellt gleichzeitig sicher, dass rechtlich zweifelhafte Handlungen mindestens doppelt geprüft werden und sichert somit rechtmäßiges Handeln.[520] Durch die Unabhängigkeit von Vorgesetzten kann der Beamte nach seinen Vorstellungen gesetzesgehorsam handeln und sich gegen rechtswidrige Weisungen zur Wehr setzen.[521] Zudem spricht ein umfassender Vorbereitungsdienst der Beamten, der eine juristische Ausbildung beinhaltet, für eine Garantie der rechtsstaatlichen Verwaltung.[522]

Der Einsatz von Berufsbeamten stellt somit, aufgrund ihrer besonderen rechtlichen Bindung einerseits und ihrer großen persönlichen Autonomie andererseits,[523] eine unabhängige, stabile und gesetzestreue Verwaltung sicher. Je gewichtiger eine Aufgabe ist, desto essenzieller ist es, dass diese Merkmale bei der Erfüllung vorliegen. Entscheidend für die Bestimmung der hoheitsrechtlichen Befugnisse ist damit, welche Tätigkeiten solche Anforderung an das Rechtsverhältnis der sie Ausführenden stellen. Die Aufgaben müssen so beschaffen sein, dass sie allein von Personen, die in dem besonderen Rechte- und Pflichtenverhältnis eines Beamten stehen, erfüllt werden können. Zum Funktionsvorbehalt zählen deshalb solche Aufgaben, deren Wahrnehmung die besondere Neutralitäts-, Verlässlichkeits-, Stetigkeits- und Rechtsstaatlichkeitsgarantie des Berufsbeamtentums erfordern.[524]

---

517 BVerfGE 44, 249 (264 f.); 70, 251 (267); *Thiele*, DÖV 1981, 773 (777); *Jachmann/Strauß*, ZBR 1999, 289 (292); *Haug*, NVwZ 1999, 816 (817).

518 § 36 I BeamtStG.

519 § 36 II BeamtStG.

520 *Jachmann*, in: v. Mangoldt/Klein/Starck (GG), Art. 33 Rn. 43; *Jachmann/Strauß*, ZBR 1999, 289 (292); *Kenntner*, DVBl. 2007, 1321 (1327); *Schimpfhauser*, Das Gewaltmonopol des Staates, 79.

521 *Masing*, in: Dreier (GG II), Art. 33 Rn. 84; *Strauß*, Funktionsvorbehalt und Berufsbeamtentum, 99; *Kirchhof*, Der Begriff der hoheitsrechtlichen Befugnisse, 68 f.

522 *Jung*, Die Zweispurigkeit des öffentlichen Dienstes, 157 f.

523 *Loschelder*, ZBR 1977, 265 (268).

524 BVerfG, DVBl. 2007, 1359 (1360); BremStGH, NVwZ 2003, 81 (85); *Kunig*, in: v. Münch/Kunig (GG II), Art. 33 Rn. 48; *Jachmann*, in: v. Mangoldt/Klein/Starck (GG), Art. 33 Rn. 33; *Jachmann/Strauß*, ZBR 1999, 289 (292 f.); *Oehlerking*, Auslagerung von Funktionen der Justiz, 31; *Kirchhof*, Der Begriff der hoheitsrechtlichen Befugnisse, 71 f.; *Isensee*, DÖV 1970, 397 (399); *Benndorf*, DVBl. 1981, 23 (26); *Becker*, Abgrenzung von Beamten und Arbeitnehmern, 245; *Becker*, Gemeinschaftsrecht und Berufsbeamtentum, 186 ff.; *Kenntner*, DVBl. 2007, 1321 (1327); *Peine*, DV 1984, 415 (424); *Badura*, ZBR 1996, 321 (326); *Isensee*, ZBR 1998, 295 (304); *Dörr*, ZTR 1991, 182 (187); *Loschelder*, ZBR 1977, 265 (266); *Rem-*

(c) Folgen für die Auslegung der hoheitlichen Befugnisse

Letztendlich sagt diese Formulierung jedoch noch nichts darüber aus, wann eine Aufgabe für Staat und Bürger relevant genug ist, um unter die Ausübung hoheitsrechtlicher Befugnisse zu fallen.

(aa) Beschränkung des Funktionsvorbehalts auf die Eingriffsverwaltung

Dass jedenfalls die Eingriffsverwaltung zu der Ausübung hoheitlicher Befugnisse zählt, ist aufgrund folgender Überlegungen allgemeiner Konsens.[525] Staatliches Handeln, das diesem Bereich zuzuordnen ist, hat für den Bürger meist eine hohe Intensität. Die Verwaltung geht mit Befehl und Zwang vor und greift in die Grundrechte seiner Bürger ein. Die Maßnahmen besitzen in der Regel einen endgültigen Charakter. Eine zugefügte Verletzung kann beispielsweise nicht mehr rückgängig gemacht werden. Deshalb ist eine stetige, neutrale und nur am Rechtsstaat orientierte[526] Aufgabenausübung für den Bürger besonders wichtig.

Teilweise wird der Funktionsvorbehalt jedoch so restriktiv ausgelegt, dass er sich bereits in der Eingriffsverwaltung erschöpft.[527] Die Leistungsverwaltung zähle demnach nicht dazu, lediglich Lehrer und Hochschullehrer seien aus Traditionsgründen zu verbeamten.[528] Die Argumente, die für diese Sichtweise angeführt werden, wurden größtenteils bereits innerhalb der jeweiligen Auslegungsmethoden widerlegt.[529] Bezüglich der teleologischen Begriffsbestimmung wird

---

mert, Private Dienstleistungen in Verwaltungsverfahren, 354; *Burgi*, in: Stober (Hrsg.), Privatisierung im Strafvollzug?, 43 (51); *Winterhoff*, FS Starck, 463 (470).

525 *Masing*, in: Dreier (GG II), Art. 33 Rn. 64; *Jachmann*, in: v. Mangoldt/Klein/Starck (GG), Art. 33 Rn. 31; *Battis*, in: Sachs (GG), Art. 33 Rn. 55 ff.; *Maunz*, in: Maunz/Dürig (GG), Art. 33 Rn. 33; *Kunig*, in: v. Münch/Kunig (GG II), Art. 33 Rn. 47 ff.; *Pieroth*, in: Jarass/Pieroth (GG), Art. 33 Rn. 41; *Haug*, NVwZ 1999, 816 (817); *Kulas*, Privatisierung hoheitlicher Verwaltung, 62; *Oehlerking*, Auslagerung von Funktionen der Justiz, 30; *Strauß*, Funktionsvorbehalt und Berufsbeamtentum, 61; *Meyer*, BewHi 2004, 272 (276); *Krölls*, GewArch 1997, 445 (451); *Benndorf*, DVBl. 1981, 23 (24); *Jung*, Die Zweispurigkeit des öffentlichen Dienstes, 192; *Pilz*, DÖV 2009, 102 (103); *Jachmann/Strauß*, ZBR 1999, 289 (291); *Isensee*, DÖV 1970, 397 (398); *Schimpfhauser*, Das Gewaltmonopol des Staates, 85; *Becker*, Abgrenzung von Beamten und Arbeitnehmern, 246; *Lehnguth*, ZBR 1991, 266 (269); *Ossenbühl*, VVDStRL 29 (1971), 137 (161).

526 *Jung*, Die Zweispurigkeit des öffentlichen Dienstes, 157.

527 *Arloth*, in: Arloth (StVollzG), § 178 NJVollzG Rn. 1; *Wagner*, ZRP 2000, 169 (171 f.); *Thieme*, Der Aufgabenbereich der Angestellten im Öffentlichen Dienst, 27; *Peine*, DV 1984, 415 (424); *Jung*, Die Zweispurigkeit des öffentlichen Dienstes, 153 ff.; *Hill*, DVBl. 1989, 321 (323); *Dörr*, ZTR 1991, 182 (186 f.); *Benz*, Beamtenverhältnis und Arbeitsverhältnis, 154.

528 *Dörr*, ZTR 1991, 182 (187).

529 Siehe 2. Kapitel, A., I., 4), b), bb), (1) – (3).

zudem vorgebracht, dass der Status eines Beamten nur dann erforderlich wäre, wenn der Staat seinen Bürgern etwas nimmt. Ein Schaden der Allgemeinheit sei nicht zu befürchten, wenn der Bürger Leistungen, die der Staat anbietet, nicht empfängt, weshalb die Erfüllung solcher Aufgaben durch Nichtbeamte erfolgen könne.[530] Des Weiteren verlange die beim Bürger unpopuläre Eingriffsverwaltung nach Beamten, da nur diese den staatlichen Willen trotz latentem oder offenem Widerstand durchsetzen könnten. Einer Gegenwehr sei die Leistungsverwaltung dagegen kaum ausgesetzt, da die Bürger diese billigend oder gar mit Wohlwollen annähmen.[531] Des Weiteren könne das Berufsbeamtentum seine Funktion als Garant für eine verlässliche, stetige und rechtsstaatliche Verwaltung nur erfüllen, wenn es seinen elitären Charakter bewahrt und nicht durch eine starke Ausweitung des Aufgabenbereichs verwässert wird.[532] Die rechtliche Überlegenheit, Übermacht oder Vorrangigkeit des Staates gegenüber den Bürgern drücke sich lediglich durch einseitige Maßnahmen des öffentlichen Rechts aus, die Duldungs-, Beachtungs- oder Befolgungsgebote enthalten. Nur durch sie werde die Inanspruchnahme besonderer Befugnisse oder von Sonderrechten deutlich.[533]

Die Ansicht beruht auf der Annahme, dass die Aufgaben der Eingriffsverwaltung sicher und die der Fiskalverwaltung keinesfalls verpflichtend von Beamten auszuführen seien. Allein die Leistungsverwaltung sei strittig und bei dem angenommenen restriktiven Auslegungsergebnis in der Folge aus den hoheitlichen Befugnissen auszuklammern.[534] Die vorgebrachte Argumentation weiß jedoch nicht zu überzeugen. Zu befürchten ist nicht, dass eine angebotene Leistung des Staates durch den Bürger nicht angenommen oder gar Widerstand dagegen geleistet wird, sondern dass es bei einem Nichteinsatz von Beamten bereits an der gebotenen Bereitstellungsqualität mangelt. Weshalb der Einsatz von gleichermaßen geeigneten Beamten auf Posten außerhalb der Eingriffsverwaltung das Berufsbeamtentum an sich schwächen sollte, ist nicht ersichtlich. Dass das Grundgesetz nicht von einer solchen Sichtweise ausgeht, zeigt sich daran, dass es lediglich einen Funktionsvorbehalt, keine Funktionssperre vorsieht[535]. Auch im

---

530 *Peine*, DV 1984, 415 (424).

531 *Jung*, Die Zweispurigkeit des öffentlichen Dienstes, 153.

532 *Thieme*, Der Aufgabenbereich der Angestellten im Öffentlichen Dienst, 26 f.

533 *Hill*, DVBl. 1989, 321 (323).

534 *Becker*, Gemeinschaftsrecht und Berufsbeamtentum, 184 f.; *Jung*, Die Zweispurigkeit des öffentlichen Dienstes, 147; *Peine*, DV 1984, 415 (423); *Becker*, Abgrenzung von Beamten und Arbeitnehmern, 244; *Thieme*, Der Aufgabenbereich der Angestellten im Öffentlichen Dienst, 24 f.

535 *Kunig*, in: v. Münch/Kunig (GG II), Art. 33 Rn. 51; *Loschelder*, ZBR 1977, 265 (271); *Warbeck*, RiA 1998, 22 (24); *Kämmerer*, Privatisierung, 219; *Lerche*, Verbeamtung als Verfassungsauftrag?, 23.

Bereich der Leistungsverwaltung sind Situationen denkbar, in denen ein rechtswidriges Handeln endgültigen Charakter hat und nicht wieder rückgängig zu machen ist. Dazu zählen Fälle, in denen ein Unternehmer durch zu spät oder nicht gezahlte Subventionen sein Unternehmen verliert, oder die Kinder von Sozialhilfeempfängern eine Klassenfahrt nicht antreten können, weil Gelder nicht angewiesen wurden. Schließlich zeigt sich auch im Bereich der Leistungsverwaltung ein Subordinationsverhältnis zwischen dem Staat und seinen Bürgern. Er setzt hier ebenso einseitig Regelungen und vollzieht diese wie in der Eingriffsverwaltung. Lediglich im Bereich der Fiskalverwaltung liegt eine Gleichstufigkeit vor.[536] Gegen einen Ausschluss der Leistungsverwaltung wird zudem angeführt, dass diese nicht zeitgemäß sei, da er zu sehr dem Bild des Obrigkeitsstaats und nicht dem des sozialen Rechtsstaats entspricht.[537] Außerdem führt auch die Leistungsverwaltung zu mittel- und unmittelbaren öffentlich-rechtlichen Rechtsakten, die die Rechtssphäre des Bürgers berühren.[538] Des Weiteren spricht ein objektives Verfassungsverständnis, gelöst von den überholten, subjektiven Vorstellungen des Parlamentarischen Rates, für eine Einbeziehung der Leistungsverwaltung.[539] Das Verständnis der staatlichen Tätigkeit hat sich gewandelt. Die fördernde, planende, vorsorgende und gestaltende Leistungsverwaltung ist im modernen Wohlfahrts- und Sozialstaat mindestens ebenso bedeutsam wie die Eingriffsverwaltung.[540] Der Einsatz von Berufsbeamten sichert die Kontinuität und sachgerechte Erfüllung von wesentlichen öffentlichen Aufgaben, auch im Bereich der Leistungsverwaltung.[541] Am stärksten gegen eine Begrenzung des Funktionsvorbehaltes auf die Eingriffsverwaltung sprechen jedoch, dass eine trennscharfe Abgrenzung zur Leistungsverwaltung ohnehin nicht bei jedem staatlichen Handeln möglich ist[542] und die Erkenntnis, dass die Versagung grundrechtswesentlicher Leistungen für den Betroffenen eine größere Beeinträchtigung bedeuten kann als ein klassischer Grundrechtseingriff.[543] Dies ist mittler-

---

536 Siehe 2. Kapitel, A., I., 4), b), bb), (1), (a).

537 *Fischbach*, DÖV 1951, 453 (455).

538 *Warbeck*, RiA 1998, 22 (25).

539 *Leisner*, Legitimation des Berufsbeamtentums, 54.

540 *Badura*, ZBR 1996, 321 (326); *Leisner*, DVBl. 1978, 733 (736).

541 *Badura*, ZBR 1996, 321 (325).

542 *Jachmann*, in: v. Mangoldt/Klein/Starck (GG), Art. 33 Rn. 32; *Masing*, in: Dreier (GG II), Art. 33 Rn. 66; *Kunig*, in: v. Münch/Kunig (GG II), Art. 33 Rn. 48; *Lange*, DÖV 2001, 898 (902); *Gusy*, JZ 2006, 651 (656); *Loschelder*, ZBR 1977, 265 (270); *Lecheler*, Verfassungspflicht bei der Erfüllung staatlicher Daueraufgaben, 7; *Schimpfhauser*, Das Gewaltmonopol des Staates, 91; *Ruland*, ZRP 1983, 278 (282). Die Einordnung einer Handlung in eine der Kategorien variiert je nach Herangehensweise, Sichtweise und Betroffenem: *Kämmerer*, Privatisierung, 216.

543 *Kunig*, in: v. Münch/Kunig (GG II), Art. 33 Rn. 48; *Calliess/Müller-Dietz* (StVollzG), § 155 Rn. 5; *Müller-Dietz*, NK 2006, 11 (11); *Lange*, DÖV 2001, 898 (902); *Gusy/Lührmann*, StV

weile die allgemein anerkannte Grundrechtsdogmatik[544] und gilt insbesondere in dem für die Bürger oftmals essenziellen Bereich der regelmäßigen staatlichen Zahlungen[545] wie Sozialhilfe, Rente oder BAföG. Der Empfänger hat hierauf einen Anspruch, auf den er in der Regel angewiesen ist und auf den er vertraut. Fehlverhalten, Unrichtigkeiten oder eine vollständige Verweigerung einer wichtigen Leistung können einen Bürger mindestens ebenso treffen wie Maßnahmen im Bereich der Eingriffsverwaltung. Es ist deshalb notwendig, auch hier angemessen qualifizierte und verpflichtete Amtswalter einzusetzen.[546] Die Bindung an Recht und Gesetz gemäß Art. 20 III GG besteht in allen Verwaltungsbereichen und hat nicht nur im Bereich der Eingriffsverwaltung besonderes Gewicht. Abstufungen zwischen Eingriffs- und Leistungsverwaltung kann es hier nicht geben.[547]

Einer teilweise vorgenommenen „dynamischen" Interpretation des Funktionsvorbehalts, die ebenfalls zu einem Einschluss der Leistungsverwaltung führt und darauf gründet, dass sich der Schwerpunkt der Verwaltung in den letzten Jahrzehnten weg von der Eingriffs- hin zu der Leistungsverwaltung bewegt hat,[548] kann jedoch nicht gefolgt werden. Es mag zwar zutreffen, dass sich Struktur und Funktion der Verwaltung gewandelt haben und der moderne Staat immer mehr in leistender und gewährender Funktion auftritt. Für die Reichweite des Funktionsvorbehaltes ist dies jedoch ohne Bedeutung.[549] Es muss allein auf die konkrete Tätigkeit abgestellt werden. Für diese ist es unerheblich, ob daneben weitere Dienstposten, egal ob von hoher oder niederer Relevanz, bestehen. Die Zunahme von Dienstposten innerhalb der Leistungsverwaltung sagt nichts darüber aus, ob

---

2001, 46 (49); *Gusy*, JZ 2006, 651 (656); *Gusy*, in: Stober (Hrsg.), Privatisierung im Strafvollzug?, 5 (17 f.); *Becker*, Abgrenzung von Beamten und Arbeitnehmern, 248; *Jachmann/Strauß*, ZBR 1999, 289 (293); *Benndorf*, DVBl. 1981, 23 (26); *Leisner*, Legitimation des Berufsbeamtentums, 53; *Warbeck*, RiA 1998, 22 (25); *Barisch*, Die Privatisierung im deutschen Strafvollzug, 121 ff.

544 *Oehlerking*, Auslagerung von Funktionen der Justiz, 31.

545 *Becker*, Gemeinschaftsrecht und Berufsbeamtentum, 189.

546 *Loschelder*, ZBR 1977, 265 (270); *Becker*, Gemeinschaftsrecht und Berufsbeamtentum, 151, 189.

547 *Benndorf*, DVBl. 1981, 23 (25); *Becker*, Gemeinschaftsrecht und Berufsbeamtentum, 150.

548 *Gusy/Lührmann*, StV 2001, 46 (49); *Warbeck*, RiA 1998, 22 (25); *Mösinger*, BayVBl. 2007, 417 (424); *Barisch*, Die Privatisierung im deutschen Strafvollzug, 121. Zudem *Maunz*, der die Eingriffsverwaltung gar von der Leistungsverwaltung „verdrängt" sieht: *Maunz*, in: Maunz/Dürig (GG), Art. 33 Rn. 33.

549 Der Ansicht kann jedoch nicht entgegengehalten werden, dass im Bereich der Eingriffsverwaltung noch immer ausreichend Stellen bestehen, um den Beamten einen relevanten Tätigkeitsbereich zu garantieren. So aber *Masing*, in: Dreier (GG II), Art. 33 Rn. 65; *Strauß*, Funktionsvorbehalt und Berufsbeamtentum, 87. Der Funktionsvorbehalt dient nicht allein dem Selbstzweck, das Berufsbeamtentum zu schützen.

eine bestimmte Tätigkeit die Ausführung durch Beamte erfordert. Nur eingeschränkt zutreffend ist daneben die Behauptung, dass auch die Leistungsverwaltung, etwa bei einem Anschluss- und Benutzungszwang, nicht auf den Einsatz von Zwangsmitteln verzichten kann und deshalb zum Funktionsvorbehalt zählen muss.[550] Dieser Aussage kann nur gefolgt werden, wenn man sie so interpretiert, dass gewisse Tätigkeiten nicht eindeutig der Eingriffs- oder Leistungsverwaltung zugeordnet werden können, weil sie Elemente beider Richtungen enthalten. Die von den Vertretern der Ansicht wohl intendierte Aussage, dass auch in Verwaltungszweigen, die grundsätzlich eher durch die Leistungsverwaltung geprägt sind, auch eingreifende Akte ergehen können,[551] ist zwar korrekt, aber nicht relevant. Betrachtet werden muss die konkrete Tätigkeit, unabhängig von dem Verwaltungszweig, in den sie eingebettet ist.[552]

Abgesehen davon überzeugen die Argumente für die Möglichkeit einer Einbeziehung der Leistungsverwaltung jedoch. Eine Begrenzung des Funktionsvorbehaltes auf die Eingriffsverwaltung ist abzulehnen. Damit ist aber noch nichts darüber gesagt, inwiefern leistende Tätigkeiten erfasst sind, etwa ob die gesamte Leistungsverwaltung zum Funktionsvorbehalt zählt oder lediglich bestimmte Teilbereiche.

(bb) Pauschale Einbeziehung der Leistungsverwaltung

Ein sehr extensives Verständnis des Funktionsvorbehaltes schließt die Leistungsverwaltung in ihrer Gesamtheit ein.[553] Gestützt wird dies, neben der allgemeinen Kritik an der Beschränkung des Funktionsvorbehalts auf die Eingriffsverwaltung und der dagegen vorgebrachten Argumente[554], auf verschiedene Begründungsansätze. *Lecheler* sieht als solchen etwa die Lehre vom Totalvorbehalt[555]. Dessen Grundgedanke solle auf den Funktionsvorbehalt übertragen werden, was zur

---

550 *Warbeck*, RiA 1998, 22 (25); *Strauß*, Funktionsvorbehalt und Berufsbeamtentum, 108; *Barisch*, Die Privatisierung im deutschen Strafvollzug, 121.

551 *Barisch*, Die Privatisierung im deutschen Strafvollzug, 121.

552 Siehe 2. Kapitel, A., I., 4), b), aa).

553 *Isensee*, in: HdbVerfR II, § 32 Rn. 56 ff.; *Lecheler*, Verfassungspflicht bei der Erfüllung staatlicher Daueraufgaben, 7; *Fischbach*, DÖV 1951, 453 (455 f.); *Loschelder*, ZBR 1977, 265 (270); *Leisner*, Legitimation des Berufsbeamtentums, 54; *Warbeck*, RiA 1998, 22 (25); *Lecheler*, Die Beamtenaufgaben nach dem Funktionsvorbehalt des GG, 35 ff.; *Leisner*, in: Leisner (Hrsg.), Das Berufsbeamtentum im demokratischen Staat, 121 (122).

554 Siehe 2. Kapitel, A., I., 4), b), bb), (4), (c), (aa). Insbesondere die Schwierigkeit einer exakten Abgrenzung von Eingriffs- und Leistungsverwaltung und der Erkenntnis, dass eine verweigerte Leistung für den Bürger schwerer wiegen kann als ein klassischer Eingriff.

555 Demzufolge bedarf jedes Handeln der Exekutive einer gesetzlichen Ermächtigung: *Achterberg*, Allgemeines Verwaltungsrecht, 83 f.

vollständigen Erfassung der Leistungsverwaltung führen würde. Nur so werde der Bedeutung des Verwaltungsbereichs ausreichend Rechnung getragen.[556] Dem folgend wäre allein entscheidend, ob von einem Amtswalter ein Verwaltungshandeln erwartet wird, das dauerhaft öffentliche Zwecke außerhalb der Fiskalverwaltung verfolgt.[557] Teilweise wird auch damit argumentiert, dass jede staatliche Verwaltungstätigkeit – außer der Fiskalverwaltung – auf einer Sondergesetzlichkeit beruht, die sie von privaten Dienstleistungen unterscheidet. Nur die Erfüllung durch Beamte sei dieser sondergesetzlichen Tätigkeit angemessen.[558] Andere führen die „politischen, wirtschaftlichen und sozialen Verhältnisse“ an.[559] Zudem sei die Leistungsverwaltung für den Bürger mittlerweile von mindestens gleicher Bedeutung wie die Eingriffsverwaltung und sei für die (wirtschaftliche) Existenz lebenswichtig.[560]

Gegen eine Einbeziehung der gesamten Leistungsverwaltung sprechen jedoch mehrere Gründe. Bereits die Argumente ihrer Anhänger vermögen nicht zu überzeugen. Die Lehre vom Totalvorbehalt ist abzulehnen. Sie würde in der Konsequenz zu einer unflexiblen Verwaltung führen, der keine relevante eigene Entscheidungsbefugnis mehr verbliebe, was mit dem Prinzip der Gewaltenteilung nicht zu vereinbaren ist.[561] Zudem würde es zu einer kaum abschätzbaren Flut an Normen kommen, deren Schaffung vom Parlament bei realistischer Betrachtung nicht zu bewältigen wäre.[562] Weiter ist zwar zutreffend, dass jedes Verwaltungshandeln auf sondergesetzlichen Regelungen beruht; doch nicht jede Ausführung dieser Regelungen verlangt nach der besonderen Qualität von Beamten. Gleiches gilt für die besondere Bedeutung der Leistungsverwaltung für die Bürger. Sie liegt nicht in jedem Dienstposten, der zu diesem Bereich gezählt werden kann, vor. Zudem wird die pauschale Einbeziehung der Leistungsverwaltung häufig von ihren Vertretern selbst im Nachhinein relativiert. So werden beispielsweise die Wahrnehmung von eigenverantwortlichen Tätigkeiten mit Relevanz für den Bürger[563], Aufgaben mit Verantwortungsgehalt[564] oder Aufgaben, die darauf zielen, die Existenz des Staatsvolkes in irgendeiner Weise zu sichern,[565] verlangt.

---

556 *Lecheler*, Verfassungspflicht bei der Erfüllung staatlicher Daueraufgaben, 7.

557 *Lecheler*, Verfassungspflicht bei der Erfüllung staatlicher Daueraufgaben, 8.

558 *Loschelder*, ZBR 1977, 265 (270).

559 So wenig überzeugend: *Fischbach*, DÖV 1951, 453 (455 f.).

560 *Warbeck*, RiA 1998, 22 (25).

561 *Anderl*, Gesetzgebung und kooperatives Regierungshandeln, 263.

562 *Anderl*, Gesetzgebung und kooperatives Regierungshandeln, 263.

563 *Loschelder*, ZBR 1977, 265 (270 f.).

564 *Loschelder*, ZBR 1977, 265 (271).

565 Mit diesem sehr unbestimmten Merkmal *Fischbach*, der darunter beispielsweise auch die Bereiche Technik, Handel, Verkehr, Landwirtschaft und Kultur fasst: *Fischbach*, DÖV 1951, 453 (455).

Daneben werden Ausnahmemöglichkeiten in „Randbereichen“ gesehen, um zu verhindern, dass es zu einer uferlosen Verbeamtung kommt.[566] Andere schließen einfache Hilfstätigkeiten[567] und überwiegend wirtschaftlich-fiskalische Tätigkeiten im Bereich der Leistungsverwaltung[568] aus.

Diese Ansätze einer Differenzierung weisen in die richtige Richtung, da sie auf die Bedeutung der einzelnen Tätigkeiten abstellen, sind jedoch noch nicht konsequent genug. Gegen jede pauschale Einbeziehung der Leistungsverwaltung spricht, dass sie dem Funktionsvorbehalt nicht gerecht wird.[569] Sie verkennt, dass sich, lediglich lose zusammengefasst unter diesem Begriff, eine Vielzahl verschiedenartigster Dienstposten verbirgt. Dies reicht vom Müllwerker, der bei der kommunalen Abfallentsorgung tätig ist, über den Sachbearbeiter, der die regelmäßigen Sozialhilfezahlungen abwickelt bis hin zu Entscheidungsträgern, die für die Gewährung von Subventionen in Millionenhöhe verantwortlich sind. Diese verschiedenen Tätigkeiten haben sowohl für das staatliche Gesamtgefüge als auch für den einzelnen Bürger höchst unterschiedliche Relevanz. Nur weil sie die Gemeinsamkeit aufweisen, dem Bürger eher etwas zu *geben*, denn zu *nehmen*[570] erfordern sie nicht alle in gleichem Maße die Stetigkeit, Verlässlichkeit und Rechtsstaatlichkeit, die das Grundgesetz nur durch das Berufsbeamtentum garantiert sieht. Nur ein differenzierender Ansatz kann folglich der richtige sein. Es gilt deshalb Abgrenzungskriterien herauszuarbeiten, die innerhalb der Leistungsverwaltung entscheiden, welche Tätigkeiten unter den Funktionsvorbehalt fallen und welche nicht.

(cc) Rechtsform

Teilweise wird die Rechtsform des Handelns als Abgrenzungskriterium gesehen. Dienstposten der Leistungsverwaltung sollen nur zum Anwendungsbereich des Funktionsvorbehalts zählen, wenn der Amtswalter aufgrund des öffentlichen Rechts tätig wird, nicht jedoch bei privatrechtlichem Handeln.[571] *Battis* sieht Tätigkeiten der Leistungsverwaltung in öffentlich-rechtlicher Rechtsform erfasst, sofern sie “kraft öffentlich-rechtlicher Legitimation durch Verwaltungsakt dem Bürger oder durch Weisung dem Organwalter gegenüber zu vollziehen sind, so-

---

566 *Leisner*, Legitimation des Berufsbeamtentums, 54.

567 *Lecheler*, Verfassungspflicht bei der Erfüllung staatlicher Daueraufgaben, 8; *Warbeck*, RiA 1998, 22 (24).

568 *Warbeck*, RiA 1998, 22 (24).

569 Wohl auch *Leisner*, DVBl. 1978, 733 (736).

570 Zur Verwendung dieser Kriterien: *Schimpfhauser*, Das Gewaltmonopol des Staates, 86.

571 *Battis*, in: Sachs (GG), Art. 33 Rn. 57; *Otto*, ZBR 1956, 233 (238); *Rudolf*, VVDStRL 1979 (37), 175 (202 f.); *Lerche*, Verbeamtung als Verfassungsauftrag?, 23.

wie sonstige Aufgaben, die auf öffentlich-rechtlicher Grundlage erledigt werden."[572]

Falls etwa in Form eines Verwaltungsaktes oder eines öffentlich-rechtlichen Vertrages gehandelt wird, würde dies dem Funktionsvorbehalt unterfallen; der Abschluss eines zivilrechtlichen Vertrages jedoch nicht. Problematisch dabei ist jedoch, dass der Verwaltung in vielen Fällen ein Wahlrecht bezüglich der Erfüllungsform zusteht. In der Konsequenz könnte sie durch die Ausübung dieses Rechts frei über die Anwendbarkeit des Funktionsvorbehaltes disponieren.[573] Dieser würde seinen Zweck damit verfehlen, bestimmte Aufgaben einer bestimmten Personengruppe zuzuweisen. Die Reichweite des Funktionsvorbehalts würde sich nicht an der Relevanz der Aufgabe orientieren. Das Kriterium der Rechtsform scheidet deshalb aus.[574]

(dd) Bürgerkontakt

Des Weiteren wird vertreten, dass nur solche Dienstposten vom Funktionsvorbehalt erfasst sein sollen, die unmittelbar nach außen wirksam gegenüber dem Bürger auftreten.[575] Demnach müssten lediglich Aufgaben, die ein direktes Handeln gegenüber dem Bürger erfordern, mit Beamten besetzt werden. Auf den ersten Blick mag es logisch erscheinen, dass derjenige, der unmittelbare Anordnungen gegenüber dem Bürger trifft, folglich formal für diese verantwortlich ist und einen gewissen Entscheidungsspielraum und Regelungsbefugnisse hat, Beamter sein muss.[576] Dabei wird jedoch verkannt, dass damit noch nichts über die Art der Entscheidung oder deren Bedeutung für den Bürger ausgesagt ist. Wenn es sich um eine völlig untergeordnete und für den Bürger nahezu irrelevante Entscheidungsbefugnis handelt, besteht keine Notwendigkeit einer Ausführung

572 *Battis*, in: Sachs (GG), Art. 33 Rn. 57.

573 *Isensee*, in: HdbVerfR II, § 32 Rn. 57; *Leisner*, Legitimation des Berufsbeamtentums, 53; *Benndorf*, DVBl. 1981, 23 (25); *Becker*, Gemeinschaftsrecht und Berufsbeamtentum, 160; *Schimpfhauser*, Das Gewaltmonopol des Staates, 89; *Peine*, DV 1984, 415 (430); *Jachmann/Strauß*, ZBR 1999, 289 (293). Aufgrund dieser Überlegung relativiert auch *Battis* seine Aussage und erkennt an, dass nicht allein auf die Rechtsform abgestellt werden kann, sondern noch ergänzende Kriterien herangezogen werden müssen: *Battis*, in: Sachs (GG), Art. 33 Rn. 57.

574 So auch *Kunig*, in: v. Münch/Kunig (GG II), Art. 33 Rn. 48; *Battis*, in: Sachs (GG), Art. 33 Rn. 57; *Isensee*, in: HdbVerfR II, § 32 Rn. 57; *Becker*, Gemeinschaftsrecht und Berufsbeamtentum, 160; *Schimpfhauser*, Das Gewaltmonopol des Staates, 89; *Benndorf*, DVBl. 1981, 23 (25); *Peine*, DV 1984, 415 (430); *Leisner*, Legitimation des Berufsbeamtentums, 53; *Jachmann/Strauß*, ZBR 1999, 289 (293).

575 *Otto*, ZBR 1956, 233 (237 f.). Nach der hier vertretenen Ansicht müsste man auf die konkrete Tätigkeit abstellen.

576 *Badura*, ZBR 1996, 321 (326).

durch Beamte. Beispielsweise die Entscheidung, an welchem Tag die kommunale Müllabfuhr den Müll abholt, ist von so geringer Bedeutung für den Bürger, dass es für ihn keine Rolle spielt, wer dieses festlegt. Andererseits treten die Entscheidungsträger, beispielsweise in Ministerien, nicht unmittelbar gegenüber dem Bürger auf. In Anbetracht des Gewichts der Tätigkeit erscheint es jedoch mitunter sinnvoll, auch diese Stellen mit Beamten zu besetzen.[577] Zudem wird das Kriterium des Bürgerkontakts häufig unter dem Schlagwort des „Unterschriftenbeamten" kritisiert.[578] Auch falls es sich bei der nach außen ausgeübten Tätigkeit um die Ausübung hoheitlicher Befugnisse handeln sollte, könnte der Funktionsvorbehalt umgangen werden, indem jede Behörde schlicht einige wenige „Unterschriftenbeamte" einsetzen würde, die jede Handlung nach außen abzeichnen. Die relevanten Entscheidungen könnten aber verwaltungsintern von Nichtbeamten getroffen werden.[579] Auch abgesehen von einem solchen Extrembeispiel verhält es sich in der Verwaltungspraxis oft so, dass eine nach außen gerichtete Maßnahme, beispielsweise ein Verwaltungsakt, auf mehreren Vorbereitungshandlungen basiert. Eine arbeitsteilige Erledigung ist üblich, beispielsweise, wenn mehrere Sachbearbeiter dem formell zuständigen Entscheidungsträger zuarbeiten. Die formelle und materielle Zuständigkeit können dadurch oftmals auseinanderfallen.[580] In der arbeitsteilig organisierten Verwaltung sind nach außen tätige Beamte auf die Vorarbeiten von Sachbearbeitern angewiesen. Würden diese nicht dem Streikverbot unterfallen, wäre eine kontinuierliche Aufgabenerfüllung nicht gesichert.[581] Die Arbeitsweise birgt zudem die Gefahr, dass vorgefertigte Ergebnisse unreflektiert übernommen werden. Der Letztverantwortliche sollte diese gewissenhaft prüfen und darauf basierend nach außen handeln. Nun ist zu befürchten, dass er, sei es aus Nachlässigkeit oder Überlastung, die Prüfung unterlässt oder aber, dass er durch die vorgefertigten Ergebnisse doch zumindest in seiner Entscheidung beeinflusst wird.[582] Auch wer lediglich vorbereitend, beratend oder unterstützend tätig wird, kann damit bereits die spätere Wil-

577 *Jachmann*, in: v. Mangoldt/Klein/Starck (GG), Art. 33 Rn. 34.

578 *Maunz*, in: Maunz/Dürig (GG), Art. 33 Rn. 35; *Isensee*, in: HdbVerfR II, § 32 Rn. 56; *Schimpfhauser*, Das Gewaltmonopol des Staates, 89 f.; *Benndorf*, DVBl. 1981, 23 (28).

579 *Maunz*, in: Maunz/Dürig (GG), Art. 33 Rn. 35; *Isensee*, in: HdbVerfR II, § 32 Rn. 56; *Schimpfhauser*, Das Gewaltmonopol des Staates, 90; *Jung*, Die Zweispurigkeit des öffentlichen Dienstes, 122.

580 BAG, ZBR 1999, 207 (208); *Jung*, Die Zweispurigkeit des öffentlichen Dienstes, 122; *Jachmann/Strauß*, ZBR 1999, 289 (294); *Warbeck*, RiA 1998, 22 (24); *Haug*, NVwZ 1999, 816 (818).

581 BAG, ZBR 1999, 207 (208).

582 *Jung*, Die Zweispurigkeit des öffentlichen Dienstes, 122; *Haug*, NVwZ 1999, 816 (818); *Strauß*, Funktionsvorbehalt und Berufsbeamtentum, 111.

lensbildung erheblich prägen.[583] So könnte die eigentlich relevante Entscheidung bereits getroffen werden, bevor ein Beamter überhaupt involviert ist.[584] Dies würde nicht dem Sinn des Art. 33 IV GG entsprechen, da er so ohne Weiteres unterlaufen werden könnte, weshalb auch dieses Kriterium abzulehnen ist. Die Entscheidung, ob eine Tätigkeit vom Funktionsvorbehalt erfasst ist, muss unabhängig vom Bürgerkontakt anhand des materiellen Gehalts der Tätigkeit getroffen werden.[585]

(ee) Vorliegen eines Subordinationsverhältnisses

Teilweise wird das Kriterium eines vorliegenden Über-/Unterordnungsverhältnisses zur Bestimmung der hoheitlichen Befugnisse über den Bereich der Eingriffsverwaltung hinaus verwendet.[586] Wenn der Staat dem Bürger nicht in einem Subordinationsverhältnis gegenübertrete, sei die Verlässlichkeit, Stetigkeit und Rechtsstaatlichkeit eines Berufsbeamten nicht erforderlich. Da sich beide Parteien auf gleicher Ebene begegnen, könne die Erfüllung ebenso gut durch Private erfolgen. Wenn schon Privatpersonen die Tätigkeit wahrnehmen können, müsse dies erst Recht für öffentlich-rechtliche Beschäftigte gelten. Eine Ausführung durch Beamte sei nicht erforderlich.[587] Zudem wäre dieses Abgrenzungskriterium äußerst praktikabel, da es leicht auf die einzelnen Tätigkeiten angewendet werden kann.[588] Hoheitliche Befugnisse lägen damit dann vor, wenn der Staat „ein-

583 *Warbeck*, RiA 1998, 22 (24); *Isensee*, in: HdbVerfR II, § 32 Rn. 56; *Kiefer*, LKRZ 2009, 441 (442).

584 *Jung*, Die Zweispurigkeit des öffentlichen Dienstes, 122; *Jachmann*, in: v. Mangoldt/Klein/Starck (GG), Art. 33 Rn. 34; *Jachmann/Strauß*, ZBR 1999, 289 (294); *Strauß*, Funktionsvorbehalt und Berufsbeamtentum, 111 f.

585 So auch: BAG, NVwZ 1999, 917 (918); BAG, ZBR 1999, 207 (208); *Kunig*, in: v. Münch/Kunig (GG II), Art. 33 Rn. 48; *Maunz*, in: Maunz/Dürig (GG), Art. 33 Rn. 35; *Jachmann*, in: v. Mangoldt/Klein/Starck (GG), Art. 33 Rn. 36; *Jachmann/Strauß*, ZBR 1999, 289 (294); *Loschelder*, ZBR 1977, 265 (271); *Warbeck*, RiA 1998, 22 (24); *Jung*, Die Zweispurigkeit des öffentlichen Dienstes, 123; *Schimpfhauser*, Das Gewaltmonopol des Staates, 89 f.; *Haug*, NVwZ 1999, 816 (818); *Isensee*, in: HdbVerfR II, § 32 Rn. 56 f.; *Kiefer*, LKRZ 2009, 441 (442). A. A. wohl *Landau*, Tagungsbericht 27. Triberger Symposium, 30 (36 f.), der vorbereitende und unterstützende Tätigkeiten, die selbst keinen eingreifenden Charakter haben, nicht zur Ausübung von hoheitsrechtlichen Befugnissen zählt.

586 *Battis*, in: Sachs (GG), Art. 33 Rn. 57; *Benndorf*, DVBl. 1981, 23 (26 f.); *Becker*, Gemeinschaftsrecht und Berufsbeamtentum, 164 f.; *Becker*, Abgrenzung von Beamten und Arbeitnehmern, 257. Wohl auch *Di Fabio*, JZ 1999, 585 (592).

587 *Benndorf*, DVBl. 1981, 23 (26 f.); *Becker*, Gemeinschaftsrecht und Berufsbeamtentum, 164 f.; *Becker*, Abgrenzung von Beamten und Arbeitnehmern, 257.

588 *Becker*, Gemeinschaftsrecht und Berufsbeamtentum, 165; *Becker*, Abgrenzung von Beamten und Arbeitnehmern, 257.

seitig Rechte und Pflichten des Bürgers festlegt und ihre Beachtung notfalls unter Einsatz des Gewaltmonopols" durchsetzen kann.[589]

Der Ansicht ist insoweit zuzustimmen, dass das Vorliegen eines Subordinationsverhältnisses ein in der Praxis relativ einfach anzuwendendes Zuweisungskriterium darstellt. Auch liegt beim Fehlen eines solchen Verhältnisses in der Tat keine Ausübung hoheitlicher Befugnisse vor. Dies ergibt sich bereits aus der Wortlautauslegung, die die Grenze einer jeden anderen Auslegungsmethode darstellt.[590] Diese absolute Auslegungsgrenze ist jedoch nicht mit der Differenzierung gleichzusetzen, die dem Sinn und Zweck der Norm am besten entspricht. So gibt es zahlreiche Dienstposten, bei denen der Bürger dem Staat nicht auf gleicher Ebene begegnet, die Verwaltungstätigkeit aber keineswegs eine Erfüllung durch Beamte erfordert. So befindet sich der Bürger beispielsweise was Teile des Erziehungswesens, des Straßenbaus, der Müllabfuhr oder der Abwasserentsorgung angeht, in einem solchen Verhältnis; die Aufgaben sind jedoch nicht unbedingt von solcher Relevanz, dass sie nicht auch von Nichtbeamten erfüllt werden könnten. Zudem besteht in vielen Fällen eine Wahlmöglichkeit der Behörde bezüglich der Erfüllungsform. Es kann entweder durch Verwaltungsakt oder durch einen verwaltungsrechtlichen Vertrag gehandelt werden. Bei Ersterem handelt es sich um ein Subordinationsverhältnis, bei dem Zweiten nicht zwingend. Die Verwaltung hätte damit eine Dispositionsbefugnis bezüglich des Funktionsvorbehalts, welcher dadurch auch bei diesem Differenzierungskriterium ausgehöhlt werden könnte. Das Vorliegen eines Subordinationsverhältnisses stellt damit lediglich die absolute Grenze der hoheitlichen Befugnisse dar, sagt aber nichts über ihre tatsächliche Reichweite aus.

(ff) Grundrechtsrelevanz

Als Differenzierungskriterium bietet sich die Grundrechtsrelevanz des Handelns an.[591] Danach würde eine Tätigkeit unabhängig davon, welchem Verwaltungstyp

---

589 *Di Fabio*, JZ 1999, 585 (592).

590 Siehe 2. Kapitel, A., I., 4), b), bb), (1).

591 So auch: BremStGH, NVwZ 2003, 81 (85); *Pieroth*, in: Jarass/Pieroth (GG), Art. 33 Rn. 41; *Masing*, in: Dreier (GG II), Art. 33 Rn. 66; *Maunz*, in: Maunz/Dürig (GG), Art. 33 Rn. 33; *Battis*, in: Sachs (GG), Art. 33 Rn. 57; *Jachmann*, in: v. Mangoldt/Klein/Starck (GG), Art. 33 Rn. 34; *Lindner*, ZBR 2010, 26 (28); *Gusy*, JZ 2006, 651 (656); *Gusy*, in: Stober (Hrsg.), Privatisierung im Strafvollzug?, 5 (17); *Meyer*, BewHi 2004, 272 (276); *Arloth*, JuS 2003, 1041 (1042); *Pilz*, DÖV 2009, 102 (104); *Haug*, NVwZ 1999, 816 (818); *Schimpfhauser*, Das Gewaltmonopol des Staates, 94; *Landau*, Tagungsbericht 27. Triberger Symposium, 30 (36); *Ruland*, ZRP 1983, 278 (282 f.); *Winterhoff*, FS Starck, 463 (470); *Strauß*, Funktionsvorbehalt und Berufsbeamtentum, 104 ff.; *Jachmann/Strauß*, ZBR 1999, 289 (293). Wohl auch *Di Fabio*, der den „Einsatz des staatlichen Gewaltmonopols und regelmäßig auch Einschränkung oder doch

sie zuzuordnen ist, dem Funktionsvorbehalt unterfallen, wenn sie unmittelbar relevant für den grundrechtlich gewährleisteten Rechtskreis des Bürgers ist. Das sind alle staatlichen Handlungen, die „einen Grundrechtseingriff beinhalten oder zur Verwirklichung grundrechtsrelevanter Leistungen notwendig sind."[592] Das Kriterium der Grundrechtsrelevanz wird teilweise auch als Grundrechtswesentlichkeit bezeichnet.[593] Dieser Ansatz fügt sich vollkommen in die bereits erwähnte aktuelle Grundrechtsdogmatik ein.[594]

Anerkannt ist, dass die Unterscheidung von Eingriffs- und Leistungsverwaltung nicht immer zu bewerkstelligen ist und Maßnahmen der Leistungsverwaltung den Bürger mindestens ebenso intensiv berühren können wie Eingriffe.[595] Ausgehend von dieser Annahme, hat das Bundesverfassungsgericht, in Abkehr von der früheren Überzeugung, nach der sich der Gesetzesvorbehalt lediglich auf die Eingriffsverwaltung bezog, die „Wesentlichkeitstheorie" entwickelt und in stetiger Rechtsprechung fortgeführt:[596] Aus den Grundrechten, dem Demokratie- und dem Rechtsstaatsprinzip ergibt sich, dass das Parlament – losgelöst vom Merkmal des Eingriffs – in grundlegenden normativen Bereichen, insbesondere im Bereich der Grundrechtsausübung, alle wesentlichen Entscheidungen selbst treffen muss.[597] Bei der Frage danach, was als „wesentlich" anzusehen ist, wird auch im Bereich des Gesetzesvorbehalts der Grundrechtsrelevanz eine erhebliche Bedeutung zugemessen.[598] Dieser Gedanke kann auf die Reichweite des Funktionsvorbehalts übertragen werden. Wenn im Bereich der Gesetzgebung die „Wesentlichkeit" die Grenze dafür darstellt, ob sich das Parlament mit einer Frage beschäftigen muss, dann ist es nur konsequent auch im Bereich der Exekutive an dieses Kriterium anzuknüpfen. Denn die Grundüberlegung ist dieselbe. Auch

---

Ausgestaltung von grundrechtlichen Freiheiten" erfasst sieht: *Di Fabio*, JZ 1999, 585 (592), und *Battis*, der auf „Gehalt und Bedeutung" der jeweiligen Aufgabe abstellt, jedoch ungeklärt lässt, auf was sich diese beziehen: *Battis*, in: Sachs (GG), Art. 33 Rn. 57.

592 *Mösinger*, BayVBl. 2007, 417 (424); *Gusy/Lührmann*, StV 2001, 46 (49); *Gusy*, in: Stober (Hrsg.), Privatisierung im Strafvollzug?, 5 (19); *Lange*, DÖV 2001, 898 (902); *Barisch*, Die Privatisierung im deutschen Strafvollzug, 123. Ähnlich: *Müller-Dietz*, NK 2006, 11 (11).

593 *Masing*, in: Dreier (GG II), Art. 33 Rn. 66; *Calliess/Müller-Dietz* (StVollzG), § 155 Rn. 5; *Müller-Dietz*, NK 2006, 11 (11); *Schimpfhauser*, Das Gewaltmonopol des Staates, 94; *Barisch*, Die Privatisierung im deutschen Strafvollzug, 123.

594 *Schimpfhauser*, Das Gewaltmonopol des Staates, 91.

595 Siehe 2. Kapitel, A., I., 4), b), bb), (4), (c), (aa).

596 BVerfGE 34, 165 (192 f.); 40, 237 (248 ff.); 45, 400 (417 f.); 47, 46 (79); 49, 89 (126); 61, 260 (275); 77, 170 (230 f.); 80, 1 (20); 82, 209 (224); 83, 130 (142); 98, 218 (251); 101, 1 (34); 108, 282 (311 f.); BVerfG, BayVBl. 1998, 626 (628).

597 BVerfG a.a.O.

598 BVerfGE 47, 46 (79 f.); 58, 257 (274); 77, 170 (231); 108, 282 (311); BVerfG, BayVBl. 1998, 626 (628); OVG Münster, DVBl. 1978, 62 (64); OVG Münster, NWVBl. 1990, 226 (228); *Eberle*, DÖV 1984, 485 (487); *Erbguth*, UPR 1995, 369 (376); *Umbach*, FS Faller, 111 (127).

im Bereich der Gesetzgebung ist das Merkmal der Grundrechtswesentlichkeit entscheidend dafür, ob eine Frage so relevant ist, dass sie einer besonders qualifizierten Bearbeitung bedarf.

Gegen diese Auffassung wird vorgebracht, dass sie keine trennscharfe und praktisch handhabbare Abgrenzung liefere.[599] Dagegen spricht jedoch, dass die Abgrenzung angelehnt an die allgemein anerkannte Grundrechtsdogmatik erfolgt, bei der eine ähnliche Betrachtung erfolgreich vorgenommen wird.[600] Ein sinnvolleres praktikableres Abgrenzungskriterium ist nicht ersichtlich. Die Grundrechtswesentlichkeit erklärt plausibel auch die oft unbegründete vollständige Einbeziehung der Eingriffsverwaltung und stellt ein sinnvolles Kriterium zur Differenzierung innerhalb der Leistungsverwaltung dar. Jede Tätigkeit, die für die Grundrechtsausübung wesentlich ist, ist so relevant, dass sie die Verlässlichkeit, Stetigkeit und Rechtsstaatlichkeit des Berufsbeamtentums erfordert. Dazu zählt auch die Vergabe grundrechtsrelevanter Leistungen wie Sozialhilfe oder die Resozialisierung von Straftätern.[601]

Eine Grundrechtswesentlichkeit liegt vor, wenn eine staatliche Handlung den grundrechtlich gewährleisteten Rechtskreis in nicht nur unerheblicher oder untergeordneter Weise berührt.[602] Auf eine reine Schutzbereichsberührung, welche bei nahezu jedem Verwaltungshandeln gegeben ist, kann es dabei nicht ankommen. Vielmehr muss die Handlung eine Erheblichkeit erreichen, die eine gesteigerte Schutzbedürftigkeit des Bürgers auslöst.[603] Entscheidend dabei ist, mit welcher Intensität auf dem Rechtskreis des Bürgers eingewirkt bzw. die Wahrnehmung und Ausübung von Grundrechten beeinflusst wird.[604] Diese wird in der Regel, aber nicht zwingend, dort am größten sein, wo der Staat mit Befehl und Zwang vorgeht und in körperliche Unversehrtheit, Freiheit und Eigentum des

---

599 *Becker*, Gemeinschaftsrecht und Berufsbeamtentum, 163; *Becker*, Abgrenzung von Beamten und Arbeitnehmern, 257.

600 *Strauß*, Funktionsvorbehalt und Berufsbeamtentum, 110.

601 *Masing*, in: Dreier (GG II), Art. 33 Rn. 66; *Jachmann*, in: v. Mangoldt/Klein/Starck (GG), Art. 33 Rn. 34; *Jachmann/Strauß*, ZBR 1999, 289 (293); *Lange*, DÖV 2001, 898 (902); *Gusy*, JZ 2006, 651 (656).

602 *Jachmann*, in: v. Mangoldt/Klein/Starck (GG), Art. 33 Rn. 34; *Jachmann/Strauß*, ZBR 1999, 289 (293).

603 *Strauß*, Funktionsvorbehalt und Berufsbeamtentum, 106.

604 *Kunig*, in: v. Münch/Kunig (GG II), Art. 33 Rn. 49; *Nitz*, NZV 1998, 11 (15); *Haug*, NVwZ 1999, 816 (818); *Gramm*, VerwArch 1999, 329 (343). Mit einer eingehenden Begründung: *Strauß*, Funktionsvorbehalt und Berufsbeamtentum, 106 ff. Zum Kriterium der Intensität der Grundrechtsbeeinflussung im Rahmen der Wesentlichkeitstheorie: BVerfGE 47, 46 (79 ff.); 49, 89 (127); 83, 130 (142); 98, 218 (252); *Jarass*, in: Jarass/Pieroth (GG), Art. 20 Rn. 49; *Pieroth/Schlink*, Grundrechte, Rn. 276.

Bürgers eingreift, mithin also im Bereich der klassischen Eingriffsverwaltung.[605] In diesem Zusammenhang spielt etwa auch die Vollstreckbarkeit von bestandskräftigen Verwaltungsakten ohne eine gerichtliche Überprüfung eine Rolle. Da keine weitere Kontrolle stattfindet, ist es besonders wichtig, hier auf die besondere Qualifikation von Beamten zurückzugreifen.[606] Entscheidend für die Intensität einer Maßnahme sind der Grad[607], die Dauer[608], die Reversibilität[609] und die verbleibende Mitgestaltungsmöglichkeit des Bürgers bei der Grundrechtsbeeinflussung[610]. Je länger eine Maßnahme andauert, je eher sie ein Verhalten komplett, nicht nur teilweise, stört, je eher sie vollendete Tatsachen schafft und je eher sie objektiv und vom Einzelnen unbeeinflussbar ist, desto intensiver stellt sie sich für den Betroffenen dar. Daneben ist eine Maßnahme umso intensiver, wenn sie nicht nur eine, sondern mehrere grundrechtlich geschützte Verhalten stört oder vollständig verhindert.[611] Letztendlich ist eine exakte Betrachtung im konkreten Einzelfall erforderlich.

Bei aller Anlehnung an die Grundrechtsdogmatik wird nicht ersichtlich diskutiert, ob ein Grundrechtsverzicht bzw. die Einwilligung in einen Eingriff die Grundrechtsrelevanz einer Tätigkeit entfallen lässt. Ein solcher Verzicht ist im Rahmen von Grundrechtseingriffen regelmäßig möglich.[612] Eine solche Überlegung ist bezüglich Art. 33 IV GG jedoch abzulehnen, da der Funktionsvorbehalt nicht ausschließlich Individualrechtsschutzcharakter besitzt.[613]

(gg) Bedeutung der Aufgabe im staatlichen Gesamtgefüge

Ein weiteres Kriterium, das in der Literatur zur Bestimmung der Reichweite der hoheitsrechtlichen Befugnisse diskutiert wird, ist die Bedeutung der Aufgabe im staatlichen Gesamtgefüge.[614]

605 *Pieroth/Schlink*, Grundrechte, Rn. 276.
606 *Strauß*, Funktionsvorbehalt und Berufsbeamtentum, 107.
607 *Pieroth/Schlink*, Grundrechte, Rn. 277; *Haug*, NVwZ 1999, 816 (818).
608 *Pieroth/Schlink*, Grundrechte, Rn. 277; *Haug*, NVwZ 1999, 816 (818); *Strauß*, Funktionsvorbehalt und Berufsbeamtentum, 108 f.
609 *Strauß*, Funktionsvorbehalt und Berufsbeamtentum, 108 f.
610 *Pieroth/Schlink*, Grundrechte, Rn. 277; *Haug*, NVwZ 1999, 816 (818).
611 *Pieroth/Schlink*, Grundrechte, Rn. 277.
612 *Jarass*, in: Jarass/Pieroth (GG), Vorb. vor Art.1 Rn. 36.
613 Siehe 2. Kapitel, A., I., 4), a) und 2. Kapitel, A., I., 4), b), bb), (4), (b).
614 *Schimpfhauser*, Das Gewaltmonopol des Staates, 93 f.; *Strauß*, Funktionsvorbehalt und Berufsbeamtentum, 113 ff.; *Ruland*, ZRP 1983, 278 (282); *Lehnguth*, ZBR 1991, 266 (269); *Otto*, ZBR 1956, 233 (242).

(aaa) „sine-qua-non-activities“

Tätigkeiten, die die Funktionsfähigkeit des „Staates an sich“ gewährleisten, werden mitunter als „sine-qua-non-activities“ bezeichnet.[615] Dies beinhaltet alle Tätigkeitsbereiche, die sich mit der Existenz und Funktionsfähigkeit des Staates befassen.[616] Dazu zählen etwa der Staatsschutz, der Schutz der territorialen Integrität inklusive der Landesverteidigung und der Außenvertretung, die Aufrechterhaltung der Ordnung im Inneren sowie die Selbstverwaltung, insbesondere die Sicherung einer finanziellen Basis durch Erhebung von Steuern.[617] Diese Bereiche sollen vollständig vom Funktionsvorbehalt erfasst werden.[618]

Warum Autoren, die an anderer Stelle auf den konkreten Dienstposten abstellen, bezüglich der „sine-qua-non-activities“ ganze Verwaltungsbereiche erfasst sehen wollen, ist nicht ersichtlich. Nicht jeder Mitarbeiter, der beispielsweise im Rahmen der Steuererhebung beschäftigt ist, übt zwingend hoheitsrechtliche Befugnisse aus. Sachgerecht ist es deshalb, losgelöst von der Festlegung auf bestimmte Verwaltungsbereiche, die Bedeutung der jeweiligen Tätigkeit zu betrachten. Die „sine-qua-non-activities“ fallen deshalb nicht vollständig unter den Funktionsvorbehalt.

(bbb) Sonstige Tätigkeiten

Dem Ansatz, die Bedeutung der jeweiligen Aufgabe im Gesamtgefüge der staatlichen Aktivität zu betrachten, ist jedoch zuzustimmen. Neben dem Hauptkriterium der Grundrechtsrelevanz wird auch im Bereich des Gesetzesvorbehalts ergänzend darauf abgestellt, welche Bedeutung eine Regelung für die Allgemeinheit und das öffentliche Interesse hat.[619] Dieser Gedanke kann ebenfalls auf den Funktionsvorbehalt übertragen werden.

---

615 Auch „für die Staatlichkeit notwendige Staatsaufgaben“ oder „notwendig mit der Staatlichkeit verbundene Aufgaben“: *Jachmann*, in: v. Mangoldt/Klein/Starck (GG), Art. 33 Rn. 34; *Jachmann/Strauß*, ZBR 1999, 289 (293); *Strauß*, Funktionsvorbehalt und Berufsbeamtentum, 112; *Schimpfhauser*, Das Gewaltmonopol des Staates, 93.

616 *Schimpfhauser*, Das Gewaltmonopol des Staates, 93.

617 *Jachmann*, in: v. Mangoldt/Klein/Starck (GG), Art. 33 Rn. 34; *Jachmann/Strauß*, ZBR 1999, 289 (293); *Strauß*, Funktionsvorbehalt und Berufsbeamtentum, 112; *Schimpfhauser*, Das Gewaltmonopol des Staates, 93.

618 *Jachmann*, in: v. Mangoldt/Klein/Starck (GG), Art. 33 Rn. 34; *Strauß*, Funktionsvorbehalt und Berufsbeamtentum, 112; *Schimpfhauser*, Das Gewaltmonopol des Staates, 93. Wohl auch *Krölls*, GewArch 1997, 445 (451).

619 OVG Münster, NWVBl. 1990, 226 (228); OVG Münster, DVBl. 1978, 62 (64); *Erbguth*, UPR 1995, 369 (376); *Umbach*, FS Faller, 111 (127).

Gründe für die Betrauung der Beamten mit hoheitsrechtlichen Aufgaben sind die besondere Kontinuität, Neutralität und Rechtsstaatlichkeit, die durch das öffentlich-rechtliche Dienst- und Treueverhältnis garantiert werden. Die Abgrenzungskriterien zur Reichweite der hoheitsrechtlichen Befugnisse müssen sich daran orientieren, welche Tätigkeiten besonders auf die an diesen Merkmalen orientierte Wahrnehmung angewiesen sind.[620] Während die Einbeziehung grundrechtsrelevanter Tätigkeiten insbesondere auf der dabei notwendigen Neutralität und Rechtsstaatlichkeit fußt, sind sowohl Kontinuität, Neutralität als auch Rechtsstaatlichkeit bei Aufgaben mit Bedeutung für das staatliche Gesamtgefüge von besonderer Relevanz. Deshalb sind auch die Entscheidungsträger in den Ministerien und deren in relevante Entscheidungen eingebundene Mitarbeiter grundsätzlich zu verbeamten.[621] Darüber hinaus sind alle Tätigkeiten, die in besonderem Maß die Funktionsfähigkeit und Sicherung der freiheitlich demokratischen, rechts- und sozialstaatlichen Ordnung sichern, zum Funktionsvorbehalt zu zählen.[622] Abzulehnen ist jedoch eine von *Strauß* vorgesehene Beschränkung auf diesen „Kernbereich“,[623] die wie folgt begründet wird: Die politischen Einschätzungen könnten sich im Laufe der Zeit ändern und eine Stelle ihre ehemals vorhandene Bedeutung verlieren, weshalb eine Verbeamtung auf Lebenszeit nicht sachgerecht sei. Die Bedeutsamkeit einer Aufgabe könne nur für den Staat in seiner konkreten politischen Situation, nicht abstrakt für den Staat an sich, bestimmt werden.

Diese Argumentation vermag nicht zu überzeugen. Auch im Bereich der grundrechtsrelevanten Tätigkeiten besteht keine Garantie dafür, dass diese über Jahre hinweg erhalten bleiben. So könnte etwa ein signifikanter Rückgang von Gefangenenzahlen dazu führen, dass weitaus weniger Dienstposten mit hoheitsrechtlichen Befugnissen im Vollzug notwendig sind. Der Funktionsvorbehalt trägt dieser zeitlichen Komponente ausreichend Rechnung. Lediglich die *ständige* Ausübung hoheitsrechtlicher Befugnisse ist Beamten zu übertragen. Falls eine Befristung also absehbar ist,[624] wird eine Tätigkeit nicht vom Funktionsvorbehalt erfasst, anderenfalls fällt sie darunter. Die lebenslange Verbeamtung ist dabei der Preis für eine bestmögliche Aufgabenerfüllung.

Dienstposten mit besonderer Bedeutung im staatlichen Gefüge sind regelmäßig nicht bereits aufgrund ihrer Grundrechtsrelevanz vom Funktionsvorbehalt er-

---

620 Siehe 2. Kapitel, A., I., 4), b), bb), (4), (b).

621 *Jachmann*, in: v. Mangoldt/Klein/Starck (GG), Art. 33 Rn. 34; *Jachmann/Strauß*, ZBR 1999, 289 (293); *Schimpfhauser*, Das Gewaltmonopol des Staates, 93 f.

622 *Strauß*, Funktionsvorbehalt und Berufsbeamtentum, 113.

623 *Strauß*, Funktionsvorbehalt und Berufsbeamtentum, 113 f.

624 Siehe dazu 2. Kapitel, A., I., 4), c), aa), (1).

fasst, da sie nicht die Unmittelbarkeit zum Bürger[625] aufweisen, die erforderlich ist, um eine solche zu entfalten. Würde man alleine auf die Grundrechtsrelevanz einer Tätigkeit abstellen, wären zwar die mit der Ausführung verknüpften Dienstposten mit Beamten zu besetzen, nicht erfasst wären jedoch diejenigen, die Leit- und Grundsatzentscheidungen in der Verwaltung treffen. Eine neutrale und rechtsstaatliche Aufgabenerfüllung ist jedoch auch und gerade hier erforderlich. Darüber hinaus ist die kontinuierliche Wahrnehmung der Aufgaben von besonderer Relevanz. Der Einsatz von Beamten soll die Verwaltung im Fall eines politischen Umbruchs stützen und stabilisieren. Diese Funktion kann jedoch nur erfüllt werden, wenn neben den Ausführenden auch die Entscheidungsträger erfasst werden. Nur dadurch wird die vollständige Durchdringung des Verwaltungsapparates mit Beamten garantiert.

(hh) Hilfs-, künstlerische und rein mechanische Tätigkeiten

Einfache, untergeordnete Hilfstätigkeiten und rein technisch-mechanische Verrichtungen, die eine eigene Entscheidungsverantwortung in lediglich höchstens unerheblichem Umfang erfordern, zählen in Einklang mit der herrschenden Meinung[626], ebenso wie rein künstlerische Tätigkeiten[627], in der Regel nicht zum Funktionsvorbehalt. Teilweise werden solche Aufgaben unter dem Schlagwort „Prinzip der Entscheidungsferne" zusammengefasst.[628] Zu den einfachen Tätigkeiten zählen beispielsweise Büroarbeiten, Schreibdienste, Instandsetzungsarbeiten, Fernsprechvermittlungsdienste, Hausmeisterarbeiten, Botengänge, Kraftfahrertätigkeiten, die Wartung und Reparatur technischer Geräte und andere me-

625 Entweder direkt durch eine Handlung oder mittelbarer durch Vorbereitung oder Zuarbeitung.

626 *Kunig*, in: v. Münch/Kunig (GG II), Art. 33 Rn. 49; *Maunz*, in: Maunz/Dürig (GG), Art. 33 Rn. 36; *Jachmann*, in: v. Mangoldt/Klein/Starck (GG), Art. 33 Rn. 36; *Jachmann/Strauß*, ZBR 1999, 289 (294); *Strauß*, Funktionsvorbehalt und Berufsbeamtentum, 111; *Isensee*, in: HdbVerfR II, § 32 Rn. 56; *Winterhoff*, FS Starck, 463 (469); *Otto*, ZBR 1956, 233(237 f.); *Loschelder*, ZBR 1977, 265 (271); *Warbeck*, RiA 1998, 22 (24); *Badura*, ZBR 1996, 321 (326); *Becker*, Gemeinschaftsrecht und Berufsbeamtentum, 142; *Benndorf*, DVBl. 1981, 23 (24); *Lecheler*, Verfassungspflicht bei der Erfüllung staatlicher Daueraufgaben, 8; *Dörr*, ZTR 1991, 182 (187); *Haug*, NVwZ 1999, 816 (818); *Remmert*, Private Dienstleistungen in Verwaltungsverfahren, 355; *Waechter*, NZV 1997, 329 (333).

627 *Kunig*, in: v. Münch/Kunig (GG II), Art. 33 Rn. 49; *Jachmann*, in: v. Mangoldt/Klein/Starck (GG), Art. 33 Rn. 34; *Jachmann/Strauß*, ZBR 1999, 289 (294); *Strauß*, Funktionsvorbehalt und Berufsbeamtentum, 111; *Warbeck*, RiA 1998, 22 (24); *Dörr*, ZTR 1991, 182 (187); *Remmert*, Private Dienstleistungen in Verwaltungsverfahren, 355.

628 *Leisner*, in: Leisner (Hrsg.), Das Berufsbeamtentum im demokratischen Staat, 121 (133); *Strauß*, Funktionsvorbehalt und Berufsbeamtentum, 110 f.

chanische Verrichtungen.[629] Zu den künstlerischen Tätigkeiten gehören etwa die des Orchestermusikers, Dirigenten und Schauspielers.[630] Auch reine „Dienst- und Serviceleistungen“ (z.B. im Bereich der Reinigung, Wäscherei, Küche und des Einkaufs) zählen nicht zu der Ausübung von hoheitsrechtlichen Befugnissen.[631] Bezogen auf den Strafvollzug werden darunter beispielsweise das Gebäudemanagement, die Versorgung und objektbezogene Überwachung gezählt.[632] Der Ausschluss von Hilfs-, künstlerischen und rein mechanischen Tätigkeiten hat jedoch im Grunde lediglich klarstellenden Charakter und ergibt sich aus den oben aufgestellten Kriterien. Sie haben in der Regel weder Grundrechtsrelevanz noch besondere Bedeutung im staatlichen Aufgabengefüge.

Deshalb darf das Kriterium der Hilfstätigkeiten auch nicht dahingehend missverstanden werden, dass damit alle Tätigkeiten von unselbstständigen Verwaltungshelfern nicht unter den Funktionsvorbehalt fallen.[633] Es wäre beispielsweise möglich, Dienstposten zu schaffen, die nur dazu dienen, gewalttätiger Gefangener habhaft zu werden und diese zu fixieren. Wenn die entsprechenden Personen ohne eigene Entscheidungsbefugnis und nur auf Weisung eines Beamten tätig würden, wäre ein Einsatz von unselbstständigen Verwaltungshelfern denkbar. Obwohl ihr Handeln der jeweiligen Behörde zugerechnet wird, würden sie dennoch im grundrechtsrelevanten Bereich handeln. Auf die rechtliche Zurechnung kann es hier nicht ankommen.

Ausnahmen vom Erfordernis der Grundrechtsrelevanz bestehen auch nicht, falls Entscheidungsträger ohne Wartung von technischen Geräten ihre Arbeit nicht wahrnehmen können und Fachleute deshalb durch einen Streik oder eine sonstige Arbeitsniederlegung die Verwaltung lahmlegen könnten.[634] Nahezu jede Bedienstetengruppe könnte bei einem entsprechenden Verhalten die Verwaltung

---

629 *Maunz*, in: Maunz/Dürig (GG), Art. 33 Rn. 36; *Becker*, Gemeinschaftsrecht und Berufsbeamtentum, 142; *Benndorf*, DVBl. 1981, 23 (24); *Warbeck*, RiA 1998, 22 (24); *Loschelder*, ZBR 1977, 265 (271); *Strauß*, Funktionsvorbehalt und Berufsbeamtentum, 111; *Dörr*, ZTR 1991, 182 (187); *Haug*, NVwZ 1999, 816 (818); *Isensee*, in: HdbVerfR II, § 32 Rn. 56; *Remmert*, Private Dienstleistungen in Verwaltungsverfahren, 355.

630 *Jachmann*, in: v. Mangoldt/Klein/Starck (GG), Art. 33 Rn. 34; *Warbeck*, RiA 1998, 22 (24); *Strauß*, Funktionsvorbehalt und Berufsbeamtentum, 111.

631 *Gusy*, in: Stober (Hrsg.), Privatisierung im Strafvollzug?, 5 (18); *Gusy/Lührmann*, StV 2001, 46 (49); *Meyer*, BewHi 2004, 272 (277); Arbeitsbericht „Modellprojekt“, 21; *Wagner*, ZRP 2000, 169 (171); *Arloth*, JuS 2003, 1041 (1043); *Sandmann*, in: Preusker/Maelicke/Flügge (Hrsg.), Das Gefängnis als Risikounternehmen, 259 (260).

632 *Meyer*, BewHi 2004, 272 (277).

633 A. A. wohl *Strauß*, Funktionsvorbehalt und Berufsbeamtentum, 110 f., der darauf abstellt, ob eine „Tätigkeit nur daraus besteht, Weisungen durchzuführen“.

634 So jedoch *Loschelder*, ZBR 1977, 265 (271), der die Dienstposten dieser Gruppen deshalb unter den Funktionsvorbehalt fasst.

lähmen oder doch erheblich stören. Man denke etwa an eine Arbeitsniederlegung von Sekretärinnen oder einer Abschaltung einer Heizanlage durch den Hausmeisterdienst im Winter. Das kann jedoch keine Verbeamtungspflicht auslösen. Abzustellen ist allein auf die regulär vorgesehene Grundrechtsrelevanz und Bedeutung einer Tätigkeit. Eine solche liegt bei einfachen Hilfstätigkeiten nicht vor.

(ii) Fiskalische Tätigkeiten

Auch die reine Fiskalverwaltung, also fiskalische Hilfsgeschäfte und erwerbswirtschaftliche Tätigkeiten des Staats, zählen grundsätzlich nicht zum Funktionsvorbehalt. In diesem Bereich begibt sich der Staat auf eine Stufe mit seinen Bürgern und nimmt – mit den gleichen rechtlichen Möglichkeiten wie sie – am Rechtsverkehr teil.[635] Dies ist, wenn meist auch ohne Begründung, das Resultat nahezu aller dargestellten Ansichten.[636] Der Ausschluss der Fiskalverwaltung aus dem Funktionsvorbehalt wird beinahe ebenso einhellig angenommen wie der Einschluss der Eingriffsverwaltung.

Eine Ausnahme hiervon wird für zwei Konstellationen in Betracht gezogen:[637] zum einen für die Fälle, in denen sich durch den Abschluss privatrechtlicher Verträge gewichtige Entscheidungsfolgen ergeben. Deshalb müsse jede Stelle der Fiskalverwaltung, die einen erheblichen Entscheidungsspielraum über den Einzelfall hinaus innehat, dem Funktionsvorbehalt unterfallen.[638] Zum anderen, wenn die Verwaltung dem Bürger bei einer erwerbswirtschaftlichen Tätigkeit oder einem fiskalischen Hilfsgeschäft als übermächtiger oder alleiniger Auftraggeber gegenübersteht und dadurch ein faktisches Subordinationsverhältnis schafft. In solchen Situationen sei der Bürger ebenfalls auf die besondere Qualifikation von Beamten angewiesen.[639]

---

635 *Haug*, NVwZ 1999, 816 (818); *Warbeck*, RiA 1998, 22 (25); *Isensee*, in: HdbVerfR II, § 32 Rn. 56.

636 *Kunig*, in: v. Münch/Kunig (GG II), Art. 33 Rn. 49; *Maunz*, in: Maunz/Dürig (GG), Art. 33 Rn. 37; *Isensee*, in: HdbVerfR II, § 32 Rn. 56; *Warbeck*, RiA 1998, 22 (25); *Winterhoff*, FS Starck, 463 (468); *Strauß*, Funktionsvorbehalt und Berufsbeamtentum, 62; *Leisner*, Legitimation des Berufsbeamtentums, 54; *Haug*, NVwZ 1999, 816 (818); *Loschelder*, ZBR 1977, 265 (270); *Landau*, Tagungsbericht 27. Triberger Symposium, 30 (36); *Lehnguth*, ZBR 1991, 266 (269); *Lerche*, Verbeamtung als Verfassungsauftrag?, 23.

637 *Jachmann*, in: v. Mangoldt/Klein/Starck (GG), Art. 33 Rn. 35; *Jachmann/Strauß*, ZBR 1999, 289 (294); *Kirchhof*, Der Begriff der hoheitsrechtlichen Befugnisse, 127; *Huber*, DV 1996, 437 (446 ff.).

638 *Kirchhof*, Der Begriff der hoheitsrechtlichen Befugnisse, 127; *Huber*, DV 1996, 437 (446 ff.).

639 *Jachmann*, in: v. Mangoldt/Klein/Starck (GG), Art. 33 Rn. 35; *Jachmann/Strauß*, ZBR 1999, 289 (294).

Es wurde bereits im Zuge der Wortlautauslegung[640] festgestellt, dass das Vorliegen eines Subordinationsverhältnisses Grundvoraussetzung für die Annahme der Ausübung hoheitlicher Befugnisse ist. Dabei wurde ebenso herausgearbeitet, dass die grammatische Auslegung zwar nicht maßgeblich entscheidend ist, jedoch die Grenze der sonstigen Auslegungsmethoden festsetzt. Jede Interpretation ist nur zulässig, solange sie die Wortlautgrenze beachtet. Nun stellt sich die Frage, ob die Annahme eines *faktischen* Subordinationsverhältnisses, bei eigentlicher rechtlicher Gleichstellung, diese Grenze verletzt. Im Bereich der Fiskalverwaltung ist der Bürger der Verwaltung prinzipiell nicht in vergleichbarer Weise ausgeliefert wie in der Eingriffs- oder Leistungsverwaltung. Die Rechtsbeziehung wird hier nicht einseitig durch den Staat ausgestaltet, sondern ist in der Regel das Ergebnis gleichberechtigter Verhandlungen. Der Staat bewegt sich auf einer Ebene der rechtlichen Gleichordnung. Er unterscheidet sich jedoch durch eine finanzielle Übermacht, die er im Vergleich zu jeder natürlichen und juristischen Person hat, von den Bürgern.[641] Wenn der Staat in Ausnutzung dieser Überlegenheit beispielsweise erwerbswirtschaftlich tätig wird und dabei einen Verdrängungswettbewerb betreibt, entgegen den Gesetzen des Marktes handelt oder ein Monopol errichtet, kann dies für private Mitbewerber ebenso einen Eingriff in Art. 12 GG bedeuten, wie sonstiges staatliches Handeln.[642] Eine vergleichbare Situation kann sich in Ausnahmefällen auch im Bereich der fiskalischen Hilfsgeschäfte ergeben. Dies kommt insbesondere dann in Betracht, wenn der Staat der einzige in Frage kommende Auftraggeber ist – etwa im Bereich der Rüstungsindustrie – und der Vertragspartner ihm deshalb faktisch ausgeliefert ist.[643] Die durch Beamte garantierte Stetigkeit, Neutralität und Rechtsstaatlichkeit ist in einer solchen Situation für den Bürger ebenso wichtig wie in den anderen Verwaltungsbereichen,[644] weshalb ein faktisches Subordinationsverhältnis innerhalb der Wortlautgrenze angenommen werden kann. Jedoch führt auch ein Vorliegen dieser Sonderfälle nicht zu einer flächendeckenden Verbeamtungspflicht.[645] An den oben aufgestellten Kriterien der Grundrechtsrelevanz des Handelns[646] und der besonderen Bedeutung im staatlichen Gefüge[647] ist auch in die-

640 Siehe 2. Kapitel, A., I., 4), b), bb), (1).

641 *Strauß*, Funktionsvorbehalt und Berufsbeamtentum, 129 f.; *Huber*, DV 1996, 437 (447).

642 *Strauß*, Funktionsvorbehalt und Berufsbeamtentum, 129ff., der die Ausübung hoheitsrechtlicher Befugnisse dann dennoch wegen der „Inadäquanz des Beamtenverhältnisses für die erwerbswirtschaftliche Betätigung" ablehnt; *Huber*, DV 1996, 437 (447).

643 *Strauß*, Funktionsvorbehalt und Berufsbeamtentum, 132.

644 *Jachmann/Strauß*, ZBR 1999, 289 (294).

645 *Huber*, DV 1996, 437 (448).

646 Siehe 2. Kapitel, A., I., 4), b), bb), (4), (c), (ff).

647 Siehe 2. Kapitel, A., I., 4), b), bb), (4), (c), (gg).

sen Fällen festzuhalten. Lediglich Dienstposten, die eine solche Tätigkeit beinhalten, sind grundsätzlich mit einem Beamten zu besetzen. Abgesehen von diesen Ausnahmebereichen, die zudem keine Relevanz für den Strafvollzug besitzen, bleibt das Ergebnis, dass fiskalische Tätigkeiten nicht zu der Ausübung hoheitsrechtlicher Befugnisse zählen, jedoch bestehen.

(jj) Notwendiger Anteil der Ausübung hoheitlicher Befugnisse am Gesamtumfang des Dienstpostens

Nachdem der Umfang des Begriffes der „hoheitsrechtlichen Befugnisse" geklärt ist, bleibt die Frage, welchen Anteil die Ausübung derselben am Gesamtumfang der Tätigkeitsbereiche eines Dienstpostens haben muss, damit dieser mit einem Beamten zu besetzen ist. Dienstposten, die ausschließlich die Ausübung hoheitsrechtlicher Befugnisse beinhalten, wird es in der Realität kaum geben. Vielmehr ist die gemischte Ausübung hoheitlicher und nichthoheitlicher Aufgaben die Regel. Teilweise werden diese als „gemischte Funktionen" bezeichnet.[648] Vielfach wird vertreten, dass eine ausschließliche hoheitliche Tätigkeit innerhalb eines Dienstposten zwar nicht notwendig sei, ein solcher jedoch nicht in den Funktionsbereich fallen soll, wenn die Ausübung hoheitsrechtlicher Befugnisse zwar vorkommt oder vorkommen kann, jedoch lediglich eine untergeordnete Rolle spielt[649] bzw. den Dienstposten nicht prägt.[650] Dem kann jedoch nicht gefolgt werden.

Eine Einstufung anhand eines festgesetzten Prozentsatzes hoheitlicher Tätigkeiten wäre ohnehin eher willkürlich. Zudem kann der Bürger nicht erkennen, und im Zweifel ist es für ihn auch nicht relevant, welche Tätigkeiten der Amtswalter ansonsten wahrnimmt.[651] Entscheidend für ihn ist allein, dass die Ausübung hoheitlicher Befugnisse, abgesichert durch einen Einsatz qualifizierter Personen, ihm gegenüber ordnungsgemäß erfolgt. Gäbe es eine Regelung, nach der eine Schreibkraft eines Gefängnisses bei Aufständen zu bewaffnen wäre und gegen die Gefangenen vorzugehen hätte, so würde der jeweilige Bedienstete in solchen Momenten hoheitsrechtliche Befugnisse wahrnehmen. Davon „geprägt" wäre sein Dienstposten jedoch nicht. Derjenige, gegen den vorgegangen wird, hat das gleiche Anrecht darauf, dass dies nur durch eine besonders qualifizierte Person geschieht, wie jeder andere. Wenn die Ausübung hoheitlicher Befugnisse in irgendeiner Form zu einem Dienstposten zählt, unterfällt dieser deshalb

648 *Jachmann/Strauß*, ZBR 1999, 289 (294).

649 *Quidde*, ZBR 1958, 229 (233); *Barisch*, Die Privatisierung im deutschen Strafvollzug, 124.

650 BVerfG, DVBl. 2007, 1359 (1362); *Becker*, Gemeinschaftsrecht und Berufsbeamtentum, 190. Wohl auch *Waechter*, NZV 1997, 329 (332).

651 *Loschelder*, ZBR 1977, 265 (271); *Jachmann/Strauß*, ZBR 1999, 289 (294).

grundsätzlich der Verbeamtungspflicht.[652] Die Wahrnehmung nichthoheitlicher Tätigkeiten durch Beamte ist dabei unproblematisch, da es sich bei Art. 33 IV GG, wie bereits festgestellt, um einen Funktionsvorbehalt, nicht um eine Funktionssperre handelt.[653]

Der Anteil der hoheitsrechtlichen Aufgaben am Gesamtbild des Dienstpostens bleibt jedoch nicht gänzlich unberücksichtigt. So hat sich auch das Bundesverfassungsgericht zu der Problematik dahingehend geäußert, dass Lehrer als Angestellte eingestellt werden können, da sie nicht schwerpunktmäßig hoheitlich geprägte Aufgaben wahrnehmen.[654] Eine dogmatische Begründung blieb das Gericht jedoch schuldig. Sinnvoll betrachtet werden kann der Anteil der hoheitsrechtlichen Befugnisse aber nicht bereits unter der prinzipiellen Zuordnung eines Dienstpostens zum Funktionsvorbehalt. Er kann erst im Rahmen von dessen Ausnahmeregelungen[655] diskutiert werden.[656]

cc) Ergebnis der Auslegung und damit Begriffsbestimmung der hoheitsrechtlichen Befugnisse

Die durchgeführte Betrachtung hat gezeigt, dass weder der gesamte Verwaltungszweig noch der einzelne Dienstposten, sondern vielmehr die jeweilige konkrete Tätigkeit auf die Ausübung hoheitsrechtlicher Befugnisse zu untersuchen ist. Falls ein Dienstposten auch nur *eine* Tätigkeit enthält, die als Ausübung hoheitsrechtlicher Befugnisse zu klassifizieren ist, so ist er grundsätzlich mit einem Beamten zu besetzen. Zur Ausübung hoheitsrechtlicher Befugnisse zählt jedenfalls jedes Verwaltungshandeln, bei dem in Grundrechte des Bürgers eingegriffen wird, also die sogenannte Eingriffsverwaltung. Darin enthalten ist jede Ausübung des staatlichen Gewaltmonopols.[657] Nicht zum Funktionsvorbehalt zählt dagegen prinzipiell die Ausübung von Tätigkeiten der Fiskalverwaltung, was sich bereits aus dem Wortlaut des Art. 33 IV GG ergibt. Dieser fordert das Vorliegen eines Subordinationsverhältnisses als Mindestvoraussetzung für die Annahme der Ausübung hoheitsrechtlicher Befugnisse. Dieses ist in rechtlicher

---

652 So auch *Masing*, in: Dreier (GG II), Art. 33 Rn. 67; *Loschelder*, ZBR 1977, 265 (271). Das Kriterium der „Prägung" ebenfalls ablehnend: BVerfG, NJW 2012, 1563 (1565).

653 Siehe 2. Kapitel, A., I., 4), b), bb), (4), (c), (aa).

654 BVerfG, DVBl. 2007, 1359 (1361).

655 Siehe 2. Kapitel, A., I., 4), c).

656 So auch: BVerfG, NJW 2012, 1563 (1565); *Jachmann*, in: v. Mangoldt/Klein/Starck (GG), Art. 33 Rn. 36; *Masing*, in: Dreier (GG II), Art. 33 Rn. 67; *Gusy*, JZ 2006, 651 (656); *Gusy/Lührmann*, StV 2001, 46 (49); *Gusy*, in: Stober (Hrsg.), Privatisierung im Strafvollzug?, 5 (18); *Jung*, Die Zweispurigkeit des öffentlichen Dienstes, 125.

657 *Oehlerking*, Auslagerung von Funktionen der Justiz, 35; *Di Fabio*, JZ 1999, 585 (591 f.).

Hinsicht zu verstehen. Ein faktisches Subordinationsverhältnis, etwa durch die finanzielle Übermacht des Staates gegenüber den Bürgern, reicht grundsätzlich nicht aus. Höchst umstritten ist dagegen jedoch die Einbeziehung der Leistungsverwaltung. Während die Entstehungsgeschichte eindeutig gegen eine solche spricht, liefert die systematische Betrachtung keine relevanten Hinweise auf den diesbezüglichen Umfang der hoheitsrechtlichen Befugnisse. Die genetische Auslegung ist jedoch von untergeordneter Bedeutung. Durch eine Auslegung soll der objektivierte, nicht der subjektive Wille des Verfassungsgesetzgebers ermittelt werden. Die Entstehungsgeschichte wird hauptsächlich herangezogen, um andere Auslegungsmethoden zu bestätigen[658] oder falls diese zu keinem eindeutigen Ergebnis führen. Je länger die Willensbildung des Gesetzgebers zurückliegt, desto weniger Bedeutung ist der genetischen Auslegung beizumessen.[659] Entscheidend ist deshalb die Frage nach dem Sinn und Zweck der Norm. Nach diesem soll der Funktionsvorbehalt in erster Linie den Bürger sowie den Rechtsstaat an sich schützen. Der Rückschluss vom Wesen der vom Grundgesetz für die Wahrnehmung hoheitsrechtlicher Befugnisse vorgesehenen Beamten gibt Aufschluss über deren Inhalt. Lediglich solche Aufgaben, die die grundgesetzlich vorgesehene Stetigkeit, Rechtsstaatlichkeit und Neutralität eines Berufsbeamten erfordern, können dem Funktionsvorbehalt unterfallen. Die pauschale Ein- oder Ausklammerung der Leistungsverwaltung würde dabei den Ansprüchen des Funktionsgehaltes nicht genügen. Vielmehr muss geprüft werden, ob eine konkrete Tätigkeit diese Eigenschaften erfordert. Entscheidendes Kriterium ist dabei, unabhängig von Rechtsform, Bürgerkontakt und Vorliegen eines Subordinationsverhältnisses, vornehmlich die Grundrechtsrelevanz des Handelns. Dies entspricht einem modernen Staatsverständnis, wonach bestimmte Tätigkeiten der Leistungsverwaltung für den Bürger größere Bedeutung haben können als eingreifende Akte. Ausschlaggebend für die Grundrechtsrelevanz ist die Intensität, mit der auf den Grundrechtskreis des Bürgers eingewirkt wird. Diese bestimmt sich hauptsächlich anhand des Grades, der Dauer, Reversibilität und der Mitgestaltungsmöglichkeit des Bürgers an einer Maßnahme. Daneben ist die Bedeutung der Aufgabe im staatlichen Gesamtgefüge von besonderer Relevanz. Auch die Entscheidungsträger in den Ministerien sind deshalb zu verbeamten. Aufgrund dieser Kriterien scheiden rein mechanische sowie Hilfs- und künstlerische Tätigkeiten aus dem Funktionsvorbehalt aus. Bei der Entscheidung, ob ein bestimmter Dienstposten aufgrund des Funktionsvorbehaltes mit einem Beamten

658 BVerfGE 1, 299 (312), sinngemäß st. Rspr., beispielsweise BVerfGE 62, 1 (45) m. w. N.

659 *Becker*, Gemeinschaftsrecht und Berufsbeamtentum, 171 f.; mit dem BGH gesprochen: „(…) denn es ist nicht toter Buchstabe, sondern lebendig sich entwickelnder Geist, der mit den Lebensverhältnissen fortschreiten und ihnen sinnvoll angepasst weitergelten will, solange dies nicht die Form sprengt, in die er gegossen ist“, BGHSt 10, 157 (160).

zu besetzen ist, ist lediglich relevant, ob dieser die Ausübung hoheitsrechtlicher Befugnisse in irgendeiner Form beinhaltet. Es ist nicht notwendig, dass diese einen überwiegenden Anteil an der Stelle aufweisen oder diese gar prägen. Beachtlich wird dies erst im Rahmen der Ausnahmetatbestände der Art. 33 IV GG.

dd) Die Ausübung hoheitsrechtlicher Befugnisse im Strafvollzug

(1) Tätigkeiten mit Grundrechtsrelevanz

Es besteht eine besonders enge Bindung der Strafgefangenen an den Staat. Der gesamte Tagesablauf und alle wesentlichen Bereiche der Lebensführung der Gefangenen werden durch staatliche Zwänge bestimmt.[660] Sie befinden sich in einem besonderen Gewaltverhältnis, in dem ihre Grundrechte dauerhaft eingeschränkt sind.[661] Klassische Eingriffe prägen zudem den Strafvollzug geradezu: Strafgefangene dürfen sich nur eingeschränkt frei bewegen. Der Besuchsempfang, die Kleidungswahl sowie die Medien- und Kommunikationsmittelnutzung sind stark eingeschränkt. Zudem sind Strafgefangene dauerhafter Bewachung, Beobachtung, regelmäßigen Kontrollen und Durchsuchungen sowie möglichen Sanktionen ausgesetzt. Über die Zulassung zu Arbeitsplätzen, Ausbildungs-, Freizeit-, Weiterbildungs- und Beratungsmaßnahmen, Therapien und deren Durchführung entscheidet die Verwaltung. Zudem hat das Bundesverfassungsgericht aus dem auf Art. 2 I i. V. m. Art. 1 I GG gestützten allgemeinen Persönlichkeitsrecht einen grundrechtlichen Resozialisierungsanspruch der Gefangenen hergeleitet, der bei allen ihnen gegenüber getätigten Maßnahmen beachtet werden muss.[662] Ziel einer jeden Maßnahme gegenüber einem Gefangenen muss es demnach sein, diesen wieder in die Gesellschaft einzugliedern. Allein durch diese Vorgabe hat nahezu jede im Strafvollzug durchgeführte Handlung Grundrechtsrelevanz.[663] Der Verwaltungsbereich weist damit eine relativ hohe Dichte von Tätigkeiten auf, die einen Grundrechtseingriff beinhalten oder der grundrechtswesentlichen Leistungsverwaltung zuzuordnen sind. Das Ausmaß der Ein-

---

660 BVerfGE 98, 169 (200); *Calliess/Müller-Dietz* (StVollzG), § 155 Rn. 4; *Winterhoff*, FS Starck, 463 (467); *Hoffmann-Riem*, JZ 1999, 421 (428).

661 *Gusy*, JZ 2006, 651 (656); *Lange*, DÖV 2001, 898 (902); *Gramm*, VerwArch 1999, 329 (343); *Strauß*, Funktionsvorbehalt und Berufsbeamtentum, 222; *Hoffmann-Riem*, JZ 1999, 421 (428).

662 BVerfGE 35, 202 (236); 45, 187 (239); 98, 169 (200). Dem folgend: *Mösinger*, BayVBl. 2007, 417 (424); *Meyer*, BewHi 2004, 272 (276); *Lange*, DÖV 2001, 898 (902); *Arloth*, JuS 2003, 1041 (1044); *Gusy/Lührmann*, StV 2001, 46 (51).

663 *Calliess/Müller-Dietz* (StVollzG), § 155 Rn. 5; *Meyer*, BewHi 2004, 272 (276). Lediglich auf den Behandlungsvollzug Bezug nehmend: *Barisch*, Die Privatisierung im deutschen Strafvollzug, 123.

wirkung auf den Rechtskreis der Gefangenen ist dabei oftmals außergewöhnlich hoch. Zudem wird die Wirkung der einzelnen Maßnahmen durch die ohnehin dauerhafte Eingriffssituation im bestehenden Freiheitsentzug verstärkt. Mit jeder Handlung von Vollzugsbediensteten realisiert sich der Zwangscharakter des zugrunde liegenden Gewaltverhältnisses.[664]

Wie bereits festgestellt führt dies jedoch nicht dazu, dass jede Stelle im Strafvollzug mit einem Beamten besetzt werden muss. Erforderlich ist eine Betrachtung jedes einzelnen Dienstpostens und der mit ihm verbundenen Tätigkeiten. Es zeigt sich lediglich, dass relativ viele der im Justizvollzug notwendigen Handlungen die Ausübung hoheitsrechtlicher Befugnisse beinhalten.

(a) Allgemeiner Vollzugsdienst

Die zahlenmäßig größte Personengruppe[665] im Strafvollzug, der allgemeine Vollzugsdienst, nimmt eine Vielzahl von Tätigkeiten[666] mit Grundrechtsrelevanz wahr. Allein zu den traditionellen Grundrechtseingriffen zählt jede Freiheitsbeschränkung,[667] die Aufrechterhaltung von Sicherheit und Ordnung im Vollzug sowie die Anwendung des damit verbundenen unmittelbaren Zwangs,[668] die Überwachung des Besucher-, Post- und Fernmeldeverkehrs,[669] die Anordnung und Durchführung von Disziplinarmaßnahmen,[670] sicherheitsrelevante Gefangenentransporte sowie Außen- und Türkontrollen[671]. Zudem sind sämtliche kontrollierenden und bewachenden Tätigkeiten zu nennen.[672]

---

664 *Mösinger*, BayVBl. 2007, 417 (426); *Burgi*, in: Stober (Hrsg.), Privatisierung im Strafvollzug?, 43 (48).

665 *Laubenthal*, Strafvollzug, Rn. 271.

666 Nr. 12 II DSVollz; *Schimpfhauser*, Das Gewaltmonopol des Staates, 170 f.; *Laubenthal*, Strafvollzug, Rn. 271. Dort findet sich auch eine detaillierte Auflistung der Tätigkeiten.

667 *Gusy/Lührmann*, StV 2001, 46 (49); *Mösinger*, BayVBl. 2007, 417 (424); *Schimpfhauser*, Das Gewaltmonopol des Staates, 171, 180 ff.; *Barisch*, Die Privatisierung im deutschen Strafvollzug, 123.

668 *Arloth*, JuS 2003, 1041 (1042); *Gramm*, VerwArch 1999, 329 (343); *Schimpfhauser*, Das Gewaltmonopol des Staates, 171, 180 ff.; *Strauß*, Funktionsvorbehalt und Berufsbeamtentum, 221; Arbeitsbericht „Modellprojekt", 37 f.; *Barisch*, Die Privatisierung im deutschen Strafvollzug, 123.

669 *Schimpfhauser*, Das Gewaltmonopol des Staates, 171, 182 f.; Arbeitsbericht „Modellprojekt", 38.

670 *Arloth*, JuS 2003, 1041 (1042); *Schimpfhauser*, Das Gewaltmonopol des Staates, 171; Arbeitsbericht „Modellprojekt", 37 f.; *Barisch*, Die Privatisierung im deutschen Strafvollzug, 123.

671 *Gusy*, JZ 2006, 651 (656 f.).

672 *Mösinger*, BayVBl. 2007, 417 (424); *Lange*, DÖV 2001, 898 (902); *Gramm*, VerwArch 1999, 329 (343); *Schimpfhauser*, Das Gewaltmonopol des Staates, 170 f. Beispielsweise die Durchsuchung von Gefangenen: Arbeitsbericht „Modellprojekt", 37.

Darüber hinaus sind die Angehörigen des allgemeinen Vollzugsdienstes jedoch auch für die Betreuung, Versorgung und Behandlung der Gefangenen zuständig.[673] Das Konzept, wonach es auf reine Bewachungsfunktionen beschränkte Bedienstete gibt, gilt als überholt. Vielmehr ist davon auszugehen, dass die Personen, die ständig in unmittelbarem Kontakt mit den Gefangenen stehen, großen Einfluss auf die Behandlung haben.[674] Auch der Behandlungsvollzug, sofern er überhaupt vollständig vom Eingriffsbereich getrennt werden kann, zählt teilweise zur Ausübung der hoheitsrechtlichen Befugnisse, da er grundrechtswesentliche Leistungen beinhaltet.[675]

Rein objektbezogene Sicherungsmaßnahmen[676], Fahrdienste ohne Gefangenenkontakt[677] und die Begleitung von Besuchern[678] weisen dagegen beispielsweise keine Grundrechtsrelevanz auf.

Die Aufgaben eines Bediensteten des allgemeinen Vollzugsdienstes sind jedoch nicht etwa auf einzelne der genannten Tätigkeiten beschränkt, sondern von Generalität geprägt.[679] Es handelt sich deshalb um sogenannte gemischte Funktionen. Die einzelnen Dienstposten enthalten folglich allesamt zumindest teilweise Tätigkeiten, die zur Ausübung hoheitsrechtlicher Befugnisse zählen, und sind deshalb mit Beamten zu besetzen. Um Arbeitsplätze aus diesem Gebiet prinzipiell aus dem Anwendungsbereich des Funktionsvorbehalts auszuklammern, bliebe allein die Möglichkeit, gesonderte Posten für die nichthoheitlichen Tätigkeiten, wie etwa objektbezogene Kontrollen, zu schaffen.

(b) Sozialstab

Zum Sozialstab zählen Dienstposten besonderer Fachrichtungen, die vorrangig mit der Betreuung und Behandlung der Gefangenen betraut sind[680], wie die des ärztlichen Diensts, der Pädagogen, Psychologen, Seelsorger, Sozialarbeiter und Arbeitstherapeuten.[681] Auch deren betreuende und behandelnde Tätigkeiten fallen als grundrechtswesentliche Leistungen, sofern sie überhaupt vollständig vom

---

673 Nr. 12 I DSVollz; *Laubenthal*, Strafvollzug, Rn. 272; *Schimpfhauser*, Das Gewaltmonopol des Staates, 170 f.

674 So bereits der Gesetzentwurf der Bundesregierung vom 23. 7. 1973, BT-Drs 7/918, 96 zu § 142.

675 *Calliess/Müller-Dietz* (StVollzG), § 155 Rn. 3; *Arloth*, in: Arloth (StVollzG), § 155 StVollzG Rn. 2; *Gusy/Lührmann*, StV 2001, 46 (49); *Gusy*, in: Stober (Hrsg.), Privatisierung im Strafvollzug?, 5 (19); *Arloth*, JuS 2003, 1041 (1042).

676 Arbeitsbericht „Modellprojekt", 37; *Barisch*, Die Privatisierung im deutschen Strafvollzug, 124.

677 Arbeitsbericht „Modellprojekt", 38.

678 Arbeitsbericht „Modellprojekt", 38.

679 *Laubenthal*, Strafvollzug, Rn. 271.

680 *Laubenthal*, Strafvollzug, Rn. 275; *Schimpfhauser*, Das Gewaltmonopol des Staates, 202 f.

681 *Laubenthal*, Strafvollzug, Rn. 275; *Schimpfhauser*, Das Gewaltmonopol des Staates, 202.

Eingriffsbereich getrennt werden können, weitestgehend unter den Funktionsvorbehalt.[682] Würde man den Gefangenen etwa die medizinische Versorgung, Aus- und Weiterbildungsmöglichkeiten, die psychologische Betreuung oder den Zugang zu Resozialisierungsmaßnahmen vorenthalten, könnte dies, in Anbetracht ihrer eingeschränkten Freiheit, weitaus stärkere Konsequenzen haben als staatliche Eingriffe. Insgesamt betrachtet sind die Gefangenen aufgrund ihrer allgemein regulierten und eingeschränkten Situation zur Erlangung nahezu jeder grundrechtswesentlichen Leistung auf die Unterstützung oder zumindest Erlaubnis des Vollzugspersonals angewiesen.[683] Zu den grundrechtsrelevanten, leistenden Tätigkeiten des Sozialstabs zählen beispielsweise die ärztliche Versorgung, die Arbeitstherapie, die Berufsausbildung, die schulische Fortbildung, die Drogen-, Ausländer-, Entlassungsvorbereitungs- und Schuldnerberatung.[684] Jedoch kommen auch die Bediensteten des Sozialstabs im Strafvollzug nicht vollständig ohne die Ausübung von Eingriffen aus. So sind die im Strafvollzug tätigen Ärzte im Zuge ihrer grundsätzlich leistenden Tätigkeit beispielsweise für die Überwachung der Gefangenen bei besonderen Sicherungsmaßnahmen, die Durchführung von Zwangsmaßnahmen im Bereich der Gesundheitsfürsorge und die Beaufsichtigung eines Arrestvollzuges zuständig.[685] Auch die Tätigkeit der Psychologen und Sozialarbeiter kann bei entsprechend negativen Prognosen zu unmittelbaren Eingriffen führen. Verstärkt wird der Wirkungsgrad dieser Befugnisse dadurch, dass die fachliche Kompetenz des Sozialstabes eine Fachaufsicht durch den Anstaltsleiter nur in beschränktem Umfang zulässt.[686] Eine Kontrolle der angeordneten Maßnahmen findet folglich nur begrenzt statt. Die Anleitung und Weisung von Gefangenen bei Arbeits-, Freizeit- oder Therapieaktivitäten ist damit zur Ausübung hoheitsrechtlicher Befugnisse zu zählen.[687] Aber auch im Bereich des Sozialstabs besteht die Möglichkeit, eigens Posten, die nur mit nichthoheitlichen Tätigkeiten befasst sind, zu schaffen und diese Privaten zu übertragen. Die ho-

682 *Calliess/Müller-Dietz* (StVollzG), § 155 Rn. 3; *Arloth*, in: Arloth (StVollzG), § 155 StVollzG Rn. 2; *Arloth*, JuS 2003, 1041 (1042); *Gusy/Lührmann*, StV 2001, 46 (49); *Gusy*, in: Stober (Hrsg.), Privatisierung im Strafvollzug?, 5 (19).

683 *Lange*, DÖV 2001, 898 (902); *Gusy*, JZ 2006, 651 (659).

684 A. A. Arbeitsbericht „Modellprojekt", 34 ff., der diese Tätigkeiten dem nichthoheitlichen Bereich zuordnet.

685 *Laubenthal*, Strafvollzug, Rn. 280; *Schimpfhauser*, Das Gewaltmonopol des Staates, 209.

686 *Laubenthal*, Strafvollzug, Rn. 277.

687 So auch *Gusy*, in: Stober (Hrsg.), Privatisierung im Strafvollzug?, 5 (19). A. A. Arbeitsbericht „Modellprojekt" und *Strauß*, die die berufliche (Weiter)bildung und die arbeitstherapeutische Beschäftigung nicht als grundrechtswesentlich und damit zur Ausübung hoheitsrechtlicher Tätigkeiten zählen: *Strauß*, Funktionsvorbehalt und Berufsbeamtentum, 221; Arbeitsbericht „Modellprojekt", 35.

heitlichen Befugnisse müssten sich demnach grundsätzlich bei den verbleibenden Beamten konzentrieren.

(c) Werkdienst

Die Mitarbeiter des Werkdienstes führen die Betriebe der Arbeitsverwaltung, bilden dort Gefangene aus und leiten sie bei ihren Tätigkeiten an. Dabei weisen sie den Gefangenen Arbeit, Materialien und Geräte zu, sammeln diese am Ende der Arbeitszeit ein, prüfen die geleistete und melden ungenügende Arbeit und sichern den Arbeitsschutz. Zudem überwachen und warten sie technische Anlagen.[688] Darüber hinaus sind sie allgemein an der Beurteilung und Beaufsichtigung der Straftäter sowie der Aufrechterhaltung der Sicherheit und Ordnung beteiligt.[689] Auch hier gilt, dass den Gefangenen aufgrund ihrer eingeschränkten Freiheit keinerlei andere Arbeitsmöglichkeiten offenstehen. Würde man ihnen diese vorenthalten oder nicht sachgerecht anbieten, könnte dies erhebliche Folgen für ihr Leben nach der Entlassung haben. Ein fehlender Ausbildungs- oder Berufsabschluss wird eine Wiedereingliederung in die Gesellschaft in der Regel erheblich erschweren. Zudem hat die Ausübung regelmäßiger Arbeit auch darüber hinaus Bedeutung für die Resozialisierung der Gefangenen, da sie ihnen eine geregelte Tagesstruktur vermitteln soll.[690] Die Zulassung zu einer bestimmten Arbeit sowie die Einstufung in eine Vergütungsgruppe zählen deshalb zur Ausübung hoheitsrechtlicher Befugnisse.[691] Darüber hinaus fällt auch die Beurteilung der Arbeit sowie die Beaufsichtigung und Anleitung der Gefangenen unter den Funktionsvorbehalt.[692] Eine korrekte, neutrale Ausführung ist hier von großer Relevanz für die Straftäter. Ohne entsprechende Anleitung wird das Erreichen des Ausbildungsziels erheblich erschwert.[693] Falls Beurteilung und Beaufsichtigung nicht neutral und anhand sachlicher Kriterien erfolgen, kann dies Sanktionsmaßnahmen, schlimmstenfalls den Verlust des Arbeitsplatzes, zur Folge haben. Eine fachliche Kontrolle ist wie im Sozialstab aufgrund der besonderen Kenntnisse der Angehörigen des Werkdiensts[694] nur eingeschränkt möglich.

---

688 *Laubenthal*, Strafvollzug, Rn. 274; *Schimpfhauser*, Das Gewaltmonopol des Staates, 197 f.

689 *Laubenthal*, Strafvollzug, Rn. 274; *Schimpfhauser*, Das Gewaltmonopol des Staates, 198.

690 Siehe 2. Kapitel, A., I., 2), a).

691 Arbeitsbericht „Modellprojekt", 35; *Schimpfhauser*, Das Gewaltmonopol des Staates, 201.

692 A. A. Arbeitsbericht „Modellprojekt", 35; *Schimpfhauser*, Das Gewaltmonopol des Staates, 199 f.

693 In diese Richtung auch *Schimpfhauser*, Das Gewaltmonopol des Staates, 197 f.

694 Es handelt sich um in ihrem Beruf durch Meisterprüfung oder gleichartige Ausbildung fachlich qualifizierte Bedienstete: *Laubenthal*, Strafvollzug, Rn. 274; *Schimpfhauser*, Das Gewaltmonopol des Staates, 197.

Folglich sind auch Dienstposten des Werkdienstes in erheblichem Umfang grundsätzlich mit Beamten zu besetzen. Ohne Grundrechtsrelevanz sind jedoch beispielsweise die technische Betreuung von Anlagen und die Überwachung des Unfallschutzes.[695] Dienstposten, die sich allein auf solche Tätigkeiten beschränken, können problemlos von Privaten ausgeübt werden.

(d) Sonstige Tätigkeiten

Daneben beinhaltet der Strafvollzug jedoch eine Vielzahl von Tätigkeiten, die keine Grundrechtsrelevanz haben und damit nicht unter den Funktionsvorbehalt fallen. Nicht gefolgt werden kann der Ansicht, dass untergeordnete Tätigkeitsbereiche wie reine Dienst- und Serviceleistungen im Vollzugsalltag des modernen Strafvollzuges nicht von dessen Kernbereichen zu trennen wären.[696] Eine solche Aufteilung ist bei einer großen Zahl von Dienstposten ohne Weiteres möglich. Dazu gehören weite Teile des Hausmanagements, wie die Instandhaltung der Anstalt, der Reinigungsdienst, die Material- und Finanzverwaltung sowie des Versorgungsmanagements, wie beispielsweise Hilfstätigkeiten im Bereich der Verpflegung, Wäsche, und Bekleidung.[697] Auch rein objektbezogene Kontrolltätigkeiten, also die Kontrolle der technischen und mechanischen Sicherheitsanlagen und Feuerkontrollgänge, weisen keine Grundrechtsrelevanz auf.[698] Solche Tätigkeiten fallen nicht unter den Funktionsvorbehalt und sind deshalb nicht mit Beamten zu besetzen.

(2) Tätigkeiten von besonderer Relevanz für das staatliche Gesamtgefüge

Neben grundrechtswesentlichen Tätigkeiten fallen auch solche Dienstposten unter den Funktionsvorbehalt, die von besonderer Relevanz im staatlichen Gesamtgefüge sind.[699] Bezüglich des Strafvollzugs sind dies etwa die Entscheidungsträger in den Justizministerien und deren in relevante Entscheidungen eingebundene Mitarbeiter. Posten, die grundlegenden Einfluss auf die Gestaltung und Entwicklung des Vollzugs haben, müssen prinzipiell mit Beamten besetzt werden. Allerdings wird eine Privatisierung auf dieser Ebene nicht ersichtlich diskutiert.

---

695 Arbeitsbericht „Modellprojekt“, 35; *Schimpfhauser*, Das Gewaltmonopol des Staates, 200 f.

696 So aber: *Lindenlaub*, FS 2007, 201 (201).

697 Arbeitsbericht „Modellprojekt“, 34; *Barisch*, Die Privatisierung im deutschen Strafvollzug, 122 f.

698 Arbeitsbericht „Modellprojekt“, 37.

699 Siehe 2. Kapitel, A., I., 4), b), bb), (4), (c), (gg).

(3) Zwischenergebnis

Die im Strafvollzug durchzuführenden Tätigkeiten sind oftmals mit der Ausübung hoheitsrechtlicher Befugnisse verbunden. Die Grundrechtsrelevanz dieser Tätigkeiten ergibt sich häufig aus ihrem Eingriffscharakter, daneben aber auch dadurch, dass sie grundrechtswesentliche Leistungen darstellen. In der Folge sind alle Dienstposten, die die Ausübung solcher Tätigkeiten beinhalten, prinzipiell mit Beamten zu besetzen. Allerdings besteht, auch wenn die Ausübung hoheitlicher Befugnisse vorliegt, die Möglichkeit, den jeweiligen Posten im Zuge der Ausnahmeregelungen des Funktionsvorbehaltes auf Nichtbeamten zu übertragen. In welchen Fällen dies möglich ist, ist Gegenstand der folgenden Betrachtung.

c) Ausnahmen des Funktionsvorbehalts

Das Grundgesetz sieht nicht vor, dass die hoheitlichen Befugnisse ausnahmslos von Beamten wahrgenommen werden. Aus dem Wortlaut des Art. 33 IV GG ergeben sich zwei Einschränkungen, die eine Aufgabenübertragung auf in der Verwaltung tätige Nichtbeamte oder gar Private ermöglichen. Einerseits ist die Ausübung hoheitsrechtlicher Befugnisse lediglich als „ständige“ Aufgabe Berufsbeamten zu übertragen, andererseits impliziert die Formulierung „in der Regel“ die Möglichkeit von Ausnahmen[700].

aa) Vorübergehende Übertragung

(1) Begriff der ständigen Aufgabe

Bei den Beratungen des Parlamentarischen Rats war von Beginn an eine Einschränkung der Funktionsvorbehaltsgeltung für eine vorübergehende Übertragung vorgesehen. So lautete die erste vorgeschlagene Formulierung noch

700 So bereits der Abgeordnete Wagner, auf den die Formulierung zurückzuführen ist: „Wenn ich ‚in der Regel‘ sage, dann liegt es auf der Hand, daß Ausnahmen vorgesehen sind.“: *v. Doemming/Füßlein/Matz*, JöR n. F., Bd. 1, 314 (317); BVerfGE 88, 103 (114); BVerwG, NuR 2006, 499 (499); *Masing*, in: Dreier (GG II), Art. 33 Rn. 70; *Maunz*, in: Maunz/Dürig (GG), Art. 33 Rn. 42; *Schimpfhauser*, Das Gewaltmonopol des Staates, 95; Arbeitsbericht „Modellprojekt“, 17; *Gusy*, JZ 2006, 651 (659); *Meyer*, BewHi 2004, 272 (276); *Kulas*, Privatisierung hoheitlicher Verwaltung, 63; *Oehlerking*, Auslagerung von Funktionen der Justiz, 36 f.; *Pilz*, DÖV 2009, 102 (104); *Jachmann/Strauß*, ZBR 1999, 289 (294); *Badura*, ZBR 1996, 321 (327); *Haug*, NVwZ 1999, 816 (818); *Kirchhof*, Der Begriff der hoheitsrechtlichen Befugnisse, 59; *Becker*, Gemeinschaftsrecht und Berufsbeamtentum, 197; *Landau*, Tagungsbericht 27. Triberger Symposium, 30 (37); *Stober*, JZ 1980, 249 (251).

„Daueraufgaben". Anschließend wurde diese erst in „dauernde Aufgaben", dann in „ständige Aufgabe" geändert.[701] Eine inhaltliche Abweichung sollte dadurch jedoch nicht bewirkt werden.[702] Einhellige Ansicht ist mittlerweile, dass die „Ständigkeit" ein zeitliches Element beinhaltet und Art. 33 IV GG deshalb jedenfalls die vorübergehende Übertragung von Aufgaben auf Nichtbeamte nicht erfasst.[703] Hintergrund dieser Ausnahmemöglichkeit ist, dass für zeitlich begrenzte Aufgaben keine Beamtenverhältnisse auf Lebenszeit begründet werden sollen.[704] Darunter fallen sowohl neu auftretende Aufgaben mit absehbarem Ende (also nichtständige Aufgaben wie Wiedergutmachung, Lastenausgleich und Katastropheneinsätze)[705] als auch bestehende Aufgaben, für die kurzzeitig keine Beamten zur Verfügung stehen oder ausnahmsweise nicht eingesetzt werden sollen (also prinzipiell ständige Aufgaben).[706] Einer solchen Befugnisübertragung, die von Beginn an nur auf eine gewisse Zeitspanne ausgelegt ist, steht der

---

701 Siehe 2. Kapitel, A., I., 4), b), bb), (2).

702 *V. Doemming/Füßlein/Matz*, JöR n. F., Bd. 1, 314 (316, 323); *Becker*, Gemeinschaftsrecht und Berufsbeamtentum, 194; *Stober*, JZ 1980, 249 (251).

703 BVerfGE 83, 130 (150); *Maunz*, in: Maunz/Dürig (GG), Art. 33 Rn. 42; *Masing*, in: Dreier (GG II), Art. 33 Rn. 69; *Kunig*, in: v. Münch/Kunig (GG II), Art. 33 Rn. 50; *Jachmann*, in: v. Mangoldt/Klein/Starck (GG), Art. 33 Rn. 37; *Jachmann/Strauß*, ZBR 1999, 289 (294); *Strauß*, Funktionsvorbehalt und Berufsbeamtentum, 142; *Mösinger*, BayVBl. 2007, 417 (424); *Isensee*, in: HdbVerfR II, § 32 Rn. 56; *Jung*, Die Zweispurigkeit des öffentlichen Dienstes, 125; *Gusy/Lührmann*, StV 2001, 46 (50); *Becker*, Gemeinschaftsrecht und Berufsbeamtentum, 194 f.; *Becker*, Abgrenzung von Beamten und Arbeitnehmern, 260; *Thieme*, Der Aufgabenbereich der Angestellten im Öffentlichen Dienst, 30; *Krölls*, GewArch 1997, 445 (451); *Pilz*, DÖV 2009, 102 (104); *Oehlerking*, Auslagerung von Funktionen der Justiz, 36; *Haug*, NVwZ 1999, 816 (819); *Stober*, JZ 1980, 249 (251).

704 *Isensee*, in: HdbVerfR II, § 32 Rn. 56; *Becker*, Gemeinschaftsrecht und Berufsbeamtentum, 194; *Thieme*, Der Aufgabenbereich der Angestellten im Öffentlichen Dienst, 39; *Jachmann/Strauß*, ZBR 1999, 289 (297); *Strauß*, Funktionsvorbehalt und Berufsbeamtentum, 142, 206; *Pilz*, DÖV 2009, 102 (104); *Stober*, JZ 1980, 249 (251); *Barisch*, Die Privatisierung im deutschen Strafvollzug, 130.

705 *Maunz*, in: Maunz/Dürig (GG), Art. 33 Rn. 42; *Masing*, in: Dreier (GG II), Art. 33 Rn. 69; *Kunig*, in: v. Münch/Kunig (GG II), Art. 33 Rn. 50; *Jachmann*, in: v. Mangoldt/Klein/Starck (GG), Art. 33 Rn. 37; *Jachmann/Strauß*, ZBR 1999, 289 (294, 297); *Jung*, Die Zweispurigkeit des öffentlichen Dienstes, 125; *Strauß*, Funktionsvorbehalt und Berufsbeamtentum, 142; *Gusy/Lührmann*, StV 2001, 46 (50); *Gusy*, JZ 2006, 651 (659); *Becker*, Gemeinschaftsrecht und Berufsbeamtentum, 194 f.; *Krölls*, GewArch 1997, 445 (451); *Pilz*, DÖV 2009, 102 (104).

706 *Maunz*, in: Maunz/Dürig (GG), Art. 33 Rn. 42; *Kunig*, in: v. Münch/Kunig (GG II), Art. 33 Rn. 50; *Jachmann*, in: v. Mangoldt/Klein/Starck (GG), Art. 33 Rn. 37; *Jachmann/Strauß*, ZBR 1999, 289 (294, 297); *Strauß*, Funktionsvorbehalt und Berufsbeamtentum, 142; *Jung*, Die Zweispurigkeit des öffentlichen Dienstes, 125; *Gusy/Lührmann*, StV 2001, 46 (50); *Gusy*, JZ 2006, 651 (659); *Thieme*, Der Aufgabenbereich der Angestellten im Öffentlichen Dienst, 30; *Kirchhof*, Der Begriff der hoheitsrechtlichen Befugnisse, 58; *Krölls*, GewArch 1997, 445 (452); *Pilz*, DÖV 2009, 102 (104).

Funktionsvorbehalt des Art. 33 IV GG nicht entgegen,[707] wobei die Dauer der Übertragung (selbst mehrere Jahre) unerheblich ist, sofern ein Ende absehbar ist.[708] Voraussetzung ist jedoch, dass keine Umgehung einer dauerhaften Übertragung vorliegt. Unzulässig ist deshalb etwa eine wiederholte vorübergehende Heranziehung von Nichtbeamten durch den Abschluss aufeinander folgender Zeitverträge. Die einzelnen Verträge wären zwar nur auf eine gewisse Dauer ausgelegt, im Ergebnis würde eine solche Praxis jedoch einer ständigen Wahrnehmung gleichkommen.[709]

Teilweise wird in der „Ständigkeit" zusätzlich zur zeitlichen Komponente ein sachliches Element gesehen. Demnach wären die Fälle, in denen die Ausübung hoheitsrechtlicher Befugnisse nicht den Schwerpunkt eines Dienstpostens ausmacht oder diesen prägt[710], als nichtständige und damit als von Nichtbeamten wahrnehmbare Aufgaben angesehen.[711] Dem kann nicht gefolgt werden.[712] „Für die Frage, ob die Ausübung einer Befugnis als „ständige Aufgabe" übertragen ist, kommt es (...) nicht auf die Frequenz der Befugnisausübung an."[713] Nach der vorgebrachten Ansicht wäre es zulässig, wenn die Küchenhilfe am Ende eines Arbeitstages noch für den Einschluss der Gefangenen zuständig wäre. Die Wahrnehmung hoheitsrechtlicher Befugnisse würde in einem solchen Fall den Dienstposten nicht maßgeblich bestimmen. Durch eine entsprechende Verteilung der hoheitlichen Aufgaben auf verschiedene Posten ließe sich der Funktionsvorbehalt leicht umgehen.[714] Die Ausnahmemöglichkeit der ständigen Aufgabenwahrnehmung knüpft deshalb allein an ein zeitliches, nicht an ein sachliches Kriterium an. Der Anteil der hoheitsrechtlichen Befugnisse an den Gesamtaufgaben eines Dienstpostens sagt nichts über die Ständigkeit ihrer Ausübung aus. Allerdings liegt ein Bezug zu einer zeitlichen Komponente vor, wenn hoheitliche

---

707 *Maunz*, in: Maunz/Dürig (GG), Art. 33 Rn. 42; *Waechter*, NZV 1997, 329 (330), *Jachmann*, in: v. Mangoldt/Klein/Starck (GG), Art. 33 Rn. 37; *Mösinger*, BayVBl. 2007, 417 (424).

708 *Strauß*, Funktionsvorbehalt und Berufsbeamtentum, 142; *Maunz*, in: Maunz/Dürig (GG), Art. 33 Rn. 42; *Masing*, in: Dreier (GG II), Art. 33 Rn. 69; *Jachmann/Strauß*, ZBR 1999, 289 (294); *Pilz*, DÖV 2009, 102 (104); *Haug*, NVwZ 1999, 816 (819); *Stober*, JZ 1980, 249 (251).

709 *Waechter*, NZV 1997, 329 (330); *Mösinger*, BayVBl. 2007, 417 (424); *Gusy/Lührmann*, StV 2001, 46 (50); *Barisch*, Die Privatisierung im deutschen Strafvollzug, 131.

710 Dass solche abgesehen von den Ausnahmemöglichkeiten prinzipiell zum Funktionsvorbehalt zählen, wurde bereits dargestellt, siehe 2. Kapitel, A., I., 4), b), bb), (4), (c), (jj).

711 *Huber*, DV 1996, 437 (448); *Jung*, Die Zweispurigkeit des öffentlichen Dienstes, 125; *Becker*, Gemeinschaftsrecht und Berufsbeamtentum, 196; *Becker*, Abgrenzung von Beamten und Arbeitnehmern, 260; *Kirchhof*, Der Begriff der hoheitsrechtlichen Befugnisse, 58; *Lecheler*, Die Beamtenaufgaben nach dem Funktionsvorbehalt des GG, 19 f.

712 So auch BVerfG, NJW 2012, 1563 (1565); *Strauß*, Funktionsvorbehalt und Berufsbeamtentum, 143.

713 BVerfG, NJW 2012, 1563 (1565).

714 In diese Richtung auch *Strauß*, Funktionsvorbehalt und Berufsbeamtentum, 143.

Aufgabenbereiche innerhalb eines Dienstpostens zwar vorkommen, dies aber nur äußerst unregelmäßig der Fall ist, also eine erhebliche Diskontinuität vorliegt.[715] Wenn etwa nur zu wenigen Anlässen innerhalb mehrerer Jahre hoheitsrechtliche Befugnisse ausgeübt werden, kann dies nicht als „ständig" bezeichnet werden. Aufschluss muss hier eine konkrete Betrachtung im Einzelfall geben.

Die Frage, ob eine vorübergehende Übertragung hoheitsrechtlicher Befugnisse auf Nichtbeamte weitere sachliche Rechtfertigungen erfordert[716], muss differenziert betrachtet werden. Der Funktionsvorbehalt bezieht sich schon vom Wortlaut her nur auf die Ausübung hoheitsrechtlicher Befugnisse als ständige Aufgabe. Die nichtständige Wahrnehmung hoheitsrechtlicher Befugnisse fällt schlicht nicht in den Regelungsgehalt des Art. 33 IV GG.[717] Würde man auf weitere Kriterien verzichten, könnte der Gesetzgeber jedoch beispielsweise die Ausübung hoheitsrechtlicher Befugnisse im Strafvollzug für ein Jahr auf Private übertragen, was eine Umgehung des Funktionsvorbehalts darstellen und damit seinem Zweck zuwiderlaufen würde. Völlig willkürliche Übertragungen auf Nichtbeamte müssen deshalb unzulässig sein, auch wenn sie lediglich vorübergehender und zeitlich absehbarer Natur sind. Deshalb muss zumindest eine Situation vorliegen, die die nichtständige Übertragung erforderlich macht.[718] Dabei besteht jedoch eine erhebliche Einschätzungsprärogative des Gesetzgebers.[719] Weitere Anforderungen, etwa spezielle sachliche Gründe, sind folglich abzulehnen. Dies gilt auch für die Forderung nach einer zahlenmäßigen Überlegenheit der Beamten in einem Verwaltungszweig, bei einer vorübergehenden Übertragung.[720] Dadurch würde dem Sinn der Ausnahmemöglichkeit, für kurzzeitig bestehende Aufgaben keine Beamtenverhältnisse auf Lebenszeit begründen zu müssen, nicht entsprochen werden.

(2) Nichtständige Aufgabenübertragungen im Strafvollzug

Zu den Fällen, in denen dauerhaft bestehende hoheitliche Aufgaben kurzfristig auf Nichtbeamte übertragen werden mussten, zählt beispielsweise eine Krank-

---

715 *Masing*, in: Dreier (GG II), Art. 33 Rn. 69.

716 So *Becker*, Gemeinschaftsrecht und Berufsbeamtentum, 195; *Stober*, JZ 1980, 249 (251). Wohl auch *Quidde*, ZBR 1958, 229 (233).

717 Mit diesem Ergebnis auch *Masing*, in: Dreier (GG II), Art. 33 Rn. 69; *Jachmann*, in: v. Mangoldt/Klein/Starck (GG), Art. 33 Rn. 37.

718 So wohl auch *Ruland*, ZRP 1983, 278 (283).

719 Zur Einschätzungsprärogative des Gesetzgebers im Rahmen der Ausnahmen zu Art. 33 IV GG 2. Kapitel, A., I., 4), c), bb), (2).

720 So jedoch *Loschelder*, ZBR 1977, 265 (271 f.).

heitswelle in der JVA Essen im Oktober 1998.[721] Aufgrund des krankheitsbedingten Ausfalls vieler Beamter, konnte die eigentlich gebotene Ausübung hoheitlicher Befugnisse durch diese nicht mehr gewährleistet werden. Grundrechtsrelevante Tätigkeiten wurden deshalb auf private Sicherheitskräfte übertragen. Dies stellte einen zulässigen Fall einer vorübergehenden Aufgabenübertragung dar. Eine Sondersituation lag vor, ihr Ende war absehbar, eine Umgehung des Funktionsvorbehalts war nicht gegeben.

Fraglich ist, ob der teilweise bestehende, überbelegungsbedingte[722] Personalengpass[723] im Bereich des Strafvollzuges eine vorübergehende Befugnisübertragung auf Nichtbeamte ermöglicht. Dies ist tendenziell zu verneinen. In einigen Bundesländern sind die Gefangenenzahlen so rückläufig,[724] dass die Überbelegung komplett abgebaut werden konnte.[725] In diesen besteht momentan schon kein Anlass zu einer vorübergehenden Übertragung. Anders stellt sich die Situation in Bundesländern mit einer bestehenden Überbelegung dar. Die Argumentation, dass es sich bei der Überbelegung um ein generelles und dauerhaftes Problem handelt, ein allgemeiner Gefangenenzahlenrückgang in keiner Weise absehbar oder wahrscheinlich ist und eine Übertragung deswegen dauerhaft wäre[726], ist durch die sinkenden Gefangenenzahlen zwar überholt. Inhaltlich überzeugend ist aber die Ansicht, dass keine verlässliche Prognose zur quantitativen Entwicklung der Inhaftierten getroffen werden kann, ein Ende der Befugnisübertragung deshalb nicht absehbar ist, und damit als dauerhaft im Sinne des Funktionsvorbehaltes anzusehen wäre.[727] Dem Gesetzgeber steht jedoch im

---

721 *Gusy/Lührmann*, StV 2001, 46 (48); *Mösinger*, BayVBl. 2007, 417 (424); *Barisch*, Die Privatisierung im deutschen Strafvollzug, 131.

722 Zur Überbelegung im Vollzug: *Mösinger*, BayVBl. 2007, 417 (417); Arbeitsbericht „Modellprojekt“, 6 f.; *Lange*, DÖV 2001, 898 (898); *Meyer*, BewHi 2004, 272 (272 f.); *Wagner*, ZRP 2000, 169 (170); *Aumüller*, in: Stober (Hrsg.), Privatisierung im Strafvollzug?, 59 (61); *Päckert*, FS 2007, 217 (217); *Jöhnk*, in: Stober (Hrsg.), Privatisierung im Strafvollzug?, 55 (55); *Suhrbier*, in: Stober (Hrsg.), Privatisierung im Strafvollzug?, 71 (72, 76); *Kulas*, in: Stober (Hrsg.), Privatisierung im Strafvollzug?, 35 (35); *Burgi*, in: Stober (Hrsg.), Privatisierung im Strafvollzug?, 43 (46); *Laubenthal*, Strafvollzug, Rn. 141; *Barisch*, Die Privatisierung im deutschen Strafvollzug, 230.

723 *Laubenthal*, Strafvollzug, Rn. 141.

724 Beispielsweise Hessen: Justizvollzug in Hessen – Stand 2006, 9.

725 So in Hessen und Baden-Württemberg: http://www.jum.baden-wuerttemberg.de/servlet/PB/menu/1153452/index.html? (Stand: 24.02. 2011): Im Jahr 2008 waren durchschnittlich 366 Plätze unbelegt. Justizvollzug in Hessen – Stand 2006, 9: Am 31.5.2007 waren 669 Plätze unbelegt, was einer Auslastung von 88,9 % entspricht.

726 *Gusy/Lührmann*, StV 2001, 46 (50); *Waechter*, NZV 1997, 329 (330); *Mösinger*, BayVBl. 2007, 417 (424); *Barisch*, Die Privatisierung im deutschen Strafvollzug, 131.

727 *Gusy/Lührmann*, StV 2001, 46 (50).

Rahmen der Ausnahmen des Funktionsvorbehalts ein Spielraum hinsichtlich der „Einschätzung tatsächlicher Verhältnisse und ihrer künftigen Entwicklung“ zu.[728] Es obliegt deshalb dem Gesetzgeber, „in vertretbarer und nachvollziehbarer Weise“[729] von diesem Spielraum Gebrauch zu machen und die Entwicklung der Gefangenenzahlen zu beurteilen.

bb) Dauerhafte Übertragung

Neben der Möglichkeit einer vorübergehenden Übertragung impliziert schon die Formulierung „in der Regel“, dass auch ständige Ausnahmen möglich sein müssen.[730] Diese war zwar nicht von Beginn an vorgesehen; dass der Funktionsvorbehalt nicht zu einer ausnahmslosen Verbeamtungspflicht führen sollte, war jedoch für die Diskussionen des Parlamentarischen Rats prägend. Der ursprüngliche Vorschlag des Abgeordneten *Strauß* enthielt die Formulierung „grundsätzlich“.[731] Er führte an, diese bewusst gewählt zu haben, um keine zu starre Regelung zu haben.[732] Nach Einbringung des von *Strauß* und *Hoch* erarbeiteten Neuvorschlages[733], der weiter den Wortlaut „grundsätzlich“ enthielt, wurde ausführlich darüber diskutiert, ob an diesem festzuhalten sei oder ob „in der Regel“ verwendet werden solle. So vertraten die Abgeordneten *Strauß* und *Laforet*, dass bei der ursprünglichen Formulierung Zeitbeamte des Gemeinderechts und Gemeindebürgermeister vom Funktionsvorbehalt erfasst blieben.[734] Um dies zu verhindern, schlug der Abgeordnete *Wagner* die Formulierung „in der Regel“ vor, die seiner Ansicht nach im Gegensatz zur rigorosen Aufstellung eines Grundsatzes

728 BVerfG, NJW 2012, 1563 (1566).

729 BVerfG, NVwZ 2001, 190 (191).

730 So bereits der Abgeordnete Wagner, auf den die Formulierung zurückzuführen ist: „Wenn ich ‚in der Regel‘ sage, dann liegt es auf der Hand, daß Ausnahmen vorgesehen sind.“, *v. Doemming/Füßlein/Matz*, JöR n. F., Bd. 1, 314 (317); BVerfGE 88, 103 (114); BVerwG, NuR 2006, 499 (499); *Masing*, in: Dreier (GG II), Art. 33 Rn. 70; *Maunz*, in: Maunz/Dürig (GG), Art. 33 Rn. 42; *Schimpfhauser*, Das Gewaltmonopol des Staates, 95; Arbeitsbericht „Modellprojekt“, 17; *Gusy*, JZ 2006, 651 (659); *Meyer*, BewHi 2004, 272 (276); *Kulas*, Privatisierung hoheitlicher Verwaltung, 63; *Kulas*, in: Stober (Hrsg.), Privatisierung im Strafvollzug?, 35 (39); *Oehlerking*, Auslagerung von Funktionen der Justiz, 36 f.; *Pilz*, DÖV 2009, 102 (104); *Jachmann/Strauß*, ZBR 1999, 289 (294); *Badura*, ZBR 1996, 321 (327); *Haug*, NVwZ 1999, 816 (818); *Kirchhof*, Der Begriff der hoheitsrechtlichen Befugnisse, 59; *Becker*, Gemeinschaftsrecht und Berufsbeamtentum, 197; *Becker*, Abgrenzung von Beamten und Arbeitnehmern, 259; *Landau*, Tagungsbericht 27. Triberger Symposium, 30 (37); *Sterzel*, LBGS Gutachten, 90.

731 *V. Doemming/Füßlein/Matz*, JöR n. F., Bd. 1, 314 (314).

732 *V. Doemming/Füßlein/Matz*, JöR n. F., Bd. 1, 314 (316).

733 *V. Doemming/Füßlein/Matz*, JöR n. F., Bd. 1, 314 (316).

734 *V. Doemming/Füßlein/Matz*, JöR n. F., Bd. 1, 314 (317).

einen gewissen Spielraum bietet.[735] Auch *Strauß* war der Ansicht, dass der Terminus mehr Abweichungsmöglichkeiten verschafft als „grundsätzlich".[736] Um nicht Landräte und Ehrenbeamte auf Lebenszeit verbeamten zu müssen, wurde erwogen, den Zusatz „soweit nicht die Art der Dienstleistung etwas anderes erfordert" hinzuzufügen.[737] Der Abgeordnete *Schönfelder* äußerte in diesem Zusammenhang, dass es ebenfalls nicht möglich sei, die ganze Kategorie der Fürsorgerinnen zu verbeamten, obwohl diese dauerhaft öffentliche Gewalt ausüben.[738] Letztendlich wurde die Überlegung einer Textergänzung jedoch verworfen, da die Formulierung „in der Regel" bereits ausreichende Möglichkeiten bietet, diese Gruppe auszuschließen. Darüber hinaus erlaubt sie, Dienstposten, die im Bereich der Fürsorge, der Wirtschaftsbetriebe und Verkehrsämter hoheitsrechtliche Befugnisse ausüben, mit Nichtbeamten zu besetzen.[739] Dadurch bietet sich die Möglichkeit, hoheitsrechtliche Befugnisse auch dauerhaft auf nichtverbeamtete Verwaltungsinterne oder gar auf Private zu übertragen.

Dem Staat steht damit eine breite Skala von Möglichkeiten zu, Nichtbeamte in die Erfüllung hoheitsrechtlicher Aufgaben einzubinden.[740] Dabei ist jedoch zu beachten, dass die Wahrnehmung durch Beamte als gesetzlicher Regelfall vorgesehen ist und Abweichungen hiervon begründungspflichtig sind.[741] Auch das Bundesverfassungsgericht hat in einer Entscheidung zum Bremischen Personalvertretungsgesetz festgestellt, dass es sich bei der Beschäftigung von Nichtbeamten „nur um Ausnahmefälle handeln" darf.[742] Würde „die ständige Ausübung hoheitsrechtlicher Befugnisse in größerem Umfang auf Nichtbeamte übertragen, so wäre dies mit dem Grundgesetz nicht vereinbar."[743] Wie sich dieser Umfang definiert, ließ das Gericht jedoch ungeklärt. Darüber hinaus wurde diese strenge Formulierung vom Bundesverfassungsgericht nicht wiederholt.[744] Sie wurde jedoch mehrmals vom Bundesverwaltungsgericht und beispielsweise dem OVG

---

735 *V. Doemming/Füßlein/Matz*, JöR n. F., Bd. 1, 314 (317).

736 *V. Doemming/Füßlein/Matz*, JöR n. F., Bd. 1, 314 (317).

737 *V. Doemming/Füßlein/Matz*, JöR n. F., Bd. 1, 314 (318).

738 *V. Doemming/Füßlein/Matz*, JöR n. F., Bd. 1, 314 (318).

739 *V. Doemming/Füßlein/Matz*, JöR n. F., Bd. 1, 314 (319 f.).

740 BVerfGE 17, 371 (377); Arbeitsbericht „Modellprojekt", 18.

741 *Kunig*, in: v. Münch/Kunig (GG II), Art. 33 Rn. 50; *Jachmann*, in: v. Mangoldt/Klein/Starck (GG), Art. 33 Rn. 37; *Ossenbühl*, Eigensicherung und hoheitliche Gefahrenabwehr, 40 f.; *Strauß*, Funktionsvorbehalt und Berufsbeamtentum, 144 f.; *Becker*, Gemeinschaftsrecht und Berufsbeamtentum, 198; *Becker*, Abgrenzung von Beamten und Arbeitnehmern, 259; *Landau*, Tagungsbericht 27. Triberger Symposium, 30 (37).

742 BVerfGE 9, 268 (284), dem folgend: BVerwG, NuR 2006, 499 (499); *Masing*, in: Dreier (GG II), Art. 33 Rn. 70; *Sterzel*, LBGS Gutachten, 91.

743 BVerfGE 9, 268 (284), dem folgend: BVerwGE 57, 55 (59).

744 *Winterhoff*, FS Starck, 463 (470).

Münster aufgegriffen.[745] Wie sich das zulässige Verhältnis von Regel und Ausnahme bestimmt, ist in der Folge ebenso umstritten wie die für eine ausnahmeweise Übertragung notwendigen Voraussetzungen.

(1) Begrenzung der Aufgabenübertragung auf Nichtbeamte auf bestimmte Dienstposten

Mitunter wird – unter anderem begründet mit der Entstehungsgeschichte – vertreten, dass die Möglichkeit zur dauerhaften Übertragung von hoheitsrechtlichen Befugnissen auf Nichtbeamte auf bestimmte Dienstposten begrenzt sei. Die Ausnahmemöglichkeit sei nur auf solche Stellen bezogen, die die Ausübung von hoheitsrechtlichen Funktionen zwar beinhalten, jedoch nicht von diesen geprägt werden, bzw. nur in untergeordnetem Umfang beinhalten.[746] Gezogen wird diese Schlussfolgerung aus der Äußerung von *Schönfelder* zum Verbeamtungszwang von Fürsorgerinnen[747].[748] Zu den nicht von hoheitlichen Aufgaben geprägten Dienstposten seien insbesondere die der Leistungsverwaltung zu sehen, welche in der Folge aus dem Anwendungsbereich des Funktionsvorbehalts fielen, sofern sie überhaupt grundsätzlich davon erfasst wären.[749] Auch das Bundesverfassungsgericht führt an, dass in den Beratungen des Parlamentarischen Rates vor allem Bereiche, die nicht primär hoheitlich geprägt sind, als Ausnahmemöglichkeiten angeführt wurden.[750] Deshalb sei die Möglichkeit von Ausnahmen auf solche Fälle begrenzt, „in denen der Sicherungszweck des Funktionsvorbehalts die Wahrnehmung der betreffenden hoheitlichen Aufgaben durch Berufsbeamte ausweislich bewährter Erfahrung nicht erfordert oder im Hinblick auf funktionelle Besonderheiten nicht in gleicher Weise wie im Regelfall angezeigt erscheinen lässt."[751] Andere schließen aus den Beratungen des parlamentarischen Rats, dass die Ausnahmemöglichkeit lediglich auf Zeitbeamte des Gemeinderats, Gemeindebürgermeister, Ehren- und Gebührenbeamte ziele.[752] Auch wird eine Begrenzung auf einen engen Bereich, in dem die Gefahr des Eintritts einer Not-

---

745 BVerwGE 57, 55 (59); BVerwG, NuR 2006, 499 (499); OVG Münster, OVGE 26, 115 (120 f.).

746 *Masing*, in: Dreier (GG II), Art. 33 Rn. 70; *Arloth*, in: Arloth (StVollzG), § 155 StVollzG Rn. 4; *Arloth*, JuS 2003, 1041 (1043); *Arloth*, ZfStrVo 2002, 3 (5); *Becker*, Gemeinschaftsrecht und Berufsbeamtentum, 199; *Barisch*, Die Privatisierung im deutschen Strafvollzug, 133.

747 *V. Doemming/Füßlein/Matz*, JöR n. F., Bd. 1, 314 (318).

748 *Masing*, in: Dreier (GG II), Art. 33 Rn. 70.

749 *Masing*, in: Dreier (GG II), Art. 33 Rn. 70, Fn. 377.

750 BVerfG, NJW 2012, 1563 (1565).

751 BVerfG, NJW 2012, 1563 (1565).

752 *Kirchhof*, Der Begriff der hoheitsrechtlichen Befugnisse, 59.

wehr- oder Nothilfesituation möglichst gering ist, vorgeschlagen.[753] Von anderer Seite wird eine Übertragung von Tätigkeiten, die für das jeweilige Aufgabenfeld prägend sind, als nicht möglich angesehen.[754] Daneben werden auch Dienstposten, die Ahndungs- oder Sanktionsbefugnisse jedweder Art beinhalten, teilweise als auf Nichtbeamte unübertragbar eingestuft.[755] Als Begründung wird hierbei nicht etwa die Eingriffsintensität, sondern die „staatliche Identitätssicherungsfunktion des Art. 33 IV GG" angegeben, die auf der Erkenntnis beruht, dass Sanktionen von Fehlverhalten nicht Aufgabe der Gesellschaft, sondern die des Staates sei, der sich durch die Wahrnehmung dieser Befugnisse von seinen Bürgern abgrenze.[756]

Die Ausnahmemöglichkeiten vom Funktionsvorbehalt im Bereich der Fürsorgerinnen, der Ehren- und Gebührenbeamte usw. wurden zwar im parlamentarischen Rat diskutiert, es finden sich jedoch keine Hinweise darauf, dass die behandelten Gruppen abschließend für die möglichen Ausnahmen von einer dauerhaften Übertragung von hoheitsrechtlichen Befugnissen sein sollten.[757] Schon dies lässt auch an der Einschränkung des Bundesverfassungsgerichts zweifeln, sie vermag jedoch auch darüber hinaus nicht zu überzeugen. Ob eine Tätigkeit die Besonderheiten des Beamtenverhältnisses verlangt, ist gerade entscheidendes Kriterium, ob überhaupt die Ausübung hoheitsrechtlicher Befugnisse vorliegt.[758] Falls dies grundsätzlich nicht gegeben ist oder durch besondere Umstände entfällt, ist bereits der Anwendungsbereich des Funktionsvorbehalts nicht eröffnet. In der Folge kann sich daraus nicht noch zusätzlich eine Einschränkung der Ausnahmemöglichkeiten ergeben. Auch der Hinweis auf die Erörterung zu Zeitbeamten des Gemeinderats und Gemeindebürgermeistern ist hier fehl am Platz, da sich Bedenken gegen deren Verbeamtung auf Lebenszeit auf die begrenzte zeitliche Komponente ihrer Tätigkeit stützen. Folglich sind mögliche Ausnahmen bereits im Zuge der Ständigkeit einer Aufgabe zu behandeln. Auf die Möglichkeit von Notwehr- und Nothilfesituationen abzustellen wäre willkürlich, zumal diese bei nahezu jedem Verwaltungsposten auftreten können[759]. Was die Übertragung von Sanktionsbefugnissen angeht, so werden die folgenden Ausführungen zeigen, dass diese nur sehr bedingt möglich ist. Ein vollständiger Ausschluss kann

---

753 *Gramm*, VerwArch 1999, 329 (343); *Barisch*, Die Privatisierung im deutschen Strafvollzug, 135.

754 *Burgi*, in: Stober (Hrsg.), Privatisierung im Strafvollzug?, 43 (52); *Barisch*, Die Privatisierung im deutschen Strafvollzug, 135.

755 *Gramm*, VerwArch 1999, 329 (359 f.).

756 *Gramm*, VerwArch 1999, 329 (359 f.).

757 *V. Doemming/Füßlein/Matz*, JöR n. F., Bd. 1, 314 (318).

758 Siehe 2. Kapitel, A., I., 4), b), bb), (4).

759 Siehe 2. Kapitel, A., I., 1), b), dd).

jedoch auch hier nicht vorgenommen werden,[760] da dies nicht der Flexibilität des Ausnahmevorbehalts entspräche. Auch daneben finden sich keine Gründe dafür, mögliche Ausnahmen vom Funktionsvorbehalt grundsätzlich auszuschließen. Es gilt allerdings Kriterien herauszuarbeiten, wann der Ausnahmevorbehalt greift, um angemessene Übertragungen auf Nichtbeamte zuzulassen, gleichzeitig aber das Regel-Ausnahme-Prinzip möglichst zu wahren.

(2) Erfordernis eines legitimierenden sachlichen Grundes

Nach fast einhelliger Ansicht knüpft die Formulierung „in der Regel" an qualitative Kriterien an, weshalb für die Rechtfertigung einer dauerhaften Übertragung von hoheitsrechtlichen Befugnissen auf Nichtbeamte ein legitimierender sachlicher Grund erforderlich ist.[761] Dieser muss die Abweichung von der gesetzlich vorgesehenen Regelung rechtfertigen.

Darin erschöpft sich die Einigkeit jedoch bereits. Was die Anforderungen an mögliche sachliche Gründe angeht, wird eine Vielzahl von unterschiedlichen Positionen vertreten. In formeller Hinsicht wird mitunter gefordert, dass der legitimierende Grund verfassungsrechtlich fundiert ist.[762] In materieller Hinsicht di-

760 So auch BVerfG, NJW 2012, 1563 (1566).

761 BVerfG, NJW 2012, 1563 (1565); BVerwG, NuR 2006, 499 (499); *Kunig*, in: v. Münch/Kunig (GG II), Art. 33 Rn. 50; *Maunz*, in: Maunz/Dürig (GG), Art. 33 Rn. 42; *Arloth*, in: Arloth (StVollzG), § 155 StVollzG Rn. 4; *Arloth*, ZfStrVo 2002, 3 (5); *Meyer*, BewHi 2004, 272 (276); *Burgi*, in: Stober (Hrsg.), Privatisierung im Strafvollzug?, 43 (51); *Burgi*, NVwZ 2007, 383 (384); *Haug*, NVwZ 1999, 816 (819); *Waechter*, NZV 1997, 329 (330); *Krölls*, GewArch 1997, 445 (452); *Strauß*, Funktionsvorbehalt und Berufsbeamtentum, 144, 207; *Kötter*, BewHi 2004, 211 (223); *Oehlerking*, Auslagerung von Funktionen der Justiz, 38; *Pilz*, DÖV 2009, 102 (105); *Gusy*, JZ 2006, 651 (659); *Gusy/Lührmann*, StV 2001, 46 (51); *Becker*, Gemeinschaftsrecht und Berufsbeamtentum, 199; *Kulas*, Privatisierung hoheitlicher Verwaltung, 63; *Lecheler*, Verfassungspflicht bei der Erfüllung staatlicher Daueraufgaben, 9; *Jung*, Die Zweispurigkeit des öffentlichen Dienstes, 126; *Landau*, Tagungsbericht 27. Triberger Symposium, 30 (37); *Kiefer*, LKRZ 2009, 441 (442); *Lehnguth*, ZBR 1991, 266 (269); *Quidde*, ZBR 1958, 229 (233); *Ossenbühl*, Eigensicherung und hoheitliche Gefahrenabwehr, 41; *Barisch*, Die Privatisierung im deutschen Strafvollzug, 134; *Sterzel*, LBGS Gutachten, 92. So auch bereits die Beratungen des Parlamentarischen Rats zur ursprünglich vorgesehenen Formulierung „grundsätzlich": *v. Doemming/Füßlein/Matz*, JöR n. F., Bd. 1, 314 (318). Lediglich vereinzelt wird das Erfordernis eines solchen Grundes, aufgrund der unklaren dogmatischen Herleitung und genauen Bedeutung abgelehnt: *Masing*, in: Dreier (GG II), Art. 33 Rn. 70; *Schimpfhauser*, Das Gewaltmonopol des Staates, 97.

762 *Jachmann*, in: v. Mangoldt/Klein/Starck (GG), Art. 33 Rn. 37; *Pilz*, DÖV 2009, 102 (105). Explizit abstellend auf Gründe der Einheit der Verfassung, sowie im Einzelfall Grundsätze von Verfassungsrang: *Lange*, DÖV 2001, 898 (902). *Lange* zählt dazu auch die Sicherung der Resozialisierung durch den Einsatz kostengünstiger Beliehener und eine daraus resultierende Minde-

vergieren die Ansichten weitaus mehr. Teilweise werden kaum weitere Anforderungen gestellt. So soll jede angebbare, besondere, sachlich begründbare Erwägung ausreichen.[763] Von anderer Seite werden nur die Unterschiede eines privaten Rechtsverhältnisses zum Beamtenverhältnis, also die einfachere Kündigbarkeit, das fehlende Lebenszeit- und Laufbahnprinzip usw., als sachlicher Grund anerkannt.[764] Andere erkennen nur eine gegenüber Beamten bessere Qualifizierung und damit eine gesteigerte Qualität der Aufgabenwahrnehmung als sachlichen Grund an.[765] Mitunter wird verlangt, dass die Gründe gerade auf dem Ausnahmecharakter der hoheitsrechtlichen Befugnisse beruhen, die übertragen werden sollen.[766] Ein erheblicher Teil der Literatur schließt – regelmäßig mit einem schlichten Verweis auf die überwiegende Ansicht – fiskalische Überlegungen wie mögliche Kostenvorteile, ohne nähere Begründung, als legitimierenden sachlichen Grund aus.[767] Lediglich vereinzelt wird die Ansicht argumentativ untermauert. So führt beispielsweise *Meyer* an, dass es sich bei dem Funktionsvorbehalt des Art. 33 IV GG um einen verfassungsrechtlichen Mindeststandard handele, der nicht mit ökonomischen Aspekten abgewogen werden dürfe.[768] Auch *Pilz* sieht die kostenintensive, durch Berufsbeamte garantierte Wahrnehmungsqualität als zu wichtig an, um mit fiskalischen Aspekten abgewogen zu werden.[769] *Barisch* lehnt finanzielle Gründe ab, da sonst jegliche hoheitsrechtlichen Befugnisse übertragen werden könnten und der Funktionsvorbehalt leerlaufen

---

rung von Personalengpässen. Letztendlich stellt dies jedoch lediglich eine mittelbare finanzielle Erwägung dar.

763 Arbeitsbericht „Modellprojekt“, 17 f.; *Meyer*, BewHi 2004, 272 (276). Wohl auch *Stober*, JZ 1980, 249 (251), da ohne weitere Anforderungen.

764 *Kunig*, in: v. Münch/Kunig (GG II), Art. 33 Rn. 50; *Kötter*, BewHi 2004, 211 (223).

765 *Gusy/Lührmann*, StV 2001, 46 (51); *Gusy*, JZ 2006, 651 (659); *Gusy*, in: Stober (Hrsg.), Privatisierung im Strafvollzug?, 5 (24).

766 *Landau*, Tagungsbericht 27. Triberger Symposium, 30 (37).

767 So ausdrücklich: *Kunig*, in: v. Münch/Kunig (GG II), Art. 33 Rn. 50; *Arloth*, in: Arloth (StVollzG), § 155 StVollzG Rn. 4; *Arloth*, ZfStrVo 2002, 3 (5); *Krölls*, GewArch 1997, 445 (452 ff.); *Gusy*, JZ 2006, 651 (659); *Gusy*, in: Stober (Hrsg.), Privatisierung im Strafvollzug?, 5 (24); *Gusy/Lührmann*, StV 2001, 46 (51); *Haug*, NVwZ 1999, 816 (819); *Pilz*, DÖV 2009, 102 (106); *Arloth*, JuS 2003, 1041 (1043); *Strauß*, Funktionsvorbehalt und Berufsbeamtentum, 222; *Müller-Dietz*, NK 2006, 11 (11); *Meyer*, BewHi 2004, 272 (276); *Badura*, ZBR 1996, 321 (326); *Barisch*, Die Privatisierung im deutschen Strafvollzug, 134. Sich daraus ergebend, dass lediglich besondere Gründe ausreichen sollen und fiskalische Aspekte nicht aufgezählt werden: *Masing*, in: Dreier (GG II), Art. 33 Rn. 70; *Kötter*, BewHi 2004, 211 (223). Nicht jedoch – vielfach falsch zitiert – *Bracher*, Gefahrenabwehr durch Private, 152 f., der finanzielle Interessen prinzipiell als rechtfertigenden sachlichen Grund zulässt, jedoch im Rahmen der Verhältnismäßigkeitsprüfung zu dem Ergebnis kommt, dass dadurch eine Übertragung eingriffsintensiver Posten nicht gerechtfertigt werden kann.

768 *Meyer*, BewHi 2004, 272 (276).

769 *Pilz*, DÖV 2009, 102 (106), gestützt auf *Badura*, ZBR 1996, 321 (326).

würde.[770] Vereinzelt wird dagegen auch ausdrücklich die allgemeine staatliche Finanzknappheit,[771] bzw. § 7 I S. 2 BHO,[772] nach dem aus Gründen der Wirtschaftlichkeit und Sparsamkeit bei Aufstellung und Ausführung des Haushaltsplans die Möglichkeit einer Privatisierung in Betracht zu ziehen ist, als ausreichender Grund angesehen. Auch die spezifische Eignung Privater zur Aufgabenerfüllung und ein Entlastungseffekt zugunsten des Staates sollen mögliche sachliche Gründe darstellen.[773] Teilweise werden dagegen erwartete positive Impulse durch Private ebenfalls nicht als ausreichender Grund angesehen, da diese lediglich eine unbewiesene Annahme darstellten.[774] Das Bundesverwaltungsgericht hat in einer Entscheidung die Sachkompetenz und effiziente Organisation eines privaten Unternehmens, im konkreten Fall jahrelange Erfahrung im Umgang mit besonders überwachungsbedürftigen Abfällen, als ausreichenden sachlichen Grund anerkannt.[775] Es hat sich dabei jedoch nicht zu den generellen Anforderungen, beispielsweise dem Ausreichen finanzieller Aspekte, geäußert.

Partiell wird bei der Übertragung von hoheitsrechtlichen Befugnissen auf Nichtbeamte im Rahmen von Dienstposten, die die Ausübung solcher Befugnisse in untergeordneter Form beinhalten, jedoch nicht von diesen geprägt werden, von dem Erfordernis eines sachlichen Grundes abgesehen.[776] Dem wird die Entstehungsgeschichte entgegengehalten, welche darauf schließen ließe, dass die Ausnahmeregelung gerade für solche Dienstposten entwickelt wurde.[777]

---

770 *Barisch*, Die Privatisierung im deutschen Strafvollzug, 134.

771 *Burgi*, in: Stober (Hrsg.), Privatisierung im Strafvollzug?, 43 (46, 51 f.).

772 *Bonk*, JZ 2000, 435 (439).

773 *Krölls*, GewArch 1997, 445 (452).

774 *Meyer*, BewHi 2004, 272 (276).

775 BVerwG, NuR 2006, 499 (499).

776 *Nitz*, NZV 1998, 11 (15); *Gusy*, in: Stober (Hrsg.), Privatisierung im Strafvollzug?, 5 (23); *Gusy/Lührmann*, StV 2001, 46 (50); *Gusy*, JZ 2006, 651 (659); *Masing*, in: Dreier (GG II), Art. 33 Rn. 70; *Arloth*, JuS 2003, 1041 (1043); *Mösinger*, BayVBl. 2007, 417 (424); *Barisch*, Die Privatisierung im deutschen Strafvollzug, 133. Da die Gefangenen in einem extrem engen Abhängigkeitsverhältnis stehen, zu Unterordnung und Anordnungsbefolgung verpflichtet und außerdem zur Erfüllung grundlegendster Bedürfnisse auf Hilfe angewiesen sind, sollen solche Posten jedoch im Strafvollzug nahezu nicht vorkommen. Dafür wird zudem vorgebracht, dass Gefangene nur begrenzte Rechtsmittel gegen belastende Maßnahmen haben, jede belastende Maßnahme aber Grundrechtsrelevanz hat. Zudem ist bei allen Maßnahmen das Vollzugsziel der Resozialisierung zu beachten. In der Folge seien Übertragungen auf Nichtbeamte ohne Angabe eines Grundes nur im Bereich der Behandlungs-, Unterrichts- oder Freizeitbetreuung möglich: *Gusy*, JZ 2006, 651 (659); *Gusy/Lührmann*, StV 2001, 46 (50 f.); *Gusy*, in: Stober (Hrsg.), Privatisierung im Strafvollzug?, 5 (23 f.); *Barisch*, Die Privatisierung im deutschen Strafvollzug, 133 f.

777 *Pilz*, DÖV 2009, 102 (105).

Nach Ansicht des Bundesverfassungsgerichts kommt lediglich ein „spezifischer, dem Sinn der Ausnahmemöglichkeit entsprechender – auf Erfahrungen mit gewachsenen Strukturen oder im Hinblick auf den Zweck des Funktionsvorbehalts relevante Besonderheiten der jeweiligen Tätigkeit Bezug nehmender – Ausnahmegrund in Betracht.“[778] „Gründe, die sich in gleicher Weise wie für die ins Auge gefasste Ausnahme auch für beliebige andere hoheitsrechtliche Tätigkeiten anführen ließen, der Sache nach also nicht nur Ausnahmen betreffen, scheiden damit als mögliche Rechtfertigungsgründe für den Einsatz von Nichtbeamten in grundsätzlich von Art. 33 Abs. 4 GG erfassten Funktionen von vornherein aus.“[779] Fiskalische Erwägungen seien nicht spezifisch, weshalb es prinzipiell einen Widerspruch zu der grundsätzlichen Wertung des Art. 33 IV GG darstellen würde, Ausnahmen auf solche zu stützen.[780] Es könne jedoch berücksichtigt werden, „ob eine auf ihre Ausnahmefähigkeit hin zu beurteilende Tätigkeit Besonderheiten aufweist, deretwegen Kosten und Sicherungsnutzen des Einsatzes von Berufsbeamten hier in einem anderen – deutlich ungünstigeren – als dem nach Art. 33 Abs. 4 GG im Regelfall vorauszusetzenden Verhältnis stehen.“[781]

Das Vorliegen eines sachlichen Grundes ist für die dauerhafte Übertragung von hoheitsrechtlichen Befugnissen auf Nichtbeamte notwendig. Die Wahrnehmung durch Beamte ist als gesetzlicher Regelfall vorgesehen. Würde man auf das Erfordernis eines legitimierenden sachlichen Grundes verzichten, würde der Funktionsvorbehalt praktisch leerlaufen und wäre damit sinnlos.[782] Was die Anforderungen an einen solchen Grund angeht, ist nicht ersichtlich, warum hier irgendwie geartete Einschränkungen gemacht werden sollten. Dafür sprechen auch der Wortlaut, der keine Anhaltspunkte für eine solche bietet, und die Einschätzungsprärogative des Gesetzgebers[783]. Deshalb muss grundsätzlich jede angebbare, nachvollziehbare, sachlich begründbare Erwägung ausreichen. Dieses Erfordernis entspricht in etwa den Anforderungen an einen legitimen Zweck im Rahmen einer Verhältnismäßigkeitsprüfung. Deshalb sind auch finanzielle Motive ausreichende sachliche Gründe. Die Gegenansicht ist nicht konsequent zu Ende gedacht. Das zeigt sich beispielsweise an den im Justizvollzug regelmäßig herangezogenen Fachärzten. Falls den Gefangenen eine Behandlung durch diese vorenthalten würde, könnte dies schwerwiegende gesundheitliche Folgen bis zum Tod haben. Es handelt sich somit um die Ausübung hoheitsrechtlicher Befugnisse. Bei entsprechender Regelmäßigkeit liegen die Voraussetzungen des

778 BVerfG, NJW 2012, 1563 (1565).
779 BVerfG, NJW 2012, 1563 (1566).
780 BVerfG, NJW 2012, 1563 (1566).
781 BVerfG, NJW 2012, 1563 (1566).
782 *Ossenbühl*, Eigensicherung und hoheitliche Gefahrenabwehr, 40.
783 *Kiefer*, LKRZ 2009, 441 (442 f.).

Funktionsvorbehalts folglich vor. Einziges Argument, auf externe Fachärzte zurückzugreifen, ist letztendlich die finanzielle Ersparnis des Staats, der diese ansonsten für alle relevanten Bereiche auf Beamtenstellen vorhalten müsste. Ernsthaft gefordert wird eine solche Verpflichtung indes von niemandem. Sie wäre von staatlicher Seite nicht zu leisten und würde der intendierten Flexibilität des Funktionsvorbehalts nicht gerecht werden. Das Erfordernis eines sachlichen Grundes muss des Weiteren auch für Dienstposten gelten, die nicht von der Ausübung hoheitsrechtlicher Befugnisse geprägt werden. Andernfalls könnte durch eine geschickte Verteilung hoheitsrechtlicher Befugnisse auf verschiedene Dienstposten der Funktionsvorbehalt umgangen werden.[784] Wenn diese Dienstposten grundsätzlich unter den Funktionsvorbehalt fallen,[785] müssen für diesbezügliche Ausnahmemöglichkeiten die gleichen Maßstäbe gelten wie für die sonstigen. Auch die Ansicht des Bundesverfassungsgerichts überzeugt nicht. Das Gericht stellt prinzipiell relativ hohe Anforderungen an die Begründung einer Ausnahme. Gleichzeitig lässt es jedoch letztendlich sogar finanzielle Aspekte genügen, sofern die Nutzen einer Aufgabenwahrnehmung durch Beamte im konkreten Fall außer Verhältnis zu diesen stehen. Das Gericht vermischt dabei die sinnvollerweise zu trennenden Aspekte einer möglichen Ausnahmenbegründung und einer anschließenden Verhältnismäßigkeitsprüfung. Zudem ist nicht ersichtlich, warum in diesen Ausnahmefällen, ausgerechnet fiskalische Gesichtspunkte genügen sollen, andere „unspezifische" Gründe jedoch nicht. Der Einschränkung des Bundesverfassungsgerichts kann deshalb nicht gefolgt werden.

Fraglich ist, inwieweit der Gesetzgeber die notwendigen, rechtfertigenden sachlichen Gründe ausführen muss. Grundsätzlich steht ihm eine Einschätzungsprärogative, also ein Prognosespielraum zu.[786] Auch was die Ausnahmen im Rahmen des Art. 33 IV GG angeht, obliegt es in erster Linie ihm, „diejenigen Aufgaben zu bestimmen, die er von nichtbeamteten Personen wahrnehmen lassen will."[787] Das Handeln des Gesetzgebers darf jedoch nicht willkürlich sein.[788] Auch seine Einschätzungsprärogative muss er „in vertretbarer und nachvollziehbarer Weise" handhaben.[789] Im Rahmen des Funktionsvorbehaltes besteht die Besonderheit, dass der Gesetzgeber hier nicht so frei ist, wie in anderen Bereichen. Das Grundgesetz sieht ausdrücklich die Wahrnehmung hoheitsrechtlicher Befugnisse durch Beamte als Regelfall vor. Die bereits dargelegte Begründungspflicht für Ausnahmen trifft den einfachen Gesetzgeber. Würde er eine Aufga-

784 In diese Richtung auch *Strauß*, Funktionsvorbehalt und Berufsbeamtentum, 143.
785 Siehe 2. Kapitel, A., I., 4), b), bb), (4), (c), (jj).
786 *Pieroth/Schlink*, Grundrechte, Rn. 292.
787 BVerwGE 57, 55 (59 f.).
788 BVerfGE 10, 89 (102 f.).
789 BVerfG, NVwZ 2001, 190 (191).

benübertragung auf Nichtbeamte vornehmen und diese nicht begründen, wäre dies als nicht nachvollziehbar und damit als willkürlich zu betrachten. Potentiell anführbaren, aber vom historischen Gesetzgeber nicht genannten Gründen kommt dagegen, wenn überhaupt, nur eine untergeordnete Bedeutung zu. So hat auch das Bundesverfassungsgericht in der Entscheidung zum hessischen Maßregelvollzug lediglich auf die Gründe abgestellt, die der Gesetzgeber angeführt hat. Diese wurden durch Aussagen Dritter nur bestätigt und bezüglich tatsächlicher Begebenheiten ergänzt.[790] Das Gericht hat in diesem Zusammenhang ausgeführt, dass dem Gesetzgeber lediglich ein Einschätzungsspielraum zusteht, „soweit die Zulässigkeit von Ausnahmen (...) auch von der Einschätzung tatsächlicher Verhältnisse und ihrer künftigen Entwicklung abhängt."[791] Soll beispielsweise eine Aufgabe aufgrund einer vermuteten qualitativ höherwertigen Erfüllung durch Nichtbeamte auf diese übertragen werden, so steht es dem Gesetzgeber im Rahmen seiner Einschätzungsprärogative frei, dies vertretbar und nachvollziehbar anzunehmen. Er ist jedoch nicht davon befreit, seine Gründe für eine Aufgabenübertragung in nachvollziehbarer, dem Art. 33 IV GG entsprechender Weise darzulegen.

(3) Relation des sachlichen Grundes zu dem Zweck des Funktionsvorbehaltes

Nachdem festgestellt wurde, dass die Angabe eines sachlichen Grundes notwendig ist, stellt sich die Frage, ob dem Funktionsvorbehalt bereits mit dem Vorliegen eines solchen Grundes Genüge getan ist oder ob dieser noch in irgendeiner Form dem Zweck des Funktionsvorbehaltes zugeordnet werden muss.

Teilweise wird angenommen, dass die Angabe eines sachlichen Grundes ausreicht, um der Exekutive die Wahl einer Übertragung auf Nichtbeamte zu lassen.[792] Dem wird zu Recht entgegengehalten, dass eine solche Wahlfreiheit nicht dem Sinn des Art. 33 IV GG entsprechen würde.[793] Es ist zwar zutreffend, dass die Nutzung der Formulierung „in der Regel" Ausnahmen gegenüber dem ur-

790 BVerfG, NJW 2012, 1563 (1566).

791 BVerfG, NJW 2012, 1563 (1566).

792 Als Schlussfolgerung daraus, dass keine weitere Verhältnismäßigkeitsprüfung gefordert wird: *Masing*, in: Dreier (GG II), Art. 33 Rn. 70; *Kunig*, in: v. Münch/Kunig (GG II), Art. 33 Rn. 50; *Maunz*, in: Maunz/Dürig (GG), Art. 33 Rn. 42; *Gusy/Lührmann*, StV 2001, 46 (50); *Gusy*, JZ 2006, 651 (659 f.); *Gusy*, in: Stober (Hrsg.), Privatisierung im Strafvollzug?, 5 (24); *Becker*, Gemeinschaftsrecht und Berufsbeamtentum, 198 f.; *Meyer*, BewHi 2004, 272 (276); *Haug*, NVwZ 1999, 816 (819); *Kulas*, Privatisierung hoheitlicher Verwaltung, 63 ff.; *Jung*, Die Zweispurigkeit des öffentlichen Dienstes, 126; *Lecheler*, Verfassungspflicht bei der Erfüllung staatlicher Daueraufgaben, 5; *Stober*, JZ 1980, 249 (251).

793 *Pilz*, DÖV 2009, 102 (105).

sprünglich vorgesehenen „grundsätzlich“ vereinfachen sollte;[794] dem ist jedoch nur untergeordnete Bedeutung beizumessen. Beide Ausdrücke bringen lediglich die Zulässigkeit von Ausnahmen zum Ausdruck und sind rechtlich nahezu gleichwertig.[795] Aufgrund des erheblichen Zeitraums seit der Entstehung der Norm, der rein subjektiven Vorstellung des Gesetzgebers und des marginalen Unterschieds beider Begriffe kann dem Formulierungswechsel kaum noch relevante Bedeutung zugemessen werden. Er mag im weiteren Abwägungsverlauf untergeordnet zu berücksichtigen sein, rechtfertigt jedoch jedenfalls keine Ausnahmen vom Funktionsvorbehalt allein angesichts des Vorliegens eines sachlichen Grundes. Ein so umfangreiches Wahlrecht würde den Funktionsvorbehalt entwerten.[796]

Ob die angeführten Gründe ausreichen, entscheidet sich anhand von Sinn und Zweck einer Vorschrift und ihrer Entstehungsgeschichte, wobei sich jedoch Verhältnisse und Bedeutung der Norm geändert haben können.[797] Nicht jeder sachliche Grund, der für die Rechtfertigung einer Aufgabenübertragung auf Nichtbeamte angeführt werden kann, hat das gleiche Gewicht. Nicht jede Aufgabenübertragung weicht in gleicher Weise vom Grundgedanken des Funktionsvorbehaltes ab. Um dem Rechnung zu tragen, sind beide Aspekte im jeweiligen Einzelfall zu bewerten und in Relation zueinander zu setzen. Dies könnte in Form einer einfachen Abwägung[798] oder einer vollständigen Verhältnismäßigkeitsprüfung[799] erfolgen.

Hier ist der Letztgenannten der Vorzug zu geben. Die Notwendigkeit eines die Aufgabenübertragung rechtfertigenden Grundes wurde ohnehin bereits bejaht. Dieses Kriterium entspricht dem des legitimen, geeigneten Zweckes im Sinne des Verhältnismäßigkeitsgrundsatzes. Eine Abwägung zwischen diesem Grund

---

794 So auch: *Kirchhof*, Der Begriff der hoheitsrechtlichen Befugnisse, 59; *Becker*, Gemeinschaftsrecht und Berufsbeamtentum, 197; *Thieme*, Der Aufgabenbereich der Angestellten im Öffentlichen Dienst, 31.

795 OVG Münster, OVGE 26, 115 (119); *Haug*, NVwZ 1999, 816 (819).

796 *Haug*, NVwZ 1999, 816 (819).

797 OVG Münster, OVGE 26, 115 (118); Arbeitsbericht „Modellprojekt“, 18.

798 BVerfG, NJW 2012, 1563 (1566); *Mösinger*, BayVBl. 2007, 417 (424); *Gramm*, VerwArch 1999, 329 (343, 358 f.); *Kötter*, BewHi 2004, 211 (223 f.); *Lange*, DÖV 2001, 898 (902); *Krölls*, GewArch 1997, 445 (452). Wohl auch: Arbeitsbericht „Modellprojekt“, 18; *Burgi*, in: Stober (Hrsg.), Privatisierung im Strafvollzug?, 43 (52); *Landau*, Tagungsbericht 27. Triberger Symposium, 30 (37 f.); *Winterhoff*, FS Starck, 463 (470 f.).

799 BVerwG, NuR 2006, 499 (499); *Jachmann*, in: v. Mangoldt/Klein/Starck (GG), Art. 33 Rn. 37; *Jachmann/Strauß*, ZBR 1999, 289 (294); *Pilz*, DÖV 2009, 102 (106); *Sterzel*, LBGS Gutachten, 93, abgeleitet aus dem Charakter des Art. 33 IV i. V. m. Art. 33 V GG als institutioneller Garantie des Berufsbeamtentums; *Strauß*, Funktionsvorbehalt und Berufsbeamtentum, 145 ff., 207; *Bracher*, Gefahrenabwehr durch Private, 76; *Trampler*, Probleme der bundesdeutschen Flugsicherung, 151 f.

und dem Ausmaß der Abweichung vom Regelfall ist auch im Rahmen einer einfachen Abwägung vorzunehmen, um dem Gewicht des jeweiligen Aspekts im Einzelfall gerecht zu werden. Einziger Unterschied ist somit die zwischen Geeignetheit und Angemessenheit im engeren Sinne zu stellende Frage nach der Erforderlichkeit der Aufgabenübertragung. Diese ist gegeben, wenn kein anderes, mindestens gleich wirksames Mittel zur Verfügung steht, das – bezogen auf den ursprünglichen Anwendungsbereich des Verhältnismäßigkeitsgrundsatzes – den Betroffenen weniger belastet,[800] auf die behandelte Problematik übertragen, den Funktionsvorbehalt weniger einschränkt. Durch die Einbeziehung der Erforderlichkeit wird sichergestellt, dass vor der Aufgabenübertragung auf Nichtbeamte vorrangig mögliche verwaltungsinterne Maßnahmen wahrzunehmen sind, die eine Ausführung durch Beamte vorsehen. Wenn zwei gleichermaßen erfolgsversprechende Mittel zur Auswahl stehen und eines davon die Erfüllung hoheitsrechtlicher Befugnisse durch Beamte vorsieht und das andere nicht, kann es dem Funktionsvorbehalt nur entsprechen, die Erfüllung durch Beamte zu wählen.[801] Infolgedessen ist zur dauerhaften Übertragung von hoheitsrechtlichen Befugnissen auf Nichtbeamte eine vollständige Verhältnismäßigkeitsprüfung notwendig. Die Schutzrichtung des Verhältnismäßigkeitsgrundsatzes steht dem nicht entgegen.[802] Dieser wurde zwar im Zusammenhang mit Grundrechtsbeschränkungen entwickelt, stellt jedoch mittlerweile eine übergreifende Leitregel für jedes staatliche Handeln dar.[803] Der Verhältnismäßigkeitsgrundsatz greift folglich nach richtiger Ansicht auch im staatsorganisatorischen Bereich, was insbesondere für Art. 33 IV GG gilt, da dieser auch dem Schutz der Grundrechtsinteressen der Bürger dient.[804]

In diesem Zusammenhang stellt sich die Frage, ob die Wahrnehmung durch öffentlich-rechtliche Nichtbeamte grundsätzlich eine geringere Einschränkung des Funktionsvorbehaltes bedeutet als die Heranziehung von Privaten. Dafür wird vorgebracht, dass Private weniger weisungsgebunden, steuer- und lenkbar sind als privatrechtlich Beschäftigte des öffentlichen Dienstes und zudem gewinnfixierter arbeiten. Der Einsatz von Privatpersonen stelle deshalb eine größere Gefahr für die gesetzmäßige Verwaltung und den Rechtskreis der Bürger dar.

---

800 *Sachs*, in: Sachs (GG), Art. 20 Rn. 152 f.; *Jarass*, in: Jarass/Pieroth (GG), Art. 20 Rn. 85; *Pieroth/Schlink*, Grundrechte, Rn. 295 ff.

801 In diese Richtung auch *Strauß*, Funktionsvorbehalt und Berufsbeamtentum, 207 f.

802 Ausführlich dazu: *Strauß*, Funktionsvorbehalt und Berufsbeamtentum, 145 f. A. A. *Landau*, Tagungsbericht 27. Triberger Symposium, 30 (38), der den fehlenden Schutzbereichscharakter des Art. 33 IV GG als entscheidend dafür ansieht, dass eine Anlehnung an die Grundrechtsdogmatik mit der Durchführung einer Verhältnismäßigkeitsprüfung zu weit geht.

803 BVerfGE 23, 127 (133); *Sterzel*, LBGS Gutachten, 93 f.

804 *Sterzel*, LBGS Gutachten, 94.

Wenn Verwaltungsinterne gleich gut zur Aufgabenerfüllung geeignet sind, sei eine Privatisierung deshalb nicht erforderlich.[805] Der Beamtenvorbehalt würde so mittelbar zu einem öffentlich-rechtlichen Wahrnehmungsvorbehalt werden.

Die Besonderheiten des Beamtenverhältnisses liegen unter anderem in der einseitigen staatlichen Ausgestaltung, der Verpflichtung des Beamten, seine gesamte Persönlichkeit zur Verfügung zu stellen, dem fehlenden Streikrecht, der Remonstrationspflicht und der auf Lebenszeit-, Laufbahn- und Alimentationsprinzip begründeten besonders abgesicherten Position des Beamten, woraus sich die Garantie einer verlässlichen, stetigen und rechtsstaatlichen Aufgabenwahrnehmung ergibt.[806] Die Rechtsverhältnisse der Tarifbeschäftigten zum Staat wurden zwar teilweise an das Beamtenverhältnis angenähert[807], vergleichbare Merkmale finden sich jedoch nicht. Tarifbeschäftige stehen dem Staat zwar näher als Private, da sie direkt in die Verwaltung eingebunden sind. Sie unterliegen auch einer Weisungsbindung und sind somit effektiv kontrollierbar. Darüber hinaus sind sie zur Verfassungstreue verpflichtet. Es handelt sich bei ihrer Anstellung jedoch trotzdem um ein privatrechtliches Arbeitsverhältnis.[808] Entsprechende Weisungs- und Kontrollmechanismen lassen sich folglich auch durch einen privatrechtlichen Vertrag mit privaten Rechtssubjekten vereinbaren. Die Rechtsverhältnisse der Tarifbeschäftigten weisen somit keine Besonderheiten gegenüber einer durch zivilrechtlichen Vertrag ausgestalteten Heranziehung Privater auf, die auf eine grundsätzlich geringere Einschränkung des Funktionsvorbehalts bei Heranziehung von öffentlich-rechtlichen Nichtbeamten schließen ließe.

Als letzter Schritt einer Verhältnismäßigkeitsprüfung ist die Angemessenheit, also die Verhältnismäßigkeit im engeren Sinne, zu untersuchen.[809] Dabei sind die Vorteile, die von einer Aufgabenübertragung auf Nichtbeamte zu erwarten sind, sowie das Gewicht des sachlichen Grundes für eine solche Übertragung mit der Beeinträchtigung des Funktionsvorbehaltes und den damit verbundenen Gefahren und Nachteilen abzuwägen.[810] Zu beachten ist dabei, wie intensiv das verfas-

---

805 So *Bracher*, Gefahrenabwehr durch Private, 65; *Jachmann/Strauß*, ZBR 1999, 289 (298); *Strauß*, Funktionsvorbehalt und Berufsbeamtentum, 208. Für einen Vorrang der Übertragung von Eingriffsbefugnissen auf Tarifkräfte des öffentlichen Dienstes, Beliehene und Verwaltungshelfer vor der vertraglichen Heranziehung Privater: *Krölls*, GewArch 1997, 445 (452).

806 Siehe 2. Kapitel, A., I., 4), b), bb), (4), (a).

807 *Thieme*, Der Aufgabenbereich der Angestellten im Öffentlichen Dienst, 7.

808 BVerfGE 9, 268 (285); *Thieme*, Der Aufgabenbereich der Angestellten im Öffentlichen Dienst, 7.

809 *Sachs*, in: Sachs (GG), Art. 20 Rn. 154 ff.; *Jarass*, in: Jarass/Pieroth (GG), Art. 20 Rn. 86; *Pieroth/Schlink*, Grundrechte, Rn. 299 ff.

810 BVerwG, NuR 2006, 499 (499); *Krölls*, GewArch 1997, 445 (452); *Kötter*, BewHi 2004, 211 (223 f.); *Gramm*, VerwArch 1999, 329 (358 f.); *Bracher*, Gefahrenabwehr durch Private, 76;

sungsrechtlich vorgesehene Strukturprinzip beeinträchtigt wird.[811] Je eher die Erfüllung einer bestimmten Aufgabe durch Beamte adäquat und je relevanter die Aufgabe im Gesamtgefüge staatlicher Aufgabenwahrnehmung ist, desto gewichtiger muss der rechtfertigende Grund sein.[812] Ausschlaggebend ist auch, wie intensiv der Einsatz von Hoheitsmitteln mit dem Dienstposten verknüpft ist und ob er die Ausübung von Sanktionsmaßnahmen beinhaltet.[813] Je stärker grundrechtliche Rechtskreise berührt werden können und je schwerwiegender eventuelle Fehler in der Rechtsanwendung wiegen, desto weniger ist eine Übertragung zu rechtfertigen.[814] Das gilt insbesondere für nicht nur unerhebliche Eingriffsmöglichkeiten in höchstpersönliche Rechtsgüter wie Leben, körperliche Unversehrtheit, Freiheit und Eigentum.[815] Mitunter wird deshalb eine Übertragung von Posten, die einen möglichen Schusswaffengebrauch beinhalten, auf sämtliche Nichtbeamten als generell unzulässig betrachtet.[816] Ebenfalls zu beachten ist, wie groß die Wahrscheinlichkeit einer bewussten oder versehentlichen fehlerhaften Anwendung hoheitsrechtlicher Befugnisse, etwa aufgrund einer möglichen Interessenbindung Privater, im Vergleich zu Beamten ist.[817] Dienstposten, die die Ausübung von hoheitsrechtlichen Tätigkeiten von nur untergeordneter Bedeutung beinhalten[818] oder nur vorbereitender Natur sind[819], sind eher privatisierbar als andere. Je relevanter ein Dienstposten im Sinne des Funktionsvorbehalts ist und je enger er mit dem Kernbereich hoheitsrechtlicher Befugnisse, also der Ausübung von Eingriffsbefugnissen, verbunden ist, desto eher ist eine Wahrnehmung durch Nichtbeamte abzulehnen.[820] Rein fiskalische Erwägungen sind zwar als rechtfertigender Grund möglich, in der Regel wird ihnen aber ein relativ geringes Gewicht zuzumessen sein. Wenn die Erfüllungsqualität die gleiche ist

---

Jachmann/Strauß, ZBR 1999, 289 (298); *Strauß*, Funktionsvorbehalt und Berufsbeamtentum, 147; *Landau*, Tagungsbericht 27. Triberger Symposium, 30 (38).

811 BVerwG, NuR 2006, 499 (499); *Krölls*, GewArch 1997, 445 (452); *Strauß*, Funktionsvorbehalt und Berufsbeamtentum, 147.

812 *Jachmann*, in: v. Mangoldt/Klein/Starck (GG), Art. 33 Rn. 37; *Pieroth*, in: Jarass/Pieroth (GG), Art. 33 Rn. 42; *Mösinger*, BayVBl. 2007, 417 (425); *Krölls*, GewArch 1997, 445 (452); *Pilz*, DÖV 2009, 102 (106); *Barisch*, Die Privatisierung im deutschen Strafvollzug, 135.

813 *Burgi*, in: Stober (Hrsg.), Privatisierung im Strafvollzug?, 43 (52); *Gramm*, VerwArch 1999, 329 (359); *Barisch*, Die Privatisierung im deutschen Strafvollzug, 135.

814 BVerfG, NJW 2012, 1563 (1566); *Mösinger*, BayVBl. 2007, 417 (425); *Schimpfhauser*, Das Gewaltmonopol des Staates, 96; *Gramm*, VerwArch 1999, 329 (358 f.); *Strauß*, Funktionsvorbehalt und Berufsbeamtentum, 214; *Landau*, Tagungsbericht 27. Triberger Symposium, 30 (38).

815 *Mösinger*, BayVBl. 2007, 417 (425).

816 *Gramm*, VerwArch 1999, 329 (359).

817 *Kötter*, BewHi 2004, 211 (223 f.).

818 BVerwG, NuR 2006, 499 (499).

819 *Kiefer*, LKRZ 2009, 441 (442).

820 *Schimpfhauser*, Das Gewaltmonopol des Staates, 96; *Krölls*, GewArch 1997, 445 (452).

und Private ihre Leistungen lediglich etwas günstiger erbringen, können dadurch keine schwerwiegenden Eingriffe in den Funktionsvorbehalt gerechtfertigt werden. Relevant ist hier aber der Umfang des finanziellen Nutzens. Mittelbar fiskalische Interessen stellen dagegen einen gewichtigeren Grund dar. Wenn also Know-how, Technik, Ausrüstung oder ähnliche Vorteile auf privater Seite vorhanden sind und eine Erfüllung durch Beamte erst nach einer Ausbildung, Beschaffung und Schulung möglich ist, spricht dies stärker für den Einsatz von Privaten als reine Kostenvorteile.[821] Zwar wäre, bei entsprechendem finanziellem Aufwand, eine Erfüllung durch Beamte zu erreichen. Jedoch kann eine private Durchführung in solchen Fällen unter mehr als nur fiskalischen Gesichtspunkten eventuell vorzugswürdig sein. Wenn Fachwissen bei Beamten geschaffen werden muss, wird dies, je nach Umfang, zu ganz erheblichen Verzögerungen bei der Umsetzung eines Vorhabens führen. Während Private womöglich über eine jahrelange Erfahrung auf ihrem speziellen Gebiet verfügen, wären Beamte, auch nach einer entsprechend durchgeführten Qualifikation, noch relativ unerfahren. Dies führt unter Umständen zu einer verminderten Ausführungsqualität bzw. höheren Fehleranfälligkeit. Je enger die jeweilige Aufgabe mit dem Kernbereich der hoheitsrechtlichen Befugnisse verknüpft ist, desto weniger wird eine Übertragung auf Nichtbeamte aufgrund (mittelbarer) finanzieller Vorteile in Frage kommen.

Zusätzlich zu diesen Überlegungen ist zu beachten, dass dem Staat im Falle einer Privatisierung eine gesteigerte Gewährleistungs- und Verantwortungslast obliegt.[822] Umso mehr gilt dies im Bereich des Strafvollzugs, der von einer äußerst engen hoheitlichen Zwangsbeziehung geprägt ist, die die Einhaltung rechts- und sozialstaatlicher Standards in besonderem Maß erfordert.[823] Den Staat treffen umfassende Weisungs-, Kontroll-, Aufsichts- und Selbsteintrittspflichten, deren Ausübungsrecht vertraglich abzusichern ist.[824] Auch die Ausgestaltung dieser Rechte muss in die Abwägung einfließen. Je umfassender und weitreichender sie sind, desto eher ist die Übertragung von hoheitsrechtlichen Befugnissen auf Private zulässig. Wenn dagegen versäumt wurde, entsprechende Rechte vertraglich abzusichern, führt dies zu einer Unzulässigkeit von Privatisierungen.

---

821 *Jachmann/Strauß*, ZBR 1999, 289 (298). Ähnlich: *Gusy*, in: Stober (Hrsg.), Privatisierung im Strafvollzug?, 5 (24). Allerdings lehnt dieser eine rein kostengünstigere Erfüllung als Grund von vorneherein ab.

822 BVerfGE 17, 371 (377); Arbeitsbericht „Modellprojekt", 18.

823 *Hoffmann-Riem*, JZ 1999, 421 (428).

824 Arbeitsbericht „Modellprojekt", 18 f.

(4) Einschränkungen durch quantitative Aspekte

Die Formulierung „in der Regel" kann so verstanden werden, dass der einzelne Dienstpostens in Bezug zu seinem Umfeld – der Vollzugseinheit, dem Verwaltungszweig oder gar der staatlichen Tätigkeit an sich – gesetzt werden muss und sich daraus Grenzen für die Übertragung von hoheitsrechtlichen Befugnissen auf Nichtbeamte ergeben können. So wird etwa darauf abgestellt, ob die Kontinuität staatlichen Handelns gefährdet wird[825] oder die Interessen des Staates und die Sicherung der staatlichen Tätigkeit keinen Schaden erleiden[826].

Weitaus öfter wird jedoch in verschiedenen Ausprägungen auf quantitative Gesichtspunkte zurückgegriffen.[827] Oftmals geschieht dies, wie hier, zusätzlich zu der für jeden Dienstposten vorgenommenen Abwägung materieller Kriterien.[828] Vereinzelt erfolgt jedoch eine nur an quantitativen Merkmalen orientierte Interpretation, ohne die Beachtung qualitativer Kriterien.[829]

Gegen eine solche Betrachtung sprechen die für den Einzelnen lediglich statistische Wahrscheinlichkeit, auf einen Beamten zu treffen und die daraus resultierende nur vom Zufall abhängende qualifizierte Wahrnehmung hoheitlicher Aufgaben.[830] Weiter sind der auf eine qualitative Zielsetzung hindeutende Wort-

825 *Lange*, DÖV 2001, 898 (902).

826 *Thieme*, Der Aufgabenbereich der Angestellten im Öffentlichen Dienst, 32.

827 Ausdrücklich abgelehnt wird der Rückgriff auf quantitative Aspekte nur vereinzelt. So zum Beispiel: *Schimpfhauser*, Das Gewaltmonopol des Staates, 95 f.

828 BVerfG, NJW 2012, 1563 (1565); *Haug*, NVwZ 1999, 816 (819); *Gusy*, JZ 2006, 651 (659); *Gusy/Lührmann*, StV 2001, 46 (50 f.); *Krölls*, GewArch 1997, 445 (452); *Kötter*, BewHi 2004, 211 (223); *Strauß*, Funktionsvorbehalt und Berufsbeamtentum, 143 ff. Auch *Kulas*, der zwar nicht auf einzelne Dienstposten abstellt, aber dennoch qualitative und quantitative Kriterien kombiniert: *Kulas*, Privatisierung hoheitlicher Verwaltung, 63 ff.; *Kulas*, in: Stober (Hrsg.), Privatisierung im Strafvollzug?, 35 (39).

829 OVG Saarlouis, OVGE 10, 298 (306); *Thieme*, Der Aufgabenbereich der Angestellten im Öffentlichen Dienst, 31 f.; *Oehlerking*, Auslagerung von Funktionen der Justiz, 36 ff. Wohl auch: *Badura*, ZBR 1996, 321 (327). Nicht jedoch die oftmals dahingehend missverstandenen *Haug* und *Kulas: Haug*, NVwZ 1999, 816 (819); *Kulas*, Privatisierung hoheitlicher Verwaltung, 63 ff.; *Kulas*, in: Stober (Hrsg.), Privatisierung im Strafvollzug?, 35 (38 f.).

830 *Kötter*, BewHi 2004, 211 (223); *Gramm*, VerwArch 1999, 329 (358); *Barisch*, Die Privatisierung im deutschen Strafvollzug, 134. So wenig es den Bürger, gegenüber dem hoheitliche Befugnisse ausgeübt werden, im Einzelfall interessiert, welche Aufgaben der ausführende Amtswalter ansonsten wahrnimmt, so wenig Einfluss hat es auf ihn, wie qualifiziert vergleichbare Tätigkeiten gegenüber anderen Bürgern vorgenommen werden, wenn ihm gegenüber die qualifizierte Ausübung nicht gesichert ist. In diese Richtung auch *Wydra*, in: Schwind/Böhm/Jehle/Laubenthal (StVollzG), § 155 Rn. 2.

laut[831] und die Außerachtlassung des Gewichts der Aufgabe[832] zu nennen. Dem Argument, es sei zu arbeitsaufwändig, alle Dienstposten, die für eine Übertragung auf Nichtbeamte vorgesehen sind und die Gesamtzahl aller Posten, die die Ausübung hoheitsrechtlicher Befugnisse enthalten, zu erfassen und in Relation zu setzen[833], kann dagegen nicht gefolgt werden. Die Abwägung der (erst festzustellenden) Grundrechtsrelevanz mit dem Übertragungsgrund für jeden einzelnen Dienstposten dürfte einen erheblich höheren Aufwand bedeuten. Dennoch muss sich eine Aufgabenübertragung auf Nichtbeamte doch primär an materiellen Erwägungen für jeden Dienstposten orientieren. Ein anderes Verständnis würde dem Funktionsvorbehalt im Sinne seiner individuellen Schutzfunktion nicht gerecht werden. Eine quantitative Betrachtung kann dagegen lediglich ein ergänzendes Begrenzungskriterium darstellen.[834]

Im Sinne einer zusätzlichen quantitativen Begrenzung werden ebenfalls die Aussagen des Bundesverfassungsgerichts, wonach eine Übertragung auf Nichtbeamte „in größerem Umfang“ unzulässig sei,[835] und des Bundesverwaltungsgerichts, nach der das Regel-Ausnahme-Verhältnis nicht in Frage gestellt werden darf,[836] zu verstehen sein. Auch in der Entscheidung zum hessischen Maßregelvollzug wird es als unzulässig erachtet, von der Ausnahmemöglichkeit des Art. 33 IV GG Gebrauch zu machen, sofern dadurch der „vorgesehene Regelfall

831 *Mösinger*, BayVBl. 2007, 417 (425); *Barisch*, Die Privatisierung im deutschen Strafvollzug, 134.

832 *Schimpfhauser*, Das Gewaltmonopol des Staates, 96; *Mösinger*, BayVBl. 2007, 417 (425); *Gramm*, VerwArch 1999, 329 (358); *Landau*, Tagungsbericht 27. Triberger Symposium, 30 (37).

833 *Schimpfhauser*, Das Gewaltmonopol des Staates, 95; *Gramm*, VerwArch 1999, 329 (358).

834 In diese Richtung auch *Bracher*, Gefahrenabwehr durch Private, 70, 77; *Strauß*, Funktionsvorbehalt und Berufsbeamtentum, 147.

835 BVerfGE 9, 268 (284); dem folgend: BVerwGE 57, 55 (59); BVerwG, NuR 2006, 499 (499); OVG Münster, OVGE 26, 115 (120 f.). In der Literatur dem beispielsweise folgend: *Kunig*, in: v. Münch/Kunig (GG II), Art. 33 Rn. 50; *Strauß*, Funktionsvorbehalt und Berufsbeamtentum, 143 f.; *Stober*, NJW 2008, 2301 (2306). *Kunig* ist jedoch in der Annahme, dass die Formulierung des BVerfG „in größerem Umfang“ nicht auf den gesamten öffentlichen Dienst bezogen werden kann, sondern nur auf Verwaltungsbereiche, die traditionell vom Beamteneinsatz geprägt sind. Dies stellt jedoch eine Fehlinterpretation der Urteile dar. Bei einer quantitativen Betrachtung dürfen nur Dienstposten einbezogen werden, die die Ausübung hoheitsrechtlicher Befugnisse beinhalten. Posten ohne die Wahrnehmung solcher Befugnisse können für die Übertragung keine Rolle spielen. Zudem hängt die Anzahl der Beamten in den Verwaltungszweigen von der oftmals verfassungswidrigen Verwaltungspraxis ab. Diese darf nicht den verfassungsrechtlichen Rahmen bestimmen. Des Weiteren blieben neu geschaffene Verwaltungsbereiche bei dieser Betrachtungsweise außen vor.

836 BVerwG, NuR 2006, 499 (499).

faktisch zum zahlenmäßigen Ausnahmefall wird."[837] Wie das Verhältnis von Beamten zu Nichtbeamten konkret beschaffen sein muss, lässt sich daraus jedoch nicht entnehmen. Oftmals werden nur eng begrenzte, einzelfallbezogene Ausnahmen für zulässig erachtet, bereichsspezifische Ausnahmen, mitunter die Übertragung eines ganzen Verwaltungszweiges, dagegen nicht,[838] da sich das Regel-Ausnahme-Verhältnis für diese Bereiche sonst umkehren würde.[839] Es bestünde die Gefahr, dass das Berufsbeamtentum einen substanziell bedeutsamen Tätigkeitsbereich verlöre und zur „Randfigur" der Verwaltung degradiert werden würde.[840] Teilweise wird die Einschränkung mit einer geforderten „klaren Umgrenzung des Bereichs" umschrieben.[841] Bezogen auf den Strafvollzug soll deshalb die Privatisierung einer kompletten Vollzugsanstalt, aber auch die Privatisierung ganzer hoheitlicher Teilbereiche, wie beispielsweise der Überwachung, unzulässig sein.[842] Der Gegenansicht nach sind Abweichungen nicht nur für einzelne Dienstposten, sondern für ganze Behörden und sogar Dienstzweige möglich.[843] Dies entspricht auch der Aussage des Abgeordneten *Hoch* im Zuge der Beratungen des Parlamentarischen Rats, nach der „nicht nur im Einzelfall, der auf die betreffende Person abgestellt ist, sondern auch in einer ganzen Gruppe der gleichen Materie"[844] die Übertragung von hoheitsrechtlichen Befugnissen auf Nichtbeamte möglich sein sollte. Der wohl, zumindest auf die strafvollzugs-

---

837 BVerfG, NJW 2012, 1563 (1565), begründet damit, dass eine gegenteilige Auslegung am Zweck des Art. 33 IV GG, dem Berufsbeamtentum einen Mindesteinsatzbereich institutionell zu sichern, vorbeiginge.

838 *Isensee*, in: HdbVerfR II, § 32 Rn. 55; *Kirchhof*, Der Begriff der hoheitsrechtlichen Befugnisse, 59; *Jung*, Die Zweispurigkeit des öffentlichen Dienstes, 126; *Krölls*, GewArch 1997, 445 (452); *Meyer*, BewHi 2004, 272 (277); *Strauß*, Funktionsvorbehalt und Berufsbeamtentum, 144; *Landau*, Tagungsbericht 27. Triberger Symposium, 30 (37); *Burgi*, in: Stober (Hrsg.), Privatisierung im Strafvollzug?, 43 (52); *Gusy*, in: Stober (Hrsg.), Privatisierung im Strafvollzug?, 5 (22 ff.); *Lehnguth*, ZBR 1991, 266 (269 f.); *Bracher*, Gefahrenabwehr durch Private, 70; *Quidde*, ZBR 1958, 229 (233).

839 *Jung*, Die Zweispurigkeit des öffentlichen Dienstes, 126; *Kirchhof*, Der Begriff der hoheitsrechtlichen Befugnisse, 59.

840 *Strauß*, Funktionsvorbehalt und Berufsbeamtentum, 144. In diese Richtung auch BVerfG, NJW 2012, 1563 (1565).

841 *Oehlerking*, Auslagerung von Funktionen der Justiz, 38.

842 *Meyer*, BewHi 2004, 272 (276 f.), gestützt darauf, dass der Funktionsvorbehalt der Durchsetzung des staatlichen Gewaltmonopols dient. *Gusy*, in: Stober (Hrsg.), Privatisierung im Strafvollzug?, 5 (22 ff.).

843 BremStGH, NVwZ 2003, 81 (86); *Masing*, in: Dreier (GG II), Art. 33 Rn. 70; *Jachmann*, in: v. Mangoldt/Klein/Starck (GG), Art. 33 Rn. 37; *Thieme*, Der Aufgabenbereich der Angestellten im Öffentlichen Dienst, 31; *Pilz*, DÖV 2009, 102 (105); *Kulas*, Privatisierung hoheitlicher Verwaltung, 65 ff.; *Kulas*, in: Stober (Hrsg.), Privatisierung im Strafvollzug?, 35 (38 f.); *Stober*, NJW 2008, 2301 (2306).

844 *V. Doemming/Füßlein/Matz*, JöR n. F., Bd. 1, 314 (318).

rechtliche Diskussion bezogen, extensivste Vertreter dieser Ansicht ist *Kulas*, nach dem das Regel-Ausnahme-Verhältnis gewahrt bliebe, so lange sich 50 % aller Vollzugsanstalten in staatlicher Hand befinden, während die restlichen vollständig privat betrieben werden könnten.[845] Das Modell gründet auf der Annahme, dass der Funktionsvorbehalt lediglich Bestand und krisenfeste Ausübung besonders relevanter Staatsfunktionen sichere, was durch ein insgesamt funktionierendes System von Vollzugsanstalten erreicht werden könne. Eventuellen Problemen in rein privaten Anstalten könne man durch eine kurzfristige Gefangenenverlegung in staatliche Anstalten oder der Entsendung von Beamten in die entsprechenden Einrichtungen begegnen.[846] Dem wird zu Recht entgegengehalten, dass ein solches Vorgehen aufgrund von Kapazitätsproblemen kaum durchführbar wäre und einem effektiven, rechtsstaatlichen Vorgehen nicht entspräche.[847] Zudem entspricht es nicht der hier vertretenen Sicht, wonach der Funktionsvorbehalt auch subjektive Interessen schützt.

Teilweise wird, gestützt auf die Formulierung des Bundesverfassungsgerichts „in größerem Umfang",[848] die Idee einer quantitativen Beschränkung auf ein zahlenmäßiges Verhältnis von Beamten zu Nichtbeamten konkretisiert: So soll der Ausnahmevorbehalt erfordern, dass die Anzahl der Beamten die der Nichtbeamten übersteigt.[849] Problematisch dabei ist, dass die Festsetzung einer bestimmten Beamtenquote stets willkürlich ist; unabhängig davon, ob es sich um die geforderte 50 + X %-Quote oder eine noch strengere Anforderung handelt. Weshalb gerade ein bestimmter Prozentsatz ausreichen soll, ein anderer aber nicht, lässt sich kaum begründen.[850] Um dieser Problematik zu entgehen, wird von anderer Seite nicht auf eine rein zahlenmäßige Überlegenheit der Beamten im Bereich der Ausübung hoheitsrechtlicher Befugnisse abgestellt, sondern auf

845 *Kulas*, in: Stober (Hrsg.), Privatisierung im Strafvollzug?, 35 (39). An anderer Stelle spricht er von einem problemlos möglichen Anteil von privaten Haftplätzen im Bereich von 15 – 20 %: *Kulas*, Privatisierung hoheitlicher Verwaltung, 69. Sich dem anschließend *Lange*: *Lange*, DÖV 2001, 898 (902). Strikt gegen gänzlich privatisierte Anstalten dagegen: *Meyer*, BewHi 2004, 272 (277).

846 *Kulas*, Privatisierung hoheitlicher Verwaltung, 66; *Kulas*, in: Stober (Hrsg.), Privatisierung im Strafvollzug?, 35 (39).

847 So auch *Mösinger*, BayVBl. 2007, 417 (424); *Barisch*, Die Privatisierung im deutschen Strafvollzug, 133.

848 *Haug*, NVwZ 1999, 816 (819); *Gusy*, in: Stober (Hrsg.), Privatisierung im Strafvollzug?, 5 (23); *Gusy*, JZ 2006, 651 (659); *Gusy/Lührmann*, StV 2001, 46 (50 f.); *Barisch*, Die Privatisierung im deutschen Strafvollzug, 131.

849 *Haug*, NVwZ 1999, 816 (819); *Gusy*, in: Stober (Hrsg.), Privatisierung im Strafvollzug?, 5 (23); *Gusy*, JZ 2006, 651 (659); *Gusy/Lührmann*, StV 2001, 46 (50 f.); *Jung*, Die Zweispurigkeit des öffentlichen Dienstes, 126; *Barisch*, Die Privatisierung im deutschen Strafvollzug, 131.

850 BVerfG, NJW 2012, 1563 (1565); *Kötter*, BewHi 2004, 211 (223); *Mösinger*, BayVBl. 2007, 417 (425). Ähnlich auch *Ossenbühl*, Eigensicherung und hoheitliche Gefahrenabwehr, 41.

das weichere Kriterium zurückgegriffen, ob der typische Schwerpunkt der jeweiligen Funktionsausübung bei den Beamten liegt und ob sie die Aufgabenerfüllung prägen.[851]

Über die vorgenommene Abwägung auf Ebene des Dienstpostens hinaus ist bei Übertragungen von hoheitsrechtlichen Befugnissen auf Nichtbeamte zusätzlich dessen Umfeld im Sinne einer quantitativen Betrachtung heranzuziehen. Die Vorteile einer Aufgabenübertragung auf Nichtbeamte, das Gewicht des angeführten sachlichen Grundes, die Beeinträchtigung des Funktionsvorbehaltes sowie die damit verbundenen Gefahren und Nachteile, also die gesamte für einen Dienstposten vorgenommene Abwägung, lassen sich ohne Weiteres auf jeden gleichartigen Dienstposten übertragen. Aufgrund derselben Überlegungen könnten damit in einem Verwaltungszweig alle sich gleichenden Dienstposten, ohne die Betrachtung der bereits übertragenen, auf Nichtbeamte verlagert werden. Dies würde neben dem individuellen Schutzgedanken des Funktionsvorbehalts, insbesondere nicht dessen Garantiefunktion für die Kontinuität und Stetigkeit staatlichen Handelns, entsprechen. Würde man lediglich jeweils den einzelnen Dienstposten betrachten, wäre es möglich, innerhalb eines Verwaltungszweiges das Grundgerüst des Beamtenapparates, der, abgesichert durch das Lebenszeit- und Alimentationsprinzip, die kontinuierliche staatliche Aufgabenwahrnehmung garantiert, abzubauen. Um dieser Problematik entgegenzuwirken, sind quantitative Gesichtspunkte in die Betrachtung einzubeziehen. Dabei kann es jedoch nicht auf eine strikte Quote von Beamten zu Nichtbeamten ankommen. Neben der vorgebrachten Kritik würde eine solche starre Beurteilung zwei Aspekte unberücksichtigt lassen: erstens die möglicherweise unterschiedlichen Anforderungsprofile in den einzelnen Verwaltungszweigen und Vollzugseinheiten, zweitens den Anteil der Ausübung von hoheitsrechtlichen Befugnissen an den jeweiligen Dienstposten.

Mehr, jedoch auch nicht vollends überzeugt die Ansicht, die auf den in der Praxis nur schwierig zu bestimmenden Aspekt abstellt, ob der Schwerpunkt der Funktionsausübung noch bei Beamten liegt. Sie ist, ebenso wie die Ansicht des Bundesverfassungsgerichts und des Bundesverwaltungsgerichts, welche eine Übertragung in größerem Umfang verbietet, nicht flexibel genug, um dem Ausnahmevorbehalt gerecht zu werden.[852] Die oben entwickelten Kriterien, die bei

---

851 *Jachmann*, in: v. Mangoldt/Klein/Starck (GG), Art. 33 Rn. 37; *Masing*, in: Dreier (GG II), Art. 33 Rn. 70; *Burgi*, in: Stober (Hrsg.), Privatisierung im Strafvollzug?, 43 (52). Mit einer Kombination beider Faktoren: *Barisch*, Die Privatisierung im deutschen Strafvollzug, 135.

852 A. A. *Kämmerer*, der der Definition des BVerfG nur geringen Aussagegehalt beimisst. Die Formulierung ließe auch eine großzügige Interpretation zu, nach der der Funktionsvorbehalt erst verletzt wäre, wenn die bisherige Regel selbst zur Ausnahme würde: *Kämmerer*, Privatisierung, 219.

jedem Dienstposten zu beachten sind, müssen sich hier konsequenterweise fortsetzen. Auch bei der Einbeziehung des Umfeldes der Übertragung sind materielle Kriterien zu beachten. Neben den bereits Dargestellten – den Grund und die Vorteile der Übertragung und den Grad der Verletzung des Vorbehaltes und die dadurch zu erwartenden Nachteile – zählt der Anteil hoheitsrechtlicher Tätigkeiten an den entsprechenden Dienstposten zu diesen. Posten, die solche nur in einem geringen Anteil beinhalten, sind in größerer Anzahl auf Nichtbeamte übertragbar als solche, die davon geprägt werden. Posten, die dagegen nahezu ausschließlich mit der Ausübung von hoheitsrechtlichen Befugnissen verknüpft sind, dürfen tendenziell nur in geringer Anzahl übertragen werden. Dabei wird dem Funktionsvorbehalt prinzipiell umso besser entsprochen, je eher der Schwerpunkt der Aufgabenerfüllung weiterhin bei Beamten liegt. Unabdingbar ist jedoch auch dies nicht. Angesichts eines überragend wichtigen Grundes für, oder außergewöhnlichen Vorteilen durch eine Aufgabenübertragung, verbunden mit nur geringen Nachteilen, können, entgegen der Ansicht des Bundesverfassungsgerichts, des Bundesverwaltungsgerichts und der „Schwerpunkttheorie", auch Übertragungen in größerem Umfang gerechtfertigt sein. Es entspricht Art. 33 IV GG zwar am besten, den Beamten die schwerpunktmäßige Ausübung von hoheitsrechtlichen Befugnissen zu überlassen. Warum der Ausnahmevorbehalt eine Abweichung davon, bei entsprechenden materiellen Argumenten, jedoch generell verbieten sollte, ist nicht ersichtlich. Folglich hängt die Frage danach, ob bereichsspezifische Ausnahmen zulässig sind, von der durchzuführenden umfassenden Abwägung im Einzelfall ab. Dieses flexible Ergebnis deckt sich im Übrigen auch mit den Vorstellungen des Parlamentarischen Rats zur Ausgestaltung der Ausnahmeregelung des Funktionsvorbehalts.[853] Je eher sich Übertragungsüberlegungen im Kern des vom Funktionsvorbehalt geschützten Bereichs bewegen, desto eher werden großflächige Übertragungen unzulässig sein. Rein finanzielle Erwägungen sind von derart geringem Gewicht, dass sie Übertragungen von hoheitsrechtlichen Befugnissen auf Nichtbeamte tendenziell nicht in einen zahlenmäßig größeren Umfang rechtfertigen können.

853 Diese zielten auf die Möglichkeit, auch in größerem Umfang hoheitsrechtliche Befugnisse auf Nichtbeamte zu übertragen: *v. Doemming/Füßlein/Matz*, JöR n. F., Bd. 1, 314 (318).

(5) Mögliche ständige Ausnahmen im Bereich des Strafvollzugs

(a) Generell für Privatisierungsvorhaben im Strafvollzug angeführte Gründe

(aa) Fiskalische Aspekte

Begründet werden Privatisierungsvorhaben am häufigsten mit fiskalischen Aspekten:[854] Im Idealfall sollen die Kosten für den Strafvollzug vermindert und gleichzeitig neue Einnahmen generiert werden. Vornehmlich wird eine Senkung der hohen Betriebskosten erwartet.[855] Die Ausgaben für den Strafvollzug beliefen sich in Baden-Württemberg im Jahr 2010 beispielsweise auf 194 Millionen Euro, wobei lediglich 10,7 Millionen Euro eingenommen wurden.[856] Wenn der Staat eine Aufgabe oder bestimmte Teilbereiche einer Aufgabe an Private abgibt, muss er die laufenden Kosten dafür nicht mehr tragen. Weder für Einrichtungen noch für Personal sind weitere Ausgaben nötig. Deshalb könnten etwa bestimmte Dienstleistungen und Routineaufgaben,[857] für die Beamte teilweise überqualifiziert sind, durch günstigere Privatpersonen durchgeführt werden.[858] Bei privaten Firmen würde zudem eine andere Kostenmentalität vorliegen. Während es Beamten in der Verwaltung hauptsächlich um eine Budgetmaximierung und damit einer Steigerung ihrer Verantwortung und Untergebenen ankäme, könne dies bei Privaten kaum vorkommen. Dort wäre ein solches Verhalten durch eine interne

---

854 Für den Strafvollzug: Nds. LT-Drs. 15/3565, 212; *Wydra*, in: Schwind/Böhm/Jehle/Laubenthal (StVollzG), § 155 Rn. 2; *Landau*, Tagungsbericht 27. Triberger Symposium, 30 (30); *Mösinger*, BayVBl. 2007, 417 (417); *Frommel*, NK 2006, 6 (6); *Müller-Dietz*, NK 2006, 11 (11); *Lange*, DÖV 2001, 898 (898, 900); *Stober*, NJW 2008, 2301 (2301); *Meyer*, BewHi 2004, 272 (272 f.); *Wagner*, ZRP 2000, 169 (170); *Schimpfhauser*, Das Gewaltmonopol des Staates, 124 ff.; *Kulas*, Privatisierung hoheitlicher Verwaltung, 17 ff.; *Kulas*, in: Stober (Hrsg.), Privatisierung im Strafvollzug?, 35 (35 f.); *Burgi*, in: Stober (Hrsg.), Privatisierung im Strafvollzug?, 43 (46); *Aumüller*, in: Stober (Hrsg.), Privatisierung im Strafvollzug?, 59 (63 f.); *Päckert*, FS 2007, 217 (217); *Strauß*, Funktionsvorbehalt und Berufsbeamtentum, 211; *Krölls*, GewArch 1997, 445 (445); *Barisch*, Die Privatisierung im deutschen Strafvollzug, 195 ff. Für Privatisierungsbemühungen allgemein: *Strauß*, Funktionsvorbehalt und Berufsbeamtentum, 211; *Sandmann*, in: Preusker/Maelicke/Flügge (Hrsg.), Das Gefängnis als Risikounternehmen, 259 (263 ff.); *Jöhnk*, in: Stober (Hrsg.), Privatisierung im Strafvollzug?, 55 (55 ff.); *Schoch*, DVBl. 1994, 962 (965).

855 *Lange*, DÖV 2001, 898 (898); *Meyer*, BewHi 2004, 272 (272 f.); *Kulas*, Privatisierung hoheitlicher Verwaltung, 7 ff.; *Kulas*, in: Stober (Hrsg.), Privatisierung im Strafvollzug?, 35 (36).

856 Diagramm „Kosten des Justizvollzuges im Haushaltsjahr 2010", abrufbar unter http://www.jum.baden-wuerttemberg.de/servlet/PB/show/1228133/Justizvollzug%20Diagramm%20Einnahmen%20und%20Ausgaben%202008.pdf (Stand: 24.02.2011).

857 Solche sollen 30 – 40 % aller in einer Vollzugsanstalt anfallenden Aufgaben ausmachen: *Wagner*, ZRP 2000, 169 (172).

858 *Barisch*, Die Privatisierung im deutschen Strafvollzug, 205.

„Selbstkontrolle" durch andere Mitarbeiter nahezu ausgeschlossen. Auch bestünde dort nicht die Gefahr, dass Haushaltsmittel am Ende des Jahres sinnlos ausgegeben würden, um Budgetkürzungen im Folgejahr zu vermeiden.[859] Im Vergleich zum Einsatz von Beamten im mittleren Dienst wird mitunter eine Kostenersparnis von 40 – 50 % für möglich gehalten.[860] So wurde durch die Teilprivatisierung der JVV Hünfeld anfangs eine Kostensenkung von 15 % erwartet, was einer jährlichen Einsparung von 660.000 € entspricht.[861] Auch durch den betriebswirtschaftlich besser organisierten Einsatz der Arbeitskraft der Gefangenen und entsprechendes Marketing könnten Gewinne erwirtschaftet werden.[862] Zusätzlich könnten Gebühren von Privaten erhoben werden, um die entsprechende Aufgabe ausüben zu dürfen. Von diesen wären auch vermehrte Steuereinnahmen zu erwarten.[863]

(bb) Flexibilität des Privatrechts

Ein weiteres Argument für eine Privatisierung ist die größere Flexibilität des Privatrechts im Vergleich zum öffentlichen Recht:[864] So ist etwa eine Anpassung der Organisationsform an unvorhergesehene Entwicklungen im privaten Bereich einfacher zu bewerkstelligen als im öffentlichen Dienst. Auch bei der Personalorganisation können sich Vorteile ergeben.[865] Durch vertragliche Vereinbarungen kann der Staat sicherstellen, dass stets die benötige Anzahl an Kräften in einer Vollzugsanstalt vorhanden ist. Bei Engpässen könnten Bedienstete vom privaten Vertragspartner angefordert, bei einer Nichtbenötigung an ihn abgegeben werden. Entsprechende Vereinbarungen vorausgesetzt, müssten Urlaub und Krankheit der Arbeitnehmer nicht berücksichtigt werden, da entsprechender Er-

---

859 *Kulas*, Privatisierung hoheitlicher Verwaltung, 9 ff.

860 *Aumüller*, in: Stober (Hrsg.), Privatisierung im Strafvollzug?, 59 (63 f.); *Mösinger*, BayVBl. 2007, 417 (417); *Lange*, DÖV 2001, 898 (900).

861 *Päckert*, FS 2007, 217 (220); *Laubenthal*, Strafvollzug, Rn. 46; *Sandmann*, in: Preusker/Maelicke/Flügge (Hrsg.), Das Gefängnis als Risikounternehmen, 259 (264).

862 *Kulas*, Privatisierung hoheitlicher Verwaltung, 11.

863 *Kulas*, Privatisierung hoheitlicher Verwaltung, 7 ff.; *Kulas*, in: Stober (Hrsg.), Privatisierung im Strafvollzug?, 35 (36).

864 *Landau*, Tagungsbericht 27. Triberger Symposium, 30 (30); *Mösinger*, BayVBl. 2007, 417 (417); *Lange*, DÖV 2001, 898 (898, 900); *Kulas*, Privatisierung hoheitlicher Verwaltung, 12 f.; *Aumüller*, in: Stober (Hrsg.), Privatisierung im Strafvollzug?, 59 (67); *Sandmann*, in: Preusker/Maelicke/Flügge (Hrsg.), Das Gefängnis als Risikounternehmen, 259 (265); *Barisch*, Die Privatisierung im deutschen Strafvollzug, 205.

865 *Aumüller*, in: Stober (Hrsg.), Privatisierung im Strafvollzug?, 59 (67); *Lange*, DÖV 2001, 898 (900).

satz zur Verfügung gestellt werden müsste. Von staatlicher Seite müssten auf diese Weise keinerlei Personalreserven gebildet werden.[866]

Des Weiteren könnte Personal eingesetzt werden, das nicht für eine Einstellung in den öffentlichen Dienst in Frage kommt. Ältere Arbeitnehmer und nicht EU Ausländer könnten eingesetzt werden, um so langjährige Erfahrung zu nutzen und besser auf die entsprechenden Gefangenengruppen eingehen zu können[867] – ein Aspekt, der durch die stetige Zunahme des Anteils ausländischer Gefangener[868] an Relevanz gewinnt. Von 1987 bis 2006 hat sich der Anteil von nichtdeutschen Gefangenen beispielsweise in Hessen von 27 % auf 40,2 % erhöht. Bei der Untersuchungshaft liegt der Anteil gar bei 62,1 %.[869] Auch in Baden-Württemberg ist der Anteil nichtdeutscher Gefangener zwischen 1991 und 2009 von 26,8 % auf 32,2 % gestiegen.[870] Die Mehrheit dieser Gefangenen befindet sich zum ersten Mal im Vollzug, hat Verständigungsschwierigkeiten und ist nicht mit der deutschen Kultur und Sprache vertraut.[871] Deshalb ist eine besonders intensive Betreuung, eventuell auch durch entsprechend geeignete Vollzugsbedienstete, notwendig. Ein weiterer Flexibilitätsvorteil wäre, dass die Anstalten ungeeignete Kräfte leichter durch den Vertragspartner ersetzen lassen könnten, als dies in einem öffentlich-rechtlichen Dienstverhältnis der Fall ist.[872]

(cc) Erhöhung der Innovationsgeschwindigkeit

Des Weiteren wird durch die Öffnung des Marktes eine durch die entstehende Konkurrenz angeregte Prozess- und Produktinnovation bzw. eine erhöhte Innovationsgeschwindigkeit erwartet.[873] Einerseits könnte der Wettbewerb unter den

866 *Aumüller*, in: Stober (Hrsg.), Privatisierung im Strafvollzug?, 59 (67); *Mösinger*, BayVBl. 2007, 417 (417).

867 *Aumüller*, in: Stober (Hrsg.), Privatisierung im Strafvollzug?, 59 (67); *Kulas*, Privatisierung hoheitlicher Verwaltung, 12 f.; *Lange*, DÖV 2001, 898 (898, 900); *Barisch*, Die Privatisierung im deutschen Strafvollzug, 205.

868 *Böhm/Jehle*, in: Schwind/Böhm/Jehle/Laubenthal (StVollzG), § 2 Rn. 13; *Jöhnk*, in: Stober (Hrsg.), Privatisierung im Strafvollzug?, 55 (55); *Suhrbier*, in: Stober (Hrsg.), Privatisierung im Strafvollzug?, 71 (76); *Laubenthal*, Strafvollzug, Rn. 141.

869 Justizvollzug in Hessen – Stand 2006, 11.

870 Diagramm „Ausländeranteil im b.-w. Justizvollzug“, abrufbar unter http://www.jum.baden-wuerttemberg.de/servlet/PB/show/1213943/Ausl%E4nderanteil.pdf (Stand: 24.02.2011).

871 Justizvollzug in Hessen – Stand 2006, 11.

872 *Aumüller*, in: Stober (Hrsg.), Privatisierung im Strafvollzug?, 59 (67); *Lange*, DÖV 2001, 898 (900); *Barisch*, Die Privatisierung im deutschen Strafvollzug, 205.

873 *Mösinger*, BayVBl. 2007, 417 (417); *Stober*, NJW 2008, 2301 (2301); *Kulas*, Privatisierung hoheitlicher Verwaltung, 14 f.; *Kulas*, in: Stober (Hrsg.), Privatisierung im Strafvollzug?, 35 (36); *Aumüller*, in: Stober (Hrsg.), Privatisierung im Strafvollzug?, 59 (68 f.); *Meyer*, BewHi 2004,

privaten Anbietern Innovationen fördern, andererseits könnte auch die staatliche Seite, angeregt durch die private Konkurrenz, gezwungen sein, neue Wege zu gehen.[874] Die Verwaltung könnte sich durch die privaten Wettbewerber insbesondere veranlasst sehen, eigene Prozesse zu optimieren.[875] Dies sei nötig, da Bürokraten, mitunter aus Bequemlichkeit, dazu tendierten, am Status quo festzuhalten, und dadurch den Fortschritt aufhielten.[876] Vorstellbar ist, dass in den Vollzug eingebundene private Firmen verbesserte Sicherheitstechniken wie Kartenschließsysteme entwickeln oder gar neue Formen des Vollzugs anregen.[877] Um die angestrebten Ziele bestmöglich zu erreichen, wird vorgeschlagen, die abgeschlossenen Verträge möglichst mit kurzer Laufzeit auszugestalten. So wäre der private Partner stets gezwungen, Neuerungen vorzunehmen, Prozesse zu optimieren und Kosten zu senken, da er ansonsten die Nichtverlängerung des Vertrages zu befürchten hätte.[878] Zudem zeige sich aus den Erfahrungen, die im Ausland gemacht wurden, dass die Motivation und Leistungsbereitschaft bei den verbleibenden staatlichen Bediensteten zunimmt: Es wird eine „deutlich geringere Krankheitsquote durch höhere Motivation und höhere Arbeitsleistung" erwartet.[879]

(dd) Rückkehr zum „schlanken Staat" und damit verbundene Qualitätssteigerung

Ein anderes Argument für eine Privatisierung wird in der Rückkehr zum „schlanken Staat" gesehen. Die Verwaltung sei in zu vielen Bereichen tätig. Mit der Wahrnehmung aller Aufgaben sei sie überfordert, die Qualität der Aufgabenerfüllung leide, eine solide Finanzierung sei nicht gesichert. Deshalb solle der Staat möglichst viele Aufgaben abgeben und seine Tätigkeit auf die Kernberei-

272 (272); *Lange*, DÖV 2001, 898 (900); *Barisch*, Die Privatisierung im deutschen Strafvollzug, 195 ff., 229 ff.

874 *Kulas*, Privatisierung hoheitlicher Verwaltung, 14 f.; *Lange*, DÖV 2001, 898 (900); *Barisch*, Die Privatisierung im deutschen Strafvollzug, 198 ff. *Kulas* schlägt zur Verstärkung des Wettbewerbs gar ein Wahlrecht der Gefangenen bezüglich einer staatlichen oder privaten Unterbringung vor: *Kulas*, Privatisierung hoheitlicher Verwaltung, 68.

875 *Kulas*, Privatisierung hoheitlicher Verwaltung, 14 f.

876 *Barisch*, Die Privatisierung im deutschen Strafvollzug, 246.

877 *Aumüller*, in: Stober (Hrsg.), Privatisierung im Strafvollzug?, 59 (63 f.); *Kulas*, Privatisierung hoheitlicher Verwaltung, 9 ff.; *Lange*, DÖV 2001, 898 (900).

878 *Barisch*, Die Privatisierung im deutschen Strafvollzug, 201. Jedoch mit dem Hinweis, die Verträge nicht zu kurz zu gestalten, um dem Privaten nicht die Anreize für längerfristige Investitionen zu nehmen.

879 *Aumüller*, in: Stober (Hrsg.), Privatisierung im Strafvollzug?, 59 (68). So liegt auch die Krankheitsquote in der teilprivatisierten JVA Hünfeld durchschnittlich bei nur 4,65 % und damit am niedrigsten im gesamten hessischen Strafvollzug: *Barisch*, Die Privatisierung im deutschen Strafvollzug, 206.

che einschränken.[880] Durch eine solche Beschränkung könne auch das Beamtentum an sich eine Aufwertung erfahren.[881] Bezüglich der Qualität des staatlichen Strafvollzuges werden verschiedene Punkte bemängelt. Beispielsweise sei die Verwaltung ineffizient und ineffektiv, die Gefängnisse baulich veraltet.[882] Der Vollzug sei von Personalknappheit und Sparzwängen geprägt.[883] Insbesondere wird in der Regel jedoch die starke Überbelegung kritisiert, die teilweise durch den lange Zeit steigenden Haftplatzbedarf bedingt ist.[884] Im gesamten Bundesgebiet waren zum 31. März 1999 in 222 Vollzugsanstalten rund 84.200 Menschen bei 78.500 zur Verfügung stehenden Haftplätzen inhaftiert.[885] Als Beispiel wird oft der hessische Strafvollzug herangezogen. Als 1999 die Planungen für die hessische JVA Burg begannen, fehlten rund 1.000 Haftplätze, was einer Überbelegungsquote von ca. 12 % entsprach.[886] 2002 fehlten sogar 1.200 Haftplätze.[887] Solche Verhältnisse bergen die Gefahr einer Überlastung der Justizvollzugsbeamten, aus der unter anderem Sicherheitsrisiken entstehen können.[888] Durch Privatisierungen könnte es zu einer allgemeinen Qualitätssteigerung im Strafvollzug kommen:[889] Privates Know-how soll für den Staat nutzbar gemacht werden. Möglich sind die Modernisierung des Vollzuges, die Erhöhung der Re-

---

880 *Landau*, Tagungsbericht 27. Triberger Symposium, 30 (30); *Cornel*, NK 2006, 7 (7); *Stober*, NJW 2008, 2301 (2301); *Wagner*, ZRP 2000, 169 (170); *Schimpfhauser*, Das Gewaltmonopol des Staates, 124 ff.; *Kulas*, Privatisierung hoheitlicher Verwaltung, 12 f.; *Oehlerking*, Auslagerung von Funktionen der Justiz, 11 f.

881 *Kulas*, Privatisierung hoheitlicher Verwaltung, 12 f.

882 *Landau*, Tagungsbericht 27. Triberger Symposium, 30 (30); *Lange*, DÖV 2001, 898 (898); *Wagner*, ZRP 2000, 169 (170); *Jöhnk*, in: Stober (Hrsg.), Privatisierung im Strafvollzug?, 55 (55).

883 *Laubenthal*, Strafvollzug, Rn. 141.

884 *Mösinger*, BayVBl. 2007, 417 (417); Arbeitsbericht „Modellprojekt", 6 f.; *Lange*, DÖV 2001, 898 (898); *Meyer*, BewHi 2004, 272 (272 f.); *Wagner*, ZRP 2000, 169 (170); *Aumüller*, in: Stober (Hrsg.), Privatisierung im Strafvollzug?, 59 (61); *Päckert*, FS 2007, 217 (217); *Jöhnk*, in: Stober (Hrsg.), Privatisierung im Strafvollzug?, 55 (55); *Suhrbier*, in: Stober (Hrsg.), Privatisierung im Strafvollzug?, 71 (72, 76); *Kulas*, in: Stober (Hrsg.), Privatisierung im Strafvollzug?, 35 (35); *Burgi*, in: Stober (Hrsg.), Privatisierung im Strafvollzug?, 43 (46); *Laubenthal*, Strafvollzug, Rn. 141; *Barisch*, Die Privatisierung im deutschen Strafvollzug, 230.

885 *Suhrbier*, in: Stober (Hrsg.), Privatisierung im Strafvollzug?, 71 (72).

886 Arbeitsbericht „Modellprojekt", 6 f.; *Wagner*, ZRP 2000, 169 (170); *Aumüller*, in: Stober (Hrsg.), Privatisierung im Strafvollzug?, 59 (61).

887 *Barisch*, Die Privatisierung im deutschen Strafvollzug, 43.

888 *Meyer*, BewHi 2004, 272 (272 f.); *Lange*, DÖV 2001, 898 (898).

889 *Lange*, DÖV 2001, 898 (898); *Schimpfhauser*, Das Gewaltmonopol des Staates, 126 f.; *Wagner*, ZRP 2000, 169 (170); *Kulas*, Privatisierung hoheitlicher Verwaltung, 9 ff., 14 f., 67; *Kulas*, in: Stober (Hrsg.), Privatisierung im Strafvollzug?, 35 (36); *Meyer*, BewHi 2004, 272 (272); *Strauß*, Funktionsvorbehalt und Berufsbeamtentum, 208 f.; *Sandmann*, in: Preusker/Maelicke/Flügge (Hrsg.), Das Gefängnis als Risikounternehmen, 259 (264 f.).

sozialisierungschancen, eine Effizienzsteigerung, die Schaffung neuer Haft- und qualifizierter Arbeitsplätze, eine Verbesserung der Haftbedingungen, die verbesserte Aufrechterhaltung von Sicherheit und Ordnung, die Einbringung besonderer Sachkunde und Ausrüstung, die Einführung neuer Vollzugsformen, die Entwicklung neuer Sicherheitstechniken, eine Straffung der Betriebsabläufe und die sinnvollere Nutzung der Arbeitskraft der Gefangenen. Im Rahmen des Behandlungsvollzugs wird zudem teilweise die Trennung von vollzuglichen Entscheidungen und externen Gutachten und damit die Einschaltung einer neutralen Instanz als möglicher Vorteil angesehen.[890] Die Übertragung einer Teilverantwortung für den Strafvollzug auf die Bürger könnte des Weiteren die „Staatsverdrossenheit" und das „Service-Denken" bezüglich staatlicher Leistungen eindämmen.[891] Dadurch, dass eine Privatisierung ein erhöhtes öffentliches Interesse am Strafvollzug hervorruft, könnte, zumindest kurzfristig, eine Qualitätssteigerung eintreten.[892] Auch Synergieeffekte könnten genutzt werden.[893]

(ee) Bewertung der Argumente

Der finanzielle Aspekt ist das am häufigsten vorgebrachte Argument in der Privatisierungsdiskussion. Schon in älteren Veröffentlichungen wird regelmäßig auf die Notwendigkeit von Einsparungen aufgrund der „aktuell" angespannten Haushaltslage hingewiesen – ein Gesichtspunkt, der aufgrund der ab dem Jahr 2007 einsetzenden Finanzkrise und der daraus resultierenden vermehrten Verschuldung in absehbarer Zukunft zumindest nicht an Bedeutung verlieren wird. Bei der geführten Diskussion drängt sich teilweise der Eindruck auf, dass einige Autoren davon ausgehen, eine private Aufgabenerfüllung sei grundsätzlich günstiger. Dass davon nicht ausgegangen werden kann, zeigen beispielsweise die Überlegungen zur Einführungen eines Haus- und Versorgungsmanagementkonzepts für die Vollzugsanstalten in Schleswig-Holstein. Nach ausführlicher Prüfung wurde darauf verzichtet, da sich keine wirtschaftlichen Vorteile gegenüber einer staatlichen Durchführung ergeben hätten.[894] Der Einsatz von Beamten ist oftmals sogar günstiger als der von Angestellten.[895] Der Annahme, dass das Streben nach Budgetmaximierungen und die Verschwendung von Mitteln am Jahres-

890 *Sandmann*, in: Preusker/Maelicke/Flügge (Hrsg.), Das Gefängnis als Risikounternehmen, 259 (265).

891 *Kulas*, Privatisierung hoheitlicher Verwaltung, 15 f.

892 *Kulas*, Privatisierung hoheitlicher Verwaltung, 15 f.; *Kulas*, in: Stober (Hrsg.), Privatisierung im Strafvollzug?, 35 (36). Ähnlich *Barisch*, Die Privatisierung im deutschen Strafvollzug, 242 f.

893 *Oehlerking*, Auslagerung von Funktionen der Justiz, 11.

894 *Jöhnk*, in: Stober (Hrsg.), Privatisierung im Strafvollzug?, 55 (57).

895 *Isensee*, ZBR 1998, 295 (302); *Stegmann*, ZBR 1996, 6 (10).

ende der Privatwirtschaft fremd wären, kann kaum gefolgt werden. Das teilweise herrschende Vorurteil einer günstigeren privaten Erfüllung, wird mit fortschreitender Diskussion auch in der Literatur bezweifelt. Kritisiert wird, dass mitunter die Vorbereitungs-, Transaktions- oder Folgekosten, etwa für die Einbindung, Unterstützung und Überwachung der Privaten, sowie mögliche Schadensersatz- oder Selbsteintrittskosten nicht einbezogen oder nur Teilbereiche verglichen werden.[896] Von einer grundsätzlich günstigeren privaten Erfüllung kann nicht ausgegangen werden, wenn mitunter auch gewisse Tendenzen in diese Richtung vermutet werden.[897] Selbst wenn eine solche Tendenz bestünde, müsste in jedem Einzelfall auf eine vergleichbare Erfüllungsqualität geachtet werden.[898] Problematisch für zuverlässige Prognosen ist, dass für die in Deutschland möglichen Privatisierungsmodelle bisher vor allem längerfristige Zahlen fehlen, die die erwarteten Einsparungen auch tatsächlich belegen.[899] Vergleiche mit Privatisierungen in anderen Ländern lassen sich nur bedingt ziehen, da sich die dort durchgeführten Maßnahmen und die rechtlichen Bedingungen teilweise erheblich von den hier geplanten unterscheiden.[900] Lediglich für die JVA Hünfeld liegt mittlerweile eine Zwischenbilanz vor, welche jedoch eher negativ ausfällt. Dort kostet im Jahr 2007 ein Haftplatz 83,18 € pro Tag. In der vergleichbaren staatlichen JVA Darmstadt waren es dagegen nur 79,28 €. Bei 500 in Hünfeld vorhandenen Haftplätzen beliefen sich die Mehrkosten folglich auf rund 700.000 € pro Jahr.[901] Dass daran nicht die Einsparpotentiale der Vollzugsprivatisierung insgesamt beurteilt werden können, versteht sich jedoch von selbst.[902] Vielmehr wird sich erst in Zukunft zeigen, ob eine private Erfüllung tatsächlich so viele Einsparpotentiale birgt wie erhofft. Klarheit werden die Bilanzen der anderen Anstalten nach und nach schaffen. Jedenfalls muss bereits im Vorfeld für jedes Privatisierungsvorhaben eine ausführliche Analyse der Kosten und Nutzen stattfinden. Von einer generell kostengünstigeren Erfüllung durch Private kann nicht ausgegangen werden.

---

896 *Mühlenkamp*, DÖV 2008, 525 (532 ff.); *Frommel*, NK 2006, 6 (6); *Cornel*, NK 2006, 7 (9); *Hoffmann-Riem*, JZ 1999, 421 (428); *Bosch/Reichert*, ZStW 2001, 207 (235 f.). Mit dem Hinweis auf die Notwendigkeit dieser Ausgaben auch *Lange*, DÖV 2001, 898 (900); *Barisch*, Die Privatisierung im deutschen Strafvollzug, 211.

897 So *Kulas*, Privatisierung hoheitlicher Verwaltung, 9 ff.; *Sandmann*, in: Preusker/Maelicke/Flügge (Hrsg.), Das Gefängnis als Risikounternehmen, 259 (265). Mit einem völlig offenen Ergebnis: *Mühlenkamp*, DÖV 2008, 525 (534 f.).

898 *Kulas*, Privatisierung hoheitlicher Verwaltung, 9 ff.; *Mühlenkamp*, DÖV 2008, 525 (534).

899 *Frommel*, NK 2006, 6 (6).

900 *Bosch/Reichert*, ZStW 2001, 207 (235).

901 *Barisch*, Die Privatisierung im deutschen Strafvollzug, 196.

902 So auch *Barisch*, Die Privatisierung im deutschen Strafvollzug, 196 f.

Ebenso lässt sich die Argumentation zur Personalflexibilität bezweifeln. Es ist richtig, dass das Privatrecht anpassungsfähigere Lösungen zulässt. Die Länder können durchaus mit privaten Partnern vereinbaren, dass stets die „passende" Anzahl an Kräften zur Verfügung steht. Die Umsetzbarkeit in der Praxis ist jedoch fraglich. Da es sich beim Strafvollzug um einen äußerst sicherheitssensiblen Bereich handelt, werden beide Seiten auf eine sehr gute Ausbildung und Schulung aller eingesetzten Kräfte Wert legen. Falls es auf privater Seite zu Pannen kommen sollte, könnten alle Privatisierungsvorhaben durch entstehenden öffentlichen Druck schnell beendet werden. Deshalb kann nur eine begrenzte Anzahl von Personen eingesetzt werden. Es trifft zu, dass der Staat keine Personalreserven bilden müsste. Allerdings wird dieses Problem schlicht auf den privaten Partner verlagert. Es ist kaum anzunehmen, dass dieser alle gut ausgebildeten, aber momentan nicht benötigten Beschäftigten entlässt, schon weil diese dann bei einem eventuellen Engpass fehlen würden. Falls es doch zu solchen Entlassungen kommen sollte, stellt sich die Frage, ob der Staat die Kosten nicht zumindest teilweise über Umwege, in diesem Fall beispielsweise Arbeitslosengeld, doch tragen müsste. Auch die Arbeitnehmer, die Zeit in eine Ausbildung investiert haben, werden versuchen, mit den erworbenen Kenntnissen zu einer Festanstellung – beispielsweise bei einem Sicherheitsunternehmen – zu gelangen und nicht untätig und ohne Einkommen bis zum nächsten Engpass warten. Folglich muss der private Anbieter Personalreserven in vergleichbarem Umfang wie der Staat bereithalten. Ob er dies auf Dauer tatsächlich erheblich kostengünstiger als der Staat anbieten kann, bleibt zu bezweifeln. Auch die bessere Betreuung der steigenden Anzahl ausländischer Gefangener ist ein verfolgenswertes Motiv. Man kann jedoch schon in Frage stellen, ob es die Aufgabe des Strafvollzuges ist, solche Gefangene an die deutsche Kultur heranzuführen. Zumal viele der ausländischen Gefangenen, sofern die entsprechenden ausländerrechtlichen Bestimmungen dies vorsehen, nach Verbüßung ihrer Strafe in ihre Heimatländer abgeschoben werden.[903] Angesichts der Tatsache, dass beispielsweise in Baden-Württemberg die ausländischen Gefangenen aus 91 verschiedenen Nationen stammen,[904] wird man zudem ernsthafte Zweifel an der Durchführbarkeit einer dergearteten individuellen Betreuung hegen müssen. Es wird (finanziell) kaum zu bewältigen sein, einer nennenswerten Anzahl von Gefangenen Bedienstete

903 So wurden in Baden-Württemberg zwischen Juni 1997 und September 2001 3876 ausländische Gefangene sogar vor der vollständigen Verbüßung ihrer Haftstrafe abgeschoben: Kleine Anfrage, BW. LT-Drs. 13/426, 3 f.

904 Stand 31. März 2010, Justizvollzug in Baden-Württemberg – Daten und Fakten, abrufbar unter: http://www.jum.baden-wuerttemberg.de/servlet/PB/menu/1153452/index.html? (Stand: 24.02. 2011).

mit entsprechenden Sprachkenntnissen zur Seite zu stellen, zumal diese auch fernerhin für den Vollzugsdienst ausgebildet sein müssten.

Auch die Argumentation zur Anregung eines Wettbewerbs durch private Konkurrenz trifft im Grunde zu. Da die Verträge mit privaten Dienstleistern jedoch relativ streng formuliert sein müssen, um eine angemessene mitschreitende Überwachung zu garantieren, stellt sich die Frage, inwieweit überhaupt Spielraum für eigenständige Entwicklungen und Innovationen der Privaten bleibt.[905] Zudem ist zu bezweifeln, ob ein starker Wettbewerb mit einem eventuell auftretenden Lohndumping überhaupt wünschenswert ist. In anderen Bereichen wird über die Einführung von staatlichen Mindestlöhnen nachgedacht, um genau diese Entwicklung zu unterbinden. Hier soll sie in einem für die Allgemeinheit immanent wichtigen Bereich künstlich geschaffen werden.

Bezüglich der Argumentation zum „schlanken Staat“ stellt sich die Frage, was die Kernbereiche des staatlichen Handelns darstellen und warum weite Teile des Strafvollzugs darin nicht enthalten sein sollen. Er ist die Folge des staatlichen Strafmonopols und wird deshalb mitunter sogar insgesamt zu diesem Aufgabenkreis gezählt.[906] Auch die erwartete Qualitätssteigerung bei einer Rückkehr zum „schlanken Staat“ kann bezweifelt werden. Genau wie Teile der Literatur eine private Erfüllung als generell kostengünstiger ansehen, ist dies mitunter auch bezüglich der Qualität der Fall[907] – eine Ansicht, die zumindest partiell von Vorurteilen bezüglich der Arbeitsweise der öffentlichen Verwaltung geprägt ist und ein Bild vom Berufsbeamtentum zu haben scheint, das sich ganz erheblich von dem des Grundgesetzes und der Realität unterscheidet.[908] Dies zeigt sich beispielsweise in der Forderung nach einer Sicherung der Neutralität im Behandlungsvollzug durch die Einschaltung externer Gutachter.[909] Nach den Vorstellungen des Grundgesetzes ist der Einsatz von Beamten gerade Garant für eine neutrale Aufgabenwahrnehmung.[910] Viele der genannten Punkte, wie die Schaffung neuer Haft- und qualifizierter Arbeitsplätze, die Modernisierung des Vollzuges, eine Verbesserung der Haftbedingungen, die Einbringung besonderer Sachkunde und Ausrüstung, die Einführung neuer Vollzugsformen und die Entwicklung neuer Sicherheitstechniken, sind zudem versteckte fiskalische Argumente. Bei entspre-

905 In diese Richtung auch *Barisch*, Die Privatisierung im deutschen Strafvollzug, 247.

906 *Sachs*, in: Sachs (GG), Art. 20 Rn. 162; *Di Fabio*, JZ 1999, 585 (591); *Scholz*, NJW 1997, 14 (15 f).

907 So beispielsweise *Kulas*, der die Erfüllung durch Private als qualitativ zumindest gleichwertig ansieht: *Kulas*, Privatisierung hoheitlicher Verwaltung, 67.

908 *Cornel*, NK 2006, 7 (9).

909 So *Sandmann*, in: Preusker/Maelicke/Flügge (Hrsg.), Das Gefängnis als Risikounternehmen, 259 (265).

910 Siehe 2. Kapitel, A., I., 4), b), bb), (4), (b), (bb).

chender finanzieller Ausstattung der Anstalten und Schulung der Beamten wären all diese Punkte auch rein „innerstaatlich" zu realisieren.[911] Gleiches gilt für die oftmals thematisierte Überbelegung. Sicher wurden durch die Eröffnung der JVA Hünfeld neue Haftplätze geschaffen; bei einer rein staatlichen JVA wäre dies aber auch der Fall gewesen. Zudem ist die Situation nicht mehr so gravierend, wie sie teilweise dargestellt wird. Beispielsweise in Hessen sind die Gefangenenzahlen seit 2001 rückläufig.[912] Weder in diesem Bundesland[913] noch in Baden-Württemberg[914] lag in den vergangenen Jahren eine Überbelegung vor.

Zusammenfassend sind viele der für eine Privatisierung vorgebrachten Argumente zumindest grundsätzlich oder in Teilen zutreffend, unreflektiert sollte man die aufgestellten Behauptungen jedoch nicht stehen lassen. Sie verlangen nach einer kritischen Auseinandersetzung; eine pauschale Beurteilung kann nicht durchgeführt werden. So ist in jedem konkreten Einzelfall eine eingehende Begründung, gestützt auf ein tragfähiges Konzept, notwendig. Dieses muss eingehend geprüft werden. Finanzielle Vorteile stellen mit Abstand den wichtigsten Privatisierungsgrund dar.

(b) Mögliche Übertragungen in den verschiedenen Verwaltungsbereichen

Da sich jedes Privatisierungsvorhaben in Art und Umfang der betroffenen Dienstposten unterscheidet, kann an dieser Stelle lediglich tendenziell betrachtet werden, inwieweit die angeführten Gründe ausreichen, um entsprechende Aufgabenübertragungen zu ermöglichen.

(aa) Allgemeiner Vollzugsdienst

Fraglich ist, ob sich durch die genannten Gründe Privatisierungsvorhaben im allgemeinen Vollzugsdienst rechtfertigen lassen. Die Ausbildung und Qualifikation von Privaten ist denen der Beamten in diesem Bereich nicht vergleichbar.[915]

---

911 So auch: *Schimpfhauser*, Das Gewaltmonopol des Staates, 126 f.; *Strauß*, Funktionsvorbehalt und Berufsbeamtentum, 209 ff.

912 Justizvollzug in Hessen – Stand 2006, 9.

913 Justizvollzug in Hessen – Stand 2006, 10: Am 31.5.2007 waren 669 Plätze unbelegt, was einer Auslastung von 88,9 % entspricht.

914 Im Jahr 2009 verfügte das Land über 8.250 Haftplätze: http://www.jum.baden-wuerttemberg.de/servlet/PB/menu/1153461/index.html (Stand: 24.02.2011). Von diesen waren durchschnittlich jedoch lediglich 7.639 belegt: http://www.jum.baden-wuerttemberg.de/servlet/PB/menu/1153452/index.html?ROOT=1153239 (Stand: 24.02.2011).

915 So auch *Krölls*, GewArch 1997, 445 (453 f.); *Burgi*, in: Stober (Hrsg.), Privatisierung im Strafvollzug?, 43 (46); *Gusy/Lührmann*, StV 2001, 46 (51); *Gusy*, in: Stober (Hrsg.), Privatisierung im Strafvollzug?, 5 (24).

Letztgenannte durchlaufen eine zweijährige duale Ausbildung, deren theoretischer Teil in Justizvollzugsschulen und deren praktischer Teil in diversen Justizvollzugsanstalten stattfinden. Sie werden über diesen Zeitraum hinweg mit sämtlichen Abläufen im Strafvollzug vertraut gemacht.[916] Externe Quereinsteiger verfügen über eine solche Ausbildung in der Regel nicht. So wurde beispielsweise für die privaten Beschäftigten in der JVA Hünfeld lediglich die Teilnahme an einem zweimonatigen vollzugsspezifischen Ausbildungsprogramm verlangt.[917] Eine bessere Qualifikation könnte allenfalls bei neuen, experimentellen, etwa von Privaten entwickelten Vollzugsformen vorliegen, für die Beamte nicht entsprechend geschult sind.[918] Für den regulären Vollzug sind die Vollzugsbeamten in der Regel jedoch besser ausgebildet. Auch Prozess- und Produktinnovationen sowie eine allgemeine Qualitätssteigerung sind bei realistischer Betrachtungsweise kaum zu erwarten. An der technischen Entwicklung von Schließsystemen und Ähnlichem ist der allgemeine Vollzugsdienst ohnehin nicht in erheblichem Umfang beteiligt. Von den Beamten, die mit sämtlichen Abläufen in einer Anstalt bis ins Kleinste vertraut sind, sind zudem eher zweckmäßige Verbesserungsvorschläge zu erwarten als von Privaten, die je nach Bedarf, nur relativ kurze Zeit in der jeweiligen Anstalt verbringen und sich erst mit den dortigen Gegebenheiten vertraut machen müssen. Ohne eine bessere Ausbildung und Qualifikation der Privaten ist auch eine allgemeine Qualitätssteigerung nicht in relevantem Maß zu erwarten. Eine solche könnte sich allenfalls kurzfristig aus einem gewissen Konkurrenzdruck zwischen Beamten und Privaten entwickeln. Da die Anforderungen an einen sachlichen Grund im Zuge der Verhältnismäßigkeitsprüfung relativ gering sind, ist dies als ausreichend zu betrachten. Daneben bleiben die finanziellen Aspekte und die größere Flexibilität des Privatrechts als Gründe für eine Privatisierung im Bereich des allgemeinen Vollzugsdienstes. Positive Aspekte bezüglich einer Überbelegung könnten sich allenfalls dadurch ergeben, dass aufgrund der geringeren Kosten von Privaten mehr Haftplätze betreut werden könnten.

Bei der Erforderlichkeitsprüfung ist nach milderen, gleich wirksamen Mitteln zu fragen. Solche könnten bezüglich des Arguments der größeren Flexibilität des Privatrechts vorliegen. In diesem Zusammenhang wird die Möglichkeit angeführt, Nicht-EU-Ausländer beschäftigen zu können, um dadurch besser auf Gefangenengruppen ohne deutsche Sprachkenntnisse eingehen zu können.[919] Be-

916 http://www.landgericht-mannheim.de/servlet/PB/menu/1244374/index.html (Stand: 24.02. 2011).

917 *Barisch*, Die Privatisierung im deutschen Strafvollzug, 204.

918 *Gusy*, JZ 2006, 651 (660).

919 *Aumüller*, in: Stober (Hrsg.), Privatisierung im Strafvollzug?, 59 (67); *Kulas*, Privatisierung hoheitlicher Verwaltung, 13; *Lange*, DÖV 2001, 898 (898).

reits die Durchführbarkeit solcher Maßnahmen scheint, obwohl einzelne Erfolge durchaus denkbar sind, fraglich.[920] Darüber hinaus kann die Sinnhaftigkeit eines solchen Vorgehens im Hinblick auf das Vollzugsziel der Resozialisierung bezweifelt werden. Der Gefangene soll gerade in die Gesellschaft eingegliedert werden. Würde er verstärkt von Landsleuten betreut, könnte dies unter Umständen zu einer kulturellen Abkapselung führen. Deshalb wäre das vermehrte Angebot eines Deutschunterrichts von verbeamteten Pädagogen ein wirksameres und milderes Mittel, um die Verständigungsmöglichkeiten von Gefangenen aus dem nicht EU-Ausland ohne deutsche Sprachkenntnisse zu erreichen. Auch was die Übertragung von Routineaufgaben auf Private angeht, mit der sich bis zu 50 % der Kosten im Vergleich zu Beamten des mittleren Dienstes einsparen ließen,[921] ist die Möglichkeit eines Einsatzes von Beamten aus niedrigeren Entgeltgruppen als milderes Mittel zu prüfen. Auch was sonstige mögliche Qualitätsvorteile durch Privatisierungen angeht, sind rein auf dem Einsatz von Beamten basierende Lösungen als milderes Mittel zu prüfen. Es darf nicht pauschal unterstellt werden, dass auf staatlicher Seite keine oder nur unzureichende Entwicklungen stattfinden. Bevor eine private Erfüllung in Erwägung gezogen wird, wäre es mitunter sinnvoller, Innovationen bereits auf innerstaatlicher Ebene zu fördern. Beamte, die teilweise jahrelang im Strafvollzug eingebunden sind, verfügen über eine große Erfahrung und könnten angeregt werden, vermehrt Verbesserungsvorschläge einzubringen. Auch ansonsten ist eine Privatisierung des Vollzuges zur Nutzung privaten Know-hows nicht zwingend notwendig. Wenn es rein um die Entwicklung neuer Schließ- und Sicherheitstechniken geht, könnte man beispielsweise von den in anderen Ländern gemachten Erfahrungen und dem dortigen Wettbewerb profitieren. Die Technik dürfte sich nur unerheblich unterscheiden und könnte einfach von privaten Entwicklern eingekauft werden.

Im Zuge der Abwägung sind das Gewicht des sachlichen Grundes sowie die Vorteile der Privatisierung dem Grad der Verletzung des Funktionsvorbehalts sowie möglichen Nachteilen gegenüberzustellen. Für eine Privatisierung sprechen mögliche Qualitätssteigerungen, die jedoch allenfalls marginalen Charakter haben werden, die Möglichkeit, Personal nur nach Bedarf anzufordern sowie die erwarteten positiven finanziellen Aspekte. Dem steht mit den Tätigkeiten des allgemeinen Vollzugsdienstes der Kernbereich der hoheitsrechtlichen Befugnisse, nämlich weitreichende Eingriffsmöglichkeiten, entgegen. Da dieser Bereich von einer Generalität der Aufgabenwahrnehmung geprägt ist, sind solche zumindest partiell in jedem Dienstposten enthalten. Bei einer Privatisierung würde deshalb eine erhebliche Einschränkung des Funktionsvorbehalts vorliegen. Dazu

920 Siehe 2. Kapitel, A., I., 4), c), bb), (5), (a), (ee).
921 Siehe 2. Kapitel, A., I., 4), c), bb), (5), (a), (aa).

kommen die mit einer privaten Wahrnehmung einhergehenden Gefahren. Hier ist die bei einer privaten Ausführung bestehende Streikgefahr zu nennen.[922] Gerade bei einer Arbeitsniederlegung einer großen Zahl von Beschäftigten birgt diese ein enormes Sicherheitsrisiko. Durch einen sich dadurch möglicherweise ergebenden Personalmangel könnten sich eventuell Fluchtmöglichkeiten, die mit einer Gefahr für die Bevölkerung verbunden sind, oder Gefährdungen der Gefangenen untereinander, ergeben.[923] Als Lösung für diese Problematik wird ein vertraglich vereinbarter Verzicht auf das Streikrecht vorgeschlagen.[924] Schon die Rechtmäßigkeit eines solchen Vorgehens ist jedoch zumindest im Hinblick auf Art. 9 III GG fraglich. Der Streik wird als Maßnahme des Arbeitskampfes von Art. 9 III GG geschützt. [925] Abreden, die die dort enthaltenen Rechte einschränken oder zu behindern suchen, sind nichtig, hierauf gerichtete Maßnahmen sind rechtswidrig.[926] Besonderheit dabei ist, dass das Grundrecht auch unmittelbar Private bindet.[927] Daraus folgt jedoch nicht, dass Streiks immer zulässig sind.[928] Ihre Zulässigkeit richtet sich nach dem Grundsatz der Verhältnismäßigkeit.[929] Schranken der Koalitionsfreiheit bestehen beispielsweise in Art. 9 II GG, den hergebrachten Grundsätzen des Berufsbeamtentums, dem Selbstverwaltungsrecht der Kirchen und der Rundfunk- und Pressefreiheit.[930] Eine Gemeinwohlschranke besteht demgegenüber nicht.[931] Ob ein Streik nicht mehr von Art. 9 III gedeckt ist, bedarf einer gerichtlichen Einzelfallprüfung.[932] Ein genereller, im Vorhinein erfolgter, vertraglicher Ausschluss dürfte rechtlich unzulässig sein.

Selbst im Falle der rechtlichen Zulässigkeit eines Ausschlusses, bestünde die Gefahr eines vertragswidrig dennoch durchgeführten Streiks. Einem solchen müsste durch entsprechende Maßnahmen vorgebeugt werden. Erstens könnte der Vertragspartner verpflichtet werden, Zusatzpersonal bereitzuhalten, um Notdienste abzusichern. Zweitens könnte der Staat selbst, etwa mit Beamten aus anderen Anstalten, die anfallenden Aufgaben zeitweise wahrnehmen. Dazu müssten vor Beginn einer Aufgabenübertragung entsprechende Notfallpläne erarbeitet

922 *Schimpfhauser*, Das Gewaltmonopol des Staates, 128; *Barisch*, Die Privatisierung im deutschen Strafvollzug, 251.

923 *Barisch*, Die Privatisierung im deutschen Strafvollzug, 251.

924 *Barisch*, Die Privatisierung im deutschen Strafvollzug, 252.

925 BAG, NZA 2007, 1055 (1056); LAG Sachsen, NZA 2008, 59 (61); *Kemper*, in: v. Mangoldt/Klein/Starck (GG I), Art. 9 Rn. 126 ff., 166 ff.

926 Art. 9 III 2 GG.

927 *Pieroth/Schlink*, Grundrechte, Rn. 804.

928 LAG Sachsen, NZA 2008, 59 (61).

929 BAG, NZA 2007, 1055 (1056).

930 *Kemper*, in: v. Mangoldt/Klein/Starck (GG I), Art. 9 Rn. 195 ff.

931 *Kemper*, in: v. Mangoldt/Klein/Starck (GG I), Art. 9 Rn. 202.

932 LAG Sachsen, NZA 2008, 59 (68).

werden. Drittens bliebe eine Erfüllung durch unabhängige dritte Unternehmen.[933] Eine solche ist allerdings wohl nur als letzte Alternative zu sehen, da kaum kurzfristig Firmen mit entsprechend ausgebildeten Personalreserven zu finden sein werden.

Des Weiteren könnten gewinnorientierte Abstriche bei Personal und Ausrüstung ebenso wie Korruption beim privaten Partner ein erhöhtes Sicherheitsrisiko darstellen. Diesbezüglich sind entsprechende vertragliche Regelungen bzw. eine rigide Überwachung notwendig.[934] Allerdings sind Aufwand und Kosten dafür in die Abwägung mit einzubeziehen. Dies gilt auch für eine mögliche Insolvenz des privaten Partners.[935] Hier kann jedoch eine Sicherheitsleistung der privaten Beteiligten bei Vertragsschluss in Betracht gezogen werden, um in diesem Fall notwendige Maßnahmen zu finanzieren.[936] Ob die Bewerber bereit sind, eine entsprechende Zahlung zu leisten, und ob diese tatsächlich ausreicht, um die anfallenden Kosten zu decken, kann bezweifelt werden, verlangt jedoch eine Betrachtung im konkreten Einzelfall.

Aufgrund des besonderen Gewaltverhältnisses, in dem Gefangene sich befinden, sind sie einer fehlerhaften Rechtsanwendung zudem besonders ausgeliefert.[937] Weiter befinden sich die Beamten des Vollzugsdienstes in einem ständigen Spannungsverhältnis zwischen dem bewachenden und betreuenden bzw. behandelnden Teil ihrer Tätigkeit.[938] In dieser Situation müssen sie stets die notwendigen Maßnahmen treffen, um einen reibungslosen Ablauf des Vollzuges zu gewährleisten, und oftmals in Rechte der Gefangenen eingreifen. Dabei muss das Verhältnismäßigkeitsprinzip unbedingt gewahrt werden. Eine derartige ständige psychische Belastung birgt jedoch die Gefahr einer unverhältnismäßigen Rechtsanwendung. Unter diesen Umständen ist der Staat den Gefangen zur bestmöglichen Ausgestaltung des Vollzugs zu deren Grundrechtsschutz verpflichtet.[939] Dies wird nur durch den flächendeckenden Einsatz von Beamten garantiert. Angesichts der Folgen einer fehlerhaften Rechtsanwendung der regelmäßig bewaffneten Angehörigen des allgemeinen Vollzugsdienstes, die schlimmstenfalls tödliche Folgen haben kann,[940] können die recht schwachen Argumente, die bisher

933 So *Barisch*, Die Privatisierung im deutschen Strafvollzug, 253, für den Fall einer Insolvenz des privaten Partners.
934 *Barisch*, Die Privatisierung im deutschen Strafvollzug, 248 ff., 254 f.
935 Zur Gefahr einer solchen auch *Schimpfhauser*, Das Gewaltmonopol des Staates, 129.
936 *Barisch*, Die Privatisierung im deutschen Strafvollzug, 252 ff.
937 *Strauß*, Funktionsvorbehalt und Berufsbeamtentum, 222.
938 *Laubenthal*, Strafvollzug, Rn. 272.
939 *Strauß*, Funktionsvorbehalt und Berufsbeamtentum, 222.
940 *Krölls*, GewArch 1997, 445 (453); *Strauß*, Funktionsvorbehalt und Berufsbeamtentum, 222. Generell zum Schusswaffengebrauch: *Gramm*, VerwArch 1999, 329 (359).

für eine Privatisierung sprechen, eine ständige Ausnahme von Funktionsvorbehalt hier nicht rechtfertigen.[941]

(bb) Sozialstab

Eine differenziertere Betrachtung erfordert der Sozialstab des Strafvollzugs. Die angeführten Gründe für eine Privatisierung treffen hier eher zu als beim allgemeinen Vollzugsdienst. So sind die Berufe der Ärzte, Pädagogen, Psychologen und Sozialarbeiter nicht typischerweise mit dem Strafvollzug verbunden. Eine entsprechend darauf ausgerichtete Ausbildung wie beim allgemeinen Vollzugsdienst ist nicht der Regelfall. Daher ist es ohne Weiteres denkbar, dass im Bereich von Behandlungs- und Therapieaufgaben[942] sowie pädagogischen oder medizinischen Diensten[943] Private auf bestimmten Gebieten besser qualifiziert sind, als die regulär eingesetzten Beamten. So wird etwa der einem Allgemeinmediziner vergleichbare Anstaltsarzt bei komplexen Problemen auf Fachärzte zurückgreifen müssen.[944] Falls solche häufiger auftreten, würde eine ständige Heranziehung Privater nötig werden. Auch die Flexibilität des Privatrechts spricht für punktuelle Privatisierungen in diesem Bereich. So würde dabei etwa die im öffentlichen Recht bestehende Altersgrenze nicht der Heranziehung von Spezialisten im Wege stehen. Zudem ist eine Qualitätssteigerung bzw. die Einbringung von Innovationen in den Vollzug möglich. Bei verbeamteten Ärzten, Psychologen und Sozialarbeitern, die lebenslang die gleiche Position ausfüllen, besteht die Gefahr, dass neue technische Entwicklungen und Methoden an ihnen vorbeigehen. Mit der punktuellen Heranziehung Privater etwa direkt aus der Forschung könnte man dem entgegenwirken. Zudem besteht auch hier das Argument der möglichen finanziellen Einsparungen. Ausreichende Gründe für eine Privatisierung innerhalb des Sozialstabs sind damit vorhanden.

Ein milderes Mittel was die Qualität der Ausübung angeht, könnten Fort- und Weiterbildungsmaßnahmen für Beamte darstellen. Allerdings müsste dieses zumindest gleich wirksam sein. Aufgrund der angespannten staatlichen Finanzen dürfte ein solches Vorgehen in gleichem Umfang wie die Heranziehung von Privaten jedoch scheitern. Sonstige mildere Mittel sind nicht ersichtlich.

---

941 Mit diesem Ergebnis auch *Strauß*, Funktionsvorbehalt und Berufsbeamtentum, 222; *Burgi*, in: Stober (Hrsg.), Privatisierung im Strafvollzug?, 43 (53); *Gramm*, VerwArch 1999, 329 (343); *Krölls*, GewArch 1997, 445 (453).

942 *Gusy*, JZ 2006, 651 (660); *Barisch*, Die Privatisierung im deutschen Strafvollzug, 135.

943 *Gusy/Lührmann*, StV 2001, 46 (51); *Gusy*, in: Stober (Hrsg.), Privatisierung im Strafvollzug?, 5 (24).

944 *Schimpfhauser*, Das Gewaltmonopol des Staates, 210 f.

Für Privatisierungen in diesem Bereich sprechen die angeführten Gründe. Zudem müssten sich die Berufsgruppen des Sozialstabs weit weniger in die Gegebenheiten des Vollzugs und der jeweiligen Anstalt einarbeiten als Private im Bereich des allgemeinen Vollzugsdienstes. Natürlich entspricht der Strafvollzug nicht vollständig dem regulären Berufsbild dieser Gruppen. Beispielsweise die Überwachung von Gefangenen bei besonderen Sicherungsmaßnahmen und die Durchführung von Zwangsmaßnahmen im Bereich der Gesundheitsfürsorge dürften für noch nicht im Vollzug tätig gewesene Ärzte absolutes Neuland sein. Dennoch bestehen auf weiten Gebieten große Überschneidungen zur Tätigkeit außerhalb der Anstalt. Zudem gehören nur geringe Teile der Aufgaben des Sozialstabs zum Kernbereich der Ausübung hoheitsrechtlicher Befugnisse. Bei den Ärzten sind hier die bereits erwähnte Durchführung von Zwangsmaßnahmen und die Mitwirkung an disziplinarischen Maßnahmen zu nennen.[945] Größtenteils sind diese Bedienstetengruppen im Bereich des Behandlungs- und Betreuungsvollzuges tätig. So sind die Ärzte für die medizinische Versorgung, Pädagogen für Aus- und Weiterbildungsmaßnahmen, Psychologen für die psychologische Betreuung und Sozialarbeiter für die Durchführung von Resozialisierungsmaßnahmen zuständig.

Jedoch sind diese Tätigkeiten essenzielle grundrechtswesentliche Leistungen für die Strafgefangenen. Falls diese Angebote nicht sachgerecht ausgeführt werden, kann dies auf das restliche Leben der Gefangenen einen erheblichen Einfluss haben. Auch in diesem Bereich sind deshalb alle möglichen Maßnahmen zu treffen, um eine bestmögliche Wahrnehmung sicherzustellen. Gefahren einer Privatisierung wie Defiziten bei Behandlungs- und Resozialisierungsmaßnahmen sind durch streng überwachte vertragliche Regelungen zu minimieren.[946]

Zudem besteht die Möglichkeit, die Tätigkeitsbereiche dahingehend aufzuteilen, dass nur die verbleibenden Beamten eingreifende Aufgaben vornehmen. Dadurch würden die Übertragungen auf Private nicht den unmittelbaren Kernbereich des Funktionsvorbehalts betreffen. Privatisierungen können deshalb im Bereich des Sozialstabs nicht in vergleichbarem Umfang kategorisch ausgeschlossen werden wie etwa im allgemeinen Vollzugsdienst.[947] Wenn etwa durch begrenzte finanzielle Mittel zusätzliche Stellen nur in privater Form geschaffen werden können, Beamtenstellen jedoch nicht, dann ist es im Sinne der Gefangenen, eine bessere Versorgung ausnahmsweise auch durch private Anbieter bereitzustellen. Auch für Aufgaben, die so selten vorkommen, dass dafür kein

945 *Laubenthal*, Strafvollzug, Rn. 280.

946 *Barisch*, Die Privatisierung im deutschen Strafvollzug, 248 ff.

947 In die gleiche Richtung, wenn auch etwas restriktiver, *Schimpfhauser*, Das Gewaltmonopol des Staates, 209.

Fachpersonal ausgebildet und eingesetzt werden soll, kommt die Ausführung durch Private in Betracht.[948] Hierunter fallen solche Dienstposten, die die Ausübung hoheitsrechtlicher Befugnisse beinhalten, dies aber nur sehr unregelmäßig der Fall ist, jedoch nicht so unregelmäßig, dass die Posten ohnehin schon aufgrund der mangelnden Ständigkeit aus dem Anwendungsbereich des Funktionsvorbehalts fallen. Was quantitative Gesichtspunkte angeht, sind Privatisierungen im Bereich des Sozialstabs in moderatem Umfang zulässig.

(cc) Werkdienst

Bei den Dienstposten des Werkdienstes vermögen die vorgebrachten Argumente in vergleichbarem Umfang wie bei denen des Sozialstabs zu überzeugen. Auch hier ist keine spezifisch auf den Strafvollzug ausgerichtete berufliche Vorbildung notwendig. Deshalb können Externe auch hier durchaus über bessere Qualifikationen verfügen als Beamte. Daneben können bezüglich der Flexibilität des Privatrechts, etwa in Hinblick auf die Möglichkeit, Ältere einzustellen, potentielle Qualitätssteigerungen und der Einbringung von Innovationen, Parallelen zu den dort gemachten Ausführungen gezogen werden. Auch im Bereich des Werkdienstes besteht zudem der Anreiz finanzieller Einsparungen beim Einsatz Privater. Ausreichende sachliche Gründe sind damit vorhanden.

Was die Erforderlichkeit von Privatisierungen im Bereich des Werkdienstes angeht, kann ebenfalls auf den Sozialstab verwiesen werden. Wenn möglich, sind die vorhandenen Beamten weiterzubilden und besser zu qualifizieren. Wenn dies aus finanziellen Gründen nicht möglich ist, die Heranziehung Privater dagegen schon, ist diese Möglichkeit im Interesse der Gefangenen wahrzunehmen.

Die Gewöhnung daran, (wieder) einer regelmäßigen Arbeit nachzugehen, stellt einen entscheidenden Teil der Resozialisierung von Straftätern dar.[949] In nahezu allen Vollzugsanstalten sind jedoch mehr arbeitswillige Gefangene als Arbeitsplätze vorhanden.[950] Wenn die Möglichkeit besteht, den Gefangenen eine Chance dazu zu geben, einer geregelten Arbeit nachzugehen, stellt dies einen erheblichen Vorteil dar. Dazu kommt, dass die Ausübung hoheitsrechtlicher Befugnisse im Werkdienst lediglich von untergeordneter Bedeutung ist. Insbesondere liegt sie bei der Mitwirkung bei Behandlung, Betreuung und Beurteilung von Gefangenen vor, sofern diese etwa auf die künftige Zulassung zu regelmäßiger Arbeit oder Ausbildung von Bedeutung ist. Daneben ist die Leitung der Aus-

948 *Gusy*, JZ 2006, 651 (660).

949 Siehe 2. Kapitel, A., I., 2), a).

950 *Suhrbier*, in: Stober (Hrsg.), Privatisierung im Strafvollzug?, 71 (76); *Kulas*, in: Stober (Hrsg.), Privatisierung im Strafvollzug?, 35 (35).

und Weiterbildung der Gefangenen zu nennen. Solche Tätigkeiten sind tendenziell von einer Privatisierung auszunehmen, da sie sich in einem Bereich bewegen, der große Relevanz für die Zukunft der einzelnen Gefangen haben kann.[951] Andere Tätigkeiten im Werkdienst, wie etwa die Anleitung von Gefangenen bei der Arbeit, die Zuweisung bestimmter Arbeiten usw. sind zwar mit der Ausübung hoheitsrechtlicher Befugnisse verknüpft, diese bewegen sich jedoch in einem untergeordneten Bereich. Negative Folgen sind nur in geringem Umfang zu befürchten. Privatisierungen sind daher, angesichts der Aussicht, mehr Gefangenen zu einer regelmäßigen Arbeit zu verhelfen, auch in quantitativ größerem Umfang zulässig.

(dd) Vollständige Privatisierung von Anstalten

Bei der vollständigen Privatisierung einer oder mehrerer Anstalten würden alle Dienstposten der genannten Gruppen auf Private übertragen werden. Problematisch wäre dabei insbesondere die vollständige Privatisierung des allgemeinen Vollzugsdiensts und der eingreifenden Tätigkeiten des Sozialstabs. Wenn die vorgebrachten Argumente schon nicht ausreichen, um einzelne Dienstposten aus diesen Bereichen zu privatisieren, muss dies erst Recht für eine gesamte Anstalt gelten. Zudem würde ein solches Vorgehen unter quantitativen Aspekten erheblich höhere Anforderungen stellen als punktuelle Aufgabenübertragungen. Der vollständig private Betrieb einer oder mehrerer Vollzugsanstalten ist deshalb, zumindest aufgrund der bisher dafür vorgebrachten Gründe, nicht mit dem Funktionsvorbehalt vereinbar.[952]

5) Freiheit von Zwangsarbeit, Art. 12 III GG

Gemäß Art. 12 III GG ist Zwangsarbeit nur bei einer gerichtlich angeordneten Freiheitsentziehung zulässig. Unter Zwangsarbeit ist dabei ein schwerer Fall des Arbeitszwangs zu verstehen,[953] bei dem der Betroffene seine gesamte Arbeitskraft[954] über einen längeren Zeitraum[955] zur Verfügung stellen muss und unter

---

951 In diese Richtung auch *Mösinger*, BayVBl. 2007, 417 (427).

952 Mit diesem Ergebnis auch *Wydra*, in: Schwind/Böhm/Jehle/Laubenthal (StVollzG), § 155 Rn. 2; *Kruis*, ZRP 2000, 1 (5); *Meyer*, BewHi 2004, 272 (277); *Arloth*, JuS 2003, 1041 (1042); *Arloth*, ZfStrVo 2002, 3 (4); *Gusy/Lührmann*, StV 2001, 46 (50 f.).

953 *Mann*, in: Sachs (GG), Art. 12 Rn. 190; *Jarass*, in: Jarass/Pieroth (GG), Art. 12 Rn. 92.

954 *Manssen*, in: v. Mangoldt/Klein/Starck (GG), Art. 12 Rn. 305; *Wieland*, in: Dreier (GG I), Art. 12 Rn. 93; *Bergmann*, in: Hömig (GG), Art. 12 Rn. 24; *Mann*, in: Sachs (GG), Art. 12 Rn. 190; *Jarass*, in: Jarass/Pieroth (GG), Art. 12 Rn. 92; *Gubelt*, in: v. Münch/Kunig (GG I), Art. 12 Rn. 90; *Pieroth/Schlink*, Grundrechte, Rn. 937.

ständiger Bewachung oder vergleichbaren Kontrollinstrumenten steht[956]. Diese Kriterien sind insbesondere beim Arbeitszwang in geschlossenen Vollzugsanstalten erfüllt.[957] Allerdings handelt es sich bei der Verurteilung zu einer Gefängnisstrafe auch um den zulässigen Ausnahmefall der gerichtlich angeordneten Freiheitsentziehung.[958] So verpflichtet § 41 I StVollzG[959] den Gefangenen, eine seinen körperlichen Fähigkeiten angemessene Arbeit, arbeitstherapeutische oder sonstige Beschäftigung in der Anstalt auszuüben. Satz 2 der Norm räumt die Möglichkeit ein, Gefangene bis zu 3 Monate ohne ihre Zustimmung zu Hilfstätigkeiten in der Anstalt zu verpflichten. Gemäß § 41 I i. V. m. § 149 IV StVollzG[960] können die Gefangenen in anstaltseigenen, aber auch in von privaten Unternehmen unterhaltenen Betrieben und sonstigen Einrichtungen eingesetzt werden. Darüber hinaus sind Beschäftigungen innerhalb der Anstalt, beispielsweise bei der Hof- und Gartenarbeit oder der allgemeinen Gebäudepflege, denkbar.[961] Gemäß § 39 I StVollzG[962] soll den Gefangenen zudem gestattet werden, einem freien Beschäftigungsverhältnis außerhalb der Anstalt nachzugehen, falls bestimmte Voraussetzungen erfüllt sind. Innerhalb des Strafvollzuges stellt die Pflichtarbeit ein zulässiges und erprobtes Resozialisierungsmittel von erheblicher Bedeutung dar.[963]

Teilweise wird aus dem bei jeder dieser Tätigkeiten zu beachtenden Art. 12 III GG eine Privatisierungsschranke abgeleitet. Das Bundesverfassungsgericht hat entschieden, dass der Artikel die „zulässige Zwangsarbeit auf Einrichtungen oder Verrichtungen, bei denen die Vollzugsbehörden die öffentlich-rechtliche Ver-

---

955 *Jarass*, in: Jarass/Pieroth (GG), Art. 12 Rn. 92; *Wieland*, in: Dreier (GG I), Art. 12 Rn. 93; *Gubelt*, in: v. Münch/Kunig (GG I), Art. 12 Rn. 90; *Bergmann*, in: Hömig (GG), Art. 12 Rn. 24.

956 *Jarass*, in: Jarass/Pieroth (GG), Art. 12 Rn. 92.

957 BVerfGE 98, 169 (209); *Jarass*, in: Jarass/Pieroth (GG), Art. 12 Rn. 92; *Manssen*, in: v. Mangoldt/Klein/Starck (GG), Art. 12 Rn. 305; *Gusy*, in: Stober (Hrsg.), Privatisierung im Strafvollzug?, 5 (26); *Barisch*, Die Privatisierung im deutschen Strafvollzug, 162.

958 BVerfGE 98, 169 (205); *Hofmann*, in: Schmidt-Bleibtreu/Hofmann/Hopfauf (GG), Art. 12 Rn. 96; *Mann*, in: Sachs (GG), Art. 12 Rn. 191; *Gusy*, in: Stober (Hrsg.), Privatisierung im Strafvollzug?, 5 (26); *Kruis*, ZRP 2000, 1 (5). Zu den neben der regulären Freiheitsstrafe umfassten Freiheitsentziehungen: *Mann*, in: Sachs (GG), Art. 12 Rn. 191; *Hofmann*, in: Schmidt-Bleibtreu/Hofmann/Hopfauf (GG), Art. 12 Rn. 96.

959 Entsprechende Regelungen sind in Art. 43 S. 1 BayStVollzG, § 38 I 1 HmbStVollzG und § 38 I NJVollzG enthalten.

960 So auch Art. 39 V BayStVollzG.

961 *Gusy/Lührmann*, StV 2001, 46 (51); *Gusy*, in: Stober (Hrsg.), Privatisierung im Strafvollzug?, 5 (26).

962 Entsprechende Regelungen sind in Art. 42 I BayStVollzG, § 36 I HmbStVollzG und § 36 I NJVollzG enthalten.

963 Siehe 2. Kapitel, A., I., 2), a).

antwortung für die ihnen anvertrauten Gefangenen behalten" beschränkt.[964] Diese Verantwortung beinhalte, dass die Pflichtarbeit unter Aufsicht und Überwachung der Behörde stattfinden müsse, da nur dadurch eine sinnvolle Arbeitsgestaltung und eine geförderte Resozialisierung gewährleistet seien.[965] Dies gelte auch für außerhalb der Vollzugsanstalt stattfindende Pflichtarbeit.[966] Aufgrund des Urteils bestehen Bedenken bezüglich einer vollständigen Privatisierung des Arbeitsbereichs.[967] Aus der Entscheidung wird mitunter geschlossen, dass Art. 12 III GG die Überwachung und Leitung jeder Art von Zwangsbeschäftigung der Gefangenen, allein durch private Sicherheitskräfte, verbietet. Zu diesen Zwecken müsse stets ein Beamter anwesend sein.[968] Vermutlich beruht diese Ansicht auf einer Passage des Bundesverfassungsgerichts-Urteils, in der gefordert wird, dass „im Falle einer "Arbeitsverdingung" des Gefangenen, (...) dieser ständig durch einen Anstaltsmitarbeiter beaufsichtigt werde."[969] Diese bezieht sich allerdings auf den Wortlaut des § 76 der reichseinheitlich von den Landesregierungen vereinbarten „Grundsätze für den Vollzug von Freiheitsstrafen" vom 7. Juni 1923 (RGBl II S. 263 ff.)[970], der vom Bundesverfassungsgericht zu einer rechtshistorischen Betrachtung herangezogen wird. Eine inhaltliche Bestimmung des Art. 12 III GG ergibt sich dadurch nicht. Neben dieser Textstelle weist lediglich ein weiterer Passus auf ein enges Verständnis der öffentlich-rechtlichen Verantwortung der Vollzugsbehörden – dies ist der ansonsten durchgängig verwendete, wenig konkrete Begriff – hin: „Angehörigen des Unternehmens kann nämlich nur die technische und fachliche Leitung der einzelnen Arbeitsvorgänge übertragen werden. Eine weitergehende Übertragung der Gesamtverantwortung, insbesondere die Unterstellung des Gefangenen unter die ausschließliche Leitungsgewalt eines

---

964 BVerfGE 98, 169 (205).

965 BVerfGE 98, 169 (204 ff.). Dem folgend: *Jarass*, in: Jarass/Pieroth (GG), Art. 12 Rn. 96; *Mann*, in: Sachs (GG), Art. 12 Rn. 191; *Hofmann*, in: Schmidt-Bleibtreu/Hofmann/Hopfauf (GG), Art. 12 Rn. 96; *Bergmann*, in: Hömig (GG), Art. 12 Rn. 24; *Arloth*, in: Arloth (StVollzG), § 155 StVollzG Rn. 2; *Arloth*, JuS 2003, 1041 (1042); *Arloth*, ZfStrVo 2002, 3 (4); *Gusy/Lührmann*, StV 2001, 46 (51 f.); *Gusy*, in: Stober (Hrsg.), Privatisierung im Strafvollzug?, 5 (26 f.); *Laubenthal*, Strafvollzug, Rn. 56; *Mösinger*, BayVBl. 2007, 417 (420); *Kruis*, ZRP 2000, 1 (5); *Lange*, DÖV 2001, 898 (903).

966 BVerfGE 98, 169 (204 ff); *Gusy/Lührmann*, StV 2001, 46 (52); *Gusy*, in: Stober (Hrsg.), Privatisierung im Strafvollzug?, 5 (27).

967 *Jarass*, in: Jarass/Pieroth (GG), Art. 12 Rn. 96; *Arloth*, in: Arloth (StVollzG), § 155 StVollzG Rn. 2; *Calliess/Müller-Dietz* (StVollzG), § 155 StVollzG Rn. 2; *Winterhoff*, FS Starck, 463 (471); *Gusy*, in: Stober (Hrsg.), Privatisierung im Strafvollzug?, 5 (26 f.); *Gusy/Lührmann*, StV 2001, 46 (52); *Laubenthal*, Strafvollzug, Rn. 56.

968 *Gusy/Lührmann*, StV 2001, 46 (52); *Gusy*, in: Stober (Hrsg.), Privatisierung im Strafvollzug?, 5 (27).

969 BVerfGE 98, 169 (205 f.).

970 BVerfGE 98, 169 (205 f.).

Privaten, läßt das Gesetz nicht zu. Pflichtarbeit außerhalb der Anstalt darf die Vollzugsbehörde mithin nur in der Weise organisieren, daß sie mit privaten Unternehmern Verträge abschließt, die sicherstellen, daß der Gefangene nicht unter zeitweiser Entlassung aus der öffentlich-rechtlichen Verantwortung der Anstalt völlig in den privat geleiteten Betriebsablauf eingeordnet wird."[971] Diese Textstelle bezieht sich jedoch ausdrücklich auf die §§ 41 und 149 IV StVollzG, nicht auf Art. 12 III GG und legt nur dar, dass die Normen mit dem Grundgesetz vereinbar sind. Auch *Mösinger* missversteht die Passage dahingehend, dass eine über den Rahmen des § 149 IV StVollzG hinausgehende Übertragung, insbesondere die Unterstellung des Gefangenen unter die ausschließliche Leitungsgewalt eines Privaten, gegen Art. 12 III GG verstoßen würde.[972] Allerdings sieht er eine solche nur bei einer materiellen, nicht bei einer funktionellen Privatisierung gegeben. Die technische und fachliche Leitung, die den Privaten übertragen werden kann, enthalte die Befugnis zur alleinigen Beaufsichtigung der Gefangenen. Die Anwesenheit eines leitenden oder überwachenden Vollzugsbeamten sei deshalb nicht erforderlich, da lediglich die öffentlich-rechtliche Gesamtverantwortung der Vollzugsbehörden gefordert sei.[973]

Obwohl die einhellige Ansicht dem vom Bundesverfassungsgericht aufgestellten Erfordernis der öffentlich-rechtlichen Verantwortung der Vollzugsbehörden für die Pflichtarbeit folgt und die Ansicht nicht ersichtlich kritisiert wird, scheint es schwierig, dieses Kriterium tatsächlich anhand von Art. 12 III GG zu begründen. Der Wortlaut verlangt ausdrücklich nur nach einer gerichtlich angeordneten Freiheitsentziehung. Weshalb dies zwingend die Verantwortlichkeit von Vollzugsbehörden erfordern sollte, ist nicht ersichtlich. Die Norm trifft keine Aussage zur Ausgestaltung des Freiheitsentzuges und enthält keinen Beamtenvorbehalt. Eine grundsätzliche Vermutung dafür, dass eine Resozialisierung und sinnvolle Arbeitsgestaltung besser durch die Ausübung in öffentlich-rechtlicher Form abzusichern sind, besteht nicht.[974] Bei einer Funktionalprivatisierung verbleiben die gesetzlich angeordnete Freiheitsentziehung und damit auch die Pflichtarbeit jedoch ohnehin insgesamt in öffentlich-rechtlicher Hand. Der geforderten öffentlich-rechtlichen Gesamtverantwortung der Vollzugsbehörden ist damit Genüge getan, sofern eine entsprechende Aufsicht ausgeübt wird. Die Gefangenen unterstehen bereits dadurch nicht der alleinigen Leitungsgewalt von Privaten; eine ständige Anwesenheit von Vollzugsbeamten ist nicht erfor-

---

971 BVerfGE 98, 169 (209).

972 *Mösinger*, BayVBl. 2007, 417 (420). Dem folgend *Barisch*, Die Privatisierung im deutschen Strafvollzug, 163 f.

973 *Mösinger*, BayVBl. 2007, 417 (420 f.). Dem folgend *Barisch*, Die Privatisierung im deutschen Strafvollzug, 164 f.

974 Siehe 2. Kapitel, A., I., 2), c).

derlich.[975] Bei der Verpflichtung zu Zwangsarbeit ist über Art. 12 III GG hinaus zu beachten, dass das Resozialisierungsgebot und die Grundrechte des Gefangenen dessen ökonomischer Ausbeutung entgegenstehen.[976] Zudem wird oft betont, dass die Anordnung von Zwangsarbeit verhältnismäßig sein muss[977] und nicht die Menschenwürde verletzen darf[978], was jedoch bei jedem staatlichen Handeln der Fall ist und keiner gesonderten Heraushebung bedarf. Somit stellt Art. 12 III GG keine Schranke für eine Funktionalprivatisierung dar, sofern eine Aufsicht der Vollzugsbehörden über die herangezogenen Privaten besteht.[979] Der Anwendungsbereich des Artikels dürfte mittlerweile aber ohnehin recht klein sein, da aufgrund begrenzter Plätze nicht einmal alle arbeitswilligen Strafgefangenen an Arbeitsmaßnahmen teilnehmen können.[980] Eine tatsächliche zwangsweise Verpflichtung zu Arbeitsleistungen dürfte kaum vorkommen.

6) Verwaltungs- und Organisationskompetenzen gemäß Art. 83 ff. GG

Mitunter werden auch die Art. 83 ff. GG als mögliche Schranke einer Funktionalprivatisierung diskutiert.[981] Die Länder führen nach Art. 83 GG die Bundesgesetze als eigene Angelegenheit aus, soweit das Grundgesetz nichts anderes bestimmt oder zulässt. Gemäß Art. 84 GG haben sie damit auch die Organisationsgewalt inne, regeln also die Einrichtung und Ausgestaltung der Behörden und

---

975 Mit diesem Ergebnis auch *Lange*, DÖV 2001, 898 (903).

976 *Kruis*, ZRP 2000, 1 (5). In diese Richtung auch BVerfGE 98, 169 (205 f.); *Mann*, in: Sachs (GG), Art. 12 Rn. 191.

977 *Wieland*, in: Dreier (GG I), Art. 12 Rn. 139; *Jarass*, in: Jarass/Pieroth (GG), Art. 12 Rn. 95 f.; *Bergmann*, in: Hömig (GG), Art. 12 Rn. 24; *Gusy*, in: Stober (Hrsg.), Privatisierung im Strafvollzug?, 5 (26); *Gusy/Lührmann*, StV 2001, 46 (51).

978 *Jarass*, in: Jarass/Pieroth (GG), Art. 12 Rn. 95 f.; *Hofmann*, in: Schmidt-Bleibtreu/Hofmann/Hopfauf (GG), Art. 12 Rn. 96; *Gubelt*, in: v. Münch/Kunig (GG I), Art. 12 Rn. 92; *Gusy/Lührmann*, StV 2001, 46 (51); *Gusy*, in: Stober (Hrsg.), Privatisierung im Strafvollzug?, 5 (26).

979 Mit diesem Ergebnis auch *Mösinger*, BayVBl. 2007, 417 (420 f.).

980 *Kulas*, in: Stober (Hrsg.), Privatisierung im Strafvollzug?, 35 (35); *Suhrbier*, in: Stober (Hrsg.), Privatisierung im Strafvollzug?, 71 (76); *Barisch*, Die Privatisierung im deutschen Strafvollzug, 164.

981 Arbeitsbericht „Modellprojekt“, 21 f.; *Kulas*, Privatisierung hoheitlicher Verwaltung, 90 f.; *Arloth*, JuS 2003, 1041 (1043); *Erbguth*, UPR 1995, 369 (372 f.); *Bonk*, JZ 2000, 435 (439 f.); *Laubenthal*, Strafvollzug, Rn. 44. Nur bezüglich einer Beleihung: *Kiefer*, LKRZ 2009, 441 (443). Diese Artikel dagegen nicht als Privatisierungsschranke thematisierend: *Mösinger*, BayVBl. 2007, 417 (419 ff.); *Meyer*, BewHi 2004, 272 (274 ff.); *Gusy*, JZ 2006, 651 (655 ff.); *Gusy/Lührmann*, StV 2001, 46 (48 ff.); *Gramm*, VerwArch 1999, 329 (331); *Krölls*, GewArch 1997, 445 (451 ff.); *Wagner*, ZRP 2000, 169 (171 f.); *Lange*, DÖV 2001, 898 (901 ff.); *Kruis*, ZRP 2000, 1 (3 ff.); *Waechter*, NZV 1997, 329 (329 ff.); *Hammer*, DÖV 2000, 613 (614 ff.); *Sterzel*, LBGS Gutachten, 62 ff.

des Verwaltungsverfahrens.[982] Dabei besteht ein weiter Gestaltungsspielraum, der auch die Regelung der Rechtsstellung des Personals umfasst[983] und eine leistungsfähige und wirkungsvolle Aufgabenerfüllung der Verwaltung gewährleistet.[984] Die Art. 83 ff. GG regeln nicht alle Einzelheiten, wie die Verwaltung auszugestalten ist, und verpflichten nicht zu einer bestimmten Organisationsform.[985] Auch eine Aussage über die mögliche Einbindung Privater bei der Ausführung von Bundesgesetzen wird nicht getroffen,[986] weshalb die Art. 83 ff. GG einer Privatisierung nicht prinzipiell entgegenstehen.[987] Das Bundes-Strafvollzugsgesetz wird gemäß Art. 83 GG von den einzelnen Ländern als eigene Angelegenheit ausgeführt.[988] Diese Zuordnung des Strafvollzuges sagt nichts über die Ausgestaltung des Vollzugs im Einzelnen aus.[989] Der Staat kann sich jedoch durch den Einsatz von Privaten nicht von der Pflicht befreien, eine effektive und leistungsfähige Verwaltung zu gewährleisten. Vielmehr trifft ihn eine gesteigerte Weisungs-, Kontroll-, Aufsichts- und Selbsteintrittspflicht; entsprechende Rechte sind gegebenenfalls vertraglich abzusichern.[990] Denkbar ist allerdings, dass sich solche Rechte bereits aus gesetzlichen Grundlagen ergeben. Wenn diese Voraus-

---

982 BVerfGE 75, 108 (150); *Henneke*, in: Schmidt-Bleibtreu/Hofmann/Hopfauf (GG), Art. 84 Rn. 12; *Hömig*, in: Hömig (GG), Art. 84 Rn. 2; *Dittmann*, in: Sachs (GG), Art. 84 Rn. 1, 7; *Pieroth*, in: Jarass/Pieroth (GG), Art. 84 Rn. 3; Arbeitsbericht „Modellprojekt", 21; *Bonk*, JZ 2000, 435 (440).

983 BVerfGE 63, 1 (34); 97, 198 (217); *Henneke*, in: Schmidt-Bleibtreu/Hofmann/Hopfauf (GG), Art. 84 Rn. 13; *Pieroth*, in: Jarass/Pieroth (GG), Art. 84 Rn. 3; Arbeitsbericht „Modellprojekt", 22; *Bonk*, JZ 2000, 435 (440).

984 BVerfGE 63, 1 (34); 97, 198 (217); Arbeitsbericht „Modellprojekt", 22; *Bonk*, JZ 2000, 435 (440).

985 BVerfG, DVBl. 1983, 539 (541 f.). Dem folgend: *Erbguth*, UPR 1995, 369 (372 f.); *Erbguth/Stollmann*, DÖV 1993, 798 (800); *Laubenthal*, Strafvollzug, Rn. 44; *Ossenbühl*, VVDStRL 29 (1971), 137 (162 f.); *Schoch*, DVBl. 1994, 962 (969).

986 *Erbguth*, UPR 1995, 369 (372); *Kulas*, Privatisierung hoheitlicher Verwaltung, 91; *Kiefer*, LKRZ 2009, 441 (443); *Ossenbühl*, VVDStRL 29 (1971), 137 (163).

987 *Pieroth*, in: Jarass/Pieroth (GG), Art. 84 Rn. 3; *Hömig*, in: Hömig (GG), Art. 84 Rn. 2; *Laubenthal*, Strafvollzug, Rn. 44; *Erbguth*, UPR 1995, 369 (373); *Kulas*, Privatisierung hoheitlicher Verwaltung, 91; *Landau*, Tagungsbericht 27. Triberger Symposium, 30 (35); *Ossenbühl*, VVDStRL 29 (1971), 137 (163). Nur bezogen auf eine Beleihung: *Kiefer*, LKRZ 2009, 441 (443).

988 Das Grundgesetz enthält jedoch keine Regelungen bezüglich des Vollzugs von Landesrecht durch die Länder. Dieser ist allein an der jeweiligen Landesverfassung zu messen.

989 *Laubenthal*, Strafvollzug, Rn. 44; *Arloth*, JuS 2003, 1041 (1043).

990 Arbeitsbericht „Modellprojekt", 22; *Bonk*, JZ 2000, 435 (440). So auch das Bundesverfassungsgericht, wenn auch nicht ausdrücklich auf die Art. 83 ff. GG bezogen: BVerfG, NJW 2012, 1563 (1567).

setzungen gewahrt werden, stehen die Art. 83 ff. GG einer Funktionalprivatisierung prinzipiell nicht entgegen.[991]

7) Verfassungsrechtliches Zwischenergebnis

Zahlreiche grundgesetzliche Regelungen begrenzen Funktionalprivatisierungen auf verschiedene Weisen. Gänzlich verhindert werden solche Vorhaben jedoch durch keine der Normen. Innerhalb der gesetzten Grenzen sind Aufgabenübertragungen auf Private in unterschiedlichen Varianten möglich.

Das staatliche Gewaltmonopol verbietet die Heranziehung von Verwaltungshelfern in der Form, dass sie eigenständig physische Gewalt ausüben, die dem Staat zuzurechnen ist. Sie dürften bei solchen Tätigkeiten lediglich vorbereitend und unterstützend für staatliche Bedienstete tätig werden. Es ist Verwaltungshelfern jedoch möglich, sich unbegrenzt auf die Notrechte als individuelle Rechtfertigungsgründe zu berufen. Da Beliehene bei einer entsprechend umfangreichen Beleihung staatliche Gewalt ausüben, begrenzt das Gewaltmonopol eine Aufgabenübertragung auf sie nicht.

Das auf dem allgemeinen Persönlichkeitsrecht der Gefangenen und dem Sozialstaatsprinzip gegründete Vollzugsziel der Gefangenenresozialisierung spricht pauschal weder für noch gegen eine Funktionalprivatisierung, solange ein resozialisierungsfreundliches Klima gesichert ist. Entscheidend ist allein, welcher Anbieter am besten für die Resozialisierung der Straftäter sorgen kann, was sich primär an den aufgewendeten finanziellen Mitteln orientiert. Der Staat muss sich in jedem Fall ausreichende Selbsteintrittsrechte, Sanktionsmöglichkeiten und eine wirksame Aufsicht und Kontrolle vorbehalten. Ein mindestens gleichwertiges Niveau der durchgeführten Maßnahmen muss auch nach durchgeführten Privatisierungen garantiert sein.

Dem Demokratieprinzip genügen durchgeführte Funktionalprivatisierungen, sofern eine ununterbrochene Legitimationskette vom Volk zu den handelnden Amtswaltern garantiert ist. Für eine Beleihung wäre dazu eine gesetzliche Grundlage erforderlich, die weder auf Bundes- noch auf Landesebene vorhanden ist. Nicht im Weg steht das Verfassungsprinzip dagegen dem Einsatz von selbstständigen Verwaltungshelfern. Für ihre Heranziehung ist lediglich eine Rahmenregelung, die eine Einbindung von Privaten generell vorsieht, notwendig. Eine solche liegt mit § 155 I 2 StVollzG und den entsprechenden landesrechtlichen Regelungen vor. Ebenfalls mit dem Demokratieprinzip vereinbar ist eine Ver-

991 *Pieroth*, in: Jarass/Pieroth (GG), Art. 84 Rn. 3; *Kulas*, Privatisierung hoheitlicher Verwaltung, 91; *Bonk*, JZ 2000, 435 (440); Arbeitsbericht „Modellprojekt“, 21 f.; *Laubenthal*, Strafvollzug, Rn. 44.

wendung Privater als unselbstständige Verwaltungshelfer. Die hierfür erforderliche Normierung der jeweiligen Staatsaufgabe ist durch das StVollzG und die jeweiligen Landesgesetze gegeben.

Die wohl relevanteste, gleichzeitig aber auch flexibelste Privatisierungsschranke stellt Art. 33 IV GG dar. Entscheidend dafür, ob die Ausübung hoheitsrechtlicher Befugnisse vorliegt, ist, ob eine Tätigkeit Grundrechtsrelevanz oder eine besondere Bedeutung im staatlichen Aufgabengefüge hat. Viele der im Strafvollzug anfallenden Tätigkeiten, insbesondere im allgemeinen Vollzugsdienst und im Sozialstab der Anstalten, fallen aufgrund ihrer Grundrechtsrelevanz prinzipiell unter den Funktionsvorbehalt. Die Dienstposten, die sie beinhalten, können deshalb nur vorübergehend bzw. ausnahmsweise auf Private übertragen werden. Nichtständige Übertragungen sind dabei zulässig, sofern sie keine Umgehung einer dauerhaften Lösung darstellen. Um eine ständige Aufgabenwahrnehmung durch Private zu ermöglichen, sind ausreichende sachliche Gründe vorzubringen. Zudem sind alle relevanten Vor- und Nachteile im Zuge einer vollständigen Verhältnismäßigkeitsprüfung, die auch die Quantität der übertragenen Dienstposten berücksichtigt, abzuwägen. Aufgrund der Vielfältigkeit der möglichen Aufgabenübertragungen auf Private kann eine abschließende pauschale Aussage zur Zulässigkeit nicht getroffen werden. Bei entsprechend gewichtigen Gründen sind potentiell alle Tätigkeiten, auch solche von hoher Eingriffsintensität, übertragbar. Aktuell sind solche Gründe jedoch nicht ersichtlich. Das verhindert insbesondere weitreichende Privatisierungsmaßnahmen bezüglich der Dienstposten des allgemeinen Vollzugsdiensts. Übertragungen im Bereich des Sozialstabs und des Werkdienstes sind angesichts des Funktionsvorbehalts jedoch durchaus denkbar.

Die vom Bundesverfassungsgericht auf Art. 12 III GG gestützte Forderung nach einer öffentlich-rechtlichen Gesamtverantwortung der Vollzugsbehörden für den Arbeitszwang ist im Rahmen einer Funktionalprivatisierung erfüllt. Die ständige Anwesenheit eines Beamten bei durch Gefangene verrichteter Pflichtarbeit ist nicht erforderlich. Allerdings ist sicherzustellen, dass es nicht zu einer ökonomischen Ausbeutung der Straftäter kommt. Eine solche würde gegen das Resozialisierungsgebot und ihre Grundrechte verstoßen.

Die Art. 83 ff. GG geben keine Einzelheiten zur Ausgestaltung der Verwaltung vor und verpflichten nicht zum Einsatz eines bestimmten Personals, weshalb sie einer Funktionalprivatisierung grundsätzlich nicht entgegenstehen. Allerdings ergibt sich aus den Normen eine gesteigerte Weisungs-, Kontroll-, Aufsichts- und Selbsteintrittspflicht nach durchgeführten Privatisierungsmaßnahmen. Entsprechende Rechte sind gegebenenfalls vertraglich abzusichern.

Funktionalprivatisierungen sind nach geltendem Verfassungsrecht damit in verschiedenen Varianten möglich. Allerdings kommt lediglich der Einsatz von

Verwaltungshelfern in Betracht. Die Heranziehung von Beliehenen scheitert an einer fehlenden gesetzlichen Grundlage. Daraus ergibt sich, dass die eigenständige Wahrnehmung von Eingriffsbefugnissen nicht auf Private übertragen werden kann, da diese Verwaltungshelfern verwehrt ist. Am sinnvollsten erscheint der Einsatz von selbstständigen Verwaltungshelfern im Bereich des Sozialstabs und des Werkdiensts. Sie könnten Beamte in diesen Bereichen zumindest teilweise ersetzen. Sofern die entsprechenden Dienstposten allerdings die Ausübung hoheitsrechtlicher Befugnisse beinhalten, müssten die strengen Anforderungen der Ausnahmemöglichkeiten des Funktionsvorbehalts erfüllt sein. Dienstposten, die nicht mit solchen Befugnissen verknüpft sind, können demgegenüber relativ einfach auf Private übertragen werden. Die restlichen Privatisierungsschranken stellen wesentlich geringere Anforderungen als Art. 33 IV GG. Allerdings sind bei allen Vorhaben die gesteigerten Kontroll-, Aufsichts- und Selbsteintrittspflichten des Staates zu beachten. Er darf sich durch Privatisierungsmaßnahmen nicht seiner Verantwortung entziehen und muss ein mindestens äquivalentes Erfüllungsniveau garantieren. Die Privatisierung ganzer Anstalten, wie sie vereinzelt für zulässig gehalten und gefordert wird, scheitert jedoch am staatlichen Gewaltmonopol, dem Demokratieprinzip, Art. 33 IV GG, den Art. 83 ff. GG und Art. 12 III GG, sofern man der Ansicht des Bundesverfassungsgerichts zu diesem Artikel folgt.

II. Regelungen der Landesverfassungen

Zusätzlich zu den durch das Grundgesetz vorgegebenen Privatisierungsschranken könnten auch die Landesverfassungen entsprechende Vorhaben weiter begrenzen. Exemplarisch dargestellt werden soll dies anhand der Verfassungen derjenigen Länder, die als erste eigene Strafvollzugsgesetze geschaffen haben, also Bayern, Hamburg und Niedersachen.[992] Diese Gesetze müssen nicht wie das Bundes-StVollzG lediglich dem Grundgesetz, sondern zudem auch der jeweiligen Landesverfassung entsprechen. Praktisch relevant ist eine abweichende Regelung aufgrund des bestehenden Vorrangs des Bundesrechts jedoch nur, falls die Landesverfassungen strengere Anforderungen als das Grundgesetz stellen. Bei inhaltsgleichen Regelungen liegt dagegen bereits keine Kollision vor, das

992 Veröffentlicht in: BayGVBl. 2007, 866; HmbGVBl. 2007, 471; Nds. GVBl. 2007, 720. Ermöglicht wurde dies durch einen Wechsel der Gesetzgebungskompetenz für den Strafvollzug vom Bund zu den Ländern im Zuge der Föderalismusreform: BGBl. 2006 I, 2034. Neben diesen Ländern hatten bei Abschluss der Arbeit auch Baden-Württemberg und Hessen eigene Vollzugsgesetze erlassen. Im September 2011 haben darüber hinaus zehn weitere Bundesländer einen gemeinsamen "Musterentwurf für ein einheitliches Strafvollzugsgesetz" vorgelegt.

Landes(verfassungs)recht gilt weiterhin.[993] Falls die Landesverfassungen Privatisierungen in größerem Umfang zulassen, müssten sich diese jedoch noch immer an den strengeren Anforderungen des Grundgesetzes messen lassen. Privatisierungen können durch die Landesverfassungen somit lediglich weiter eingeschränkt, nicht jedoch gegenüber den Anforderungen des Grundgesetzes erweitert werden.

1) Gewaltmonopol

Durch die Art. 3 I BayVerf, Art. 3 I HmbVerf und Art. 1 II NdsVerf ist die Geltung des Rechtsstaatsprinzips und damit des staatlichen Gewaltmonopols in den Ländern Bayern, Hamburg und Niedersachsen verankert. Mangels gegenteiliger Angaben oder weiterer Ausführungen in allen Artikeln, ist davon auszugehen, dass dieses Prinzip auf Landesebene inhaltsgleich mit dem des Grundgesetzes ist.[994] Es kann deshalb auf die zum grundgesetzlichen Gewaltmonopol getroffenen Aussagen verwiesen werden.[995] Strengere Privatisierungsbegrenzungen ergeben sich durch das landesrechtliche Rechtsstaatsprinzip nicht.

2) Vollzugsziel der Gefangenenresozialisierung

Auf grundgesetzlicher Ebene bestehen ein grundrechtlicher Resozialisierungsanspruch der Gefangenen aus dem aus Art. 2 I i. V. m. Art. 1 I GG entwickelten allgemeinen Persönlichkeitsrecht sowie eine objektivrechtliche Verpflichtung des Staates zur Gefangenenresozialisierung aus dem Sozialstaatsprinzip.[996]

Die gleichen Artikel, die auf Landesebene das Rechtsstaatsprinzip normieren, beinhalten jeweils auch die Festsetzung des Sozialstaatsprinzips. Dieses entspricht inhaltlich vollständig dem grundgesetzlichen.[997] Für eine Privatisierung relevante Abweichungen bestehen somit nicht.

---

993 *Sannwald*, in: Schmidt-Bleibtreu/Hofmann/Hopfauf (GG), Art. 31 Rn. 25 f.; *Jarass*, in: Jarass/Pieroth (GG), Art. 31 Rn. 5; *Jachmann*, Jus 1994, L 81 (L 82).

994 Für Hamburg: *David*, in: David (HmbVerf), Art. 3 Rn. 8 ff. Auch für Bayern werden in der Literatur Ausführungen zum landesrechtlichen Rechtsstaatsprinzip auf die Rechtsprechung des BVerfG zum grundgesetzlichen Rechtsstaatsprinzip gestützt: *Meder*, in: Meder (BayVerf), Art. 3 Rn. 1 ff. Darüber hinaus spricht Art. 28 I 1 GG für eine grundsätzlich mit den jeweiligen grundgesetzlichen Vorschriften inhaltsgleiche Auslegung des Republik-, Demokratie-, Sozialstaats- und Rechtsstaatsprinzips in allen Landesverfassungen. Die Norm fordert, dass die verfassungsgemäße Ordnung der Länder diesen Prinzipien des Grundgesetzes entspricht.

995 Siehe 2. Kapitel, A., I., 1).

996 Siehe 2. Kapitel, A., I., 2).

997 Für Bayern: *Meder*, in: Meder (BayVerf), Art. 3 Rn. 22. Für Hamburg: *David*, in: David (HmbVerf), Art. 3 Rn. 16.

Was den Resozialisierungsanspruch der Gefangenen angeht, ergeben sich größere Divergenzen. Die Bayerische Landesverfassung enthält parallel zum Grundgesetz zwar den Schutz der Menschenwürde in Art. 100 BayVerf und die allgemeine Handlungsfreiheit in Art. 101 BayVerf, eine darauf gründende Herleitung eines allgemeinen Persönlichkeitsrecht erfolgt jedoch nicht ersichtlich.[998] Es ist zwar fraglich, ob die dem Grundgesetz vergleichbare Normierung von Menschenwürdeschutz und allgemeiner Handlungsfreiheit nicht zwingend zu der Entwicklung eines inhaltsgleichen allgemeinen Persönlichkeitsrechts und damit einem grundrechtlichen Resozialisierungsanspruch der Gefangenen führen muss. Selbst wenn man diesen Schritt aber gehen wollte, würden sich daraus jedoch keine Abweichungen zum grundgesetzlichen Anspruch ergeben.

Die Verfassung Hamburgs enthält keinen eigenständigen Grundrechtskatalog,[999] weshalb auch ein dem allgemeinen Persönlichkeitsrecht entsprechendes Grundrecht fehlt. Die aus dem grundrechtlichen Resozialisierungsanspruch der Gefangenen abgeleiteten Anforderungen an eine Privatisierung entfallen damit auf Landesebene, was jedoch aus zwei Gründen praktisch bedeutungslos ist: Zum einen ergeben sich aus dem Sozialstaatsprinzip und der darin beinhalteten objektivrechtlichen Verpflichtung zur Gefangenenresozialisierung die gleichen Anforderungen. Zum anderen wäre eine erweiterte mögliche Privatisierung auf Landesebene aufgrund der zu beachtenden engeren Vorgaben des Grundgesetzes irrelevant.

Gemäß Art. 3 II 1 NdsVerf sind die im Grundgesetz festgelegten Grundrechte und staatsbürgerlichen Rechte Bestandteil der Landesverfassung. Dies beinhaltet auch Art. 2 I i. V. m. Art. 1 I GG und damit das daraus abgeleitete allgemeine Persönlichkeitsrecht, weshalb auch ein grundrechtlicher Resozialisierungsanspruch der Gefangenen auf Landesebene besteht.

Verschärfte Anforderungen bezüglich einer Funktionalprivatisierung ergeben sich hinsichtlich des Vollzugsziels somit durch die Landesverfassungen nicht.

3) Demokratieprinzip

Das Demokratieprinzip ist inhaltsgleich zu dem des Grundgesetzes in den Art. 2 I 2 BayVerf, Art. 3 I HmbVerf und Art. 1 II NdsVerf verankert. Art. 3 II 1 HmbVerf[1000] und Art. 2 I 1 NdsVerf konkretisieren es zudem hinsichtlich des Grundsatzes der Volkssouveränität, was der Rechtslage des Grundgesetzes ent-

998 *Meder*, in: Meder (BayVerf), Art. 100, 101, der lediglich das aus Art. 2 I i. V. m. Art. 1 I GG entwickelte Recht auf informationelle Selbstbestimmung anspricht: *Meder*, in: Meder (BayVerf), Art. 100 Rn. 1b ff.

999 *David*, in: David (HmbVerf), Vorbemerkungen Rn. 47 ff.

1000 *David*, in: David (HmbVerf), Art. 3 Rn. 17.

spricht. Die Landesverfassungen stellen damit die gleichen Anforderungen an die Legitimation staatlichen Handelns wie das Grundgesetz.[1001]

4) Beamtenvorbehalt

Der neunte Abschnitt des ersten Hauptteils der Bayerischen Landesverfassung ist mit „Die Beamten“ überschrieben und regelt deren Rechtsverhältnisse. Gemäß Art. 95 I 2 BayVerf wird das Berufsbeamtentum grundsätzlich aufrechterhalten. Diese Garantie bleibt deutlich hinter der des Art. 33 IV GG zurück, da eine regelmäßige Übertragung von hoheitsrechtlichen Befugnissen auf Beamte durch die Norm nicht festgeschrieben wird.[1002]

Auch Art. 59 HmbVerf, der das Berufsbeamtentum regelt, garantiert in Absatz 1 lediglich den gleichen Zugang zu jedem öffentlichen Amt, die Absätze 2 und 3 enthalten Einzelheiten zur Ausgestaltung des Berufsbeamtentums.[1003] Eine dem grundgesetzlichen Funktionsvorbehalt entsprechende Regelung fehlt.

Art. 60 S. 1 NdsVerf enthält demgegenüber eine Regelung zur Thematik. Allerdings entspricht diese wortgleich Art. 33 IV GG.

Die Landesverfassungen enthalten damit keine gegenüber dem Grundgesetz erhöhten Anforderungen, was die vorgesehene Aufgabenerfüllung durch Beamte angeht.[1004]

5) Freiheit von Zwangsarbeit

Die Bayerische Landesverfassung enthält zwar einen Abschnitt über „Die Arbeit“, dieser beinhaltet jedoch größtenteils lediglich programmatische Erklärungen des Verfassungsgebers.[1005] Auch Art. 166 III BayVerf, nach dem jedermann das Recht und die Pflicht hat, eine seinen Anlagen und seiner Ausbildung entsprechende Arbeit im Dienst der Allgemeinheit nach näherer Bestimmung der Gesetze zu wählen, enthält entgegen des Wortlauts keine subjektiven Rechte.[1006] Insbesondere stellt er keine dem Art. 12 I GG entsprechende Regelung dar.[1007]

1001 Siehe dazu 2. Kapitel, A., I., 3).

1002 Die Erforderlichkeit der Übertragung von hoheitsrechtlichen Befugnissen auf Beamte im Zusammenhang mit Art. 95 I 2 BayVerf zwar bejahend, jedoch auf Art. 33 IV GG gestützt: *Meder*, in: Meder (BayVerf), Art. 95 Rn. 5.

1003 *David*, in: David (HmbVerf), Art. 59 Rn. 1.

1004 Zum grundgesetzlichen Funktionsvorbehalt: 2. Kapitel, A., I., 4).

1005 *Meder*, in: Meder (BayVerf), Art. 166 Rn. 1 ff., Art. 167 Rn. 1, Art. 168 Rn. 1 ff., Art. 169 Rn. 2, Art. 175 Rn. 1, Art. 176 Rn. 1.

1006 *Meder*, in: Meder (BayVerf), Art. 166 Rn. 2.

1007 *Meder*, in: Meder (BayVerf), Art. 101 Rn. 10, Art. 166 Rn. 2.

Auch Art. 167 I BayVerf, der die menschliche Arbeitskraft vor Ausbeutung schützt, beinhaltet lediglich einen Programmsatz.[1008] Eine dem Art. 12 III GG entsprechende Regelung fehlt damit.

Die Verfassung Hamburgs enthält keinen Grundrechtskatalog und damit auch keine grundrechtlich garantierte Freiheit von Arbeitszwang, die eine Privatisierungsgrenze darstellen könnte.

Zu den gemäß Art. 3 II 1 NdsVerf zum Bestandteil der Landesverfassung zählenden, im Grundgesetz festgelegten Grundrechten zählt auch Art. 12 III GG, weshalb vollständig auf die oben gemachten Ausführungen zurückgegriffen werden kann.

Die Freiheit von Arbeitszwang begrenzt die Möglichkeiten einer Funktionalprivatisierung auf Landesebene folglich nicht weiter als auf der des Grundgesetzes.[1009]

6) Verwaltungs- und Organisationskompetenz

Die Art. 77 ff. BayVerf regeln die Verwaltung des Landes Bayern. Laut Art. 77 I 2 BayVerf obliegt die Einrichtung der Behörden im Einzelnen der Staatsregierung und auf Grund der von ihr erteilten Ermächtigung den einzelnen Staatsministerien. Die Ausgestaltung der Behörden wird durch Art. 77 I BayVerf ausdrücklich offengelassen.

Die Normen zur Verwaltung Hamburgs sind in den Art. 55 ff. HmbVerf enthalten. Gemäß Art. 57 HmbVerf regelt das Gesetz Gliederung und Aufbau der Verwaltung. Darunter ist die organisatorische Entscheidung darüber, welche Behörden bestehen und wie ihr Verhältnis zueinander ist, zu verstehen.[1010] Darüber hinausgehende Bestimmungen sind nicht enthalten.

Die Verwaltung Niedersachsens ist in den Art. 56 ff. NdsVerf geregelt. Gemäß Art. 56 II NdsVerf bedürfen der allgemeine Aufbau und die räumliche Gliederung der allgemeinen Landesverwaltung eines Gesetzes. Sonstige relevante Bestimmungen sind nicht ersichtlich.

Detaillierte Vorgaben über den Aufbau der Verwaltung, etwa den möglichen Einsatz von Privaten, ergeben sich auch allen betrachteten Landesverfassungen daraus nicht. Relevant sind daher die Bestimmungen des Grundgesetzes.[1011]

1008 *Meder*, in: Meder (BayVerf), Art. 167 Rn. 1.

1009 Zur grundgesetzlich garantierten Freiheit von Arbeitszwang gemäß Art. 12 III GG siehe 2. Kapitel, A., I., 5).

1010 *David*, in: David (HmbVerf), Art. 57 Rn. 4.

1011 Siehe zu diesen 2. Kapitel, A., I., 6).

7) Landesverfassungsrechtliches Zwischenergebnis

Sämtliche den grundgesetzlichen Privatisierungsschranken entsprechende Artikel in den relevanten Landesverfassungen sind inhaltsgleich zu diesen oder bleiben sogar hinter deren Anforderungen zurück. Sonstige, eine Privatisierung begrenzenden, Artikel sind nicht ersichtlich. Weitere Eingrenzungen von Funktionalprivatisierungen sind somit durch die Landesverfassungen nicht gegeben. Der verfassungsrechtliche Rahmen für alle neu geschaffenen Landesgesetze ist folglich, genau wie für das Bundes-StVollzG, allein das Grundgesetz.

III. Einfachgesetzliche Regelungen

Die einfachgesetzlichen Regelungen müssten nun den aufgestellten Kriterien entsprechen und können daneben selbst eine funktionale Privatisierung weiter begrenzen. Der Strafvollzug wurde im Jahre 2006 einer tiefgreifenden Veränderung unterworfen. Mit dem Gesetz zur Föderalismusreform vom 28.8.2006[1012] ging die Gesetzgebungskompetenz für diese Materie vom Bund auf die Länder über. Das StVollzG ist damit jedoch nicht obsolet. Gemäß Art. 125 a I GG gilt es als partikulares Bundesrecht fort, sofern es nicht durch Landesrecht ersetzt wird. Als erste haben die Länder Bayern, Hamburg und Niedersachsen eigene Strafvollzugsgesetze erlassen. Diese dienen im Folgenden als exemplarischer Untersuchungsgegenstand. In allen Bundesländern, die keine eigenen Vollzugsgesetze erlassen haben, gilt das StVollzG weiterhin fort. Sowohl das Bundesgesetz als auch die einzelnen Landesgesetze müssen dem Grundgesetz entsprechen.

1) Bundesrecht – StVollzG

Die §§ 154 ff. StVollzG enthalten Regelungen über den inneren Aufbau von Justizvollzugsanstalten.

a) Anstaltsleitung, § 156 StVollzG

Der Anstaltsleiter vertritt gemäß § 156 II 1 StVollzG die Anstalt nach außen und hat gemäß § 156 II 2 StVollzG die Verantwortung für den gesamten Vollzug, sofern nicht bestimmte Aufgabenbereiche der Verantwortung anderer Vollzugsbediensteter übertragen sind. Gemäß § 156 I StVollzG ist ein Beamter des höheren Dienstes zum hauptamtlichen Leiter der Anstalt zu bestimmen. Aus besonderen

1012 BGBl. 2006 I, 2034.

Gründen kann eine Anstalt auch von einem Beamten des gehobenen Dienstes geleitet werden. Weitere Ausnahmemöglichkeiten, etwa für eine Aufgabenübertragung auf Nichtbeamte, bestehen nicht. § 156 I StVollzG entspricht damit den verfassungsrechtlichen Anforderungen, insbesondere denen des Art. 33 IV GG,[1013] und schließt eine Funktionalprivatisierung der Anstaltsleitung aus.[1014] Damit schiebt die Vorschrift auch einfachgesetzlich dem Betrieb einer vollprivatisierten Vollzugsanstalt einen Riegel vor.[1015]

b) Vollzugsbedienstete, § 155 StVollzG

§ 155 StVollzG regelt den Einsatz anderer im Justizvollzug tätiger Personen. Gemäß § 155 I 1 StVollzG werden die Aufgaben der Justizvollzugsanstalten von Vollzugsbeamten wahrgenommen. Die Norm enthält damit, wie Art. 33 IV GG, einen grundsätzlichen Beamtenvorbehalt, hier jedoch auf Vollzugsbeamte konkretisiert.[1016]

aa) Die Aufgaben der Justizvollzugsanstalten

Der Wortlaut des § 155 I 1 StVollzG erfasst ausnahmslos alle in einer Vollzugsanstalt anfallenden Tätigkeiten.[1017] Die Norm ist jedoch dahingehend teleologisch zu reduzieren, dass sie lediglich die Ausübung hoheitsrechtlicher Befugnisse[1018] regelt.[1019] § 155 I 1 StVollzG garantiert eine Umsetzung des Art. 33 IV

1013 Arbeitsbericht „Modellprojekt", 26; *Mösinger*, BayVBl. 2007, 417 (426); *Barisch*, Die Privatisierung im deutschen Strafvollzug, 186.

1014 Arbeitsbericht „Modellprojekt", 26; *Kulas*, Privatisierung hoheitlicher Verwaltung, 94; *Laubenthal*, Strafvollzug, Rn. 51; *Barisch*, Die Privatisierung im deutschen Strafvollzug, 186 f. Wohl missverständlich *Mösinger*, BayVBl. 2007, 417 (426), nach dem die Norm lediglich einer materiellen, nicht aber einer funktionalen Privatisierung entgegensteht. *Mösinger* bezieht dies vermutlich auf die restlichen in der Anstalt vorhandenen Dienstposten.

1015 *Barisch*, Die Privatisierung im deutschen Strafvollzug, 186.

1016 So können beispielsweise Polizeibeamte grundsätzlich nicht die Aufgaben der Vollzugsbeamten wahrnehmen: *Arloth*, in: Arloth (StVollzG), § 155 StVollzG Rn. 2.

1017 *Gusy*, in: Stober (Hrsg.), Privatisierung im Strafvollzug?, 5 (11); *Gusy/Lührmann*, StV 2001, 46 (47); *Schimpfhauser*, Das Gewaltmonopol des Staates, 177; *Barisch*, Die Privatisierung im deutschen Strafvollzug, 182.

1018 Zum Umfang derselben siehe ausführlich 2. Kapitel, A., I., 4), b).

1019 *Wydra*, in: Schwind/Böhm/Jehle/Laubenthal (StVollzG), § 155 Rn. 1; *Mösinger*, BayVBl. 2007, 417 (426); *Gusy*, in: Stober (Hrsg.), Privatisierung im Strafvollzug?, 5 (11); *Gusy/Lührmann*, StV 2001, 46 (47). Ohne eine entsprechende Einschränkung: *Lange*, DÖV 2001, 898 (903 f.); *Meyer*, BewHi 2004, 272 (274); *Schimpfhauser*, Das Gewaltmonopol des Staates, 177; *Arloth*, in: Arloth (StVollzG), § 155 StVollzG Rn. 2; *Laubenthal*, Strafvollzug, Rn. 52;

GG für den Strafvollzug,[1020] bzw. konkretisiert ihn für diesen Bereich.[1021], was für eine inhaltliche Angleichung der Normen spricht. Die Beschränkung auf hoheitliche Befugnisse ergibt sich weiter aus den Materialien zum StVollzG, nach denen die Norm dem früheren § 2 III BRRG entsprechen sollte, der ebenfalls nur die Ausübung hoheitlicher Befugnisse erfasst[1022].[1023] Auch eine teleologische Auslegung stützt diese Interpretation der Norm. Wie beim Funktionsvorbehalt soll sichergestellt werden, dass besonders wichtige Aufgaben – hier die Aufgaben der Justizvollzugsanstalten – von der besonders qualifizierten Gruppe der Berufsbeamten ausgeführt wird. Hierzu zählen jedoch nicht alle in einer Vollzugsanstalt anfallenden Aufgaben. Weshalb etwa Reinigungskräfte und Hausmeister einer Anstalt Lebenszeitbeamte sein sollen, ist nicht ersichtlich. Man könnte höchstens unter dem Aspekt der Sicherheitsrelevanz des Vollzuges vertreten, dass alle in einer Vollzugsanstalt Beschäftigten verbeamtet sein sollen, um die Zuverlässigkeit dieser Gruppe zu garantieren und etwa Waffen- und Drogenschmuggel sowie die Unterstützung von Ausbruchsversuchen durch Bedienstete zu minimieren. Allerdings sind Nichtbeamte auch in anderen sicherheitsrelevanten Bereichen tätig. Man wird beispielsweise kaum verlangen können, dass alle Reinigungskräfte von Polizeidienststellen zu verbeamten seien. Zudem bewegen sich eine nicht unerhebliche Anzahl von nicht verbeamteten Personen wie Lieferanten und Besucher unter Kontrolle der Vollzugsbeamten problemlos in den Anstalten. Die Verbeamtung von Personen, die keine hoheitlichen Tätigkeiten ausüben, würde hier zu keinem Sicherheitsgewinn führen. Auch der Telos des § 155 I 1 StVollzG spricht deshalb dafür, die Norm auf die Ausübung hoheitlicher Befugnisse zu reduzieren. Die Norm beschränkt eine Übertragung von nichthoheitlichen Tätigkeiten auf Private im Rahmen einer Funktionalprivatisierung folglich nicht.[1024]

Des Weiteren unterscheidet die Norm, anders als Art. 33 IV GG, nicht zwischen ständigen und nichtständigen Aufgaben. Beide müssen grundsätzlich von

---

Barisch, Die Privatisierung im deutschen Strafvollzug, 182. Wohl auch *Calliess/Müller-Dietz* (StVollzG), § 155 Rn. 1, 3 die den Strafvollzug insgesamt als hoheitliche Aufgabe ansehen.

1020 *Calliess/Müller-Dietz* (StVollzG), § 155 Rn. 1; *Gusy*, in: Stober (Hrsg.), Privatisierung im Strafvollzug?, 5 (11); *Gusy/Lührmann*, StV 2001, 46 (47); *Barisch*, Die Privatisierung im deutschen Strafvollzug, 181.

1021 *Arloth*, in: Arloth (StVollzG), § 155 StVollzG Rn. 1; Arbeitsbericht „Modellprojekt“, 18. Wohl auch *Schimpfhauser*, Das Gewaltmonopol des Staates, 178.

1022 Gesetzentwurf der Bundesregierung vom 23. 7. 1973, BT-Drs. 7/918, S. 96 zu § 142.

1023 *Wydra*, in: Schwind/Böhm/Jehle/Laubenthal (StVollzG), § 155 Rn. 1; *Calliess/Müller-Dietz* (StVollzG), § 155 Rn. 1; *Mösinger*, BayVBl. 2007, 417 (426); *Gusy*, in: Stober (Hrsg.), Privatisierung im Strafvollzug?, 5 (10); *Gusy/Lührmann*, StV 2001, 46 (47); *Barisch*, Die Privatisierung im deutschen Strafvollzug, 182.

1024 *Gusy/Lührmann*, StV 2001, 46 (47).

Justizvollzugsbeamten wahrgenommen werden.[1025] Das StVollzG stellt damit strengere Anforderungen als der grundgesetzliche Funktionsvorbehalt, der die Übertragung von nichtständigen Aufgaben auf Nichtbeamte ohne Weiteres erlaubt, sofern dadurch keine Umgehung einer dauerhaften Lösung vorliegt.[1026] Dagegen bestehen jedoch keine verfassungsrechtlichen Bedenken. Diese gäbe es lediglich, wenn die Norm die strengeren Anforderungen des Grundgesetzes nicht einhalten und erweiterte Übertragungsmöglichkeiten schaffen würde. Die gegenüber Art. 33 IV GG erhöhten Vorgaben sind zwar nicht begründungspflichtig, mitunter wird jedoch die Bedeutung des Strafvollzugs und die Grundrechtsrelevanz des Bereichs[1027] angegeben. Eine teleologische Anpassung hinsichtlich der zeitlichen Komponente ist nicht erforderlich. Auch im Rahmen des § 155 StVollzG ist es nicht wünschenswert, dass die vorübergehende Wahrnehmung von hoheitsrechtlichen Befugnissen das Erfordernis einer lebenslangen Verbeamtung auslöst. Dem kann jedoch über die Ausnahmemöglichkeit des § 155 I 2 StVollzG ohne Weiteres Rechnung getragen werden.

bb) Ausnahmsweise Übertragung auf Nichtvollzugsbeamte

§ 155 I 2 StVollzG sieht unter bestimmten Voraussetzungen die ausnahmsweise Übertragung auf drei Gruppen von Nichtvollzugsbeamten vor: andere Bedienstete, nebenamtliche und vertraglich verpflichtete Personen. Die Norm enthält damit eine ausdrückliche Ausnahmemöglichkeit, sie ergibt sich nicht nur mittelbar aus einer Formulierung wie „in der Regel" bei Art. 33 IV GG. Andere Bedienstete können dabei in einem (hauptamtlichen) Arbeitsverhältnis zum Staat stehende Angestellte und Arbeiter sein.[1028] Nebenamtlich Tätige sind Beamte und sonstige Angehörige des öffentlichen Dienstes, die anderweitig hauptamtlich tätig sind und denen daneben nebenamtliche Tätigkeiten im Strafvollzug übertragen werden.[1029] Vertraglich verpflichtete Personen sind Private, die ungeachtet von sonstigen haupt- oder nebenberuflichen Tätigkeiten durch einen Vertrag mit der Justizvollzugsverwaltung zur Erfüllung von Aufgaben im Strafvollzug

---

1025 *Schimpfhauser*, Das Gewaltmonopol des Staates, 177.

1026 Siehe 2. Kapitel, A., I., 4), c), aa), (1).

1027 *Schimpfhauser*, Das Gewaltmonopol des Staates, 177.

1028 *Calliess/Müller-Dietz* (StVollzG), § 155 Rn. 7; *Wydra*, in: Schwind/Böhm/Jehle/Laubenthal (StVollzG), § 155 Rn. 2; Arbeitsbericht „Modellprojekt", 26; *Bonk*, JZ 2000, 435 (441); *Barisch*, Die Privatisierung im deutschen Strafvollzug, 182.

1029 *Calliess/Müller-Dietz* (StVollzG), § 155 Rn. 7; *Müller-Dietz*, NK 2006, 11 (12); Arbeitsbericht „Modellprojekt", 26 f.; *Bonk*, JZ 2000, 435 (441); *Barisch*, Die Privatisierung im deutschen Strafvollzug, 182.

herangezogen werden.[1030] Die letzte Variante ermöglicht damit prinzipiell die Übertragung von Aufgaben im Rahmen einer Funktionalprivatisierung, solange die sonstigen Anforderungen der Norm erfüllt werden.[1031] Weder die Rechtsnatur noch die Art des Vertrages ist durch das StVollzG vorgegeben, weshalb beides nach den jeweiligen Bedürfnissen individuell bestimmt werden kann.[1032]

(1) Zeitliche Aspekte

Teilweise wird eine Aufgabenübertragung auf Private nur dann als zulässig angesehen, wenn diese zeitlich begrenzt oder periodisch wiederkehrend erforderlich sei und sich eine Vorhaltung von Beamten deshalb nicht lohne.[1033] Eine dauerhafte Übertragung von Vollzugsaufgaben auf Private sei durch § 155 I 2 StVollzG nicht gedeckt.[1034] Dem kann jedoch nicht gefolgt werden. Die Norm unterscheidet, anders als Art. 33 IV GG, nicht zwischen einer ständigen und nichtständigen Aufgabenwahrnehmung. Diese gilt für die grundsätzlich erfassten Aufgaben und muss in der Konsequenz auch für die Ausnahmemöglichkeiten gelten. Der Wortlaut des § 155 I 2 StVollzG enthält keine irgendwie gearteten zeitlichen Einschränkungen. Gerade vor dem Hintergrund des grundgesetzlichen Funktionsvorbehalts, der partiell auf eine zeitliche Komponente abstellt, wäre es erforderlich gewesen, eine dahingehende Einschränkung im StVollzG ausdrücklich zu normieren, falls sie gewollt gewesen wäre. Diesbezüglich finden sich keine Hinweise, weshalb auch dauerhafte Übertragungen auf Nichtvollzugsbeamte durch die Ausnahmemöglichkeit des § 155 I 2 StVollzG gedeckt sind.

(2) Beschränkung auf bestimmte Dienstposten

§ 155 I 2 StVollzG stellt keine Beleihungsgrundlage dar, da sie keine ausreichenden Angaben zu Ausmaß und Inhalt von Eingriffsrechten gegenüber Gefangenen

---

1030 *Calliess/Müller-Dietz* (StVollzG), § 155 Rn. 7; *Müller-Dietz*, NK 2006, 11 (12); Arbeitsbericht „Modellprojekt“, 27; *Bonk*, JZ 2000, 435 (441); *Barisch*, Die Privatisierung im deutschen Strafvollzug, 182.

1031 *Gusy*, in: Stober (Hrsg.), Privatisierung im Strafvollzug?, 5 (13); *Gusy/Lührmann*, StV 2001, 46 (47).

1032 Arbeitsbericht „Modellprojekt“, 27; *Bonk*, JZ 2000, 435 (441).

1033 *Calliess/Müller-Dietz* (StVollzG), § 155 Rn. 9; *Arloth*, JuS 2003, 1041 (1042); *Arloth*, ZfStrVo 2002, 3 (5); *Müller-Dietz*, NK 2006, 11 (12); *Barisch*, Die Privatisierung im deutschen Strafvollzug, 181, 184 f.

1034 *Calliess/Müller-Dietz* (StVollzG), § 155 Rn. 9; *Arloth*, in: Arloth (StVollzG), § 155 StVollzG Rn. 3; *Arloth*, JuS 2003, 1041 (1042); *Arloth*, ZfStrVo 2002, 3 (5); *Müller-Dietz*, NK 2006, 11 (12); *Barisch*, Die Privatisierung im deutschen Strafvollzug, 185. Wohl auch *Schimpfhauser*, Das Gewaltmonopol des Staates, 178.

enthält, weshalb lediglich eine Aufgabenübertragung auf Verwaltungshelfer abgedeckt ist.[1035] Daraus ergibt sich, dass die eigenständige Wahrnehmung von Tätigkeiten mit Eingriffscharakter nicht übertragen werden kann.[1036] Dazu zählen nicht etwa nur im Bereich des allgemeinen Vollzugsdiensts anfallende Aufgaben, sondern auch solche des Sozialstabs und mitunter sogar des Werkdienstes. Zu nennen sind hier etwa die Überwachung von Gefangenen bei Sicherungsmaßnahmen, die Durchführung von Zwangsmaßnahmen im Bereich der Gesundheitsfürsorge und die Mitwirkung an disziplinarischen Maßnahmen. Des Weiteren sind auch Tätigkeiten, die eigenständige und verbindliche Beurteilungen, Prognosen und Einstufungen beinhalten, nicht übertragbar, sofern sie zu unmittelbaren Eingriffen führen. Die an selbstständige Verwaltungshelfer übertragbaren Aufgaben, also die eigenständige Erfüllung öffentlicher Aufgaben ohne Eingriffs- oder Letztendscheidungsbefugnis oder die Vorbereitung von hoheitlichen Entscheidungen bis zur Entscheidungsreife, bilden die Grenze der Heranziehung Privater im Sinne der Norm.

Darüber hinaus wird wie auch im Rahmen des Art. 33 IV GG vertreten, dass lediglich die Übertragung bestimmter Dienstposten, etwa solcher, die nur untergeordnete Teilfunktionen der der Resozialisierung dienenden Behandlungsmaßnahmen enthalten,[1037] auf Nichtbeamte möglich sein soll. Für eine solche Beschränkung des Ausnahmevorbehalts finden sich jedoch keine Anhaltspunkte, weshalb sie, wie auch im Bereich des grundgesetzlichen Funktionsvorbehalts[1038], abzulehnen ist. Dies gilt ebenfalls für die Ansicht, nach der Privatisierungen nur dort zulässig sind, wo es nicht um die Ausübung hoheitsrechtlicher Befugnisse i. S. d. 33 IV GG geht.[1039] Diese beruht auf der Annahme, dass § 155 I 1 StVollzG nicht teleologisch zu reduzieren ist, und bleibt darüber hinaus eine Begründung schuldig. Auch eine systematische Auslegung in Verbindung mit § 155 II StVollzG führt nicht zu einer Begrenzung der Übertragungsmöglichkeiten auf bestimmte Dienstposten. Die dort enthaltene Auflistung der Berufsgruppen ist nicht abschließend,[1040] weshalb ihr eine Beschränkung der nach Absatz 1 zuläs-

---

1035 Siehe 2. Kapitel, A., I., 3), a).

1036 Arbeitsbericht „Modellprojekt“, 27; *Bonk*, JZ 2000, 435 (441).

1037 *Calliess/Müller-Dietz* (StVollzG), § 155 Rn. 7.

1038 Siehe 2. Kapitel, A., I., 4), c), bb), (1).

1039 So jedoch *Arloth*, in: Arloth (StVollzG), § 155 StVollzG Rn. 2. Ähnlich: *Schimpfhauser*, Das Gewaltmonopol des Staates, 178.

1040 Gesetzentwurf der Bundesregierung vom 23. 7. 1973, BT-Drs. 7/918, 96 zu § 142; *Arloth*, in: Arloth (StVollzG), § 155 StVollzG Rn. 6; *Wydra*, in: Schwind/Böhm/Jehle/Laubenthal (StVollzG), § 155 Rn. 3; *Gusy*, in: Stober (Hrsg.), Privatisierung im Strafvollzug?, 5 (13 ff.); *Gusy/Lührmann*, StV 2001, 46 (48).

sigen Ausnahmen auf diese nicht entnommen werden kann.[1041] Wenn alle hoheitsrechtlichen Tätigkeiten durch § 155 I 1 StVollzG erfasst sind, muss zumindest grundsätzlich die Möglichkeit bestehen, sie gemäß § 155 I 2 StVollzG auf Nichtvollzugsbeamte zu übertragen. Dadurch ist auch die vertragliche Übertragung von Aufgaben auf private Sicherheitskräfte durch die Norm bei einem ausreichenden Grund prinzipiell möglich.[1042]

(3) Besondere Gründe

Die Übertragung von Aufgaben der Justizvollzugsanstalten auf eine der drei genannten Gruppen ist nur beim Vorliegen von „besonderen Gründen" möglich. Die Anforderungen, die daran zu stellen sind, sind beinahe ebenso umstritten wie die Ausnahmemöglichkeiten im Rahmen des Art. 33 IV GG. Bei den „besonderen Gründen" handelt es sich um einen unbestimmten Rechtsbegriff, der anhand der anerkannten Auslegungsmethoden gesetzes- und verfassungskonform ausgelegt werden muss.[1043] Da § 155 I 1 StVollzG inhaltlich mit dem Verfassungsartikel verwandt ist, verlaufen weite Teile der geführten Diskussion angenähert an die dort bereits behandelten Punkte.

(a) Grammatische Auslegung

Die Norm verlangt lediglich das Vorliegen von „besonderen Gründen", konkretisiert diese aber nicht, enthält keine beispielhafte Aufzählung[1044] und stellt auch keine weiteren Anforderungen[1045]. Daraus, dass lediglich „besondere", keine „zwingenden" oder „unabweisliche öffentlichen Gründe" gefordert sind, wird mitunter auf eine mögliche offene, flexible Auslegung geschlossen,[1046] die jeden „sachlich vertretbare(n) und anerkennenswerte(n) Grund", auch wirtschaftliche

---

1041 So auch diejenigen, die im Zuge einer systematischen Auslegung beider Absätze zu einer Konkretisierung der besonderen Gründe kommen (siehe dazu sogleich die systematische Auslegung im 2. Kapitel, A., III., 1), b), bb), (3), (c)): *Gusy*, in: Stober (Hrsg.), Privatisierung im Strafvollzug?, 5 (13 ff.); *Gusy/Lührmann*, StV 2001, 46 (48).

1042 *Gusy*, in: Stober (Hrsg.), Privatisierung im Strafvollzug?, 5 (13); *Gusy/Lührmann*, StV 2001, 46 (47).

1043 *Calliess/Müller-Dietz* (StVollzG), § 155 Rn. 9; Arbeitsbericht „Modellprojekt", 28; *Bonk*, JZ 2000, 435 (441); *Mösinger*, BayVBl. 2007, 417 (426).

1044 Arbeitsbericht „Modellprojekt", 28; *Schimpfhauser*, Das Gewaltmonopol des Staates, 178.

1045 *Schimpfhauser*, Das Gewaltmonopol des Staates, 178.

1046 Arbeitsbericht „Modellprojekt", 28.

Überlegungen, ausreichen lässt.[1047] Andere schließen aus der Formulierung, dass erhöhte Anforderungen an Ausnahmen zu stellen sind.[1048]

Die fehlende weitere Konkretisierung erschwert eine grammatische Auslegung. Die Formulierung „besondere Gründe" hat für sich genommen wenig Aussagegehalt. Es ist zwar richtig, dass „schärfere" Formulierungen mit höheren Anforderungen denkbar gewesen wären, es besteht jedoch auch ein gewisser Spielraum, was „mildere" Varianten angeht, die geringere Anforderungen an eine Aufgabenübertragung stellen. Daraus, dass beispielsweise nicht von „bei Bedarf" oder Ähnlichem die Rede ist, lässt sich schließen, dass die Norm die Übertragung von Aufgaben auf Nichtvollzugsbeamte nicht in das freie Ermessen der Verwaltung stellt. Ein spezifischer, gesicherter juristischer Sprachgebrauch des „Besonderen" existiert nicht. Im allgemeinen Sprachgebrauch bedeutet es „außergewöhnlich", „nicht alltäglich", „über das Normale, das Übliche weit hinausgehend", „hervorragend".[1049] Dadurch wird eine Abhebung von der Allgemeinheit beschrieben. Worin diese im Sinne der Norm besteht, ergibt sich aus dem Wortlaut nicht. Es könnte eine Besonderheit im reinen Vergleich mit anderen möglichen Gründen oder eine Besonderheit des Grundes im Verhältnis zum Grundsatz der Wahrnehmung durch Vollzugsbeamte gemeint sein. Auch eine quantitative Beschränkung von Privatisierungen ist allein durch die Formulierung nicht gegeben. Eine grammatische Auslegung ergibt deshalb lediglich, dass eine Übertragung nicht zur freien Verfügung der Verwaltung steht.

(b) Genetische Auslegung

Mit der Ausnahmeregelung sollte „dem praktischen Bedürfnis Rechnung getragen werden, namentlich für fachlich fundierte Aufgaben auch auf nichtbeamtete oder nebenamtliche Kräfte zurückgreifen zu können."[1050] Rückschlüsse auf die an besondere Gründe gestellten Anforderungen lassen sich daraus nicht ziehen.

(c) Systematische Auslegung

Zur systematischen Auslegung der „besonderen Gründe" könnte § 155 II StVollzG herangezogen werden.[1051] Gemäß der Norm sind für jede Anstalt entsprechend ihrer Aufgabe die erforderliche Anzahl von Bediensteten der ver-

1047 *Bonk*, JZ 2000, 435 (441); *Lange*, DÖV 2001, 898 (904); Arbeitsbericht „Modellprojekt", 28.
1048 *Schimpfhauser*, Das Gewaltmonopol des Staates, 178.
1049 Duden – Deutsches Universalwörterbuch.
1050 Gesetzentwurf der Bundesregierung vom 23. 7. 1973, BT-Drs. 7/918, 96 zu § 142.
1051 So *Gusy*, in: Stober (Hrsg.), Privatisierung im Strafvollzug?, 5 (13 ff.); *Gusy/Lührmann*, StV 2001, 46 (48).

schiedenen Berufsgruppen, namentlich des allgemeinen Vollzugsdienstes, des Verwaltungsdienstes und des Werkdienstes sowie von Seelsorgern, Ärzten, Pädagogen, Psychologen und Sozialarbeitern vorzusehen. Absatz 2 verpflichtet die Verwaltung dazu, ausreichend „Fachpersonal" vorzuhalten. Daraus ergebe sich, dass besondere Gründe nur dann vorliegen, wenn aus Behandlungsgründen auf besondere Fachkräfte außerhalb des Vollzugs zurückgegriffen werden muss.[1052] Besondere Gründe wären deshalb solche, „die der Erreichung des Vollzugsziels im Hinblick auf die Justizvollzugsanstalt oder dem einzelnen Häftling dienen und nur von Fachkräften wahrgenommen werden können".[1053] Da private Sicherheitskräfte über kein für den Vollzug notwendiges Spezialwissen, insbesondere über keine höhere Behandlungskompetenz, verfügten, würde die Norm die Übertragung hoheitlicher Aufgaben des Strafvollzugs auf diese bei einer solchen Auslegung nicht erfassen.[1054]

Der dargestellte Gedankengang ist wenig überzeugend. Es kann bereits bezweifelt werden, ob § 155 II StVollzG überhaupt zu einer systematischen Auslegung der besonderen Gründe herangezogen werden kann. Der Absatz enthält lediglich eine nicht abschließende Auflistung von typischerweise zur Erfüllung der Aufgaben einer Justizvollzugsanstalt benötigten Berufsgruppen, wodurch § 155 I 1 StVollzG konkretisiert wird. § 155 II StVollzG spricht dabei allgemein von „Bediensteten", nicht etwa von Beamten. Ein Hinweis darauf, dass durch den Absatz das für die Aufgabenerfüllung einzusetzende Personal geregelt werden soll oder dass er sich auch auf § 155 I 2 StVollzG und damit auf die Ausnahmemöglichkeiten zum Vollzugsbeamtenvorbehalt bezieht, besteht nicht. Zudem wird, auch wenn man einen systematischen Bezug zu § 155 I 2 StVollzG herstellen wollte, in Absatz 2 ausdrücklich auch der allgemeine Vollzugsdienst als Fachpersonal genannt. Warum eine systematische Auslegung deshalb zu einer Beschränkung auf Behandlungsgründe führen sollte, ist nicht nachvollziehbar.[1055]

1052 *Gusy*, in: Stober (Hrsg.), Privatisierung im Strafvollzug?, 5 (13 ff.); *Gusy/Lührmann*, StV 2001, 46 (48); *Barisch*, Die Privatisierung im deutschen Strafvollzug, 184. Für ein solches Verständnis der besonderen Gründe, jedoch ohne auf eine systematische Auslegung zurückzugreifen, auch: *Arloth*, in: Arloth (StVollzG), § 155 StVollzG Rn. 3; *Arloth*, JuS 2003, 1041 (1042); *Arloth*, ZfStrVo 2002, 3 (4 f.).

1053 *Gusy*, in: Stober (Hrsg.), Privatisierung im Strafvollzug?, 5 (13 ff.); *Gusy/Lührmann*, StV 2001, 46 (48); *Barisch*, Die Privatisierung im deutschen Strafvollzug, 184. Wohl mit einem Fehler in der Formulierung, da nur Aufgaben, nicht aber Gründe wahrgenommen werden können.

1054 *Calliess/Müller-Dietz* (StVollzG), § 155 Rn. 9; *Arloth*, in: Arloth (StVollzG), § 155 StVollzG Rn. 3; *Arloth*, JuS 2003, 1041 (1042); *Gusy*, in: Stober (Hrsg.), Privatisierung im Strafvollzug?, 5 (13 ff.); *Gusy/Lührmann*, StV 2001, 46 (48); *Mösinger*, BayVBl. 2007, 417 (426); *Barisch*, Die Privatisierung im deutschen Strafvollzug, 184 f.

1055 So auch *Lange*, DÖV 2001, 898 (904).

Eine Heranziehung dieser Auslegungsmethode zur Konkretisierung der besonderen Gründe bleibt deshalb ergebnislos.

(d) Teleologische Auslegung

Durch die Ausnahmemöglichkeit soll die Justizverwaltung besser und flexibler wechselnden Anforderungen, insbesondere was behandelnde und resozialisierende Maßnahmen angeht, gerecht werden können, als dies mit einem reinen Stab von Lebenszeitbeamten der Fall wäre.[1056] Die Aufgabenerfüllung der Justizvollzugsanstalten soll erleichtert und gesichert werden.[1057] Daraus wird teilweise gefolgert, dass lediglich die größere Sachkunde bezüglich einzelner Vollzugsfragen als ausreichender Grund anzuerkennen ist.[1058] Private Sicherheitskräfte würden diese in den meisten Fällen gerade nicht aufweisen.[1059] Mitunter wird das Vorliegen besonderer Gründe angenommen, wenn eine Übertragung auf Private „sachlich erforderlich, geboten und vertretbar" ist.[1060] Teilweise wird „jeder an sich rechtmäßige besondere Grund" als ausreichend angesehen.[1061] Andere sehen den Begriff nur erfüllt, wenn der reguläre Behandlungs- und Betreuungsvollzug etwa durch eine Krankheitswelle gefährdet ist und dies durch die Heranziehung Nichtbeamter kompensiert werden soll.[1062] Bei Personalengpässen, die sich aus einer schlechten Finanzlage ergeben, lägen dagegen keine besonderen Gründe vor, da diese lange vorhersehbar und vermeidbar seien und deshalb keine plötzliche Notlage darstellten.[1063] Die Gegenmeinung erkennt auch finanzielle Erwägungen als besondere Gründe im Sinne des § 155 I 2 StVollzG an.[1064] Gegen die

1056 *Calliess/Müller-Dietz* (StVollzG), § 155 Rn. 9; *Mösinger*, BayVBl. 2007, 417 (426).

1057 Arbeitsbericht „Modellprojekt", 28; *Bonk*, JZ 2000, 435 (441).

1058 Zusätzlich auf die allgemeine Systematik des StVollzG gestützt: *Meyer*, BewHi 2004, 272 (274); *Arloth*, ZfStrVo 2002, 3 (5).

1059 *Calliess/Müller-Dietz* (StVollzG), § 155 Rn. 9; *Meyer*, BewHi 2004, 272 (274 Fn. 20); *Arloth*, ZfStrVo 2002, 3 (5); *Arloth*, JuS 2003, 1041 (1042); *Gusy*, in: Stober (Hrsg.), Privatisierung im Strafvollzug?, 5 (13 ff.); *Gusy/Lührmann*, StV 2001, 46 (48).

1060 *Calliess/Müller-Dietz* (StVollzG), § 155 Rn. 9; *Mösinger*, BayVBl. 2007, 417 (426); *Barisch*, Die Privatisierung im deutschen Strafvollzug, 184.

1061 *Schimpfhauser*, Das Gewaltmonopol des Staates, 178.

1062 *Arloth*, in: Arloth (StVollzG), § 155 StVollzG Rn. 3; *Gusy*, in: Stober (Hrsg.), Privatisierung im Strafvollzug?, 5 (15); *Gusy/Lührmann*, StV 2001, 46 (48); *Arloth*, JuS 2003, 1041 (1042). In diese Richtung wohl auch *Braum/Varwig/Bader*, ZfStrVo 1999, 67 (68). Zumindest auch eine Übertragung bei einer Krankheitswelle als zulässig erachtend: *Barisch*, Die Privatisierung im deutschen Strafvollzug, 185.

1063 *Gusy*, in: Stober (Hrsg.), Privatisierung im Strafvollzug?, 5 (15); *Gusy/Lührmann*, StV 2001, 46 (48); *Barisch*, Die Privatisierung im deutschen Strafvollzug, 185.

1064 Arbeitsbericht „Modellprojekt", 28; *Bonk*, JZ 2000, 435 (441); *Lange*, DÖV 2001, 898 (904); *Mösinger*, BayVBl. 2007, 417 (426). Die Einbeziehung finanzieller Überlegungen ist dadurch

Ausführungen zu finanzbedingten Personalengpässen wird vorgebracht, dass die Vorhersehbarkeit derselben diese nicht vermeidbar mache. Bei einem sich daraus ergebenden Personalengpass sei ein geregelter Vollzug genauso gefährdet wie im Falle einer Krankheitswelle.[1065] Auch darüber hinaus sei nicht ersichtlich, warum fiskalische Gründe kategorisch ausgeschlossen werden sollen. Die Gegenauffassung verkenne, dass die mangelnde Qualifikation von Beamten gegenüber Privaten mittelbar finanziell begründet ist.[1066]

§ 155 I 2 StVollzG setzt den Funktionsvorbehalt des Art. 33 IV GG einfachgesetzlich um. Er normiert wie der Grundgesetzartikel einen prinzipiellen Beamtenvorbehalt, sieht dabei jedoch Abweichungsmöglichkeiten vor. Einzige Unterschiede sind die Einschränkung auf Vollzugsbeamte, die ausdrückliche Nennung von Ausnahmemöglichkeiten unter dem Erfordernis besonderer Gründe sowie die fehlende Unterscheidung zwischen ständiger und nichtständiger Aufgabenausübung. Die Norm enthält wie Art. 33 IV GG keinen Hinweis auf die Art der durchzuführenden Prüfung, weswegen eine Orientierung an der Verfassungsnorm naheliegt. Da die gleichen Voraussetzungen wie bei dem verfassungsrechtlichen Funktionsvorbehalt vorliegen, muss eine teleologische Auslegung dabei zwangsläufig zum gleichen Ergebnis führen. Die Einschränkung auf Vollzugsbeamte spielt für die möglichen Übertragungsgründe an sich, ebenso wie die Erfassung ständiger und nichtständiger Aufgaben, keine Rolle. Der geringfügige Unterschied einer ausdrücklichen Nennung der besonderen Gründe kann eine Abweichung von den bei Art. 33 IV GG erarbeiteten Ergebnissen nicht rechtfertigen. Insbesondere gilt dies, da bei der oben entwickelten Prüfung[1067] durch die Durchführung einer vollständigen Verhältnismäßigkeitsprüfung ohnehin strenge Anforderungen an die Aufgabenübertragung auf Nichtbeamte gestellt werden. Die Anforderungen an den Grund der Übertragung an sich sind dabei zwar relativ gering; es reicht jede angebbare, besondere, sachlich begründbare Erwägung aus. Dies wird jedoch durch die anschließende Prüfung der Erforderlichkeit und der Verhältnismäßigkeit im engeren Sinne kompensiert, was dem Sinngehalt der Norm letzten Endes am besten entspricht. Eine relativ geringfügige Eingrenzung der besonderen Gründe bei folgender Durchführung einer vollständigen Verhältnismäßigkeitsprüfung garantiert, die Grundsatzentscheidung für die Aufgabenwahrnehmung durch Justizvollzugsbeamte und die durch die

---

gerechtfertigt, dass die Sicherstellungs- und Garantiefunktion des Staats für die Tätigkeit eines vertraglich verpflichteten Privaten unberührt bleibt: Arbeitsbericht „Modellprojekt“, 28; *Bonk*, JZ 2000, 435 (441).

1065 *Mösinger*, BayVBl. 2007, 417 (426).

1066 *Mösinger*, BayVBl. 2007, 417 (426).

1067 2. Kapitel, A., I., 4), c), bb), (3).

Ausnahmemöglichkeit intendierte bessere und flexiblere Aufgabenerfüllung in bestmöglichen Einklang zu bringen.

Der Unterschied, dass § 155 I 1 StVollzG im Gegensatz zu Art. 33 IV GG sowohl die ständige als auch die nichtständige Aufgabenwahrnehmung unter Beamtenvorbehalt stellt, verlangt allerdings Anpassungen in der durchzuführenden Erforderlichkeits- und Angemessenheitsprüfung. Daraus, dass § 155 I 1 StVollzG beide Wahrnehmungsarten erfasst, ergibt sich, dass auch beide gemäß § 155 I 2 StVollzG ausnahmsweise auf Nichtvollzugsbeamte übertragen werden können. Wenn im Zuge der Erforderlichkeitsprüfung dann nach dem mildesten, gleich wirksamen Mittel gefragt wird, ist stets die Möglichkeit einer vorübergehenden Übertragung zu prüfen, da diese den Beamtenvorbehalt des § 155 I StVollzG weniger beeinträchtigt als eine dauerhafte. Diese geringere Beeinträchtigung durch vorübergehende Übertragungen ist auch bei der Angemessenheitsprüfung zu berücksichtigen, da an solche geringere Anforderungen zu stellen sind als an eine dauerhafte.

Fraglich ist, ob auch der im Vergleich zu Art. 33 IV GG eingeschränktere Beamtenbegriff eine Anpassung bezüglich der Erforderlichkeits- und Angemessenheitsprüfung erfordert. Anders als bei Art. 33 IV GG wird der Beamtenbegriff durch § 155 I 1 StVollzG auf Vollzugsbeamte konkretisiert. Ergebnis der Erforderlichkeitsprüfung des Art. 33 IV GG war, dass es unerheblich ist, ob hoheitsrechtliche Befugnisse auf öffentlich-rechtliche Tarifkräfte oder auf Private übertragen werden, da keine Variante ein grundsätzlich milderes Mittel darstellt.[1068] Das ergibt sich daraus, dass die Rechtsverhältnisse beider Gruppen gleichermaßen nicht die Besonderheiten des Beamtenverhältnisses, wie etwa dessen einseitige staatliche Ausgestaltung, die Verpflichtung des Beamten, seine gesamte Persönlichkeit zur Verfügung zu stellen, das fehlende Streikrecht, die Remonstrationspflicht und die auf Lebenszeit-, Laufbahn- und Alimentationsprinzip begründeten besonders abgesicherte Position des Beamten und die sich daraus ergebende Garantie einer verlässlichen, stetigen, und rechtsstaatlichen Aufgabenwahrnehmung aufweisen. Da § 155 I 1 StVollzG jedoch eine prinzipielle Aufgabenerfüllung nur durch Vollzugsbeamte vorsieht, bestehen daneben noch zahlreiche Gruppen von anderen Beamten, beispielsweise die des Polizeidienstes, die nebenamtlich herangezogen werden können. Es stellt sich die Frage, ob deren ausnahmsweise Heranziehung ein grundsätzlich milderes Mittel gegenüber der Aufgabenübertragung auf andere Bediensteten der Justizvollzugsanstalten oder vertraglich verpflichtete Personen darstellt. Betrachtet man den Wortlaut des § 155 I 2 StVollzG, so stellt man fest, dass er keine qualitative Abstufung zwischen den drei möglichen Gruppen von Nichtvollzugsbeamten

1068 Siehe 2. Kapitel, A., I., 4), c), bb), (3).

macht. Die Gruppe der anderen Justizvollzugsanstaltsbediensteten wird sogar noch vor den nebenamtlich verpflichteten Personen genannt und nimmt daher eine tendenziell stärkere Stellung im Text ein. Was Sinn und Zweck der Norm angeht, soll sie eine flexible Aufgabenerfüllung sichern und erleichtern. Dazu werden regulär in der Anstalt beschäftigte Tarifkräfte je nach ihrem Aufgabenfeld in der Regel tendenziell größere Fachkenntnisse aufweisen als dem Strafvollzug völlig fremde Beamtengruppen. Davon, dass die Übertragung von Aufgaben auf nebenamtliche herangezogene Beamtengruppen grundsätzlich ein milderes Mittel im Sinne des § 155 I 2 StVollzG darstellt als die Übertragung auf Tarifkräfte oder Private, kann folglich nicht ausgegangen werden. Allerdings kann auch der umgekehrte Schluss nicht gezogen werden. Die an den Anfang gestellte Nennung der Tarifkräfte sollte keine Wertung oder Rangfolge beinhalten, sondern wurde aus sprachlichen Gründen gewählt.[1069] Auch was die einen geregelten und flexiblen Vollzug sichernde Kompetenz angeht, muss auf den jeweiligen Einzelfall abgestellt werden. Eine pauschale Aussage darüber, ob eine Übertragungsart die mildere ist, kann nicht getroffen werden.[1070]

Die im Rahmen des § 155 I 2 StVollzG durchzuführende Verhältnismäßigkeitsprüfung entspricht damit fast vollständig der des Art. 33 IV GG. Allein die Möglichkeit einer ständigen und nichtständigen Aufgabenübertragung verlangt nach einer Anpassung. So stellt eine befristete Wahrnehmung durch Nichtbeamte im Rahmen der Erforderlichkeitsprüfung ein milderes Mittel dar als eine dauerhafte. Auch im Zuge der Angemessenheitsprüfung sind an Erstgenannte geringere Anforderungen zu stellen.

(e) Verfassungskonforme Auslegung

Bestehen nach den traditionellen Auslegungsmethoden mehrere Auslegungsmöglichkeiten, ist derjenigen den Vorzug zu geben, die der Verfassung am besten entspricht. Die verfassungskonforme Auslegung darf den normativen Gehalt der Vorschrift dabei jedoch nicht grundlegend neu bestimmen.[1071] Entscheidende Verfassungsnorm ist hier Art. 33 IV GG, weshalb von anderen Autoren die dort entwickelten Ergebnisse teilweise unreflektiert auf § 155 I 2 StVollzG übertragen werden.[1072] Auf eine Darstellung im Einzelnen soll hier verzichtet werden,

---

1069 Gesetzentwurf der Bundesregierung vom 23. 7. 1973, BT-Drs. 7/918, 96 zu § 142.

1070 A. A *Barisch*, Die Privatisierung im deutschen Strafvollzug, 185, die einer Inanspruchnahme von Aushilfskräften aus anderen Vollzugsanstalten „freilich“ immer den Vorrang vor einer Heranziehung privater Dritter gewährt. Jedoch ohne weitere Begründung.

1071 *Pieroth/Schlink*, Grundrechte, Rn. 103.

1072 Beispielsweise *Calliess/Müller-Dietz* (StVollzG), § 155 Rn. 10; *Arloth*, in: Arloth (StVollzG), § 155 StVollzG Rn. 4 f.; *Barisch*, Die Privatisierung im deutschen Strafvollzug, 185.

da die entsprechenden Positionen bereits im Rahmen des grundgesetzlichen Funktionsvorbehalts dargelegt wurden und sich die Ergebnisse teilweise erheblich von den oben entwickelten unterscheiden, weshalb sie für eine verfassungskonforme Auslegung des § 155 I 2 StVollzG an dieser Stelle irrelevant sind.

Eine verfassungskonforme Auslegung des § 155 I 2 StVollzG verbietet gerade nicht, dass Privatisierungsbeschränkungen durch die Norm über die des grundgesetzlichen Funktionsvorbehalts hinausgehen.[1073] Sie verlangt im Gegenteil, dass die Mindeststandards des Art. 33 IV GG eingehalten werden, erlaubt jedoch weitere Einschränkungen von Übertragungen auf Nichtbeamte. Relevant ist eine verfassungskonforme Auslegung insbesondere für die Erforderlichkeitsprüfung, die im Rahmen einer vollständigen Verhältnismäßigkeitsprüfung bei Aufgabenübertragungen auf Nichtvollzugsbeamte durchzuführen ist.

Die teleologische Auslegung des § 155 I 2 StVollzG hat ergeben, dass aus der Norm selbst nicht abgeleitet werden kann, ob es sich bei Übertragungen auf nebenamtlich tätige Beamte oder sonstige Personen pauschal um ein milderes Mittel gegenüber der jeweilig anderen handelt.[1074] Eine mit Art. 33 IV GG konforme Auslegung führt jedoch zu einem anderen Ergebnis. Bei einer nebenamtlichen Aufgabenerfüllung durch andere Beamtengruppen wird der Grundsatzentscheidung des grundgesetzlichen Funktionsvorbehalts Rechnung getragen, bei einer Erfüllung durch öffentlich-rechtliche Tarifkräfte oder auf Private müsste auf dessen Ausnahmevorbehalt zurückgegriffen werden. Eine Übertragung auf sonstige Beamte entspricht dem grundgesetzlichen Funktionsvorbehalt folglich besser, weshalb diese ein milderes Mittel gegenüber der Übertragung auf Nichtbeamte im Sinne der Erforderlichkeitsprüfung darstellt. Eine Auslegung anhand des Art. 33 IV GG stützt zudem die im Rahmen der teleologischen Auslegung entwickelten Ergebnisse,[1075] die eine Beachtung der im Vergleich geringeren Intensität von vorübergehenden Übertragungen im Bereich der Erforderlichkeits- und Angemessenheitsprüfung verlangen. Zwar erfasst der Regelungsgehalt des Art. 33 IV GG nur die ständige Übertragung, weshalb man annehmen könnte, dass er der vorübergehenden Übertragungen neutral gegenübersteht. Die Nichtregelung von nichtständigen Aufgaben enthält jedoch bereits ein wertendes Element, das darauf schließen lässt, dass solche Aufgaben nicht so relevant sind, dass sie grundsätzlich von Beamten erfüllt werden müssen.

1073 So aber: *Mösinger*, BayVBl. 2007, 417 (426).
1074 Siehe 2. Kapitel, A., III., 1), b), bb), (3), (d).
1075 Siehe 2. Kapitel, A., III., 1), b), bb), (3), (d).

(4) Quantitative Aspekte

Wie schon im Rahmen des Art. 33 IV GG werden die Ausnahmemöglichkeiten des § 155 I 2 StVollzG in der Literatur auch unter quantitativen Gesichtspunkten betrachtet. Es seien lediglich Aufgabenübertragungen in Einzelfällen möglich,[1076] ein Regel-Ausnahme-Prinzip sei zu wahren,[1077] die Quote der Nichtvollzugsbeamten müsse unter 50 %[1078] bzw. unter 30 %[1079] bleiben, teil-[1080] oder sogar vollständig[1081] privatisierte Anstalten würde die Norm nicht zulassen.

Auch hier kann auf die zu Art. 33 IV GG entwickelten Ergebnisse verwiesen werden.[1082] Eine ergänzende quantitative Betrachtung ist erforderlich, um sowohl dem individuellen Schutzgedanken des Funktionsvorbehalts als auch der durch ihn intendierten Absicherung des Beamtentums als „Grundgerüst" der Verwaltung und damit der Garantiefunktion für die Kontinuität und Stetigkeit staatlichen Handelns gerecht zu werden. Dies gilt für den einfachgesetzlichen Funktionsvorbehalt in gleichem Maße wie für den grundgesetzlichen. Auf eine starre Quote von Vollzugsbeamten zu Nichtvollzugsbeamten kann dabei nicht abgestellt werden, da dieser nicht der vorgesehenen Flexibilität entspräche und tendenziell als willkürlich zu betrachten wäre. Vielmehr ist der Gedanke einer umfassenden Abwägung, bei der Grund und Vorteile der Übertragung, Grad der Verletzung des Vorbehaltes und die dadurch zu erwartenden Nachteile sowie der Anteil hoheitsrechtlicher Tätigkeiten an den entsprechenden Dienstposten zu berücksichtigen sind, auf die zahlenmäßige Betrachtung zu übertragen. Posten, die hoheitsrechtliche Tätigkeiten nur in einem geringen Anteil beinhalten, sind in größerer Zahl auf Nichtvollzugsbeamte übertragbar als solche, die davon geprägt werden. Posten, die dagegen nahezu ausschließlich mit der Ausübung von hoheitsrechtlichen Befugnissen verknüpft sind, dürfen tendenziell nur in geringer Anzahl übertragen werden. Dem Funktionsvorbehalt wird dabei umso besser entsprochen, je eher das Regel-Ausnahme-Verhältnis gewahrt bleibt und der Schwerpunkt der Aufgabenerfüllung bei Beamten liegt. Eine absolute Übertragungsgrenze wird dadurch jedoch nicht vorgegeben. Angesichts eines überragend wichtigen Grundes, ohne zu befürchtende gravierende Nachteile, sind auch

---

1076 *Calliess/Müller-Dietz* (StVollzG), § 155 Rn. 10.

1077 *Calliess/Müller-Dietz* (StVollzG), § 155 Rn. 10; *Schimpfhauser*, Das Gewaltmonopol des Staates, 178.

1078 *Calliess/Müller-Dietz* (StVollzG), § 155 Rn. 10.

1079 *Müller-Dietz*, NK 2006, 11 (12).

1080 *Calliess/Müller-Dietz* (StVollzG), § 155 Rn. 10; *Laubenthal*, Strafvollzug, Rn. 52.

1081 *Arloth*, in: Arloth (StVollzG), § 155 StVollzG Rn. 2.

1082 Siehe 2. Kapitel, A., I., 4), c), bb), (4).

großflächige Übertragungen auf Nichtvollzugsbeamte theoretisch denkbar. Absehbar ist eine solche Konstellation indes nicht.

cc) Fazit zur Möglichkeit der Aufgabenübertragung auf Private im Rahmen des § 155 StVollzG

§ 155 StVollzG ist insgesamt eng an Art. 33 IV GG angelehnt, weshalb Aufgabenübertragungen auf Private in vergleichbarem Rahmen möglich sind. Die Norm erfasst lediglich die Ausübung hoheitsrechtlicher Befugnisse. Dienstposten, die diese nicht beinhalten, können angesichts § 155 StVollzG ohne Weiteres privatisiert werden. Selbst wenn die Ausübung solcher Befugnisse vorliegt, kann aus „besonderen Gründen" eine Übertragung auf Private stattfinden. Diese entsprechen den im Rahmen des Art. 33 IV GG für eine Übertragung geforderten sachlichen Gründen. Auch die weitere Prüfung ist an die des Grundgesetzartikels angelehnt. Es ist eine vollständige Verhältnismäßigkeitsprüfung vorzunehmen. Allerdings sind Anpassungen im Rahmen der Erforderlichkeits- und Angemessenheitsprüfung notwendig. So stellt eine befristete Wahrnehmung durch Nichtbeamte im Rahmen der Erforderlichkeitsprüfung generell ein milderes Mittel dar als eine dauerhafte. Auch eine Übertragung auf sonstige Beamte stellt ein milderes Mittel dar als eine Heranziehung anderer Gruppen. Im Rahmen der Angemessenheitsprüfung sind an eine dauerhafte Übertragung höhere Anforderungen zu stellen als an eine befristete.

2) Landesrechtliche Regelung Bayern – BayStVollzG

Das Land Bayern hat von seiner Gesetzgebungskompetenz durch das *Gesetz über den Vollzug der Freiheitsstrafe, der Jugendstrafe und der Sicherungsverwahrung* (BayStVollzG) vom 10.12.2007 Gebrauch gemacht.[1083] Der innere Aufbau der Justizvollzugsanstalten ist in den Art. 175 ff. geregelt. Für Privatisierungen relevant sind Art. 177 BayStVollzG, der den Anstaltsleiter oder die Anstaltsleiterin betrifft und Art. 176 BayStVollzG, der den Einsatz der Vollzugsbediensteten regelt. Der Landesgesetzgeber hat den Wortlaut des Art. 177 BayStVollzG fast wortgleich von § 156 StVollzG, den des Art. 176 BayStVollzG vollständig von § 155 StVollzG, übernommen.[1084] Die in Art. 177 BayStVollzG vorgenommenen Änderungen sind für Privatisierungen nicht relevant, sodass für

1083 BayGVBl. 2007, 866.

1084 *Barisch*, Die Privatisierung im deutschen Strafvollzug, 189.

beide Artikel auf die zum StVollzG gemachten Ausführungen verwiesen werden kann.[1085]

Allerdings erfordert die Entstehungsgeschichte des Art. 176 BayStVollzG besondere Beachtung. Nach den Vorstellungen des Landesgesetzgebers ergibt sich daraus, dass die Norm das verfassungsrechtliche Gebot des Art. 33 IV GG konkretisiert und besondere Gründe nur anzunehmen sind, wenn „die Anstalt aus Gründen der Behandlung auf die Mitarbeit von besonderen Fachkräften außerhalb des Vollzugs zurückgreifen muss."[1086] Eine genetische Auslegung führt deshalb zu dem Ergebnis, dass lediglich Behandlungsgründe Übertragungen auf Nichtvollzugsbeamte rechtfertigen können. Allerdings ist nicht der subjektive, sondern der objektivierte, in der Norm zum Ausdruck kommende Wille des Gesetzgebers für die Auslegung einer Norm entscheidend.[1087] Die teleologische und verfassungskonforme Auslegung des § 155 StVollzG haben ergeben, dass die besonderen Gründe nicht auf reine Behandlungsgründe beschränkt sind. Die Annahme des Landesgesetzgebers beruht daher auf einer falschen Rechtsauffassung. Der Landesgesetzgeber muss sich bei Schaffung der Norm über die Umstrittenheit der besonderen Befugnisse auf bundesrechtlicher Ebene im Klaren gewesen sein und konnte deshalb nicht von einer seinen Vorstellungen entsprechenden gesicherten Auslegung des Begriffs ausgehen. Hätte er die Übertragungsmöglichkeiten auf das Vorliegen von Behandlungsgründen begrenzen wollen, hätte er dies ohne Weiteres ausdrücklich klarstellen können und müssen. Die anderslautende genetische Auslegung vermag deshalb das zu § 155 StVollzG entwickelte Ergebnis nicht zu ändern.

3) Landesrechtliche Regelung Hamburg – HmbStVollzG

Das Hamburgische *Gesetz über den Vollzug der Freiheitsstrafe, der Jugendstrafe und der Sicherheitsverwahrung* (HmbStVollzG) trat am 14.12.2007 in Kraft.[1088] Die für eine Privatisierung relevanten Vorschriften finden sich hier in den §§ 104 ff. Die Anstaltsleitung wird in § 104 HmbStVollzG geregelt, § 105 HmbStVollzG betrifft die Bediensteten des Vollzuges.

Der Wortlaut der Normen stimmt nicht mit dem StVollzG überein. Bei § 104 HmbStVollzG wurden redaktionelle Änderungen vorgenommen, insbesondere wurden, wie im BayStVollzG, beide Geschlechter ausdrücklich erwähnt. Die Absätze 1 bis 3 entsprechen inhaltlich jedoch dem § 156 StVollzG. In den im

---

1085 Siehe 2. Kapitel, A., III., 1). Mit dem gleichen Ergebnis: *Barisch*, Die Privatisierung im deutschen Strafvollzug, 189.

1086 Bay. LT-Drs. 15/8101, 89.

1087 BVerfGE 1, 299 (312), sinngemäß st. Rspr., beispielsweise BVerfGE 62, 1 (45) m. w. N.

1088 HmbGVBl. 2007, 471.

Vergleich zum StVollzG neu geschaffenen Absatz 4 wurde die Regelung der VV Nr. 1 zu § 156 StVollzG aufgenommen.[1089] Für eine Privatisierung relevante Änderungen erfolgten nicht. Bei § 105 HmbStVollzG wurde Absatz 1 fast wortgleich von § 155 StVollzG übernommen. Lediglich der Begriff „Justizvollzugsanstalten" wurde durch „Anstalten" ersetzt. Im Absatz 2 wurde auf die ausdrückliche Nennung der verschiedenen Berufsgruppen verzichtet. Der Absatz entspricht ansonsten dem § 155 II StVollzG.[1090] § 155 II 2 StVollzG wurde neu eingefügt, hat jedoch keinen für eine Privatisierung relevanten Inhalt. Ohne die Nennung der einzelnen Berufsgruppen in Absatz 2 ist der bereits im Rahmen des § 155 StVollzG widerlegten, auf eine systematische Auslegung gestützten Ansicht vollends die Grundlage entzogen. Darüber hinaus kann vollständig auf die zum StVollzG gemachten Ausführungen verwiesen werden.[1091]

4) Landesrechtliche Regelung Niedersachsen – NJVollzG

Das Land Niedersachsen hat eine landesrechtliche Regelung des Strafvollzuges mit dem *Gesetz zur Neuregelung des Justizvollzuges in Niedersachsen – Niedersächsisches Justizvollzugsgesetz* (NJVollzG) vom 14.12.2007 geschaffen.[1092] Die für die Privatisierung relevanten Vorschriften finden sich in den §§ 176 ff. NJVollzG. Bei dieser Landesregelung zeigen sich die größten Abweichungen zum Bundes-StVollzG.

a) § 176 NJVollzG – Anstaltsleitung

Der Aufbau von § 176 NJVollzG wurde im Vergleich zu § 156 StVollzG umgestaltet. So entspricht § 176 I 1 NJVollzG dem § 156 II StVollzG, § 176 I 2 NJVollzG dem § 156 III StVollzG.[1093] Der eine Privatisierung begrenzende Inhalt des § 156 I StVollzG wurde in abgewandelter Form in § 176 II 1 NJVollzG übernommen. Demgemäß müssen die Anstaltsleiterin oder der Anstaltsleiter und

---

1089 *Wydra*, in: Schwind/Böhm/Jehle/Laubenthal (StVollzG), § 156 Rn. 18. Noch auf der ursprünglichen Fassung beruhend, in der die Regelungen zur Anstaltsleitung noch in § 105 normiert waren: *Arloth*, in: Arloth (StVollzG), § 105 HmbStVollzG Rn. 1.

1090 *Wydra*, in: Schwind/Böhm/Jehle/Laubenthal (StVollzG), § 155 Rn. 6. Noch auf der ursprünglichen Fassung beruhend, in der die Regelungen zu den Vollzugsbediensteten noch in § 106 normiert waren: *Arloth*, in: Arloth (StVollzG), § 106 HmbStVollzG Rn. 1.

1091 Siehe dazu 2. Kapitel, A., III., 1). Mit dem gleichen Ergebnis: *Barisch*, Die Privatisierung im deutschen Strafvollzug, 189.

1092 Nds. GVBl. 2007, 720.

1093 *Arloth*, in: Arloth (StVollzG), § 176 NJVollzG Rn. 1; *Wydra*, in: Schwind/Böhm/Jehle/Laubenthal (StVollzG), § 156 Rn. 19; *Barisch*, Die Privatisierung im deutschen Strafvollzug, 188.

ihre oder seine Vertreterinnen oder Vertreter hauptamtlich tätig sein und in einem öffentlich-rechtlichen Dienst- und Treueverhältnis zum Land stehen. Das Landesgesetz enthält damit geschlechtsspezifische Änderungen und gibt nicht mehr den höheren Dienst als Laufbahn des Anstaltsleiters vor.[1094] Daneben wurde die in § 156 I 1 StVollzG verwendete Formulierung „Beamter" an den Wortlaut des Art. 33 IV GG angeglichen und durch ein „öffentlich-rechtliches Dienst- und Treueverhältnis" ersetzt. Die Gesetzesbegründung führt dazu Folgendes aus: „Der Entwurf stellt klar, dass auch eine Übertragung der Aufgabenwahrnehmung auf öffentliche oder nicht-öffentliche Stellen (§ 178 des Entwurfs) die Gesamtverantwortung des Anstaltsleiters nicht berührt. (...) Wegen der besonderen hoheitlichen Befugnisse der Anstaltsleitung sieht der Entwurf vor, dass nur Angehörige des öffentlichen Dienstes, die in einem öffentlich-rechtlichen Dienst- und Treueverhältnis stehen, hiermit betraut werden können (Art. 33 IV GG). Auf den statusrechtlichen Begriff der Beamten im engeren Sinn ist nicht abzustellen."[1095] Die Formulierung des § 156 I StVollzG sollte nicht übernommen werden, da eine ausreichende fachliche Qualifikation der Anstaltsleitung durch die vom Fachministerium vorgenommene Auswahl der jeweiligen Person sichergestellt sei. Die Regelung des § 176 II NJVollzG sei lediglich im Hinblick auf Art. 33 IV GG geboten.[1096] Die Gesetzesbegründung erfolgt dabei in offensichtlicher Verkennung des Begriffs des öffentlich-rechtlichen Dienst- und Treueverhältnisses, das gerade an den statusrechtlichen Beamtenbegriff anknüpft[1097]. Da es nicht auf den subjektiven, sondern auf den objektivierten, in der Norm zum Ausdruck kommenden Willen des Gesetzgebers ankommt und die Formulierung eindeutig an Art. 33 IV GG angelehnt ist, ist der Begriff inhaltsgleich zur Verfassungsnorm zu verstehen. Die Anstaltsleitung kann infolgedessen nur von einem Beamten im statusrechtlichen Sinne, theoretisch auch von einem des einfachen Dienstes, wahrgenommen werden. Diese Problematik bezieht sich jedoch ohnehin lediglich auf die verwaltungsinterne Aufgabenverteilung. Eine Privatisierung der Anstaltsleitung ist jedenfalls auch auf Landesebene ausgeschlossen.

b) § 177 NJVollzG – Aufgabenwahrnehmung durch Justizvollzugsbedienstete

Gemäß § 177 NJVollzG wird die Wahrnehmung der Aufgaben der Vollzugsbehörden Justizvollzugsbeamtinnen und Justizvollzugsbeamten übertragen. Aus besonderen Gründen kann die Wahrnehmung der Aufgaben auch anderen Beam-

1094 *Arloth*, in: Arloth (StVollzG), § 176 NJVollzG Rn. 1; *Wydra*, in: Schwind/Böhm/Jehle/Laubenthal (StVollzG), § 156 Rn. 19.

1095 Nds. LT-Drs. 15/3565, 210.

1096 Nds. LT-Drs. 15/3565, 211.

1097 Siehe 2. Kapitel, A., I., 4).

tinnen und Beamten, sonstigen Justizvollzugsbediensteten oder nebenamtlich in einer Anstalt beschäftigten Personen übertragen werden. Die Feststellung, dass die Norm damit „im Wesentlichen" § 155 I StVollzG entspreche,[1098] wird den vorgenommenen Änderungen zur bundesrechtlichen Norm jedoch nicht gerecht.

Satz 1 enthält wiederum geschlechtsspezifische Änderungen. Zudem wurden die Aufgaben der „Justizvollzugsanstalten" durch „Vollzugsbehörden" ersetzt. An einer grundsätzlich vorgesehenen Aufgabenwahrnehmung durch Beamte in den Vollzugsanstalten ändert sich dadurch nichts. Satz 2 enthält, wie § 155 I 2 StVollzG, Ausnahmemöglichkeiten dazu, jedoch in modifizierter Form. Die Formulierung der „anderen Beamtinnen und Beamten" öffnet wie die Ausnahmemöglichkeit für „nebenamtliche" Beamte in § 155 I 2 StVollzG den Vollzug für den Einsatz von fachfremden Beamten. Die Begrenzung auf eine nebenamtliche Tätigkeit entfällt dabei jedoch. „Sonstige(n) Justizvollzugsbedienstete" ersetzt die Formulierung „andere(n) Bedienstete der Justizvollzugsanstalten", ist mit dieser jedoch inhaltsgleich, ermöglicht also eine (hauptamtliche) Aufgabenwahrnehmung durch in einem Arbeitsverhältnis zum Staat stehende Angestellte und Arbeiter. Als letzte Alternative ist eine Übertragung auf „nebenamtlich in einer Anstalt beschäftigte(n) Personen" vorgesehen. Nebenamtlich Tätige im Sinne des § 155 StVollzG sind Beamte und sonstige Angehörige des öffentlichen Dienstes, die anderweitig hauptamtlich tätig sind und denen daneben nebenamtliche Tätigkeiten im Strafvollzug übertragen werden.[1099] Da § 177 I 2 NJVollzG eine Übertragung auf fachfremde Beamte ausdrücklich in der ersten Variante nennt, verbleiben für nebenamtlich Beschäftige im Sinne des § 177 I 2 NJVollzG lediglich die sonstigen Angehörigen des öffentlichen Dienstes. Eine Aufgabenübertragung auf vertraglich verpflichtete Personen ist in der Vorschrift nicht vorgesehen, sondern wurde in § 178 NJVollzG (§ 171 des Gesetzentwurfs) ausgegliedert.[1100] Für Privatisierungsüberlegungen ist § 177 NJVollzG folglich nicht weiter relevant.

c) § 178 NJVollzG – Beauftragung

§ 178 NJVollzG ist die einzige privatisierungsrelevante Vorschrift in den neu geschaffenen Landesvollzugsgesetzen, die nicht lediglich die Normen des Bundesgesetzes übernimmt und geringfügig modifiziert, sondern vollständig neu ge-

---

1098 So aber: Nds. LT-Drs. 15/3565, 211; *Arloth*, in: Arloth (StVollzG), § 177 NJVollzG Rn. 1; *Wydra*, in: Schwind/Böhm/Jehle/Laubenthal (StVollzG), § 155 Rn. 7; *Barisch*, Die Privatisierung im deutschen Strafvollzug, 187.

1099 Siehe 2. Kapitel, A., III., 1), b), bb).

1100 Nds. LT-Drs. 15/3565, 211; *Wydra*, in: Schwind/Böhm/Jehle/Laubenthal (StVollzG), § 155 Rn. 7.

schaffen wurde. Gemäß § 178 NJVollzG können fachlich geeignete und zuverlässige natürliche Personen, juristische Personen des öffentlichen oder privaten Rechts oder sonstige Stellen beauftragt werden, Aufgaben für die Vollzugsbehörde wahrzunehmen, soweit dabei keine Entscheidungen oder sonstige in die Rechte der Gefangenen, Sicherungsverwahrten oder anderer Personen eingreifende Maßnahmen zu treffen sind. Eine Übertragung von vollzuglichen Aufgaben zur eigenverantwortlichen Wahrnehmung ist ausgeschlossen. Die Norm wurde vom Landesgesetzgeber geschaffen, um vor dem Hintergrund des Art. 33 IV GG zu präzisieren, unter welchen Voraussetzungen Ausnahmen vom Beamtenvorbehalt zulässig sind und um zu betonen, dass die Landeszuständigkeit auch bei der Heranziehung Privater vollständig erhalten bleibt.[1101]

aa) Mögliche Übertragungssubjekte

§ 178 NJVollzG eröffnet wie § 155 I 2 StVollzG die Möglichkeit, Aufgaben der Vollzugsanstalten auf vertraglich verpflichtete Personen – der Gesetzestext nennt ausdrücklich natürliche und juristische Personen des privaten Rechts – zu übertragen.[1102] Diese Gruppe der Privaten ist auch die einzige, auf die in der Gesetzesbegründung und der einschlägigen Kommentarliteratur eingegangen wird.[1103] Daneben beinhaltet § 178 NJVollzG jedoch auch die Möglichkeit einer Aufgabenübertragung auf natürliche und juristische Personen des öffentlichen Rechts sowie auf sonstige Stellen.

bb) Übertragbare Aufgaben

§ 178 NJVollzG enthält selbst keinen Beamtenvorbehalt, sondern ist in Zusammenhang mit dem Grundsatz des § 177 I 1 NJVollzG zu sehen. Dieser sieht wie § 155 I 1 StVollzG auf Bundesebene prinzipiell die Wahrnehmung von hoheitlichen Aufgaben im Strafvollzug durch Vollzugsbeamte vor. § 178 S. 1 NJVollzG ermöglicht abweichend davon, den dort genannten Personengruppen „Aufgaben für die Vollzugsbehörden" wahrzunehmen, soweit dabei keine Entscheidungen oder sonstige in die Rechte der Gefangenen (...) oder anderer Personen eingreifende Maßnahmen zu treffen sind. Daraus ergibt sich nicht etwa, dass ledig-

1101 Nds. LT-Drs. 15/3565, 211.

1102 Nds. LT-Drs. 15/3565, 211; *Arloth*, in: Arloth (StVollzG), § 178 NJVollzG Rn. 1; *Wydra*, in: Schwind/Böhm/Jehle/Laubenthal (StVollzG), § 155 Rn. 7.

1103 Nds. LT-Drs. 15/3565, 211 f.; *Arloth*, in: Arloth (StVollzG), § 178 NJVollzG Rn. 1; *Wydra*, in: Schwind/Böhm/Jehle/Laubenthal (StVollzG), § 155 Rn. 7.

lich nichthoheitlichen Aufgaben übertragen werden können.[1104] Diese werden ohnehin nicht vom Vollzugsbeamtenvorbehalt erfasst;[1105] insofern hat § 178 S. 1 NJVollzG eine klarstellende Funktion. Hauptsächlich wird durch die Norm die Möglichkeit eröffnet, solche Aufgaben zu übertragen, die zwar zur Ausübung von hoheitsrechtlichen Befugnissen zählen, jedoch nicht mit deren Kernbereich, also Eingriffen und Entscheidungsgewalt über Gefangene, verbunden sind. Dazu zählen etwa Behandlungsaufgaben. Die Übertragung von Eingriffsbefugnissen jeglicher Art ist durch die Norm jedoch nicht möglich. Das hat zur Folge, dass etwa im Fall einer Krankheitswelle, bei der nicht genug Vollzugsbeamte zur Verfügung stehen, um den geregelten Vollzug aufrecht zu erhalten, so dass Vollzugsaufgaben in größerem Umfang, inklusive Eingriffsbefugnissen, auf Nichtvollzugsbeamte übertragen werden müssen, Private dafür nicht in Frage kommen. Ob dies sinnvoll ist bzw. vom Gesetzgeber bedacht oder gar intendiert wurde, kann bezweifelt werden. Neben der in Satz 1 vorgenommenen Einschränkung der übertragbaren Aufgaben schließt § 178 S. 2 NJVollzG erstmals in einem deutschen Strafvollzugsgesetz ausdrücklich eine Aufgabenübertragung durch eine Beleihung aus.[1106] Da dies jedoch der bisherigen Rechtslage nach dem StVollzG und den Strafvollzugsgesetzen der Länder entspricht,[1107] ergeben sich dadurch keine relevanten Änderungen. § 178 S. 2 NJVollzG hat deshalb lediglich eine klarstellende Funktion.

cc) Verhältnis der Norm zu § 177 I 2 NJVollzG

Nach Betrachtung der möglichen Übertragungssubjekte und der übertragbaren Aufgaben stellt sich die Frage, in welchem Verhältnis § 178 S. 1 NJVollzG zu den Ausnahmemöglichkeiten des § 177 I 2 NJVollzG steht. Beide Normen enthalten Ausnahmemöglichkeiten zu dem in § 177 I 1 NJVollzG normierten Justizvollzugsbeamtenvorbehalt. Dabei ergeben sich Überschneidungen hinsichtlich der ausnahmsweise übertragbaren Aufgaben und der potenziellen Übertra-

---

1104 So jedoch *Barisch*, Die Privatisierung im deutschen Strafvollzug, 188; *Arloth*, in: Arloth (StVollzG), § 178 NJVollzG Rn. 1, letztgenannter basierend auf der überholten Annahme, dass lediglich mit Eingriffen verbundene Tätigkeiten nicht jedoch die Leistungsverwaltung zu den hoheitsrechtlichen Befugnissen zählen. Auch in der Gesetzesbegründung werden die in § 178 S. 1 NJVollzG genannten, nicht übertragbaren Aufgaben nicht mit hoheitsrechtlichen Aufgaben i. S. d. Art. 33 IV GG gleichgesetzt: Nds. LT-Drs. 15/3565, 211 f.

1105 Die Norm entspricht diesbezüglich § 155 I 1 StVollzG. Zu diesem: 2. Kapitel, A., III., 1), b), aa).

1106 Nds. LT-Drs. 15/3565, 211; *Arloth*, in: Arloth (StVollzG), § 178 NJVollzG Rn. 1; *Barisch*, Die Privatisierung im deutschen Strafvollzug, 188.

1107 Siehe 2. Kapitel, A., I., 3), a).

gungsadressaten. Dennoch geht weder die Gesetzesbegründung noch die einschlägige Kommentarliteratur auf das Verhältnis der Normen zueinander ein.

Keinen Aufschluss bringt hier die Untersuchung der möglichen Übertragungssubjekte. § 177 I 2 NJVollzG ermöglicht eine Aufgabenübertragung auf Beamtinnen und Beamte, sonstige Justizvollzugsbedienstete oder nebenamtlich in einer Anstalt beschäftigte Personen. § 178 S. 1 NJVollzG schafft dagegen, wesentlich allgemeiner formuliert, Übertragungsmöglichkeiten auf natürliche Personen, juristische Personen des öffentlichen oder privaten Rechts oder sonstige Stellen. Damit enthält § 178 S. 1 NJVollzG sämtliche auch in § 177 I 2 NJVollzG aufgeführten potentiellen Übertragungsadressaten und darüber hinaus noch Private. Aufschlüsse über das Verhältnis der Normen ergeben sich daraus, abgesehen von der Zulässigkeit von Privatisierungen allein durch § 178 S. 1 NJVollzG, jedoch nicht.

Solche können jedoch aus den nach den Normen übertragbaren Aufgaben abgeleitet werden. § 177 I 2 NJVollzG erfasst die Übertragung sämtlicher, hoheitsrechtliche Befugnisse beinhaltenden, im Justizvollzug anfallenden Aufgaben. § 178 S. 1 NJVollzG ermöglicht dagegen lediglich die Übertragung einer Teilmenge dieser Aufgaben, nämlich derjenigen, die nicht mit Entscheidungen und Eingriffsbefugnissen verbunden sind. Der Landesgesetzgeber hat es als notwendig erachtet, die Übertragung dieser speziellen Aufgaben gesondert zu regeln. § 178 S. 1 NJVollzG stellt somit ein spezielleres Gesetz dar, das nach dem Grundsatz *lex specialis derogat legi generali* die allgemeinere Norm des § 177 I 2 NJVollzG für die Übertragung von Aufgaben, die nicht mit Entscheidungen oder sonstige in die Rechte der Gefangenen (...) oder anderer Personen eingreifenden Maßnahmen verbunden sind, verdrängt. Übertragungen von Dienstposten, die solche Tätigkeiten jedoch beinhalten, sind lediglich gemäß § 177 I 2 NJVollzG möglich, der eine Übertragung auf Private jedoch ausschließt.

dd) Zeitliche Aspekte

Eine zeitliche Einschränkung, etwa auf eine nichtständige Übertragung von Aufgaben, ist § 178 S. 1 NJVollzG nicht zu entnehmen. Die Zielsetzung des Gesetzgebers, Dienstleistungsaufgaben wie z. B. das Gebäudemanagement, den Betrieb von Wäscherei und Küche etc., auf Private übertragen zu können, um Einspareffekte zu erzielen,[1108] lässt vielmehr auf eine intendierte längerfristige Aufgabenübertragung schließen. Denn angesichts der Übertragungskosten und zu erwartenden Anlaufschwierigkeiten amortisiert sich eine Übertragung auf Private, auch bei einem schlüssigen Finanzkonzept, erst nach einer gewissen Zeit.

1108 Nds. LT-Drs. 15/3565, 212.

§ 178 S. 1 NJVollzG ermöglicht folglich auch die ständige Übertragung von Aufgaben auf Private.

ee) Materielle Anforderungen und quantitative Aspekte einer Aufgabenübertragung

§ 178 S. 1 NJVollzG enthält keinerlei Angaben darüber, welche Anforderungen an eine mögliche Übertragung von Aufgaben auf Private zu stellen sind. Eine Formulierung, die den „besonderen Gründen" des § 155 I 2 StVollzG entspricht, fehlt.[1109] Die Forderung nach „fachlich geeigneten und zuverlässigen Personen" charakterisiert lediglich die in Frage kommenden Übertragungsadressaten und kann nicht in eine bestimmte Anforderung an Übertragungsgründe umgedeutet werden. In der Gesetzesbegründung werden lediglich finanzielle Motive ausdrücklich für die eröffneten Privatisierungsmöglichkeiten genannt.[1110] Es würde jedoch nicht dem Telos der Norm entsprechen, Privatisierungen im Rahmen des § 178 S. 1 NJVollzG in das freie Ermessen der Verwaltung zu stellen. Sie würde dadurch quasi funktionslos werden. Da jegliche Anhaltspunkte durch die Vorschrift fehlen, sie jedoch ausdrücklich Art. 33 IV GG einfachgesetzlich umsetzen soll,[1111] liegt es nahe, auf die zum Verfassungsartikel entwickelte Prüfung zurückzugreifen.

Die Ausgangslage ist die gleiche wie in Art. 33 IV GG und § 155 I StVollzG. Es sollen Ausnahmen von einem grundsätzlichen – hier in § 177 I 1 NJVollzG normierten – Beamtenvorbehalt ermöglicht werden. Unterschiede zum Verfassungsartikel sind die Einschränkung des Vorbehalts auf Vollzugsbeamte, die ausdrückliche Nennung von Ausnahmemöglichkeiten in § 178 S. 1 NJVollzG und eine Einschränkung der Übertragungsmöglichkeiten auf Tätigkeiten, die nicht mit Entscheidungs- und Eingriffsbefugnissen verbunden sind, sowie die fehlende Unterscheidung zwischen ständiger und nichtständiger Aufgabenausübung. Bis auf die Begrenzung der übertragbaren Aufgaben entspricht dies den Voraussetzungen des § 155 I StVollzG, weshalb auf die dort durchgeführte Prüfung, inklusive der gegenüber Art. 33 IV GG vorgenommen notwendigen Anpassungen, verwiesen werden kann:[1112]

1109 *Barisch*, Die Privatisierung im deutschen Strafvollzug, 188.

1110 Nds. LT-Drs. 15/3565, 212.

1111 Nds. LT-Drs. 15/3565, 211.

1112 Siehe 2. Kapitel, A., III., 1), b), cc). A. A. *Barisch*, Die Privatisierung im deutschen Strafvollzug, 188, die aufgrund der fehlenden Forderung nach besonderen Gründen davon ausgeht, dass die Norm über die Reichweite der Ausnahmemöglichkeit des § 155 StVollzG hinausgeht.

So erfordert auch § 178 S. 1 NJVollzG eine vollständige Verhältnismäßigkeitsprüfung, die zwar relativ geringe Anforderungen an einen die Übertragung legitimierenden sachlichen Grund stellt, dies jedoch durch eine anschließende Erforderlichkeits- und Angemessenheitsprüfung kompensiert. Die Grundsatzentscheidung für die Aufgabenwahrnehmung durch Justizvollzugsbeamte und die durch die Ausnahmemöglichkeit intendierte bessere und flexiblere Aufgabenerfüllung werden dadurch in bestmöglichen Einklang gebracht. Da § 178 S. 1 NJVollzG sowohl ständige als auch nichtständige Aufgabenübertragungen erfasst, ergeben sich Besonderheiten im Vergleich zu der bei Art. 33 IV GG durchgeführten Prüfung. Im Zuge der Erforderlichkeitsprüfung stellt eine vorübergehende Übertragung immer ein milderes Mittel gegenüber einer dauerhaften dar. Auch sind an eine nichtständige Übertragung im Rahmen der Verhältnismäßigkeitsprüfung geringere Anforderungen zu stellen. Darüber hinaus führt eine verfassungskonforme, auf Art. 33 IV GG abstellende Auslegung zu dem Ergebnis, dass der Übertragung von Aufgaben auf fachfremde Beamte der Vorzug vor einer Übertragung auf Private zu geben ist. Zudem sind quantitative Aspekte zu berücksichtigen. Posten mit geringem Anteil an hoheitlichen Tätigkeiten sind beispielsweise zahlenmäßig in größerem Umfang übertragbar als solche, die davon geprägt sind. Theoretisch denkbar sind angesichts überragend wichtiger Gründe und geringer zu erwartender Nachteile auch großflächige Übertragungen. Dem Funktionsvorbehalt wird jedoch am besten entsprochen, je eher das Regel-Ausnahme-Verhältnis von Vollzugsbeamten zu Privaten gewahrt wird.

ff) Zwischenergebnis

Das NJVollzG unterscheidet sich von der Bundesregelung dahingehend, dass der grundsätzliche Vollzugsbeamtenvorbehalt und die ausnahmsweise Übertragungsmöglichkeit auf Private in zwei verschiedenen Normen untergebracht sind. Darüber hinaus verbietet das NJVollzG explizit die Übertragung von Aufgaben, die mit Entscheidungen oder sonstigen in die Rechte der Gefangenen oder anderer Personen eingreifenden Maßnahmen verbunden sind, auf Private. Letztendlich entspricht dies jedoch fast vollständig den Regelungen des StVollzG. Einzig relevanter Unterschied ist, dass das NJVollzG auch eine kurzzeitige Übertragung von Eingriffsbefugnissen auf Private, wie sie etwa im Falle einer Krankheitswelle notwendig sein kann, kategorisch ausschließt.

IV. Fazit zu möglichen Funktionalprivatisierungen

Funktionalprivatisierungen stellen eine sinnvolle Möglichkeit dar, um den vom Staat wahrgenommenen Strafvollzug punktuell durch die Übertragung von einzelnen Aufgaben auf Private zu ergänzen. Dabei sind jedoch zahlreiche verfassungsrechtliche und einfachgesetzliche Vorgaben zu beachten. Die relevantesten Privatisierungsschranken stellen dabei die Beamtenvorbehalte des Art. 33 IV GG und seine einfachgesetzlichen Konkretisierungen dar. Durch diese Normen wird die Ausübung hoheitsrechtlicher Befugnisse Beamten zugeordnet und kann nur ausnahmsweise auf Private übertragen werden. Ob die für eine dauerhafte Heranziehung notwendige Angabe von sachlichen Gründen zur Durchführung von Privatisierungsmaßnahmen ausreicht, kann nur im konkreten Einzelfall unter Berücksichtigung aller zu übertragenden Tätigkeiten und dem quantitativen Umfang der betroffenen Dienstposten entschieden werden. Die bisher vorgebrachten Begründungen vermögen tendenziell keine Übertragung von Eingriffsbefugnissen zu rechtfertigen. Eine selbstständige Ausübung derselben kommt *de lege lata* jedoch ohnehin nicht in Betracht, da eine nach dem Demokratieprinzip dafür erforderliche Beleihungsgrundlage fehlt und Verwaltungshelfer solche Tätigkeiten nicht ausüben dürfen. Die Dienstposten des allgemeinen Vollzugsdiensts sind durch diese Vorgaben nahezu privatisierungsresistent. Der Einsatz selbstständiger Verwaltungshelfer wird bei entsprechender Begründung auch angesichts der Funktionsvorbehalte oftmals zulässig sein. Ein solcher kann, insbesondere im Bereich des Sozialstabes und des Werkdienstes, eine vielversprechende Entlastung bedeuten, da dadurch Beamte in gewissem Umfang ersetzt werden können. Nahezu unbegrenzt können Dienstposten, die nicht mit der eigenständigen Ausübung physischer Gewalt, sonstigen Eingriffsbefugnissen oder allgemein der Ausübung hoheitsrechtlicher Befugnisse verknüpft sind, privatisiert werden. In der Regel wird es sich dabei um sogenannte reine Dienst- und Serviceleistungen, beispielsweise im Bereich der Küche, Wäscherei und Reinigung, handeln. Bei sämtlichen Maßnahmen kann sich der Staat jedoch nicht seiner Erfüllungsverantwortung entziehen und muss ein mindestens gleichbleibendes Niveau, insbesondere was das Vollzugsziel der Resozialisierung angeht, garantieren. Aus mehreren Gründen nicht zulässig ist der Betrieb von vollständig privatisierten Vollzugsanstalten.

B. Materielle Privatisierung

Die Folge einer Aufgabenprivatisierung wäre, dass der gesamte Strafvollzug vom Staat auf Private übergehen würde. Eine völlige Aufgabe des staatlichen Strafvollzugs wird indes weder ersichtlich gefordert noch rechtlich für möglich gehalten.[1113] Oft wird dazu jedoch keine zufriedenstellende Begründung geliefert, oder die Betrachtung beschränkt sich auf einzelne Privatisierungsschranken. Einige Kriterien, insbesondere im Bereich des Art. 33 IV GG, sind stark umstritten. Neben der vollständigen Privatisierung des Vollzugs kaum diskutiert wird eine materielle Privatisierung einzelner gesonderter Teilbereiche. Im Rahmen einer solchen könnte der Staat den „Strafvollzug an sich" weiter wahrnehmen, aber beispielsweise die Erfüllungsverantwortung für die Versorgung der Gefangenen mit Nahrung und Kleidung, die Wäscherei oder Reinigungsdienste vollständig auf die Privatwirtschaft übertragen. Aufschluss bringt eine detaillierte Betrachtung der als Privatisierungsschranke in Frage kommenden Normen.

I. Regelungen des Grundgesetzes

1) Gewaltmonopol

Das staatliche Gewaltmonopol ist Teil des grundgesetzlichen Rechtsstaatsprinzips.[1114] Monopolisiert sind durch dieses die Schaffung von Rechtsnormen sowie deren Durchsetzung mittels physischer Gewalt[1115].[1116] Es ist prinzipiell dem Staat vorbehalten, diese anzuwenden, um seine Ziele zu erreichen;[1117] für Private besteht ein korrespondierendes grundsätzliches Gewaltverbot.[1118] Lediglich für Situationen, in denen der Staat seinem Monopol nicht nachkommen kann, muss er den Bürgern entsprechende Rechte – die Jedermannrechte – zur Verfügung stel-

---

1113 Selbst *Kulas*, der den Betrieb einer Vielzahl komplett privatisierter Anstalten für zulässig erachtet, sieht die Notwendigkeit, daneben eine bestimmte Anzahl von staatlichen Anstalten beizubehalten: *Kulas*, in: Stober (Hrsg.), Privatisierung im Strafvollzug?, 35 (39).

1114 Zu dessen Verankerung im Grundgesetz siehe 2. Kapitel, A., I., 1).

1115 Der körperliche Zwang gegen Sachen oder Personen: *Stober*, NJW 1997, 889 (890); *Schulte*, DVBl 1995, 130 (132); *Kötter*, BewHi 2004, 211 (220).

1116 *Di Fabio*, JZ 1999, 585 (591 f.); *Krölls*, GewArch 1997, 445 (448); *Sterzel*, LBGS Gutachten, 178.

1117 *Burgi*, in: HdbStR IV, § 75 Rn. 19; *Burgi*, Funktionale Privatisierung und Verwaltungshilfe, 187; *Isensee*, in: HdbStR II, § 15 Rn. 86; *Stober*, NJW 1997, 889 (890).

1118 *Schulte*, DVBl 1995, 130 (132 f.); *Schoch*, FS Stober, 559 (566 f.); *Burgi*, in: HdbStR IV, § 75 Rn. 19; *Burgi*, Funktionale Privatisierung und Verwaltungshilfe, 187; *Isensee*, in: HdbStR II, § 15 Rn. 90.

len, um den erforderlichen Schutz für sich und andere selbst gewährleisten zu können. In diesen Fällen wird das Prinzip der staatlich monopolisierten Gewaltanwendung ausnahmsweise durchbrochen.[1119]

Aus dem staatlichen Gewaltmonopol wird häufig die Unzulässigkeit einer materiellen Privatisierung des Strafvollzugs geschlossen.[1120] Die von diesem „rechtsstaatlich unabdingbaren“[1121] Monopol erfassten Bereiche seien prinzipiell nicht privatisierbar.[1122] Der Strafvollzug zähle zum klassischen Anwendungsbereich desselben[1123] und sei geradezu ein die staatliche Gewaltausübung prägendes Element[1124]. Er ist mit massiven Rechtseingriffen gegenüber den Gefangenen verbunden, weshalb eine materielle Privatisierung zu einer Aushöhlung des staatlichen Gewaltmonopols führen würde.[1125] Nur durch eine öffentlich-rechtliche (Organisations)form sei die Rechtfertigungsfähigkeit[1126] und Rechtmäßigkeit[1127] von Eingriffen in Rechte von Gefangenen garantiert, die mit der Ausübung unmittelbaren Zwangs einhergehen. Eine materielle Privatisierung würde gegen das Rechtsstaatsprinzip verstoßen, da der Staat innerhalb der verfassungsorganisatorischen Möglichkeiten nicht das Recht habe, die Verwaltung beliebig zu konstruieren, insbesondere Verwaltungsbereiche auf Private zu übertragen. Eine materielle Privatisierung würde zudem zu einem „Defizit an Rechtspositionen“ führen.[1128] Die Jedermannrechte bildeten keine ausreichende Grundlage für Gewaltanwendungen durch vollständig privates Anstaltspersonal, insbesondere da dieses nicht dem öffentlich-rechtlichen Verhältnismäßigkeitsgrundsatz unterläge.[1129]

Eine mögliche Gewaltanwendung ist unabdingbare Voraussetzung, um einen geregelten Strafvollzug aufrechtzuerhalten, wenn etwa Fluchtversuche verhindert werden müssen oder gegen gewalttätige Gefangene agiert werden muss. Nach

---

1119 Siehe 2. Kapitel, A., I., 1).

1120 *Bonk*, JZ 2000, 435 (437); *Lange*, DÖV 2001, 898 (904); *Kruis*, ZRP 2000, 1 (3); *Laubenthal*, Strafvollzug, Rn. 47 ff.; *Scholz*, NJW 1997, 14 (15); *Meyer*, BewHi 2004, 272 (273 f.); *Barisch*, Die Privatisierung im deutschen Strafvollzug, 113.

1121 So *Kruis*, ZRP 2000, 1 (3).

1122 *Scholz*, NJW 1997, 14 (15).

1123 *Laubenthal*, Strafvollzug, Rn. 49; *Müller-Dietz*, NK 2006, 11 (11). Andere sehen ihn als „Kehrseite“ des staatlichen Gewaltmonopols und Strafanspruchs: *Sachs*, in: Sachs (GG), Art. 20 Rn. 162; *Bonk*, JZ 2000, 435 (437); *Lange*, DÖV 2001, 898 (904); *Meyer*, BewHi 2004, 272 (274); *Barisch*, Die Privatisierung im deutschen Strafvollzug, 106.

1124 *Lange*, DÖV 2001, 898 (904).

1125 *Lange*, DÖV 2001, 898 (904).

1126 *Kruis*, ZRP 2000, 1 (3).

1127 *Laubenthal*, Strafvollzug, Rn. 49.

1128 *Laubenthal*, Strafvollzug, Rn. 47.

1129 *Laubenthal*, Strafvollzug, Rn. 49.

einer materiellen Privatisierung des Vollzugs müsste diese Ausübung von Gewalt allein durch Private durchgeführt werden. Diese würden nicht als Beliehene oder Verwaltungshelfer tätig, sondern als regulärer Teil der Gesellschaft mit den gleichen Rechten ausgestattet wie jeder sonstige Bürger. Ohne auf spezielle Ermächtigungen zurückgreifen zu können, blieben – wie für Verwaltungshelfer – lediglich die Jedermannrechte als Möglichkeit, Gewaltanwendungen zu legitimieren. Wie dargelegt ist eine regelmäßige „professionelle Notrechtsausübung" durch Private grundsätzlich zulässig.[1130] Für Private besteht auch keine bestimmte zahlenmäßige Grenze, wie oft sie etwa Nothilfehandlungen ausüben dürfen. Entscheidend ist allein, ob die Voraussetzungen des jeweiligen Jedermannrechts vorliegen. So könnten sich auch den Strafvollzug durchführende Private in jeder entsprechenden Situation wieder auf Notrechte berufen, ohne strafrechtliche Sanktionen befürchten zu müssen. Die im Zuge einer Funktionalprivatisierung behandelte Problematik, ob es sich dabei um eine öffentlich-rechtliche oder private Gewaltanwendung handeln würde, entfällt. Nach einer materiellen Privatisierung wäre der Staat nicht mehr beteiligt, es läge eindeutig private Gewalt vor. Problematisch ist jedoch, wie bereits in der vorangegangenen Diskussion dargestellt,[1131] dass die Jedermannrechte nicht hinsichtlich dauerhafter Gewaltausübungen im Strafvollzug konzipiert wurden und dessen Anforderungen nicht gerecht werden. Es liegen bei weitem nicht in jeder Konstellation, in der im Strafvollzug Gewalt angewendet werden muss, die Voraussetzungen eines Jedermannrechts vor. Es kann hier auf die bereits erwähnten Situationen – der Weigerung eines Gefangenen, sich einschließen zu lassen, Fluchtversuche, körperliche Durchsuchungen und Selbstverletzungen von Gefangenen – verwiesen werden. In diesen Fällen wäre eine Berufung auf die Jedermannrechte nicht möglich. Eine geregelte Durchführung des Strafvollzugs, allein gestützt auf die Notrechte, ist deshalb nicht denkbar.

Eine im Strafvollzug notwendige, über die Jedermannrechte hinausgehende Gewaltanwendung durch Private hätte für diese strafrechtliche Konsequenzen, was zumindest faktisch *de lege lata* eine vollständige materielle Privatisierung des Vollzugs verhindert. Kein privater Betreiber wird sich der Aufgabe des Strafvollzugs mit nur unzureichenden rechtlichen Mitteln bzw. der Aussicht eines sicheren Rechtsbruchs stellen. Deshalb würde der Strafvollzug nach einer materiellen Privatisierung mit an Sicherheit grenzender Wahrscheinlichkeit nicht aufrechterhalten werden können. Dies stellt eine entscheidende Hürde für eine solche Privatisierung dar. Ein funktionierender Strafvollzug ist unabdingbare Voraussetzung für die Resozialisierung des Straftäters, die gerade Sinn seiner

1130 Siehe 2. Kapitel, A., I., 1), b), aa).
1131 Siehe 2. Kapitel, A., I., 1), b), cc).

Inhaftierung ist[1132]. Teil des staatlichen Gewaltmonopols ist auch die Justizgewährung, zu der ein funktionierender Strafvollzug zählt.[1133] Wenn der Staat für sich ein Strafmonopol in Anspruch nimmt, muss er in der Konsequenz auch für eine angemessene strafvollzugliche Behandlung der Verurteilten sorgen. In Anlehnung an die strafrechtliche Terminologie wird dies mitunter als „Ingerenzpflicht“ des Staates bezeichnet.[1134] Ob diese Pflicht dadurch erfüllt wäre, den Strafvollzug einem funktionierenden privaten Markt zu überlassen und lediglich eine der Gewerbeaufsicht entsprechende Kontrolle zu führen, kann bezweifelt werden, aber auch dahingestellt bleiben. Aufgrund der eingeschränkten einfachgesetzlichen Möglichkeiten Privater wären diese *de lege lata* nach einer materiellen Privatisierung schon nicht in der Lage, das entsprechende „Produkt“ anzubieten.

Es stellt sich die Frage, ob über die Notrechte hinausgehende spezielle Gewaltermächtigungen für private Betreiber von Justizvollzugsanstalten geschaffen werden könnten, um einen entsprechenden privaten Markt zu ermöglichen. Solche Regelungen könnten in Form einer Generalklausel oder spezieller Normen erlassen werden. Beispielhaft könnte folgende Formulierung gewählt werden:

Die Betreiber einer privaten Justizvollzugsanstalt haben für die Erhaltung der Ordnung und Sicherheit in derselben zu sorgen und sind im Rahmen der näheren Vorschriften und der sonst geltenden Gesetze berechtigt, die dazu notwendigen Maßnahmen zu treffen.

Droht Menschen oder der geregelten Durchführung des Vollzugs eine unmittelbare Gefahr, so kann der Betreiber die zur Abwendung der Gefahr gegebenen Anordnungen notfalls mit den erforderlichen Zwangsmitteln durchsetzen. Die Grundrechte des Artikels 2 Abs. 2 Satz 1 und 2 und des Artikels 13 Abs. 1 und 2 des Grundgesetzes der Gefangenen werden insoweit eingeschränkt.

Die Schaffung einer solchen Ermächtigungsgrundlage für im Strafvollzug tätige Private wäre zwar möglich, sie würde jedoch exakt dem Modell einer klassischen abstrakt-generellen Beleihung entsprechen.[1135] Auch durch solche Normen würde der Staat einer ausgesuchten Gruppe die Aufrechterhaltung der öffentlichen Sicherheit und Ordnung für Fälle ermöglichen, in denen die regulär zuständige staatliche Gewalt nicht handeln kann. Da bei einer dadurch vorliegenden Beleihung die Ausübung staatlicher, nicht privater, Gewalt vorliegt,[1136] wäre eine vollständige materielle Privatisierung nicht mehr gegeben. Durch die Schaffung

1132 Siehe 2. Kapitel, A., I., 2).

1133 *Sachs*, in: Sachs (GG), Art. 20 Rn. 162.

1134 *Laubenthal*, Strafvollzug, Rn. 50.

1135 So ist auch der genannte Regelungsvorschlag stark an § 106 SeemG angelehnt, welcher eine Beleihung des Kapitäns normiert.

1136 Zur Ausübung öffentlich-rechtlicher Gewalt bei einer Beleihung siehe 2. Kapitel, A., I., 1), a).

spezieller Ermächtigungsgrundlagen für bestimmte Private würde es deshalb nicht, wie teilweise befürchtet,[1137] zu einer Aushöhlung des Gewaltmonopols, sondern zu einer Aufhebung der materiellen Privatisierung, kommen.

Als letzte Überlegung bliebe die Möglichkeit, die Notrechte so stark auszuweiten, dass jegliche im Strafvollzug nötige Gewaltanwendung für Jedermann ermöglicht werden würde. Dies hätte jedoch nicht nur für den Bereich des Strafvollzugs Konsequenzen, sondern würde zu einer erheblich gesteigerten Zahl von strafrechtlich nicht zu beanstandenden Gewaltanwendungen in der Bevölkerung führen. Dies würde dem prinzipiellen staatlichen Gewaltmonopol nicht entsprechen, da dieses durch eine derart weitreichende Gewaltübertragung auf Private zu stark eingeschränkt werden würde.

Alle drei dargestellten Alternativen führen somit zu einer Unmöglichkeit der vollständigen Privatisierung des Strafvollzugs. *De lege lata* wären Private nicht in der Lage, die Ausführung des Vollzugs vollständig zu gewährleisten, was der Staat aufgrund seiner Ingerenzpflicht nicht zulassen kann. Die Schaffung von speziellen Ermächtigungsgrundlagen für private Betreiber von Strafvollzugsanstalten würde eine Beleihung darstellen, was zur Aufhebung einer materiellen Privatisierung führen würde. Eine Ausweitung der Jedermannrechte würde dagegen dem staatlichen Gewaltmonopol an sich widersprechen. Infolgedessen stellt dieses Monopol ein unüberwindbares Hindernis für eine materielle Privatisierung des gesamten Strafvollzugs dar. Das staatliche Gewaltmonopol erfasst jedoch bei weitem nicht alle Teilbereiche des Strafvollzugs. Zahlreiche Aufgabenkreise des Vollzugs, etwa das Versorgungsmanagement, die Monitorüberwachungen, Teile des Betreuungsmanagements sowie alle Tätigkeiten ohne direkten Gefangenenkontakt, sind vollständig ohne Gewaltanwendung durchführbar. Solche abgrenzbaren Teilbereiche sind angesichts des Gewaltmonopols vollständig materiell privatisierbar.

2) Vollzugsziel der Gefangenenresozialisierung

Einziges Vollzugsziel ist es, Straftäter erstmals oder wieder in die Gesellschaft einzugliedern, sie also zu (re)sozialisieren.[1138] Verfassungsrechtlich ist dieses Ziel doppelt verankert: einerseits im Resozialisierungsanspruch der Gefangenen gemäß Art. 2 I i. V. m. Art. 1 I GG, andererseits im Sozialstaatsprinzip, das eine entsprechende objektivrechtliche Verpflichtung des Staates normiert. Das Sozialstaatsprinzip wird nur vereinzelt, der Resozialisierungsanspruch überhaupt nicht ersichtlich als Grenze einer materiellen Privatisierung diskutiert. *Lange*

1137 *Lange*, DÖV 2001, 898 (904).
1138 Siehe 2. Kapitel, A., I., 2).

führt aus, dass dem Staat zur Verwirklichung des Sozialstaatsprinzips mehrere Wege offenstehen. Sofern eine ausreichende Kontrolle gewährleistet sei und der Staat in Notfällen einschreiten könne, stehe es einer materiellen Privatisierung nicht entgegen.[1139] Nach *Laubenthal* würde eine materielle Privatisierung demgegenüber gegen das Sozialstaatsprinzip verstoßen, da der Staat innerhalb der verfassungsorganisatorisch bereitgestellten Möglichkeiten nicht das Recht habe, die Verwaltung beliebig zu konstruieren und Verwaltungsbereiche auf Private zu übertragen. Eine materielle Privatisierung würde auch bezüglich des Sozialstaatsprinzips zu einem „Defizit an Rechtspositionen" führen.[1140]

Betrachtet man das Vollzugsziel der Gefangenenresozialisierung als mögliche Schranke einer materiellen Privatisierung, muss sich dieses konsequenterweise auf seine beide grundgesetzlichen Stützen beziehen. Allerdings geben weder das Sozialstaatsprinzip noch das allgemeine Persönlichkeitsrecht die zur Zielerreichung einzusetzenden Mittel vor oder enthalten einen ausdrücklichen Beamtenvorbehalt für Aufgaben des Strafvollzugs. Es bestehen auch keine Anhaltspunkte dafür, dass die Durchführung von Resozialisierungsmaßnahmen durch Private die Aussichten von Gefangenen auf eine Wiedereingliederung in die Gesellschaft prinzipiell verbessern oder verschlechtern. Die Erfolgschancen solcher Maßnahmen entscheiden sich allein anhand der Qualifikation des eingesetzten Personals und der allgemeinen Aufwendung finanzieller Mittel.[1141] Was das Kriterium der bestmöglichen Qualität von Resozialisierungsmaßnahmen im Strafvollzug angeht, sprechen folglich weder Sozialstaatsprinzip noch allgemeines Persönlichkeitsrecht prinzipiell für oder gegen eine materielle Privatisierung. Es käme allein auf einen Vergleich der vom Staat und von privater Seite mit der jeweiligen Ausstattung durchführbaren Maßnahmen an. Allerdings kommt auch hier erneut die staatliche Ingerenzpflicht zum Tragen. Wenn der Staat einen Bürger verurteilt, um ihn wieder in die Gesellschaft einzugliedern, muss er bei diesem Unterfangen auch die Gesamtverantwortung tragen. Eine materielle Privatisierung mit einer etwa der Gewerbeaufsicht entsprechenden Kontrolle des privaten Marktes ist dazu nicht ausreichend. Der Staat muss sich effektive Kontroll- und Einwirkungsmöglichkeiten auf alle die Resozialisierung betreffenden Maßnahmen vorbehalten. Eine vollständige materielle Privatisierung des Strafvollzugs wäre mit der sich aus der Ingerenzpflicht ergebenden notwendigen staatlichen Nähe, laufenden engen Kontrollpflicht und den Einschreitungsmöglichkeiten, die der Staat sich vorzubehalten hat, unvereinbar.

1139 *Lange*, DÖV 2001, 898 (904).
1140 *Laubenthal*, Strafvollzug, Rn. 47.
1141 Siehe 2. Kapitel, A., I., 2), c).

Allerdings besteht auch bezüglich des Resozialisierungsziels die Möglichkeit der materiellen Privatisierung einzelner Teilbereiche. So sind zwar alle den Gefangenen betreffenden Maßnahmen auf das Ziel seiner bestmöglichen Wiedereingliederung in die Gesellschaft zu beachten; dies hat jedoch nicht auf alle im Strafvollzug nötigen Dienstposten Auswirkungen. Tätigkeiten, wie das Bewachungsmanagement, die sozialarbeiterische Betreuung und die Seelsorge unterfallen dem zwar. Dienstposten, die aber beispielsweise nicht mit Gefangenenkontakt oder kontaktlosen Entscheidungsbefugnissen gegenüber Gefangenen verbunden sind, können auch angesichts des Vollzugsziels materiell privatisiert werden. Abstrakter gesagt, sind unter diesem Aspekt solche Bereiche auf die Gesellschaft übertragbar, in denen nicht resozialisierungsrelevant auf die Gefangenen eingewirkt werden soll bzw. faktisch eingewirkt wird. Dazu zählen etwa Teile des Versorgungsmanagements wie die Küche, die Wäscherei und Lagertätigkeiten.

3) Demokratieprinzip

Das Demokratieprinzip fordert eine ununterbrochene Legitimationskette vom Volk zu den mit staatlichen Aufgaben betrauten Amtswaltern und Organen, zur Legitimation jeder staatlichen Gewalt.[1142] Vereinzelt wird die Ansicht vertreten, dass bei einer materiellen Privatisierung die Letztverantwortung für den Strafvollzug bei Privaten und nicht beim Volk als Hoheitsträger des demokratischen Staats läge, weshalb die den Strafvollzug ausübenden Privaten nicht ausreichend demokratisch legitimiert wären. Eine materielle Privatisierung würde folglich gegen das Demokratieprinzip verstoßen.[1143]

Das Bundesverfassungsgericht hat jedoch zutreffend entschieden, dass aus dem Demokratieprinzip nicht herzuleiten ist, „welche Aufgaben dem Staat als im engeren Sinne staatliche Aufgaben vorzubehalten sind."[1144] Das Demokratieprinzip erfordert lediglich die demokratische Legitimation staatlichen Handelns. Bei einer materiellen Privatisierung verliert eine Aufgabe ihren staatlichen Charakter, weshalb eine demokratische Legitimation zu ihrer Erfüllung nicht mehr notwendig ist.[1145] Das Demokratieprinzip kommt erst zum Tragen, wenn die Entscheidung, ob staatlich gehandelt wird oder gehandelt werden muss, schon ge-

---

1142 Zur grundgesetzlichen Verankerung des Demokratieprinzips und weiteren Details siehe 2. Kapitel, A., I., 3).

1143 *Lange*, DÖV 2001, 898 (904); *Barisch*, Die Privatisierung im deutschen Strafvollzug, 140 f.

1144 BVerfGE 107, 59 (93); dem folgend: *Landau*, Tagungsbericht 27. Triberger Symposium, 30 (40).

1145 *Landau*, Tagungsbericht 27. Triberger Symposium, 30 (41).

fallen ist, und trifft diese nicht. Dieses Prinzip steht einer vollständigen Übertragung des Strafvollzugs auf die Gesellschaft deshalb nicht entgegen.

4) Art. 33 IV GG

Art. 33 IV GG sieht vor, dass die Ausübung hoheitsrechtlicher Befugnisse als ständige Aufgabe in der Regel Angehörigen des öffentlichen Dienstes zu übertragen ist, die in einem öffentlich-rechtlichen Dienst- und Treueverhältnis stehen.[1146] In einem solchen Verhältnis zum Staat stehen nur Berufsbeamte. Entscheidender und umstrittenster Punkt der Norm ist die Definition der hoheitsrechtlichen Befugnisse. Maßgeblich dafür, ob solche ausgeübt werden ist, ob die jeweilige Tätigkeit die besondere Verlässlichkeits-, Stetigkeits- und Rechtsstaatlichkeitsgarantie des Berufsbeamtentums erfordert. Dies ist, unabhängig von der Zuordnung einer Tätigkeit zur Eingriffs- oder Leistungsverwaltung, anhand der Grundrechtsrelevanz und dem Gewicht der Aufgabe im staatlichen Gefüge zu beurteilen. Relevant ist dabei allein die konkrete Aufgabe, nicht etwa der Dienstposten, zu dessen Aufgabenkreis sie gehört oder gar der Verwaltungszweig, in dem sie ausgeübt wird. Die Ausübung hoheitsrechtlicher Befugnisse ist für den Strafvollzug geradezu prägend. Die Lebensführung der Gefangenen wird in allen relevanten Punkten vom Staat bestimmt. Die Wirkung der einzelnen Maßnahmen wird zudem durch die ohnehin dauerhafte Eingriffssituation und den bestehenden Freiheitsentzug verstärkt. Den Kernbereich der Ausübung hoheitsrechtlicher Befugnisse machen alle im Vollzug notwendigen Tätigkeiten, die mit einer Gewaltanwendung verbunden sind und deshalb unter das staatliche Gewaltmonopol fallen, aus. Aber auch außerhalb des eingreifenden Bereichs besteht eine Vielzahl von Tätigkeiten, die dazu zählen. Insbesondere der Behandlungsvollzug, sofern er überhaupt vom Eingriffsbereich getrennt werden kann, ist hier zu nennen.[1147]

Ob der Funktionsvorbehalt des Art. 33 IV GG eine materielle Privatisierung von Verwaltungsbereichen, hier des Strafvollzugs, beschränkt, ist umstritten. Eine Vielzahl von Autoren versteht die Norm jedenfalls dahingehend.[1148] Von den

---

1146 Ausführlich dazu 2. Kapitel, A., I., 4).

1147 Eine ausführliche Darstellung findet sich unter 2. Kapitel, A., I., 4), b), dd).

1148 *Kulas*, in: Stober (Hrsg.), Privatisierung im Strafvollzug?, 35 (39); Arbeitsbericht „Modellprojekt“, 31; *Bonk*, JZ 2000, 435 (441); *Jöhnk*, in: Stober (Hrsg.), Privatisierung im Strafvollzug?, 55 (56); *Wagner*, ZRP 2000, 169 (171); *Müller-Dietz*, NK 2006, 11 (11); *Hoffmann-Riem*, JZ 1999, 421 (428); *Di Fabio*, JZ 1999, 585 (592); *Haug*, NVwZ 1999, 816 (817); *Landau*, Tagungsbericht 27. Triberger Symposium, 30 (36); *Gusy*, JZ 2006, 651 (655). Wohl auch *Masing*, in: Dreier (GG II), Art. 33 Rn. 62; *Mösinger*, BayVBl. 2007, 417 (418 ff.); *Arloth*, JuS 2003, 1041 (1042); *Krölls*, GewArch 1997, 445 (451 f.); *Gusy/Lührmann*, StV 2001,

Aufgaben, die im Strafvollzug ausgeübt werden müssen, gehörten einige zum Kernbereich staatlicher Aufgabenwahrnehmung[1149] und seien als solche im Hinblick auf Art. 33 IV GG nicht privatisierbar.[1150] Da der Strafvollzug insgesamt Ausdruck des staatlichen Gewaltmonopols und mit dem Eingriff in Grundrechte verbunden sei, weshalb er unter den Funktionsvorbehalt des Art. 33 IV GG falle, könne er nicht privatisiert werden.[1151] Dabei wird oftmals als Selbstverständlichkeit davon ausgegangen, dass die Zuweisung zu Beamten eine Aufgabenzuweisung zum Staat mit sich bringt.

Verbreitet ist allerdings auch eine Ansicht, wonach Art. 33 IV GG keinen Staatsvorbehalt begründet.[1152] Art. 33 IV GG regle nicht die Fragen der Staatsorganisation[1153], sondern die des Berufsbeamtentums.[1154] Die Norm beruhe auf der Prämisse staatlichen Handelns und ordne dieses nicht an.[1155] Der Regelungsgehalt der Vorschrift komme erst zum Tragen, wenn feststeht, dass der Staat eine Aufgabe als Hoheitsaufgabe wahrnehmen müsse.[1156] Diese Entscheidung sei anhand anderer Normen zu treffen.[1157] Teilweise wird dafür allein das staatliche Gewaltmonopol als entscheidend angesehen.[1158] Andere verweisen allgemein auf „andere Rechtsgrundsätze".[1159] In diese Richtung geht auch ein Ansatz, nach dem die „klassischen"[1160] Staatsaufgaben – etwa die Selbstorganisation, der Selbst-

---

46 (48 ff.); *Hammer*, DÖV 2000, 613 (617 f.); *Barisch*, Die Privatisierung im deutschen Strafvollzug, 124 ff.

1149 *Müller-Dietz*, NK 2006, 11 (11).

1150 Arbeitsbericht „Modellprojekt", 31; *Bonk*, JZ 2000, 435 (441); *Jöhnk*, in: Stober (Hrsg.), Privatisierung im Strafvollzug?, 55 (56); *Wagner*, ZRP 2000, 169 (171). Allgemein für von Art. 33 IV GG erfasste Bereiche: *Kunig*, in: v. Münch/Kunig (GG II), Art. 33 Rn. 42; *Masing*, in: Dreier (GG II), Art. 33 Rn. 62; *Di Fabio*, JZ 1999, 585 (592); *Hammer*, DÖV 2000, 613 (617 f.).

1151 *Müller-Dietz*, NK 2006, 11 (11).

1152 BremStGH, NVwZ 2003, 81 (85); *von Heimburg*, Verwaltungsaufgaben und Private, 158; *Waechter*, NZV 1997, 329 (329); *Erbguth*, UPR 1995, 369 (372); *Scholz*, NJW 1997, 14 (15).

1153 Die Norm grenze also nicht die Handlungsräume von Staat und Gesellschaft organisatorisch ab: *Kämmerer*, Privatisierung, 215.

1154 *Erbguth*, UPR 1995, 369 (372); *Scholz*, NJW 1997, 14 (15). Die Norm regele somit nicht das „Ob" der staatlichen Wahrnehmung, sondern lege lediglich den Modus einer bereits als solcher definierten Staatsaufgabe fest: *Kämmerer*, Privatisierung, 215.

1155 BremStGH, NVwZ 2003, 81 (85); *Kämmerer*, Privatisierung, 214 f.; *Waechter*, NZV 1997, 329 (329); *Jachmann/Strauß*, ZBR 1999, 289 (296); *Strauß*, Funktionsvorbehalt und Berufsbeamtentum, 201.

1156 BremStGH, NVwZ 2003, 81 (85); *Scholz*, NJW 1997, 14 (15); *Kämmerer*, Privatisierung, 215; *von Heimburg*, Verwaltungsaufgaben und Private, 158.

1157 *Scholz*, NJW 1997, 14 (15).

1158 *Scholz*, NJW 1997, 14 (15).

1159 *Püttner*, LKV 1994, 193 (194).

1160 So *Peine*, DV 1984, 415 (437).

schutz des Staates im Inneren und nach außen, die Außenvertretung, das Währungs-, Maß- und Gewichtswesen, die Bereitstellung der Polizei aus der Aufgabe der Gefahrenvorsorge und die Zwangsvollstreckung aus dem Justizgewähranspruch – durch andere Artikel des Grundgesetzes ohnehin dem Staat zugewiesen und deshalb nicht privatisierbar seien.[1161] Dem Sinn des Funktionsvorbehalts – dem Berufsbeamtentum einen substantiellen Tätigkeitsbereich vorzuhalten – sei auch bei einer reinen Erfüllung der essentiellen Staatsaufgaben Genüge getan. Einer über diese Aufgaben hinausgehenden materiellen Privatisierung, auch wenn sie die Aufgabe von hoheitsrechtlichen Befugnissen beinhaltet, stehe Art. 33 IV GG deshalb nicht entgegen.[1162] Wo der Staat materiell privatisiert und sich damit seiner Aufgaben entledigt, brauche er zudem kein qualifiziertes Personal mehr. Ein anderes Verständnis des Art. 33 IV GG würde zu einer „Versteinerung“ der staatlichen Aufgaben führen, auch wenn sich zeigen würde, dass eine staatliche Erfüllung nicht mehr sachgerecht ist.[1163] Dass Art. 33 IV GG eine materielle Privatisierung nicht begrenzt,[1164] ergebe sich auch aus der Grundeigenschaft des modernen Staats, seinen "Wirkungskreis definieren und Aufgaben wählen (zu) können“, welche ansonsten beeinträchtigt sei.[1165] Es bestehe lediglich eine faktische Privatisierungsschranke, sofern zu viele Beamte eines Verwaltungszweigs vorhanden sind, die weiter eingesetzt werden müssen.[1166] Übernimmt ein Privater eine vormals staatliche Tätigkeit, sei damit zugleich die mögliche Ausübung hoheitsrechtlicher Befugnisse beendet, da es Privaten per Definition verwehrt ist, hoheitsrechtlich zu handeln.[1167] Ziel des Art. 33 IV GG sei allein, den Berufsbeamten die Ausübung der hoheitsrechtlichen Befugnisse zuzuordnen, sofern diese vom Staat ausgeübt werden.[1168] Ein Privater könne schon grundsätzlich nicht Dienstherr eines Beamten sein.[1169] Würde man dieser

---

1161 *Jachmann*, in: v. Mangoldt/Klein/Starck (GG), Art. 33 Rn. 38; *Jachmann/Strauß*, ZBR 1999, 289 (296); *Strauß*, Funktionsvorbehalt und Berufsbeamtentum, 199; *Peine*, DV 1984, 415 (437). Beispiele für klassische Staatsaufgaben in *Peine*, DV 1984, 415 (437 Fn. 51).

1162 *Jachmann*, in: v. Mangoldt/Klein/Starck (GG), Art. 33 Rn. 38; *Jachmann/Strauß*, ZBR 1999, 289 (296); *Strauß*, Funktionsvorbehalt und Berufsbeamtentum, 201.

1163 *Jachmann/Strauß*, ZBR 1999, 289 (296).

1164 So auch *Waechter*, NZV 1997, 329 (329); *Püttner*, LKV 1994, 193 (194); *Peine*, DV 1984, 415 (437).

1165 *Jachmann/Strauß*, ZBR 1999, 289 (296); *Strauß*, Funktionsvorbehalt und Berufsbeamtentum, 202.

1166 *Püttner*, LKV 1994, 193 (194).

1167 *Kämmerer*, Privatisierung, 216.

1168 *Kämmerer*, Privatisierung, 217.

1169 *Kämmerer*, Privatisierung, 218. Zu den hergebrachten Grundsätzen des Berufsbeamtentums zählt auch, dass Beamte im Rahmen der durch das Dienst- und Treueverhältnisses bestehenden Bindung an ihren Dienstherrn ihre Tätigkeit grundsätzlich bei öffentlich-rechtlichen Körper-

Ansicht folgen, hätte Art. 33 IV GG keine eigenständige Relevanz als Schranke einer materiellen Privatisierung. Die Norm hätte keinen Einfluss darauf, ob der Staat die entsprechenden Aufgaben wahrnehmen muss und würde erst nach dieser Entscheidung zum Tragen kommen. Eine Sonderlösung vertritt *Lange*. Er sieht, sofern die Gewährleistungspflicht für einen funktionierenden Vollzug beim Staat verbleibt und eine entsprechende vertragliche sowie einfachgesetzliche Regelung vorliegt, auch bei einer materiellen Privatisierung keinen Verstoß gegen Art. 33 IV GG.[1170]

Da im Strafvollzug unbestreitbar hoheitsrechtliche Befugnisse ausgeübt werden, ist die Frage, ob Art. 33 IV GG einen Staatsvorbehalt normiert, entscheidend für seinen Charakter als Schranke einer materiellen Privatisierung. Ausschlaggebend ist damit, ob die Norm einen gewissen Bestand an staatlichen Aufgaben festlegt oder ob sie diesen voraussetzt. Enthält der Funktionsvorbehalt auch einen Staatsvorbehalt, begrenzt er eine materielle Privatisierung, falls nicht, ist er für die Thematik irrelevant. Die Ansicht, nach der sich eine Privatisierung allein am staatlichen Gewaltmonopol orientiert, ist abzulehnen. Art. 33 IV GG erfasst ein weit größeres Gebiet als allein die traditionellen Grundrechtseingriffe, welche bereits über die reine Ausübung physischer Gewalt hinausgehen. Allein auf das Gewaltmonopol abzustellen, ist nicht plausibel, da ein solches Vorgehen der Erkenntnis, dass der Bereich der Leistungsverwaltung von größerer Bedeutung sein kann als klassische Eingriffe, zuwiderlaufen würde. Mehrere Privatisierungsschranken können zudem problemlos nebeneinander stehen. Gleichfalls abzulehnen ist die Meinung, die Art. 33 IV GG keine Bedeutung über die erfassten „klassischen“ Staatsaufgaben hinaus zuweisen will. Die Autoren berufen sich bei der beispielhaften Nennung dieser Aufgaben unter anderem auf den Katalog der Gesetzgebungskompetenzen des Art. 73 ff. GG a. F., um deren Verankerung im Grundgesetz zu belegen.[1171] Schon diese Vorgehensweise ist zweifelhaft, da das Grundgesetz gemäß Art. 70 I GG von einer prinzipiellen Gesetzgebungskompetenz der Länder ausgeht. Alle bedeutenden, aber aufgrund dieses Prinzips den Ländern zugeordneten Materien, blieben so unberücksichtigt. Der Strafvollzug ist beispielsweise mit der Föderalismusreform in die Gesetzgebungskompetenz der Länder gefallen und wird ansonsten nirgendwo im Grundgesetz ausdrücklich dem Staat zugewiesen. Unverständlich und inkonsequent ist auch, zumindest von *Jachmann* und *Strauß*, das Ziel, dem Berufsbeamtentum einen substantiellen Tätigkeitsbereich vorzuhalten, als einzigen Sinn des Funktionsvorbehalts zu sehen.

---

schaften verrichten dürfen und Zuweisungen zu Privaten nicht zu dulden brauchen: *Kämmerer*, Privatisierung, 220.

1170 *Lange*, DÖV 2001, 898 (904).

1171 *Strauß*, Funktionsvorbehalt und Berufsbeamtentum, 199.

Sie stellen an anderer Stelle maßgeblich auf die Grundrechtsrelevanz zur Bestimmung der Ausübung hoheitsrechtlicher Befugnisse ab[1172] und erkennen damit dessen Individualrechtsschutzcharakter an. Warum dieser hinsichtlich einer materiellen Privatisierung irrelevant sein soll, wird ebenso wenig deutlich wie die Kriterien, nach denen der Bereich der klassischen Staatsaufgaben trennscharf abgegrenzt werden kann. Auch die Argumentation, mit der Aufgabenwahrnehmung durch Private ende die Möglichkeit der Ausübung hoheitsrechtlicher Befugnisse, geht fehl. Aus dem Charakter der jeweiligen Aufgabe ergeben sich die Anforderungen an den Ausführenden, nicht umgekehrt. Das von *Lange* vorgesehene Modell einer staatlichen Erfüllungsverantwortung nach einer materiellen Privatisierung verkennt den Charakter dieser Privatisierungsart. Sie ist gerade dadurch gekennzeichnet, dass sich der Staat vollständig von einer Aufgabe löst und sie der Gesellschaft übergibt.

Art. 33 IV GG greift dort, wo nach dem Willen des Gesetzgebers oder aus der Natur der Sache Hoheitsbefugnisse ausgeübt werden.[1173] Die Norm knüpft dabei an den materiellen Gehalt einer Aufgabe, nicht an eine formale Charakterisierung derselben als „staatlich" an.[1174] Aufgaben, die einen bestimmten Charakter aufweisen, sind einem bestimmten „Organ" eines Verbandes – den Berufsbeamten – zugeordnet. Die Wahrnehmung durch das Organ setzt denklogisch die entsprechende Verbandszuständigkeit – die des Staats – voraus. Da ein Beamtenverhältnis nur bei der öffentlich-rechtlichen Verwaltung bestehen kann, wirkt der Beamtenvorbehalt so mittelbar als Staatsvorbehalt.[1175] Aufgaben, die nur von Beamten erfüllt werden können, bedürfen deshalb zwingend öffentlich-rechtlicher Trägerschaft.[1176] Würde man die Norm anders interpretieren, könnte man ihren Schutzgedanken durch materielle Privatisierungen vollständig leerlaufen lassen.[1177] Der intendierten Funktion kann nur entsprochen werden, wenn Art. 33 IV GG nicht nur die Personalverteilung innerhalb des öffentlichen Bereichs regelt, sondern insgesamt bestimmte sensible Aufgaben, bei denen ein besonderes Schutzbedürfnis des Staates oder der Bürger besteht, Beamten und damit automatisch der öffentlich-rechtlichen Trägerschaft zuweist.[1178] Ein anderes Verständnis der Norm würde zudem nicht den durch sie gestellten, schwer zu über-

1172 *Jachmann/Strauß*, ZBR 1999, 289 (293); *Strauß*, Funktionsvorbehalt und Berufsbeamtentum, 104 ff.

1173 *Di Fabio*, JZ 1999, 585 (590 f.).

1174 *Landau*, Tagungsbericht 27. Triberger Symposium, 30 (36).

1175 *Krölls*, GewArch 1997, 445 (451); *Bracher*, Gefahrenabwehr durch Private, 139 ff.; *Gusy*, JZ 2006, 651 (655); *Haug*, NVwZ 1999, 816 (817).

1176 *Gusy*, JZ 2006, 651 (655); *Haug*, NVwZ 1999, 816 (817).

1177 *Haug*, NVwZ 1999, 816 (817).

1178 *Haug*, NVwZ 1999, 816 (817); *Landau*, Tagungsbericht 27. Triberger Symposium, 30 (36).

windenden und differenzierten Anforderungen an eine Funktionalprivatisierung entsprechen. Deshalb besteht ein prinzipielles Verbot der materiellen Privatisierung von Bereichen, die von Art. 33 IV GG umfasst werden.

Zwar besteht durch die Formulierung „in der Regel“ auch für den Bereich einer materiellen Privatisierung eine theoretische Ausnahmemöglichkeit; praktisch wird diese für den Bereich des Strafvollzugs jedoch nicht relevant werden. Zur Klärung der Frage, wann durch den Ausnahmevorbehalt ständige Ausnahmen von einer Wahrnehmung hoheitsrechtlicher Befugnisse durch Beamte – nichts anderes wäre eine materielle Privatisierung – ermöglicht werden, kann vollständig auf die Ausführungen zur Funktionalprivatisierung verwiesen werden.[1179] Es wäre ein legitimierender sachlicher Grund erforderlich, wobei dazu jeder nachvollziehbare Grund ausreicht. Anschließend ist jedoch eine vollständige Verhältnismäßigkeitsprüfung vorzunehmen, an deren Ende unter anderem das Gewicht des sachlichen Grundes, die Intensität der Ausübung hoheitsrechtlicher Befugnisse, die Vorteile einer Privatisierung und die zu erwartenden Nachteile abzuwägen sind. Dazu kommt die notwendige Beachtung quantitativer Aspekte. Wollte man den Strafvollzug an sich privatisieren, würde das alle dazu notwendigen Dienstposten erfassen. Mit diesen ist die Ausübung hoheitsrechtlicher Befugnisse in zahlreichen Abstufungen hin bis zu weitreichenden Eingriffen verbunden. Der Strafvollzug ist insgesamt durch ein extrem starkes Zwangsverhältnis geprägt. Durch eine materielle Privatisierung wäre dem Staat zudem jede direkte Einflussnahmemöglichkeit entzogen. Dies würde jedoch nicht der Verpflichtung des Staates gegenüber dem Gefangenen entsprechen, bei der durch ihn verursachten Freiheitsentziehung für ihn Sorge zu tragen[1180]. Zudem würde eine vollständige Privatisierung unter quantitativen Aspekten den größtmöglichen Einschnitt darstellen. Die Gründe für und Vorteile durch eine materielle Privatisierung des Vollzugs müssten deshalb von überragender Qualität sein. Zwingende Argumente dafür bestehen jedoch nicht. Allenfalls staatliche Kostenvorteile könnten angeführt werden, finanzielle Aspekte sind jedoch für die Abwägung von untergeordneter Bedeutung.

Der Strafvollzug ist damit nicht in seiner Gesamtheit auf Private übertragbar. Was die materielle Privatisierung einzelner hoheitlicher Aufgabenbereiche angeht, wird eine solche ebenfalls an der hohen Eingriffsintensität im Strafvollzug, der staatlichen Ingerenzpflicht und den fehlenden stichhaltigen Argumenten für eine solche Übertragung auf die Gesellschaft scheitern. Allerdings erfasst Art. 33 IV GG auch im Rahmen einer materiellen Privatisierung lediglich die Ausübung hoheitsrechtlicher Befugnisse. Können einzelne abgrenzbare Teilbereiche eines

---

1179 Siehe 2. Kapitel, A., I., 4), c), bb).

1180 Zu dieser Verpflichtung: *Wydra*, in: Schwind/Böhm/Jehle/Laubenthal (StVollzG), § 155 Rn. 2.

Verwaltungszweigs ohne die Inanspruchnahme derselben ausgeübt werden, wird ihre materielle Privatisierung durch Art. 33 IV GG nicht begrenzt. Das gilt auch für traditionell mit der Ausübung hoheitsrechtlicher Befugnisse verknüpfte Verwaltungsbereiche wie den Strafvollzug. Insofern bezieht sich die Norm nicht auf den Bestand staatlicher Aufgaben.[1181] Von Art. 33 IV GG theoretisch ebenfalls nicht beschränkt werden würde eine vorübergehende, also nichtständige materielle Privatisierung des Strafvollzugs. Allerdings stünde eine solche unter der Prämisse einer Situation, in der eine solche Übertragung sinnvoll, nachvollziehbar und keine Umgehung einer dauerhaften Übertragung darstellen würde. Eine solche ist weder absehbar noch wahrscheinlich.

5) Freiheit von Arbeitszwang gemäß Art. 12 III GG

Gemäß Art. 12 III GG ist Zwangsarbeit nur bei einer gerichtlich angeordneten Freiheitsentziehung zulässig.[1182] Der Arbeitszwang in geschlossenen Vollzugsanstalten stellt einen Fall von Zwangsarbeit dar. Allerdings handelt es sich bei der Verurteilung zu einer Gefängnisstrafe prinzipiell um den zulässigen Ausnahmefall der gerichtlich angeordneten Freiheitsentziehung. Fraglich ist, ob die gerichtliche Anordnung der Freiheitsentziehung ausreicht oder ob zudem eine staatliche Trägerschaft des Vollzugs notwendig ist. In diesem Fall würde Art. 12 III GG eine vollständige materielle Privatisierung des Strafvollzugs verhindern. Nach dem Bundesverfassungsgericht beschränkt die Norm die „zulässige Zwangsarbeit auf Einrichtungen oder Verrichtungen, bei denen die Vollzugsbehörden die öffentlich-rechtliche Verantwortung für die ihnen anvertrauten Gefangenen behalten".[1183] Wie bereits dargelegt, ist die vom Bundesverfassungsgericht vertretene Ansicht alleine aus der Norm nur schwer herzuleiten.[1184] Einzige im Wortlaut genannte Voraussetzung ist eine gerichtlich angeordnete Freiheitsentziehung. Aussagen zur Ausgestaltung des angeordneten Freiheitsentzuges oder gar einen Staatsvorbehalt enthält die Norm nicht. Warum Art. 12 III GG zwingend die Verantwortlichkeit von Vollzugsbehörden voraussetzen sollte, ist nicht ersichtlich. Würde man den Artikel isoliert betrachten, würde er, falls andere Normen eine materielle Privatisierung des Vollzugs zulassen würden, keine Schranke einer Aufgabenprivatisierung darstellen. Allerdings stellt die Pflichtarbeit einen unverzichtbaren Teil des Resozialisierungskonzepts für die Gefangenen dar. Dieses muss die Leistung von Pflichtarbeit als bedeutsamen Teil be-

---

1181 *Masing*, in: Dreier (GG II), Art. 33 Rn. 62; *Hammer*, DÖV 2000, 613 (617 f.); *Di Fabio*, JZ 1999, 585 (590 f.).

1182 Siehe zu Art. 12 III GG ausführlich 2. Kapitel, A., I., 5).

1183 BVerfGE 98, 169 (205).

1184 Siehe 2. Kapitel, A., I., 5).

rücksichtigen und angemessen anerkennen,[1185] um „dem Gefangenen den Wert regelmäßiger Arbeit für ein künftiges eigenverantwortliches und straffreies Leben in Gestalt eines für ihn greifbaren Vorteils vor Augen (...) zu führen."[1186] Da die Pflichtarbeit essentieller Bestandteil des Resozialisierungskonzepts ist, muss sie sich an den dafür aufgestellten Kriterien messen lassen. Aufgrund der dargestellten Ingerenzpflicht des Staates muss dieser auch die Gesamtverantwortung für die Pflichtarbeit der Gefangenen tragen. Er muss dabei effektive Kontroll- und Einwirkungsmöglichkeiten haben, die mit einer reinen Aufsicht der nach einer materiellen Privatisierung zuständigen Gesellschaft nicht erfüllt wären. In der Folge ergibt sich aus Art. 12 III GG i. V. m. dem grundgesetzlich vorgegebenen Vollzugsziel der Gefangenenresozialisierung ein Verbot der materiellen Privatisierung des Arbeitsbereichs. Andere davon abgrenzbare Teilbereiche des Vollzugs sind dadurch nicht betroffen.

6) Verwaltungs- und Organisationskompetenzen gemäß Art. 83 ff. GG

Die Art. 83 ff. GG regeln die Ausführung der Bundesgesetze. Gemäß Art. 83 GG führen die Länder die Bundesgesetze als eigene Angelegenheit aus, soweit das Grundgesetz nichts anderes bestimmt oder zulässt. Gemäß Art. 84 GG haben sie die Organisationsgewalt inne, regeln also die Einrichtung und Ausgestaltung der Behörden und des Verwaltungsverfahrens.[1187] Nach einer materiellen Privatisierung des Strafvollzugs wäre das StVollzG jedoch obsolet. Auch ein anders auszuführendes Gesetz zur Regelung des Strafvollzugs wäre nicht mehr vorhanden. Der Regelungsgehalt der Art. 83 ff. GG käme in der Folge gar nicht erst zur Anwendung. Die Regelungen begrenzen eine materielle Privatisierung des Strafvollzugs oder seiner Teilbereiche daher nicht.

1185 BVerfGE 98, 169 (200 ff.); BVerfG, NJW 2002, 2023 (2024); *Di Fabio*, in: Maunz/Dürig (GG), Art. 2 I Rn. 217; *Lorenz*, in: Dolzer/Waldhoff/Graßhof (GG), Art. 2 I Rn. 326; *Antoni*, in: Hömig (GG), Art. 1 Rn. 11; Für die Bedeutsamkeit regelmäßiger Arbeit für die Gefangenenresozialisierung auch: *Hofmann*, in: Schmidt-Bleibtreu/Hofmann/Hopfauf (GG), Art. 12 Rn. 96; *Banzer*, FS 2007, 199 (199); *Lange*, DÖV 2001, 898 (903).

1186 BVerfGE 98, 169 (201).

1187 BVerfGE 75, 108 (150); *Henneke*, in: Schmidt-Bleibtreu/Hofmann/Hopfauf (GG), Art. 84 Rn. 12; *Hömig*, in: Hömig (GG), Art. 84 Rn. 2; *Pieroth*, in: Jarass/Pieroth (GG), Art. 84 Rn. 3; Arbeitsbericht „Modellprojekt", 21; *Dittmann*, in: Sachs (GG), Art. 84 Rn. 1, 7; *Bonk*, JZ 2000, 435 (440).

7) Staatliche Ingerenzpflicht

Die staatliche Ingerenzpflicht ist nicht im Grundgesetz normiert. Sie ergibt sich daraus, dass der Staat für sich ein Strafmonopol in Anspruch nimmt, welches notwendigerweise den Bestand eines funktionsfähigen Strafvollzuges voraussetzt. Dieser muss bestimmte Bedingungen erfüllen und allein die Resozialisierung der Gefangenen zum Ziel haben. Dass die staatliche Ingerenzpflicht in Verbindung mit den grundgesetzlich verankerten Privatisierungsschranken eine materielle Privatisierung des gesamten Strafvollzugs und weiter Teilbereiche begrenzt, wurde soeben dargestellt.

Zudem ist jedoch fraglich, ob diese Pflicht eine darüber hinausgehende, eigenständige Schranke darstellt. Da der Staat sich nach der Verurteilung eines Gefangenen nicht von ihm abwenden darf, sondern mit dieser ein Ziel verfolgen muss, verhindert schon die Ingerenzpflicht allein eine vollständige materielle Privatisierung des Vollzugs. Bezüglich der Privatisierung von abgrenzbaren Teilbereichen, existieren von diesen noch einige, die nicht von den bisher dargestellten Privatisierungsschranken erfasst werden, beispielsweise Teile des Versorgungsmanagements wie Verpflegung, Bekleidung, Wäscherei. Es stellt sich die Frage, ob diese auf die Gesellschaft übertragbar sind. *Wydra* führt in Zusammenhang mit Art. 33 IV GG aus, dass der Staat für Kontrolle und Wohlfahrt der Gefangenen verantwortlich ist.[1188] Diese Feststellung spielt auch hier eine Rolle. Durch die Verurteilung und die anschließende Unterbringung im Strafvollzug bringt der Staat die Gefangenen in ein Zwangsverhältnis, in dem sich diese nicht im Mindesten selbst versorgen können. Würde der Staat nun diese scheinbar untergeordneten Teilbereiche vollständig der Gesellschaft überlassen, wäre die Versorgung der Gefangenen nicht flächendeckend sichergestellt. Würden sich beispielsweise die versorgenden Tätigkeiten finanziell nicht lohnen, würden diese mit großer Wahrscheinlichkeit nicht von Privaten wahrgenommen werden. Dem Staat obliegt deshalb eine nicht privatisierbare Erfüllungsverantwortung für solche Tätigkeiten, die der unabdingbaren Versorgung der Gefangenen dient, die diese infolge ihrer Unterbringung im Vollzug nicht selbst sichern können.

1188 *Wydra*, in: Schwind/Böhm/Jehle/Laubenthal (StVollzG), § 155 Rn. 2.

II. Einfachgesetzliche Normen

Einfachgesetzlich stehen die §§ 155, 156 StVollzG einer vollständigen Privatisierung des Strafvollzugs auf Bundesebene entgegen.[1189] § 156 I 1 StVollzG sieht die Wahrnehmung der Anstaltsleitung durch einen Berufsbeamten vor und normiert dabei keine Ausnahmemöglichkeit. § 155 I 1 StVollzG normiert zudem einen prinzipiellen Vollzugsbeamtenvorbehalt für alle Aufgaben der Justizvollzugsanstalten, die die Ausübung hoheitsrechtlicher Befugnisse beinhalten. Ausnahmen davon sind prinzipiell möglich, sie entsprechen allerdings in den relevanten Punkten den Ausnahmemöglichkeiten des Art. 33 IV GG[1190], weshalb auf die im Rahmen der Verfassungsnorm gemachten Ausführungen[1191] verwiesen werden kann. Gleiches gilt für die entsprechenden Regelungen in den Landesgesetzen. Abgesehen davon wäre eine vollständige Abschaffung des StVollzG durch den Bund bis zu dem Zeitpunkt unzulässig, zu dem alle Länder von der ihnen durch die Föderalismusreform zugefallenen Gesetzgebungskompetenz über den Strafvollzug Gebrauch gemacht haben. Anderenfalls würde in den Ländern, die noch keine eigenen Strafvollzugsgesetze geschaffen haben, keine Regelung mehr zur Thematik vorliegen, was einer materiellen Privatisierung gleichkäme.

III. Fazit zu einer möglichen materiellen Privatisierung

Eine materielle Privatisierung des Strafvollzugs als Ganzes scheitert an verschiedenen Regelungen des Grundgesetzes wie dem staatlichen Gewaltmonopol, dem Vollzugsziel der Gefangenenresozialisierung, dem Funktionsvorbehalt des Art. 33 IV GG, der Freiheit von Arbeitszwang gemäß Art. 12 III GG i. V. m. dem Vollzugsziel der Gefangenenresozialisierung und zusätzlich der staatlichen Ingerenzpflicht. Zudem verhindern diese Regelungen die materielle Privatisierung aller eigenständig abgrenzbaren Teilbereiche, die dem staatlichen Gewaltmonopol unterfallen, bei denen resozialisierungsrelevant auf die Gefangenen eingewirkt werden soll bzw. faktisch eingewirkt wird, die mit der Ausübung hoheitsrechtlicher Befugnisse verbunden sind oder der Durchführung des Arbeitszwangs oder der unabdingbaren Versorgung der Gefangenen dienen. Relevante Bereiche für materielle Privatisierungen innerhalb des Strafvollzugs verbleiben damit nicht. In Frage kommen dafür allenfalls Teile des Hausmanagements, de-

1189 So auch *Wagner*, ZRP 2000, 169 (171); *Barisch*, Die Privatisierung im deutschen Strafvollzug, 186.

1190 Siehe 2. Kapitel, A., III., 1), b), cc).

1191 Siehe 2. Kapitel, B., I., 4).

ren Tätigkeiten nicht auf die Gefangenen an sich oder deren Versorgung zurückfallen können. Zu denken ist dabei etwa an die Gebäudereinigung und -pflege, Teile der Lagerhaltung und Ähnliches. Praktische Relevanz wird Privatisierungen in diesen Bereichen jedoch nicht zukommen.

Drittes Kapitel: Elektronische Überwachung der Freiheitsstrafe – EAStVollzG

Der Landtag Baden-Württembergs hat am 29. Juli 2009 das *Gesetz über elektronische Aufsicht im Vollzug der Freiheitsstrafe* (EAStVollzG)[1192] verabschiedet und dadurch die Möglichkeit zum Einsatz der umgangssprachlich „Elektronische Fußfessel" genannten Überwachungsmöglichkeit geschaffen.[1193] Baden-Württemberg ist, nachdem eine Gesetzesinitiative auf Bundesebene 1999 im Bundestag gescheitert war[1194] und seit Mai 2000 ein entsprechendes Modell in Hessen für zu einer Bewährungsstrafe Verurteilte betrieben wird, erst das zweite Bundesland, das die Verwendung einer elektronischen Überwachung in der Praxis testet.[1195] Es ist damit gleichzeitig das erste Bundesland, welches die elektronische Fußfessel im Strafvollzug einsetzt.[1196] Relevant für diese Arbeit ist das EAStVollzG, da es die Einbindung Privater bei der Überwachung von Strafgefangenen vorsieht.

A. Grundlagen

I. Gründe für die Schaffung des EAStVollzG und Regelungsgehalt

Der Gesetzentwurf für das EAStVollzG wurde von der Landesregierung eingebracht, um durch die Einbindung der elektronischen Aufsicht den Strafvollzug

1192 BW. LT-Drs. 14/4951, 1 ff. Geändert zuletzt durch Art. 2 des Gesetzes zur Umsetzung der Föderalismusreform im Justizvollzug, BW. LT-Drs. 14/5411, 80.

1193 Häufig wird auch die Bezeichnung Electronic Monitoring, kurz EM, also elektronische Überwachung genutzt: *Ratzel/Wulf*, FS 2010, 336 (336).

1194 *Ratzel/Wulf*, FS 2010, 336 (337).

1195 Die Länder Berlin und Bayern hatten die Einführung eines ähnlichen Systems erwogen, jedoch abgelehnt: BW. LT-PlPr. 14/72, 5188 (Abg. *Sakellariou*); Bericht des ständigen Ausschusses, BW. LT-Drs. 14/4901, 2.

1196 *Ratzel/Wulf*, FS 2010, 336 (336 f.); http://www.jum.baden-wuerttemberg.de/servlet/PB/menu/1259833/index.html? (Stand: 24.02.2011). In Folge eines Urteils des Europäischen Gerichtshofs für Menschenrechte, in dem die deutsche Regelung zur Sicherheitsverwahrung beanstandet wurde, wird auch auf Bundesebene die Einführung der elektronischen Überwachung derjenigen Straftäter, die aufgrund des Urteils ihre Freiheit erlangen werden, diskutiert: *Ratzel/Wulf*, FS 2010, 336 (336 f.).

anhand neuer wissenschaftlicher Erkenntnisse und langjähriger Erfahrungen im europäischen Ausland voranzubringen.[1197] Als Alternative wurde die Schaffung eines Landesstrafvollzugsgesetzes mit einem eigenen Abschnitt zur elektronischen Überwachung in Erwägung gezogen. Es wurde jedoch entschieden, diese besondere Aufsichtsform erst zu erproben, um sie dann anschließend in ein vollständiges Landesstrafvollzugsgesetz zu integrieren.[1198] Gemäß § 1 EAStVollzG regelt das Gesetz die elektronische Aufsicht im Vollzug der Freiheitsstrafe in Baden-Württemberg. Als Alternative war die Formulierung „elektronisch überwachter Hausarrest“ in Betracht gezogen worden. Da dieser jedoch nicht alle Anwendungsbereiche des Gesetzes abdeckt, wurde die Bezeichnung verworfen.[1199] Das EAStVollzG erfasst drei Anwendungsfälle:

1. Der Vollzug der Ersatzfreiheitsstrafe gemäß § 2 II lit. a) EAStVollzG

Durch die Schaffung einer Möglichkeit zur Unterbringung im elektronisch überwachten Hausarrest sollte eine Ergänzung zum in Baden-Württemberg bestehenden Programm *Schwitzen statt Sitzen* geschaffen werden.[1200] Dieses Projekt wurde 1987 landesweit eingeführt und ermöglicht Verurteilten, die Vollstreckung einer Ersatzfreiheitsstrafe durch Leistung von gemeinnütziger Arbeit abzuwenden, wenn sie die in erster Linie verhängte Geldstrafe nicht leisten können.[1201] Die Anzahl der abzuleistenden Stunden ergibt sich aus der Anzahl der Hafttage, die zu verbüßen wären, wobei derzeit vier Stunden Arbeit pro Hafttag geleistet werden müssen.[1202] Das EAStVollzG soll keine Konkurrenz zu diesem bewährten Programm darstellen, sondern Lücken bei drei Personengruppen schließen, für die eine Teilnahme an *Schwitzen statt Sitzen* tendenziell nicht in Betracht kommt. Als erstes sind hier ältere und kranke Menschen zu nennen, die den har-

---

1197 Gesetzentwurf EAStVollzG, BW. LT-Drs. 14/4670, 11; BW. LT-PlPr. 14/70, 5045 (Abg. *Goll*).

1198 Gesetzentwurf EAStVollzG, BW. LT-Drs. 14/4670, 12. Mittlerweile wurde mit dem JVollzGB vom 10. November 2009, BW. LT-Drs. 14/5411, 1 ff., ein Gesetzbuch über den Justizvollzug in Baden-Württemberg erlassen. Dieses modifiziert Verweisungen im EAStVollzG, thematisiert die elektronische Überwachung an sich jedoch nicht.

1199 Gesetzentwurf EAStVollzG, BW. LT-Drs. 14/4670, 13.

1200 Gesetzentwurf EAStVollzG, BW. LT-Drs. 14/4670, 15 f.; BW. LT-PlPr. 14/70, 5045 (Abg. *Goll*); BW. LT-PlPr. 14/70, 5050 (Abg. *Wetzel*); BW. LT-PlPr. 14/72, 5192 (Abg. *Goll*); http://www.jum.baden-wuerttemberg.de/servlet/PB/menu/1240695/index.html (Stand: 24.02.2011).

1201 BW. LT-PlPr. 14/70, 5045 (Abg. *Goll*); http://www.justizportal-bw.de/servlet/PB/menu/1238838/index.html? (Stand: 24.02.2011).

1202 http://www.justizportal-bw.de/servlet/PB/menu/1238838/index.html? (Stand: 24.02.2011).

ten körperlichen Anforderungen gemeinnütziger Arbeit nicht gewachsen sind.[1203] Daneben zählen Personen, die einer Vollbeschäftigung nachgehen, diese nicht verlieren sollen und deshalb keine zusätzliche gemeinnützige Arbeit leisten können, zur Zielgruppe des elektronisch überwachten Hausarrests.[1204] Dieser Gruppe würde auch ein Verlust ihrer Arbeitsstelle, der bei Ableistung einer Gefängnisstrafe eventuell zu erwarten wäre, erspart bleiben.[1205] Abschließend zählen Frauen zu potentiellen Teilnehmerinnen am Hausarrest. Sie sollen davor bewahrt werden, aufgrund eines Gefängnisaufenthalts, nicht zu Hause für ihre Familien sorgen zu können. Eine mittelbare Bestrafung der Kinder soll dadurch verhindert werden.[1206] Sozial integrierte Täter sollen sozial integriert bleiben.[1207]

2. Die Entlassungsfreistellung gemäß § 2 II lit. b) EAStVollzG

Ferner soll Straftätern dabei geholfen werden, das „Entlassungsloch" beim Wechsel zwischen Freiheitsstrafe und neu erworbener Freiheit zu überwinden. Sie sollen nicht ohne ein gewisses Übergangsmanagement in alte Zustände und Situationen entlassen werden. Durch den elektronisch überwachten Hausarrest soll den Straftätern ermöglicht werden, wieder in ihre Familien und einen geregelten Tagesablauf hineinzufinden, ohne sich dabei ungehindert wieder in ihrem alten Milieu bewegen zu können.[1208]

Bei diesen beiden Anwendungsfällen handelt es sich um Fälle des elektronisch überwachten Hausarrests, wobei unter „Hausarrest" gemäß § 2 I EAStVollzG „die Anweisung an den Gefangenen, sich während des laufenden Strafvollzuges in einer bestimmten Wohnung aufzuhalten und sie zu bestimmten Zeiten nicht zu verlassen", zu verstehen ist.

1203 BW. LT-PlPr. 14/70, 5045 f. (Abg. *Goll*); BW. LT-PlPr. 14/72, 5192 (Abg. *Goll*).

1204 BW. LT-PlPr. 14/70, 5046 (Abg. *Goll*); BW. LT-PlPr. 14/70, 5050 (Abg. *Wetzel*).

1205 Bericht des ständigen Ausschusses, BW. LT-Drs. 14/4901, 4; BW. LT-PlPr. 14/72, 5191 (Abg. *Wetzel*); http://www.jum.baden-wuerttemberg.de/servlet/PB/menu/1240695/index.html (Stand: 24.02.2011); http://www.jum.baden-wuerttemberg.de/servlet/PB/menu/1259833/index.html? (Stand: 24.02.2011); *Ratzel/Wulf*, FS 2010, 336 (339).

1206 BW. LT-PlPr. 14/70, 5046 (Abg. *Goll*); BW. LT-PlPr. 14/70, 5047 (Abg. *Hitzler*); BW. LT-PlPr. 14/72, 5188 (Abg. *Hitzler*); BW. LT-PlPr. 14/72, 5192 (Abg. *Goll*). Dafür, dass auch Männer nicht aus ihrer sozialen Umgebung gerissen werden: BW. LT-PlPr. 14/70, 5050 (Abg. *Wetzel*); BW. LT-PlPr. 14/72, 5191 (Abg. *Wetzel*); http://www.jum.baden-wuerttemberg.de/servlet/PB/menu/1259833/index.html? (Stand: 24.02.2011); *Ratzel/Wulf*, FS 2010, 336 (339).

1207 BW. LT-PlPr. 14/72, 5191 (Abg. *Wetzel*); *Ratzel/Wulf*, FS 2010, 336 (339).

1208 BW. LT-PlPr. 14/70, 5046 (Abg. *Goll*); BW. LT-PlPr. 14/72, 5192 (Abg. *Goll*); http://www.jum.baden-wuerttemberg.de/servlet/PB/menu/1240695/index.html (Stand: 24.02.2011).

3. Die elektronisch überwachte Vollzugslockerung gemäß § 9 EAStVollzG

Diese Kontrolle bei vollzugsöffnenden Maßnahmen zählt nicht zum elektronisch überwachten Hausarrest.[1209] Bei diesen befindet sich der Gefangene prinzipiell im regulären Strafvollzug, kann sich aber zu bestimmten Zeiten im Rahmen der elektronischen Überwachung außerhalb der Vollzugsanstalt aufhalten.

Zudem setzt § 4 I EAStVollzG für den Hausarrest mit elektronischer Aufsicht voraus, dass: a) der Gefangene sein Einverständnis zum Hausarrest mit elektronischer Aufsicht erklärt, b) der Gefangene über eine Wohnung oder eine andere geeignete feste Unterkunft verfügt und bereit ist, den zuständigen Mitarbeitern im Rahmen des Programms Zugang zu gewähren, c) die Wohnung des Gefangenen über einen angeschlossenen Telefonapparat verfügt, soweit die An- oder Abwesenheit des Gefangenen in der Wohnung beaufsichtigt werden soll, d) das Einverständnis der mit dem Gefangenen in derselben Wohnung lebenden erwachsenen Personen vorliegt, soweit die An- oder Abwesenheit des Gefangenen in der Wohnung beaufsichtigt werden soll, e) der Gefangene eine Arbeits- oder Ausbildungsstelle oder eine entsprechende anderweitige Tagesstruktur[1210] aufweist und in der Lage ist, dieser nachzugehen, f) der Gefangene bereit ist, sich einem im Voraus vereinbarten Tages- und Wochenablauf sowie weiteren Weisungen zu unterziehen und anzunehmen ist, er werde den Belastungen der elektronischen Aufsicht gewachsen sein und das entgegengebrachte Vertrauen nicht missbrauchen, g) der Gefangene, der aus einer anderen Vollzugsform in den Hausarrest mit elektronischer Aufsicht übertritt, sich während des bisherigen Vollzugs bewährt hat und h) nicht zu befürchten ist, dass der Gefangene sich dem Vollzug der Freiheitsstrafe entziehen oder den Hausarrest zu Straftaten missbrauchen werde.

Durch die Einführung der elektronischen Überwachung werden, aufgrund von Erfahrungen in anderen Ländern, mehrere positive Aspekte erwartet. Oft sei es bereits eines der größten Probleme der potentiellen Teilnehmer, dass sie keinen geregelten Tagesablauf hätten. Durch ein entsprechendes Vollzugsprogramm könne ihnen ein solcher vermittelt werden,[1211] wodurch eine kriminalpräventive

1209 BW. LT-PlPr. 14/70, 5046 (Abg. *Goll*).

1210 Dies zielt etwa auf die Betreuung von Kindern im Haushalt ab, die einem förmlichen Beschäftigungsverhältnis gleichsteht: Gesetzentwurf EAStVollzG, BW. LT-Drs. 14/4670, 20.

1211 Gesetzentwurf EAStVollzG, BW. LT-Drs. 14/4670, 14, 20; BW. LT-PlPr. 14/70, 5046 (Abg. *Goll*); BW. LT-PlPr. 14/70, 5050 (Abg. *Wetzel*); Bericht des ständigen Ausschusses, BW. LT-Drs. 14/4901, 5; *Ratzel*/*Wulf*, FS 2010, 336 (339).

Wirkung zu erzielen sei.[1212] Die Kosten der elektronischen Überwachung werden weitaus geringer eingeschätzt als die des herkömmlichen Vollzugs.[1213] In anderen Ländern lägen die Kosten zwischen 14 € und 70 € pro Tag,[1214] wogegen ein regulärer Haftplatz mit 75 € zu Buche schlage.[1215] Es könnten Haftplätze eingespart und auf den Bau neuer Gefängnisse verzichtet werden. Die potentiellen Teilnehmer gehörten oftmals ohnehin nicht dorthin.[1216] Schließlich seien sie zu einer Geld-, nicht zu einer Freiheitsstrafe verurteilt worden.[1217] Zudem sollen „biographische Vollzugsschäden" vermieden werden.[1218] Eine Stigmatisierung und Entsozialisierung wird gegenüber dem herkömmlichen Vollzug vermieden.[1219] Zudem bestünde nicht die Gefahr, Straftäter könnten durch im Gefängnis geknüpfte Kontakte weiter „auf die schiefe Bahn" geraten.[1220] Die Unterbringung zu Hause sei nicht so „menschenunwürdig" wie die Unterbringung in einer Haftanstalt und damit die humanere Methode.[1221] Das Eingriffsniveau der elektronischen Überwachung liege wesentlich niedriger als im traditionellen Strafvollzug.[1222] Langfristig könnten Haftplätze abgebaut und dadurch Kosten reduziert werden.[1223]

1212 Gesetzentwurf EAStVollzG, BW. LT-Drs. 14/4670, 14. Dagegen *Ratzel/Wulf*, FS 2010, 336 (339), die eine kriminalpräventive Wirkung für eher unwahrscheinlich halten.

1213 Gesetzentwurf EAStVollzG, BW. LT-Drs. 14/4670, 12, 14; BW. LT-PlPr. 14/70, 5046 (Abg. *Hitzler*); BW. LT-PlPr. 14/70, 5050 (Abg. *Wetzel*); http://www.jum.baden-wuerttemberg.de/servlet/PB/menu/1259833/index.html? (Stand: 24.02.2011); *Ratzel/Wulf*, FS 2010, 336 (339).

1214 Gesetzentwurf EAStVollzG, BW. LT-Drs. 14/4670, 12.

1215 BW. LT-PlPr. 14/70, 5046 (Abg. *Hitzler*). Abweichend dazu beziffert das baden-württembergische Justizministerium die Kosten für einen regulären Haftplatz auf 85 – 87 €: http://www.jum.baden-wuerttemberg.de/servlet/PB/menu/1240695/index.html (Stand: 24.02.2011); http://www.jum.baden-wuerttemberg.de/servlet/PB/menu/1259833/index.html? (Stand: 24.02.2011). Von einer bestenfalls möglichen Einsparung von 75 % gegenüber dem regulären Vollzug ausgehend: *Ratzel/Wulf*, FS 2010, 336 (339).

1216 BW. LT-PlPr. 14/70, 5046 (Abg. *Hitzler*); BW. LT-PlPr. 14/70, 5050 (Abg. *Wetzel*); http://www.jum.baden-wuerttemberg.de/servlet/PB/menu/1240695/index.html (Stand: 24.02.2011).

1217 http://www.jum.baden-wuerttemberg.de/servlet/PB/menu/1240695/index.html (Stand: 24.02.2011).

1218 BW. LT-PlPr. 14/70, 5046 (Abg. *Goll*); Bericht des ständigen Ausschusses, BW. LT-Drs. 14/4901, 5.

1219 Gesetzentwurf EAStVollzG, BW. LT-Drs. 14/4670, 14; BW. LT-PlPr. 14/70, 5047 (Abg. *Hitzler*).

1220 Bericht des ständigen Ausschusses, BW. LT-Drs. 14/4901, 4; BW. LT-PlPr. 14/72, 5191 (Abg. *Wetzel*); http://www.jum.baden-wuerttemberg.de/servlet/PB/menu/1240695/index.html (Stand: 24.02.2011); *Ratzel/Wulf*, FS 2010, 336 (339).

1221 BW. LT-PlPr. 14/70, 5050 (Abg. *Wetzel*); Bericht des ständigen Ausschusses, BW. LT-Drs. 14/4901, 4 f.; BW. LT-PlPr. 14/72, 5188 (Abg. *Hitzler*).

1222 Bericht des ständigen Ausschusses, BW. LT-Drs. 14/4901, 3; *Ratzel/Wulf*, FS 2010, 336 (339).

1223 Gesetzentwurf EAStVollzG, BW. LT-Drs. 14/4670, 14; BW. LT-PlPr. 14/72, 5188 (Abg. *Hitzler*); *Ratzel/Wulf*, FS 2010, 336 (339).

Dies sei ein willkommener Nebeneffekt, ein Haftplatzmangel bestünde aufgrund des Baus der JVA Offenburg nicht mehr.[1224] Spannungen innerhalb eines betroffenen Haushalts seien nicht zu erwarten, da der elektronisch überwachte Hausarrest die Zustimmung aller darin lebenden Erwachsenen erfordere.[1225]

Gegen die Einführung der elektronischen Fußfessel wurde eingewandt, dass die vorgebrachten Überlegungen teilweise auf einen Vergleich mit anderen Ländern gestützt seien, diese aber teilweise völlig andere Vollzugsziele hätten, die nicht auf einen humanen Strafvollzug, Resozialisierung und Haftvermeidung ausgerichtet wären.[1226] Die elektronische Überwachung sei ein reines Sicherungs- und Überwachungsinstrument ohne erzieherischen Wert.[1227] Für Menschen, die eine Geldstrafe nicht zahlen können, sei das Programm *Schwitzen statt Sitzen* zur Haftvermeidung bewährt.[1228] Die Einführung des Überwachungssystems sei im Bereich der Entlassungsvorbereitung zudem überflüssig, da mit der Bewährungshilfe bereits ein funktionierendes, kostengünstigeres System zur Verfügung stünde.[1229] Menschen könnten den Übergang aus der Gefangenschaft in die Freiheit wesentlich besser begleiten als Fußfesseln.[1230] Zudem würde die Ungleichbehandlung von Tätern mit und ohne Arbeitsplatz die Ausgrenzung randständiger Straftäter noch vergrößern.[1231] Die Tatsache, dass manche Straftäterinnen Kinder zu versorgen hätten, werde ausreichend von den Gerichten berücksichtigt. Durch die Möglichkeit des Hausarrests würde ein rechtskräftiges Strafurteil ausgehebelt.[1232] Durch das Zustimmungserfordernis der Ehefrauen zu einer Unterbringung ihres Mannes im Hausarrest würde diese einem erheblichen Druck ausgesetzt. Entweder durch die bis zu sechs Monate dauernde Unterbringung bei ihr im Haus, im Falle einer Zustimmung, anderenfalls in der Zeit da-

1224 http://www.jum.baden-wuerttemberg.de/servlet/PB/menu/1240695/index.html (Stand: 24.02. 2011).

1225 Bericht des ständigen Ausschusses, BW. LT-Drs. 14/4901, 7.

1226 BW. LT-PlPr. 14/70, 5047 (Abg. *Sakellariou*).

1227 BW. LT-PlPr. 14/70, 5047 (Abg. *Sakellariou*); Bericht des ständigen Ausschusses, BW. LT-Drs. 14/4901, 2.

1228 BW. LT-PlPr. 14/72, 5188 (Abg. *Sakellariou*).

1229 BW. LT-PlPr. 14/70, 5048 (Abg. *Sakellariou*); BW. LT-PlPr. 14/70, 5049 (Abg. *Oelmayer*); Bericht des ständigen Ausschusses, BW. LT-Drs. 14/4901, 2.

1230 BW. LT-PlPr. 14/70, 5049 (Abg. *Oelmayer*); BW. LT-PlPr. 14/72, 5188 (Abg. *Sakellariou*). Dagegen jedoch Justizminister *Goll*, der durch die elektronische Überwachung eine Rückkehr des Gefangenen zu seiner Familie und damit den Menschen, die eine Rückkehr in die Freiheit am besten begleiten können, garantiert sieht: BW. LT-PlPr. 14/72, 5192 (Abg. *Goll*).

1231 BW. LT-PlPr. 14/70, 5048 (Abg. *Sakellariou*). Zudem würde das Gesetz unterschiedliche Auswirkungen auf die einzelnen Täter, je nach ihrer sozialen Situierung haben: BW. LT-PlPr. 14/72, 5188 (Abg. *Sakellariou*).

1232 BW. LT-PlPr. 14/70, 5048 (Abg. *Sakellariou*).

nach, wenn der Mann spätestens von ihrer Entscheidung erfährt.[1233] Zumindest in einem der Bereiche – der Entlassungsvorbereitung – verfehle das Gesetz sein Ziel, Straftäter vor negativen Kontakten im Gefängnis zu schützen. Die betroffenen Gefangenen seien dem Einfluss anderer Straftäter ohnehin eine erhebliche Zeit ausgesetzt gewesen.[1234]

Auch wenn die vorgebrachten Argumente nicht vollends überzeugen und auch die Opposition mitunter treffende Kritik am Konzept äußerte, stellt die Einführung der elektronischen Überwachung tendenziell eine vielversprechende Alternative zur Unterbringung im Vollzug und dem bestehenden Programm *Schwitzen statt Sitzen* für „low-risk" Straftäter dar. Ob sich alle an die neue Vollzugsform gesetzten Erwartungen erfüllen, wird sich jedoch erst nach einer längeren Erprobungsphase zeigen.

Gemäß § 16 EAStVollzG tritt das Gesetz mit Ablauf von vier Jahren nach seiner Verkündung außer Kraft. Im Oktober 2010 startete ein Pilotprojekt mit 75 Probanden, dessen Kosten von der Landesregierung „vorsichtig" auf 85.000 €, exklusive der Kosten für die notwendige Begleitforschung, geschätzt wurden[1235]. Nach Auswertung der bis dahin gewonnenen Erkenntnisse soll über eine Fortführung und Ausweitung des Projekts entschieden werden.[1236]

II. Gesetzgebungskompetenz

Die Gesetzgebungskompetenz für den Strafvollzug ist durch das Gesetz zur Föderalismusreform vom 28.8.2006[1237] zum 1.9.2006 auf die Länder übergegangen,[1238] woraus auch die Kompetenz zum Erlass des EAStVollzG abgeleitet wird.[1239] Problematisch ist allerdings, dass das Erwachsenenstrafrecht in

---

1233 BW. LT-PlPr. 14/70, 5048 (Abg. *Sakellariou*); Bericht des ständigen Ausschusses, BW. LT-Drs. 14/4901, 2; BW. LT-PlPr. 14/72, 5188 (Abg. *Sakellariou*).

1234 Bericht des ständigen Ausschusses, BW. LT-Drs. 14/4901, 7; BW. LT-PlPr. 14/72, 5188 (Abg. *Sakellariou*).

1235 Gesetzentwurf EAStVollzG, BW. LT-Drs. 14/4670, 2, 13; Bericht des ständigen Ausschusses, BW. LT-Drs. 14/4901, 4; http://www.jum.baden-wuerttemberg.de/servlet/PB/menu/1240695/index.html (Stand: 24.02.2011).

1236 Gesetzentwurf EAStVollzG, BW. LT-Drs. 14/4670, 25; BW. LT-PlPr. 14/70, 5050 (Abg. *Wetzel*); http://www.jum.baden-wuerttemberg.de/servlet/PB/menu/1240695/index.html (Stand: 24.02.2011).

1237 BGBl. 2006 I, 2034.

1238 Siehe 2. Kapitel, A., III.

1239 Gesetzentwurf EAStVollzG, BW. LT-Drs. 14/4670, 1. Dem folgend: *Ratzel/Wulf*, FS 2010, 336 (337); BW. LT-PlPr. 14/70, 5046 (Abg. *Hitzler*); BW. LT-PlPr. 14/70, 5049 f. (Abg. *Wetzel*); http://www.jum.baden-wuerttemberg.de/servlet/PB/menu/1259833/index.html? (Stand: 24.02.2011).

Deutschland als Hauptstrafe lediglich eine Freiheits- oder Geldstrafe gemäß den §§ 38, 40 StGB vorsieht. Einzige Nebenstrafe ist das Fahrverbot gemäß § 44 StGB.[1240] Seitens der SPD wurde im Zuge der Gesetzesberatungen vorgebracht, es handle sich bei der elektronischen Überwachung, entgegen der Gesetzesbegründung, um die Einführung einer neuen Sanktionsform durch das EAStVollzG, für die den Ländern die Gesetzgebungskompetenz fehle.[1241]

Die Bedenken vermögen nicht zu überzeugen. Das EAStVollzG sieht ausschließlich vollzugliche Lösungen vor, greift nicht in das Sanktionssystem ein und liegt deshalb im Bereich der Regelungskompetenz der Länder.[1242] Bereits die Gesetzesüberschrift und § 1 I EAStVollzG, in dem die Geltung des Strafvollzugsgesetzes geregelt ist, enthalten diesbezüglich sprachliche Klarstellungen.[1243] Materiell bedient sich das Gesetz vollzuglicher Steuerungsmittel und Maßnahmen.[1244] Das Sanktionssystem, für das noch immer der Bund kompetenzmäßig zuständig ist, wird durch das EAStVollzG nicht berührt.[1245] Der Strafvollzug ist einer laufenden Entwicklung unterworfen und definitionsmäßig nicht auf die Unterbringung von Gefangenen in staatlichen Strafvollzugsanstalten beschränkt.[1246] Er erfasst auch Einschränkungen der körperlichen Bewegungsfreiheit, die nicht schwerpunktmäßig in einer Vollzugsanstalt stattfinden.[1247] So wurde 2007 beispielsweise auch der Jugendstrafvollzug in freier Form durch § 27 JStVollzG auf landesrechtlicher Ebene eingeführt.[1248] Mit der Föderalismusreform wurde klargestellt, dass die Regelungskompetenz bezüglich des Strafvollzugs auf die Länder übertragen werden sollte, wobei in Kauf genommen wurde, dass sich unterschiedliche, länderspezifische neue Vollzugsformen ergeben, was durch das StVollzG nicht unterbunden werden darf.[1249] Die auf die Länder übertragene Gesetzgebungskompetenz für den Strafvollzug erfasst daher auch die Einführung einer elektronischen Aufsicht, wie es das EAStVollzG vorsieht.

1240 *Illert*, Implementierung des Hausarrests in das deutsche Recht, 1.

1241 Bericht des ständigen Ausschusses, BW. LT-Drs. 14/4901, 1 f.; BW. LT-PlPr. 14/72, 5188 (Abg. *Sakellariou*).

1242 Gesetzentwurf EAStVollzG, BW. LT-Drs. 14/4670, 1, 11; BW. LT-PlPr. 14/70, 5046 (Abg. *Hitzler*).

1243 Gesetzentwurf EAStVollzG, BW. LT-Drs. 14/4670, 11.

1244 Gesetzentwurf EAStVollzG, BW. LT-Drs. 14/4670, 11.

1245 Gesetzentwurf EAStVollzG, BW. LT-Drs. 14/4670, 11; BW. LT-PlPr. 14/70, 5046 (Abg. *Hitzler*).

1246 Gesetzentwurf EAStVollzG, BW. LT-Drs. 14/4670, 11.

1247 Gesetzentwurf EAStVollzG, BW. LT-Drs. 14/4670, 11.

1248 Gesetzentwurf EAStVollzG, BW. LT-Drs. 14/4670, 11.

1249 Gesetzentwurf EAStVollzG, BW. LT-Drs. 14/4670, 11.

III. Technische Funktionsweise der vorgesehenen elektronischen Überwachung

Die elektronische Überwachung von Straftätern wurde erstmals in den 1980er Jahren in den USA angeordnet.[1250] Entsprechende Systeme sind mittlerweile in vielen Ländern Teil des jeweiligen Sanktions- und Vollzugssystems,[1251] beispielsweise in den USA, in Großbritannien, in Frankreich, in den Niederlanden, in Schweden und in der Schweiz.[1252] Anfangs wurden unabhängig voneinander verschiedene technische Lösungen entwickelt, von denen sich nur einige durchsetzten. Die meisten davon basierten auf einer direkten oder mittelbaren Nutzung von Telefonanlagen zur Überwachung.[1253]

Im Rahmen des EAStVollzG ist der Einsatz „modernster Techniken" zur Straftäterüberwachung vorgesehen.[1254] Gemeinsam haben alle verwendeten Systeme, dass der Betroffene einen fest mit seinem Körper verbundenen Sender tragen muss, der seine Position ermittelt, diese an einen Empfänger weiterleitet und dadurch der überwachenden Stelle eine Kontrolle des Aufenthaltsorts ermöglicht. Üblich ist eine Befestigung des Senders am Knöchel des Überwachten.[1255] Die Entfernung des Geräts ist nur durch die zuständige Stelle oder eine Alarm auslösende Zerstörung möglich.[1256] Das EAStVollzG selbst legt die Art der elektronischen Überwachung nicht exakt fest. Gemäß § 3 I EAStVollzG richtet sich diese nach der individuellen Flucht- und Rückfallgefahr des jeweiligen Gefangenen. Dadurch soll dem Sicherheitsinteresse der Allgemeinheit entsprochen und die Verhältnismäßigkeit von Eingriffen in die Grundrechte der Straftäter gesichert werden.[1257] Durch den Einsatz unterschiedlicher Überwachungsmittel kann etwa ein vollständiges Bewegungsprofil erstellt oder lediglich die An- oder Abwesenheit in der Wohnung ermittelt werden.[1258] Konkret sind drei verschiedene technische Möglichkeiten vorgesehen:

1250 *Illert*, Implementierung des Hausarrests in das deutsche Recht, 5.

1251 *Ratzel/Wulf*, FS 2010, 336 (336).

1252 Gesetzentwurf EAStVollzG, BW. LT-Drs. 14/4670, 13.

1253 Zur Entwicklung des elektronischen Hausarrestes und der genutzten Systeme ausführlich: *Illert*, Implementierung des Hausarrests in das deutsche Recht, 3 ff.; *Wittstam*, Elektronischer Hausarrest?, 20ff.; *Schlömer*, Der elektronisch überwachte Hausarrest, 41 ff.

1254 Bericht des ständigen Ausschusses, BW. LT-Drs. 14/4901, 5.

1255 BW. LT-PlPr. 14/70, 5050 (Abg. *Wetzel*).

1256 Bericht des ständigen Ausschusses, BW. LT-Drs. 14/4901, 7 f. Auch sonstige Manipulationsversuche oder Störungen führen zu einer Alarmierung der zuständigen Stelle: Gesetzentwurf EAStVollzG, BW. LT-Drs. 14/4670, 17; Bericht des ständigen Ausschusses, BW. LT-Drs. 14/4901, 7 f.

1257 Gesetzentwurf EAStVollzG, BW. LT-Drs. 14/4670, 16.

1258 Gesetzentwurf EAStVollzG, BW. LT-Drs. 14/4670, 16; *Ratzel/Wulf*, FS 2010, 336 (337).

1. Die Funkzellen- bzw. GSM- oder Handyortung

Dabei wird die Position eines eingeschalteten Endgeräts mittelbar über die Geokoordinaten der Basisstation, in die dieses eingebucht ist oder war, bestimmt.[1259] Wenn sich etwa ein Mobiltelefon in eine Funkzelle einwählt, kann daraus geschlossen werden, dass sich dieses in geographischer Nähe der Antenne befindet, die diese Funkzelle erzeugt. Problematisch dabei ist, dass die Funkzellen in ländlichen Gebieten, aufgrund weit auseinanderliegender Antennen, relativ große Ausmaße haben und eine exakte Ortung dadurch erschwert wird. Die Genauigkeit nimmt erst in Gebieten mit einer größeren Anzahl von Antennen und damit kleineren Funkzellen zu.[1260] „Handyortung" bedeutet in diesem Zusammenhang selbstverständlich nicht, dass der Betroffene nur über sein Mobiltelefon lokalisiert wird. Es findet lediglich eine auf die Bedürfnisse der elektronischen Straftäterüberwachung angepasste Übertragung der Technik statt.

2. Die Positionsbestimmung durch das *Global Positioning System (GPS)*

Es handelt sich dabei um ein System, das beispielsweise auch von Navigationsgeräten verwendet wird und auf mehreren Satelliten basiert, die fortlaufend ihre sich ändernde Position und die exakte Uhrzeit ausstrahlen.[1261] Aus diesen Daten berechnen GPS-Empfänger ihre eigene Position. Zu einer mitverfolgbaren Überwachung ist allerdings zusätzlich die Verwendung eines Senders erforderlich, der die vom Empfänger errechnete Position an eine Überwachungsstelle überträgt.[1262] Durch den Einsatz dieser Technik kann die Erstellung eines nahezu lückenlosen Bewegungsprofils ermöglicht werden.[1263] Schwächen hat die Satellitenortung jedoch bei der unterirdischen Erfassung und in Gebäuden. Je nach verwendeten Baumaterialien und Gebäudegröße wird die Positionsbestimmung erschwert oder gar verhindert. Auch starker Schneefall oder die Verwendung eines Empfängers in einem dichten Wald können die Positionsbestimmung erheblich beeinträchtigen.

1259 Gesetzentwurf EAStVollzG, BW. LT-Drs. 14/4670, 17.

1260 Gesetzentwurf EAStVollzG, BW. LT-Drs. 14/4670, 17.

1261 Gesetzentwurf EAStVollzG, BW. LT-Drs. 14/4670, 17.

1262 Gesetzentwurf EAStVollzG, BW. LT-Drs. 14/4670, 17.

1263 Gesetzentwurf EAStVollzG, BW. LT-Drs. 14/4670, 17; Bericht des ständigen Ausschusses, BW. LT-Drs. 14/4901, 2.

3. Die Radio-Frequenz-Identifikation (RFID)

Diese benötigt einen an einem Gegenstand oder an einer Person angebrachten Transponder, ein Lesegerät, das den Transponder ausliest und eine Datenverarbeitungsanlage.[1264] Eingesetzt wird die Technik beispielsweise auch in den neuen deutschen Reisepässen oder bei Zugangskontrollen.[1265] Das Lesegerät muss beispielsweise in der Wohnung des Gefangenen installiert werden, während der RFID-Sender am Körper zu tragen ist. Über die Telefonanlage des Hauses kann dann übermittelt werden, ob sich der Überwachte gerade in der Wohnung befindet oder nicht.[1266] Problematisch dabei ist jedoch, dass das System nicht erfasst, wohin sich der Straftäter bewegt, nachdem er den kontrollierten Bereich verlassen hat. So lässt sich nicht ermitteln, ob er beispielsweise wie im Vollzugsplan vorgesehen seine Arbeitsstelle aufsucht oder nicht. Um eine erweiterte Überwachung zu erreichen, müssten an jedem Ort, an dem der Überwachte sich aufhalten soll, Lesegerät, Datenverarbeitungsanlage und Telefonanschluss vorhanden sein.

Die einzelnen Techniken können frei miteinander kombiniert werden, um die Schwächen der einzelnen Systeme auszugleichen.[1267] Durch den Einsatz der modernen und erprobten Verfahren ist dabei eine bestmögliche Überwachung gesichert. Beim Einsatz der Funkzellen- und GPS-Ortung ist nicht einmal mehr ein Festnetzanschluss im Haushalt des Überwachten erforderlich.[1268] In Baden-Württemberg wird ein 170 g schweres Gerät, das etwa die Größe eines Mobiltelefons besitzt, am Bein des Überwachten angelegt. Es ist so gestaltet, dass es unter dem Hosenbein nicht sichtbar ist, und damit eine Stigmatisierung des Überwachten verhindert.[1269]

IV. Modellversuch

Am 1. Oktober 2010 startete ein auf ein Jahr angelegter Modellversuch zum Einsatz der elektronischen Fußfessel unter Beteiligung der Vollzugsanstalten Stutt-

---

1264 Gesetzentwurf EAStVollzG, BW. LT-Drs. 14/4670, 17.

1265 Gesetzentwurf EAStVollzG, BW. LT-Drs. 14/4670, 17.

1266 Gesetzentwurf EAStVollzG, BW. LT-Drs. 14/4670, 17.

1267 Gesetzentwurf EAStVollzG, BW. LT-Drs. 14/4670, 17.

1268 Bericht des ständigen Ausschusses, BW. LT-Drs. 14/4901, 6 f.; BW. LT-PlPr. 14/72, 5192 (Abg. *Goll*).

1269 http://www.jum.baden-wuerttemberg.de/servlet/PB/menu/1259833/index.html? (Stand: 24.02. 2011).

gart-Stammheim, Ulm, Heimsheim, Rottenburg und Heilbronn.[1270] Der Versuch wurde zunächst mit sechs Probanden begonnen.[1271] Im weiteren Verlauf soll die elektronische Fußfessel mit insgesamt 75 Personen, jeweils 25 Probanden aus den drei unterschiedlichen Einsatzfeldern getestet werden.[1272] Die Kosten der elektronischen Überwachung betragen während des Modellversuchs 27 € pro Tag und Gefangenem. Bei einer anschließenden großflächigen Verwendung könnten die Kosten weiter gesenkt werden. Die Gesamtkosten des Modellversuchs sind mit 150.000 € veranschlagt, wobei 50.000 € für die technischen Dienstleistungen, 40.000 € für die psychosoziale Betreuung und 60.000 € für die Evaluation eingeplant sind. Die ursprüngliche Kostenschätzung von etwa 85.000 € für die Technik und Betreuung werde damit bestätigt.[1273] Je nach Risikofaktoren kann die Aufsicht enger oder weiter gefasst werden. Auch ein abgestuftes System ist möglich. So könnte während der ersten zwei Monate ein vollständiges Bewegungsprofil erstellt werden, danach eine zweimonatige Phase der Wohnraumüberwachung stattfinden und der Gefangene für die restliche Zeit auf Ehrenwort in den Hausarrest entlassen werden.[1274] Die Probanden werden für den Modellversuch mit einem Mobiltelefon ausgestattet, damit sie bei Problemen die psychosoziale Betreuung oder die Anstalt erreichen können und selbst jederzeit erreichbar sind.[1275] Die im Modellversuch gesammelten Erfahrungen sollen evaluiert werden, zu einer Verlängerung des Programms führen und in ein Gesetzgebungsverfahren für eine dauerhafte Lösung eingebracht werden.[1276] Eventuell ist auch eine Ausdehnung auf sämtliche Kurzfreiheitsstrafen, etwa 6 oder 12 Monate, angedacht.[1277] Schon im Modellversuch werden Private teilweise in die Überwachung eingebunden. Es erfolgte eine förmliche, europaweite Ausschreibung,[1278] den Zuschlag erhielt eine internationale Bietergemeinschaft, die das

1270 *Ratzel/Wulf*, FS 2010, 336 (338); http://www.jum.baden-wuerttemberg.de/servlet/PB/ menu/1259833/index.html? (Stand: 24.02.2011). Letztendlich wurde der Modellversuch auf anderthalb Jahre verlängert: Persönliche Auskunft des Justizministeriums Baden-Württemberg, Referat Vollzugsrecht, Haushalt, Arbeitswesen und Wirtschaftsverwaltung.

1271 *Ratzel/Wulf*, FS 2010, 336 (338).

1272 *Ratzel/Wulf*, FS 2010, 336 (337, 339); http://www.jum.baden-wuerttemberg.de/servlet/PB/ menu/1259833/index.html? (Stand: 24.02.2011).

1273 http://www.jum.baden-wuerttemberg.de/servlet/PB/menu/1259833/index.html? (Stand: 24.02. 2011).

1274 *Ratzel/Wulf*, FS 2010, 336 (337).

1275 *Ratzel/Wulf*, FS 2010, 336 (340).

1276 *Ratzel/Wulf*, FS 2010, 336 (340); http://www.jum.baden-wuerttemberg.de/servlet/PB/menu/ 1259833/index.html? (Stand: 24.02.2011).

1277 *Ratzel/Wulf*, FS 2010, 336 (340).

1278 *Ratzel/Wulf*, FS 2010, 336 (337).

günstigste Angebot vorlegte.[1279] Sowohl die technische Komponente als auch teilweise die psychosoziale Betreuung werden von privaten Firmen wahrgenommen.[1280]

Die Aufgaben der für die elektronische Aufsicht zuständigen Stellen werden dabei nicht etwa für den gesamten Modellversuch zentral, sondern von den einzelnen Vollzugsanstalten separat wahrgenommen.[1281] Auf eine vollständige Privatisierung der Stelle, wie sie in der Gesetzesbegründung als möglich erachtet wird,[1282] wurde damit verzichtet. Die einzelnen Anstalten behalten somit die Letztverantwortung und nehmen verschiedene Aufgaben im Rahmen des Versuchs wahr. Die Firmen *ADT Service-Center* GmbH mit Sitz in Ratingen und *Total Walther* GmbH mit Sitz in Stuttgart stellen für den Modellversuch die Computertechnik und die Telefonzentrale, durch die auflaufende Meldungen an die beteiligten Vollzugsanstalten weitergeleitet werden, zur Verfügung. Die Fußfessel-Geräte werden nicht vom Land selbst, sondern von den privaten Unternehmen bei der Firma *elmotec* Ltd., dem Weltmarktführer für Hard- und Software im Bereich der elektronischen Überwachung,[1283] gekauft bzw. geleast.[1284] Nicht nur die technische Komponente, sondern auch die psychosoziale Betreuung wird größtenteils von Privaten erbracht. Nur Freigänger werden in den jeweiligen Anstalten von den landeseigenen Sozialarbeitern betreut.[1285] Für die Teilnehmer im Hausarrest wurde die Betreuung gemäß § 6 I 2, 3 EAStVollzG der Firma *Neustart elektronische Aufsicht* gGmbH übertragen.[1286] Es handelt sich dabei um eine Tochterfirma des Vereins *Neustart*. Eine weitere Tochterfirma des Vereins ist die *Neustart* gGmbH, die seit einiger Zeit die Bewährungshilfe in Baden-Württemberg durchführt.[1287]

1279 *Ratzel/Wulf*, FS 2010, 336 (337).

1280 *Ratzel/Wulf*, FS 2010, 336 (337); http://www.jum.baden-wuerttemberg.de/servlet/PB/menu/1259833/index.html? (Stand: 24.02.2011); Persönliche Information von Prof. *Wulf*, Referatsleiter Justizministerium Baden-Württemberg.

1281 Persönliche Information von Prof. *Wulf*, Referatsleiter Justizministerium Baden-Württemberg.

1282 Dazu sogleich 3. Kapitel, B.

1283 *Ratzel/Wulf*, FS 2010, 336 (337).

1284 http://www.jum.baden-wuerttemberg.de/servlet/PB/menu/1259833/index.html? (Stand: 24.02.2011); Persönliche Information von Prof. *Wulf*, Referatsleiter Justizministerium Baden-Württemberg.

1285 *Ratzel/Wulf*, FS 2010, 336 (338); Persönliche Information von Prof. *Wulf*, Referatsleiter Justizministerium Baden-Württemberg; http://www.jum.baden-wuerttemberg.de/servlet/PB/menu/1259833/index.html? (Stand: 24.02.2011).

1286 *Ratzel/Wulf*, FS 2010, 336 (337); Persönliche Information von Prof. *Wulf*, Referatsleiter Justizministerium Baden-Württemberg; http://www.jum.baden-wuerttemberg.de/servlet/PB/menu/1259833/index.html? (Stand: 24.02.2011).

1287 http://www.jum.baden-wuerttemberg.de/servlet/PB/menu/1259833/index.html? (Stand: 24.02.2011).

B. Privatisierungsproblematik

Das EAStVollzG selbst enthält kaum ausdrückliche Hinweise darauf, dass oder in welcher Form im Rahmen der elektronischen Überwachung Private herangezogen werden sollen. Das Gesetz sieht lediglich in einer Vielzahl von Normen[1288] vor, dass „die für die elektronische Aufsicht zuständige Stelle" umfangreiche Aufgaben[1289] in der Straftäterüberwachung wahrnimmt. In der Begründung des Gesetzentwurfs heißt es dazu jedoch: „Die in § 5 Abs. 1 Satz 2[1290] und Abs. 2[1291] genannte Stelle, die für die elektronische Aufsicht zuständig ist, wird im Entwurf bewusst offen definiert. Es kann sich um eine Dienststelle der Justizvollzugsanstalt mit staatlichen Bediensteten handeln. Möglich ist aber auch die Vergabe an eine private Organisation, weil die elektronische Aufsicht keinen Grundrechtseingriff darstellt. Ihre Aufgabe ist die Festlegung und Begleitung des Vollzugsprogramms (Abs. 2 bis 4, §§ 6, 7)."[1292] Zudem sieht § 6 I 2 EAStVollzG vor, dass Dritte an der psychosozialen Beratung und Betreuung beteiligt werden können. Gemäß § 6 I 3 EAStVollzG kann diese Aufgabe ganz oder teilweise auf Dritte übertragen werden. Dies stellt eine Abweichungsmöglichkeit vom Grundsatz des § 6 I 1 EAStVollzG dar, wonach der Gefangene während der elektronischen Aufsicht in allen Vollzugsfragen durch einen Mitarbeiter der für die elektronische Aufsicht zuständigen Stelle betreut wird, sofern dies für die Erreichung des Vollzugsziels notwendig ist. Zu dieser umfassenden Fürsorge zählt grundsätzlich auch die psychosoziale Betreuung.[1293] Eine ganze oder teilweise Übertragung auf Dritte gemäß § 6 I 2, 3 EAStVollzG sei „zulässig, weil im Rahmen der psychosozialen Beratung und Betreuung keine Grundrechtseingriffe vorgenommen werden."[1294] So könnte neben der ohnehin vorgesehenen vollständigen privaten Besetzung der für die elektronische Aufsicht zuständigen Stelle, auch im Falle einer grundsätzlich staatlichen Wahrnehmung, ein Teilbereich der Aufgaben auf Private übertragen werden. Die hoheitlichen Aufgaben (genannt werden Bewilligung, Rücknahme, Disziplinarbefugnis, unmittelbarer Zwang) blieben beim Justizvollzug. Der Staat ziehe sich durch eine Privatisierung der elek-

1288 §§ 5 I 2, 5 II, 6 I 1, 6 II, 6 III, 6 IV, 8 I, 8 III, 11 S. 1, 12 I 1 EAStVollzG.

1289 Zu den im Detail wahrgenommenen Aufgaben siehe 3. Kapitel, B., II., 3), a), aa).

1290 „Diese (die Justizvollzugsanstalt) prüft die formellen Voraussetzungen und überweist das Gesuch zur Stellungnahme an die für die elektronische Aufsicht zuständige Stelle."

1291 „Die für die elektronische Aufsicht zuständige Stelle legt in Zusammenarbeit mit dem Gefangenen das Vollzugsprogramm fest."

1292 Gesetzentwurf EAStVollzG, BW. LT-Drs. 14/4670, 19.

1293 Gesetzentwurf EAStVollzG, BW. LT-Drs. 14/4670, 19.

1294 Gesetzentwurf EAStVollzG, BW. LT-Drs. 14/4670, 20.

tronischen Aufsicht und der psychosozialen Begleitung nicht aus dem Strafvollzug und aus seiner Verantwortung zurück.[1295]

Von der Opposition wurden die vorgesehenen Übertragungsmöglichkeiten auf Private kritisiert, da es sich um den „sensiblen Bereich" des Strafvollzugs handle.[1296] Das Gesetz ermögliche es, unter anderem auch hoheitliche Aufgaben an Dritte zu übertragen.[1297] Der Landesdatenschutzbeauftragte bemängelte, dass die Beteiligung Privater sei im Gesetz nur unzureichend geregelt und nicht einmal eine Verordnungsermächtigung vorgesehen sei.[1298] Eine für die vorgesehene Privatisierung notwendige präzise und normenklare Rechtsgrundlage fehle.[1299] Die Formulierung des Gesetzentwurfs, wonach die elektronische Aufsicht keinen Grundrechtseingriff darstelle, sei zumindest missverständlich, da dies sehr wohl der Fall sei, auch wenn die Eingriffsintensität geringer ausfalle als im regulären Vollzug.[1300] Die zuständige Stelle müsse beispielsweise auch beurteilen, ob ein Verstoß gegen Überwachungsauflagen auf eine Notsituation oder ähnliche Umstände zurückzuführen sei. Die mit den Aufgaben einhergehenden Befugnisse der für die elektronische Aufsicht zuständigen Stelle, insbesondere die Möglichkeit zur Erstellung eines lückenlosen Bewegungsprofils,[1301] stellten erhebliche Eingriffe in die Persönlichkeitsrechte der Gefangenen dar.[1302] Sowohl der Landesdatenschutzbeauftragte als auch die GRÜNEN waren jedoch bereit, ihre Bedenken zurückzustellen, sofern in der Pilotphase auf eine private Besetzung der für die elektronische Aufsicht zuständigen Stelle verzichtet würde.[1303] Die GRÜNEN stellten deshalb einen Änderungsantrag für das begrenzt geltende Gesetz, der in § 5 I einen klarstellenden Satz hinzufügen sollte: „Die für die elektronische Aufsicht zuständige Stelle ist eine Dienststelle der zuständigen Justizvollzugsanstalt."[1304] Begründet wurde dies damit, dass die elektronische Aufsicht ein lückenloses Bewegungsprofil des Gefangenen ermögliche und deshalb erheblich in das Persönlichkeitsrecht des Straftäters und der mit ihm in einem Haushalt lebenden Personen eingreife. Solche Eingriffe in Persönlichkeitsrechte

1295 Gesetzentwurf EAStVollzG, BW. LT-Drs. 14/4670, 14, 19.

1296 BW. LT-PlPr. 14/70, 5047 (Abg. *Sakellariou*); Bericht des ständigen Ausschusses, BW. LT-Drs. 14/4901, 2; BW. LT-PlPr. 14/72, 5188 (Abg. *Sakellariou*).

1297 Bericht des ständigen Ausschusses, BW. LT-Drs. 14/4901, 7; BW. LT-PlPr. 14/72, 5190 (Abg. *Oelmayer*).

1298 Bericht des ständigen Ausschusses, BW. LT-Drs. 14/4901, 8.

1299 Bericht des ständigen Ausschusses, BW. LT-Drs. 14/4901, 12.

1300 Bericht des ständigen Ausschusses, BW. LT-Drs. 14/4901, 8, 11.

1301 Bericht des ständigen Ausschusses, BW. LT-Drs. 14/4901, 3.

1302 Bericht des ständigen Ausschusses, BW. LT-Drs. 14/4901, 2, 11.

1303 Bericht des ständigen Ausschusses, BW. LT-Drs. 14/4901, 3, 8, 12.

1304 Änderungsanträge, BW. LT-Drs. 14/4907, 1.

sollten im Strafvollzug jedoch staatlichen Stellen vorbehalten bleiben.[1305] Die Fraktion der FDP/DVP hielt dem entgegen, dass die als Alternative zu verbüßende Gefängnisstrafe einen noch größeren Eingriff in Persönlichkeitsrechte und den Datenschutz darstelle.[1306] Justizminister *Goll* hielt die Bezeichnung „Privatisierung“ im Zusammenhang EAStVollzG für den falsch.[1307] Auch die Beteiligung der Firma *Neustart* an der Bewährungs- und Gerichtshilfe sei beispielsweise nicht dazu zu zählen.[1308] Wenn ein Sozialarbeiter von der AWO eingesetzt werde, sei auch „nichts dabei“.[1309] Es sei sinnvoll, die technische Durchführung und Betreuung der Überwachungsanlagen durch fachkundige Private vornehmen zu lassen. Bei Abweichungen und einer daraus folgenden Alarmauslösung müssten ohnehin Bedienstete des Landes informiert werden und entscheiden, wie weiter zu verfahren sei.[1310] Deshalb hätten die Privaten keine hoheitlichen Entscheidungen zu treffen.[1311] Die elektronische Überwachung müsse in zwei Bereiche aufgeteilt werden: den Betrieb sowie die Betreuung der Technik und die Betreuung der Betroffenen. Die Privatisierungsmöglichkeit im Gesetz sei lediglich dadurch motiviert, spezialisierte Firmen beauftragen zu können, die bereits Erfahrungen auf dem technischen Gebiet, etwa durch die Entwicklung von Sicherungssystemen für alte Menschen, gemacht hätten. Die Schulung landeseigener Bediensteter würde Zeit und Geld kosten, obwohl das technische Know-how auf privater Seite bereits zur Verfügung stehe. [1312] Darüber hinaus könnte die psychosoziale Betreuung von einem freien Träger erbracht werden und erfordere nicht den Einsatz von Landesbeamten.[1313] „Mit einer Privatisierung im eigentlichen Sinn habe dies wenig zu tun.“[1314] Daher wurde der Änderungsantrag der GRÜNEN, der auf eine Konkretisierung der für die elektronische Aufsicht zu-

---

1305 Änderungsanträge, BW. LT-Drs. 14/4907, 1; BW. LT-PlPr. 14/72, 5190 (Abg. *Oelmayer*).

1306 Bericht des ständigen Ausschusses, BW. LT-Drs. 14/4901, 3, 5.

1307 Bericht des ständigen Ausschusses, BW. LT-Drs. 14/4901, 6; BW. LT-PlPr. 14/72, 5192 (Abg. *Goll*).

1308 Bericht des ständigen Ausschusses, BW. LT-Drs. 14/4901, 6.

1309 BW. LT-PlPr. 14/72, 5193 (Abg. *Goll*).

1310 Bericht des ständigen Ausschusses, BW. LT-Drs. 14/4901, 6, 8; BW. LT-PlPr. 14/72, 5193 (Abg. *Goll*).

1311 Bericht des ständigen Ausschusses, BW. LT-Drs. 14/4901, 6.

1312 BW. LT-PlPr. 14/72, 5192 f. (Abg. *Goll*).

1313 BW. LT-PlPr. 14/72, 5193 (Abg. *Goll*).

1314 Bericht des ständigen Ausschusses, BW. LT-Drs. 14/4901, 6. In diese Richtung auch die Äußerung des Justizministers *Goll* „Muss man am Ende, wenn man sich Leistungen von einer Firma einkauft – was nahe liegt – und wenn man in Betracht zieht, dass freie Träger die Leute betreuen, wirklich von Privatisierung reden? In diesem Zusammenhang fällt mir dieser Ausdruck gar nicht als erstes ein.“: BW. LT-PlPr. 14/72, 5193 (Abg. *Goll*). Dagegen der Abgeordnete *Oelmayer*, der die Übertragung auf einen privaten Träger im vorgesehenen Fall als „1:1-Umsetzung“ einer Privatisierung sieht: BW. LT-PlPr. 14/72, 5190 (Abg. *Oelmayer*).

ständigen Stelle auf eine Dienststelle der zuständigen Justizvollzugsanstalt zielte, mehrheitlich abgelehnt.[1315]

Weitergehende Erörterungen zur Privatisierungsproblematik des EAStVollzG erfolgten nicht. Insbesondere wurde kein Gutachten zu den rechtlichen Möglichkeiten und Grenzen, wie es etwa vor der Teilprivatisierung der Anstalt Hünfeld erstellt wurde, in Auftrag gegeben. In der gesamten Diskussion wurde kein Bezug auf den Arbeitsbericht „Modellprojekt" oder sonstige wissenschaftliche Auseinandersetzungen mit dem Thema genommen. Angesichts der bereits im Zuge der Arbeit herausgearbeiteten verfassungsrechtlichen Anforderungen, die an eine Privatisierung zu stellen sind, dürfte schnell deutlich werden, dass die vom Landesgesetzgeber angestellten Überlegungen nicht alle relevanten Privatisierungsschranken betrachten und somit unzureichend sind. Teilweise wurden sie oberflächlich behandelt, andere gar nicht erst betrachtet. So wurden hauptsächlich die Datenschutzthematik sowie mögliche Eingriffe in das (allgemeine) Persönlichkeitsrecht problematisiert. In welcher rechtlichen Form Private überhaupt eingesetzt werden müssten oder welche Anforderungen Art. 33 IV GG an die Übertragung von Befugnissen stellt, wurde nicht erörtert. Aufschluss über die Rechtmäßigkeit der vorgesehenen Privatisierungsmöglichkeiten kann nur eine Bestimmung der Privatisierungsart[1316] mit anschließender Betrachtung der einzelnen grundgesetzlichen Privatisierungsschranken für das EAStVollzG bringen.

I. Einordnung der vorgesehenen Einbindung Privater

Der Gesetzentwurf des EAStVollzG sieht vor, dass die Aufgaben der für die elektronische Aufsicht zuständigen Stelle ganz oder teilweise von Privaten ausgeführt werden können. Man könnte annehmen, dass es sich bei einer vollständigen Übertragung um eine materielle Privatisierung handle. Allerdings beinhaltet das EAStVollzG ausschließlich vollzugliche Lösungen. Der Staat zieht sich durch die durch das Gesetz eröffneten Möglichkeiten nicht aus dem Strafvollzug und aus seiner Verantwortung zurück.[1317] Es handelt sich somit noch immer um einen Bereich, der der staatlichen Kontrolle und Verantwortung obliegt. Auch falls Private die Aufgaben der überwachenden Stelle übernehmen, verbleibt die Letztverantwortung beim Leiter der zuständigen Justizvollzugsanstalt. Die Wahrnehmung einer öffentlich-rechtlichen Aufgabe unter Heranziehung von Privatpersonen, die unter staatlicher Aufsicht und Kontrolle tätig werden, ist cha-

1315 BW. LT-PlPr. 14/72, 5193 (Stellv. Präsidentin *Vossschulte*).

1316 Der Behauptung, es läge keine Privatisierung vor, kann kaum gefolgt werden.

1317 Siehe 3. Kapitel, A., II. und 3. Kapitel, B.

rakteristisch für eine Funktionalprivatisierung, welche folglich auch hier vorliegt.

II. Zulässigkeit der potentiell möglichen Privatisierungsarten

Das EAStVollzG eröffnet Privatisierungsmöglichkeiten von unterschiedlichem Umfang. Als weitreichendste Form ist dabei die vollständige Privatisierung der für die elektronische Aufsicht zuständigen Stelle angedacht.[1318] Daneben sind jedoch Teilprivatisierungen in verschiedenen Abstufungen denkbar. Ausdrücklich ist in § 6 I 3 EAStVollzG die vollständige oder teilweise Übertragung der psychosozialen Beratung und Betreuung auf Dritte vorgesehen. Aufgrund der offenen Formulierung des Gesetzes erscheinen jedoch auch punktuelle Privatisierungen, etwa im Bereich der Bedienung der technischen Anlagen, der Erstellung der Vollzugspläne oder der Datenerhebung, möglich. Die verfassungsrechtliche Zulässigkeit hängt dabei von Aufgabenfeld und Anzahl der auf Private übertragenen Dienstposten ab, die in jeder Ausprägung der Privatisierung unterschiedlich sein können. Eine pauschale Aussage hinsichtlich der Rechtmäßigkeit von Privatisierungsmaßnahmen im Sinne des EAStVollzG kann daher nicht getroffen werden. Jede Privatisierungskonstellation ist im Einzelfall gesondert zu betrachten.

Daher werden nachfolgend drei fest umrissene Privatisierungsmöglichkeiten betrachtet: erstens die am weitesten gehende vollständige Privatisierung der für die elektronische Aufsicht zuständigen Stelle; zweitens die gemäß § 6 I 3 EAStVollzG vorgesehene vollständige Übertragung der psychosozialen Beratung und Betreuung; drittens die tatsächlich im Modellversuch vorgenommenen Aufgabenübertragungen auf Private. Diese Varianten sind an den einzelnen verfassungsrechtlichen Privatisierungsschranken zu messen.

1) Staatliches Gewaltmonopol

Das aus dem Rechtsstaatsprinzip abgeleitete staatliche Gewaltmonopol[1319] stellt eine Grenze der Funktionalprivatisierung dar. Dieses Monopol erlaubt es dem Staat, Rechte und Pflichten der Bürger einseitig festzusetzen und die Befolgung dieser Festsetzungen notfalls mit Gewalt durchzusetzen. Es weist ihm die Verantwortung für die Sicherung des Rechtsfriedens und der inneren Sicherheit durch den Einsatz von Recht und Gesetz zu. Grundsätzlich darf nur der Staat

1318 Gesetzentwurf EAStVollzG, BW. LT-Drs. 14/4670, 19.

1319 Siehe dazu ausführlich 2. Kapitel, A., I., 1).

aufgrund eigener Machtvollkommenheit physische Gewalt zur Erreichung seiner Ziele einsetzen. Für Private besteht ein korrespondierendes grundsätzliches Gewaltverbot.

Der für die elektronische Aufsicht zuständigen Stelle stehen keinerlei Kompetenzen für eine Ausübung physischer Gewalt zu. Diese verbleiben auch bei einer vollständigen Privatisierung vollständig beim Staat, konkret in der Verantwortung des Leiters der zuständigen Justizvollzugsanstalt.[1320] Das staatliche Gewaltmonopol beschränkt eine Wahrnehmung der Aufgaben der für die elektronische Aufsicht zuständigen Stelle durch Private folglich nicht. Dies beinhaltet auch die Ausübung der psychosozialen Betreuung und die im Modellversuch vorgenommenen Einbindungen von Privaten.

2) Vollzugsziel der Gefangenenresozialisierung

Ziel des Vollzugs ist es, Straftäter erstmals oder erneut in die Gesellschaft einzugliedern, sie also zu (re)sozialisieren.[1321] Verfassungsrechtlich verankert ist dieses Ziel im subjektiven Resozialisierungsanspruch der Gefangenen gemäß Art. 2 I i. V. m. Art. 1 I GG und in der objektivrechtlichen Verpflichtung des Staats zur Gefangenenresozialisierung aus dem Sozialstaatsprinzip. Jedoch enthalten weder das Sozialstaatsprinzip noch das allgemeine Persönlichkeitsrecht einen ausdrücklichen Beamtenvorbehalt oder geben sonst zur Zielerreichung einzusetzenden Mittel vor. Es besteht weder für Private noch für Beamte eine generelle Vermutung besserer Eignung für die Durchführung von Resozialisierungsmaßnahmen. Allein die Qualifikation und Anzahl des eingesetzten Personals sowie die Zeit, die in jeden einzelnen Straftäter investiert wird, entscheiden über die Chancen einer erfolgreichen Resozialisierung. Diese Faktoren werden maßgeblich von der Höhe der aufgewendeten finanziellen Mittel bestimmt. Entscheidend ist, welche Durchführungsform im konkreten Fall eine größere Leistungsfähigkeit bezüglich der möglichen Resozialisierungsmaßnahmen aufweist.

Im Zuge der Beratungen zum EAStVollzG wurden hauptsächlich die Vorzüge einer elektronischen Überwachung gegenüber dem regulären Vollzug erörtert. Der Hausarrest ermöglicht, dass sozial integrierte Täter sozial integriert bleiben[1322] und beugt somit einer Entsozialisierung vor,[1323] was dem Vollzugsziel

1320 Gesetzentwurf EAStVollzG, BW. LT-Drs. 14/4670, 14, 19, 21.

1321 Siehe dazu 2. Kapitel, A., I., 2).

1322 BW. LT-PlPr. 14/72, 5191 (Abg. *Wetzel*).

1323 Gesetzentwurf EAStVollzG, BW. LT-Drs. 14/4670, 14; BW. LT-PlPr. 14/70, 5047 (Abg. *Hitzler*); http://www.jum.baden-wuerttemberg.de/servlet/PB/menu/1259833/index.html? (Stand: 24.02.2011).

besser entspricht als eine Unterbringung in einer Vollzugsanstalt, für Privatisierungsmaßnahmen jedoch nicht von Bedeutung ist.

Kaum erörtert wurden die relevanten Vor- und Nachteile einer privaten Durchführung gegenüber der durch Beamte. Beide Komponenten der elektronischen Überwachung, die technische Ausführung sowie die Betreuung der Gefangenen, sind dafür relevant. Die erste insofern, als sie Grundbedingung für die Durchführung der Überwachung und damit auch der Resozialisierung ist. Justizminister *Goll* führte zur Thematik lediglich aus, dass die technische Seite von darauf spezialisierten Privaten durchgeführt werden könne, um eine Schulung von Beamten verzichtbar zu machen. Kosten würde ohnehin entstehen, egal ob durch Private oder das Land selbst erfüllt werden würde.[1324] Auch die psychosoziale Betreuung könne von einem freien Träger erbracht werden und erfordere nicht den Einsatz von Landesbeamten.[1325] Sozialarbeiter könnten beispielsweise von der AWO gestellt werden.[1326] Diese Überlegungen lassen weder Rückschlüsse auf die zu erwartende Qualität einer privaten noch einer staatlichen Erfüllung zu. In sämtlichen Beratungen zum EAStVollzG wurde lediglich die Möglichkeit besprochen, die Aufgaben der für die elektronische Aufsicht zuständigen Stelle auf Private zu übertragen, ohne dabei konkret auf Kostenvorteile oder eine höhere Leistungsfähigkeit hinsichtlich des Umfangs oder der Qualität von Resozialisierungsmaßnahmen einzugehen. Es wurden keine diesbezüglichen Gutachten in Auftrag gegeben, Angebote verglichen oder Vergleiche zu anderen Ländern aufgestellt. Nicht einmal die bei ähnlichen Diskussionen oft getroffene Pauschalbehauptung der höheren Leistungsfähigkeit und kostengünstigeren Arbeitsweise Privater wurde in den Raum gestellt. Dem Gesetzgeber steht zwar eine Einschätzungsprärogative zu, er muss von dieser aber „in vertretbarer und nachvollziehbarer Weise“ Gebrauch machen.[1327] Aussagen zur Erreichung des Resozialisierungsziels bei der einen oder anderen Erfüllungsart können anhand der Gesetzesberatungen jedoch nicht getroffen werden. Da pauschal aber weder von einer besseren Resozialisierungsquote bei der Erfüllung durch Private noch bei der durch Beamte ausgegangen werden kann, ist dies unschädlich. Das Vollzugsziel der Gefangenenresozialisierung spricht weder für noch gegen eine Privatisierung der für die elektronische Aufsicht zuständigen Stelle oder der psychosozialen Betreuung.

Was den Modellversuch angeht, wurde die psychosoziale Betreuung der Probanden, die im Hausarrest untergebracht sind, auf die *Neustart elektronische*

1324 BW. LT-PlPr. 14/72, 5193 (Abg. *Goll*).
1325 BW. LT-PlPr. 14/72, 5193 (Abg. *Goll*).
1326 BW. LT-PlPr. 14/72, 5193 (Abg. *Goll*).
1327 Siehe 2. Kapitel, A., I., 4), c), bb), (2).

Aufsicht gGmbH übertragen.[1328] Die Tochter des Vereins *Neustart*, der durch eine andere Tochterfirma, die *Neustart* gGmbH, bereits die gesamte Bewährungshilfe in Baden-Württemberg durchführt,[1329] wurde eigens für die Aufgabenübertragung im Rahmen des Modellprojekts gegründet.[1330] Gründe für die Betrauung von *Neustart* mit weiten Teilen der psychosozialen Betreuung waren, dass der Verein bereits in Österreich die elektronische Aufsicht begleitet[1331] und im Rahmen der Bewährungshilfe gute Erfahrungen mit ihm gemacht wurden.[1332] Zudem ist *Neustart* durch die bereits in Baden-Württemberg ausgeübte Tätigkeit landesweit mit ausreichendem qualifiziertem Personal vertreten, während solches auf staatlicher Seite kaum noch vorhanden ist.[1333] Diese Überlegungen sprechen für eine hohe Wahrnehmungsqualität bezüglich der im Modellversuch durchgeführten psychosozialen Betreuung durch Private. Für eine rein staatliche Wahrnehmung hätten eigens Beamtenstellen geschaffen werden müssen, während auf privater Seite Personal und Know-how bereits vorhanden waren. Jedenfalls sind keine Anhaltspunkte dafür erkennbar, dass die Erfüllung durch *Neustart* bezüglich der Resozialisierungsfreundlichkeit hinter einer Wahrnehmung durch Beamte zurückbleibt. Dies wäre jedoch die Voraussetzung dafür, dass das Vollzugsziel eine Privatisierungsschranke darstellen würde. Auch was die Betreuung der Technik durch Private als Grundlage des Modellversuchs angeht, ist nicht ersichtlich, warum diese hinter einer staatlichen Erfüllung zurückbleiben sollte. Die im Modellversuch vorgenommenen Aufgabenübertragungen sind jedenfalls aufgrund der vom Gesetzgeber im Rahmen seiner Einschätzungsprärogative genannten Gründe mit dem Vollzugsziel der Gefangenenresozialisierung vereinbar.

3) Demokratieprinzip

Das Demokratieprinzip ist in Art. 20 GG verankert. Durch Art. 20 II 1 GG wird es dahingehend konkretisiert, dass alle Staatsgewalt vom Volke ausgeht. Deshalb ist eine ununterbrochene Legitimationskette vom Volk zu den mit staatlichen Aufgaben betrauten Amtswaltern und Organen zur Legitimation jeder staatlichen

1328 *Ratzel/Wulf*, FS 2010, 336 (337); Persönliche Information von Prof. *Wulf*, Referatsleiter Justizministerium Baden-Württemberg; http://www.jum.baden-wuerttemberg.de/servlet/PB/menu/ 1259833/index.html? (Stand: 24.02.2011).

1329 http://www.jum.baden-wuerttemberg.de/servlet/PB/menu/1259833/index.html? (Stand: 24.02. 2011).

1330 *Ratzel/Wulf*, FS 2010, 336 (337).

1331 *Ratzel/Wulf*, FS 2010, 336 (337).

1332 Persönliche Auskunft des Justizministeriums Baden-Württemberg, Referat Vollzugsrecht, Haushalt, Arbeitswesen und Wirtschaftsverwaltung.

1333 Persönliche Auskunft des Justizministeriums Baden-Württemberg, Referat Vollzugsrecht, Haushalt, Arbeitswesen und Wirtschaftsverwaltung.

Gewalt erforderlich. Die personelle Legitimation erfolgt vom Parlament über die Regierung bis hin zu den einzelnen Amtsträgern. Die sachlich-inhaltliche Legitimation wird durch normative Vorgaben und konkrete Weisungen einer höher legitimierten Stelle erreicht. Das Legitimationsniveau ergibt sich dabei aus einer Gesamtbetrachtung der Legitimationsarten. Die personelle Legitimation muss umso höher, oder Tatbestand und Rechtsfolgen umso genauer geregelt sein, je komplexer die Materie ist und je wichtiger, grundrechtsrelevanter und umfangreicher die Aufgaben und Kompetenzen der Ausführenden sind. Neben der notwendigen Legitimationskette muss zudem jede legitimierende Instanz die legitimierte überwachen und kontrollieren können. Die Pflicht zur demokratischen Kontrolle jeder vollziehenden Gewalt erfordert, dass der Hoheitsträger bei formellen Privatisierungen über entsprechende Ingerenzrechte verfügen muss. Ein Handeln Privater im grundrechtsrelevanten exekutiven Bereich kommt nur in Betracht, wenn ihre Tätigkeit durch eine hohe Regelungsdichte vorgegeben ist, mitschreitend kontrolliert wird oder auf Weisungen von Beamten im Einzelfall beruht. Wie genau die staatliche Legitimation ausgestaltet sein muss, entscheidet sich anhand der Rechtsform, in der Private eingesetzt werden. Die Formalprivatisierung kennt dabei drei Unterarten: den Einsatz Privater als klassische, unselbstständige Verwaltungshelfer, als selbstständige Verwaltungshelfer und als Beliehene.[1334]

Es stellt sich die Frage, in welcher dieser Formen Private gemäß des EAStVollzG eingesetzt werden sollen. Da das Gesetz nicht einmal ausdrücklich die Möglichkeit einer Privatisierung erwähnt, enthält es auch keine Angaben zu deren rechtlicher Einordnung. Auch in den Gesetzesmaterialien findet sich kein Hinweis darauf. Prinzipiell kommen alle drei Arten in Betracht. Jedoch eignet sich nicht jede Rechtsform für die Erfüllung aller Tätigkeiten, die Private in der Verwaltung potentiell erfüllen können. So können Eingriffsbefugnisse beispielsweise nur auf Beliehene übertragen werden. Die Aufgaben und Befugnisse der für die elektronische Aufsicht zuständigen Stelle könnten daher Aufschluss darüber geben, welchen rechtlichen Charakter Private aufweisen müssten, um diese vollständig erfüllen zu können.

a) Die für die elektronische Aufsicht zuständige Stelle

aa) Aufgaben und Befugnisse

Gemäß § 5 II EAStVollzG legt die für die elektronische Aufsicht zuständige Stelle in Zusammenarbeit mit dem Gefangenen das Vollzugsprogramm fest.

1334 Siehe zu allen Angaben ausführlich 2. Kapitel, A., I., 3).

Gemäß § 5 IV EAStVollzG kann dieses Programm insbesondere Weisungen über Aufenthalt, ärztliche Betreuung, Verzicht auf alkoholische Getränke oder andere Drogen, Schadenswiedergutmachung und Einkommensverwaltung enthalten. Darüber hinaus kann es festlegen, welche Bedingungen vor der Aufnahme in die elektronische Aufsicht zu erfüllen sind. Die Aufzählung ist lediglich beispielhaft. Im Einzelfall sind weitere Regelungen der Lebensführung möglich.[1335] Durch dieses Programm wird deutlich, dass „sich die elektronische Aufsicht nicht in einer bloßen technischen Überwachung des Gefangenen erschöpft, sondern ihn zum Subjekt eines tages- und wochenstrukturierten Programms macht."[1336]

Gemäß § 6 I 1 EAStVollzG wird der Gefangene während der elektronischen Aufsicht in allen Vollzugsfragen durch einen Mitarbeiter der für die elektronische Aufsicht zuständigen Stelle betreut, soweit dies zur Erreichung des Vollzugsziels notwendig ist. Dies beinhaltet auch die psychosoziale Betreuung, die grundsätzlich der für die elektronische Aufsicht zuständigen Stelle obliegt.[1337] Gemäß § 6 II EAStVollzG ist während der gesamten Dauer der elektronischen Aufsicht den Anweisungen der Mitarbeiter der für die elektronische Aufsicht zuständigen Stelle Folge zu leisten. Aus der Systematik ergibt sich dabei jedoch, dass die Weisungsbefugnis nur besteht, soweit sie zur Erreichung des Vollzugsziels notwendig ist. Wenn diese Einschränkung für die allgemeine Gefangenenbetreuung gemäß Absatz 1 gilt, muss sie auch für den darauf folgenden Absatz 2 gelten. Gemäß § 6 III EAStVollzG hat der Gefangene unverzüglich dem Mitarbeiter der für die elektronische Aufsicht zuständigen Stelle mitzuteilen, wenn er das zugewiesene Programm nicht einhalten kann oder sich die festgelegten Programmvorgaben, insbesondere betreffend Arbeitsort und -zeit, verändern. Gemäß § 6 IV EAStVollzG teilt die für die elektronische Aufsicht zuständige Stelle Änderungen im Vollzugsprogramm dem Anstaltsleiter mit, damit die Bewilligung des elektronisch beaufsichtigten Hausarrests geprüft werden kann.

Gemäß § 8 I EAStVollzG bricht der Anstaltsleiter bei Verstößen gegen die Bedingungen der elektronischen Aufsicht oder die Anordnungen der für die elektronische Aufsicht zuständigen Stelle die elektronische Aufsicht ab und veranlasst die Überführung des Gefangenen in die Justizvollzugsanstalt durch Justizvollzugsbedienstete. Gemäß § 8 III EAStVollzG überführt die für die elektronische Aufsicht zuständige Stelle den Gefangenen in die Justizvollzugsanstalt, falls dieser selbst auf die Weiterführung der elektronischen Aufsicht verzichtet.

1335 Gesetzentwurf EAStVollzG, BW. LT-Drs. 14/4670, 19.
1336 Gesetzentwurf EAStVollzG, BW. LT-Drs. 14/4670, 19.
1337 Gesetzentwurf EAStVollzG, BW. LT-Drs. 14/4670, 19.

Aufgrund der Freiwilligkeit eines solchen Abbruchs sei die Notwendigkeit der Anwendung unmittelbaren Zwangs nicht zu befürchten.[1338]

Gemäß § 11 EAStVollzG kann die für die elektronische Aufsicht zuständige Stelle Daten über den Aufenthaltsort des Gefangenen und den Zeitpunkt der Datenerhebung mittels der nach § 3 EAStVollzG zulässigen Technik durch Empfangsgeräte automatisiert erheben. Mit Einwilligung des Gefangenen kann ein Sender zur automatisierten Identifikation und Lokalisierung mit dem Körper verbunden werden, sodass eine ordnungsgemäße Trennung nur durch die Justizvollzugsbehörde erfolgen kann. Mit Einwilligung des Gefangenen können vorhandene technische Geräte in der Wohnung zur elektronischen Aufsicht im Vollzug der Freiheitsstrafe benutzt werden.

Gemäß § 12 I EAStVollzG kann die für die elektronische Aufsicht zuständige Stelle die nach § 11 erhobenen Daten übermitteln, nutzen, verändern und speichern, soweit dies für die elektronische Aufsicht im Vollzug der Freiheitsstrafe erforderlich ist. Die Daten können elektronisch in Dateien gespeichert sowie zu den Gefangenenpersonalakten genommen werden.

bb) Folgen für den Rechtscharakter der einzusetzenden Privaten

Die Auflistung zeigt, dass die für die elektronische Aufsicht zuständige Stelle vielfältige Aufgaben zur Kontrolle und Betreuung der Gefangenen wahrnimmt, die die Festlegung des Vollzugsprogramms, Weisungen an die Gefangenen, Meldungen über den ordnungsgemäßen Ablaufs an den Anstaltsleiter, Überführungen der Gefangenen sowie eine umfangreiche Datenerhebung und -nutzung beinhalten. Die Kompetenzen bezüglich der elektronischen Überwachung sind jedoch nicht allumfassend. Der Leiter der zuständigen Justizvollzugsanstalt bewilligt[1339] und widerruft[1340] die elektronische Aufsicht, prüft bei Änderungen im Vollzugsprogramm die Bewilligung,[1341] bricht die elektronische Aufsicht bei Verstößen gegen die Bedingungen derselben oder die Anordnungen der für die elektronische Aufsicht zuständigen Stelle ab[1342] und entscheidet über den weiteren Vollzug nach einem Abbruch[1343]. Diese Aufgabenverteilung ist aufgrund der Grundrechtsrelevanz[1344] dieser Handlungen vorgesehen. Die Prüfung der in § 4 I

1338 Gesetzentwurf EAStVollzG, BW. LT-Drs. 14/4670, 21.

1339 § 5 III EAStVollzG.

1340 § 4 II EAStVollzG.

1341 § 6 IV EAStVollzG.

1342 § 8 I EAStVollzG. Dies gilt auch für Abbrüche, die sich aus der psychosozialen Begleitung ergeben: Gesetzentwurf EAStVollzG, BW. LT-Drs. 14/4670, 19.

1343 § 8 III 2 EAStVollzG.

1344 Gesetzentwurf EAStVollzG, BW. LT-Drs. 14/4670, 19.

EAStVollzG aufgelisteten formellen Voraussetzungen obliegt gemäß § 5 I 2 EAStVollzG zudem der Justizvollzugsanstalt, ohne dass dabei auf die interne Zuständigkeitsverteilung eingegangen wird. Zudem kann sich aus einer vom Anstaltsleiter getroffenen Anordnung die Notwendigkeit eines unmittelbaren Zwangs ergeben, der in staatlicher Hand liegen sollte.[1345] Die Begründung des Gesetzentwurfs spricht deshalb davon, dass die „hoheitlichen Aufgaben" wie Bewilligung, Rücknahme, Disziplinarbefugnis und unmittelbarerer Zwang beim Justizvollzug bleiben.[1346] Obwohl der für die elektronische Aufsicht zuständigen Stelle nicht alle Aufgaben der elektronischen Überwachung zufallen, nimmt sie jedoch einen beträchtlichen Teil davon wahr und weist dabei ein hohes Maß an Eigenständigkeit auf.

Klassische Verwaltungshelfer[1347] werden als unselbstständiges, weisungsgebundenes Hilfsorgan im Rahmen einer engen räumlich-zeitlichen Anbindung an einen staatlichen Aufgabenträger tätig. Der Private ersetzt dabei keine Beamten, sondern wird unterstützend oder vorbereitend tätig, arbeitet staatlichen Bediensteten zu oder führt Maßnahmen für diese durch. Entscheidungskompetenz und -spielraum bleiben dabei äußerst gering. Dies entspricht keineswegs den Anforderungen, die notwendig sind, um sämtliche Aufgaben der für die elektronische Aufsicht zuständigen Stelle vollständig ausfüllen zu können. Wenn diese Stelle von einem privaten Träger übernommen wird, soll dies gerade zu einer Ersetzung von Staatsbediensteten führen. Der Private würde nicht nur Beamten zuarbeiten oder für diese Aufgaben ausführen, sondern größtenteils selbstständig handeln. Es besteht ein erheblicher Entscheidungsspielraum, etwa bei der Erstellung des Vollzugsplans oder bei Anweisungen an Gefangene. Eine räumlich-zeitliche Anbindung an die Justizvollzugsanstalt ist ebenso wenig gegeben. Die Besetzung der für die elektronische Aufsicht zuständigen Stelle durch unselbstständige Verwaltungshelfer scheidet infolgedessen aus. Somit käme lediglich die Einbindung Privater als selbstständige Verwaltungshelfer oder als Beliehene in Betracht.

Möglich erscheint eine Aufgabenerfüllung durch selbstständige Verwaltungshelfer[1348]. Diese nehmen öffentliche Aufgaben selbstständig, nicht unmittelbar weisungsgebunden, jedoch unter prinzipieller staatlicher Aufsicht wahr oder bereiten hoheitliche Entscheidungen bis zur Entscheidungsreife vor. So kann ein

1345 Gesetzentwurf EAStVollzG, BW. LT-Drs. 14/4670, 21.

1346 Gesetzentwurf EAStVollzG, BW. LT-Drs. 14/4670, 14. Dem folgend: *Ratzel/Wulf*, FS 2010, 336 (337).

1347 Zur Charakterisierung des unselbstständigen Verwaltungshelfers siehe 1. Kapitel, D., II., 3), b), aa).

1348 Zur Charakterisierung des selbstständigen Verwaltungshelfers siehe 1. Kapitel, D., II., 3), b), bb).

ganzes Aufgabenfeld, hier beispielsweise die Aufgaben der für die elektronische Aufsicht zuständigen Stelle, Privaten zur selbstständigen Erledigung übertragen werden. Dies entspricht eher dem hier diskutierten Aufgabenprofil. Allerdings stößt auch diese Einbindungsart an ihre Grenzen, wenn es um die Ausübung von Eingriffsbefugnissen geht. In diesem Fall ist zwingend eine Beleihung Privater notwendig. Die für die elektronische Aufsicht zuständige Stelle ist befugt, den Gefangenen umfangreiche Weisungen zu erteilen. Diese beinhalten insbesondere Anweisungen über Aufenthalt, ärztliche Betreuung, Verzicht auf alkoholische Getränke oder andere Drogen, Schadenswiedergutmachung und Einkommensverwaltung, wobei diese Nennung jedoch nicht abschließend ist. Weitere Regelungen der Lebensführung sind möglich. Einzige Einschränkung der Kompetenzen der Stelle ist, dass die Gefangenen gemäß § 6 I 1 EAStVollzG nur in Vollzugsfragen betreut werden, soweit dies zur Erreichung des Vollzugsziels notwendig ist. Gemäß § 6 II EAStVollzG sind die Gefangenen darüber hinaus verpflichtet, den Anweisungen der Mitarbeiter der für die elektronische Aufsicht zuständigen Stelle während der gesamten Dauer der elektronischen Aufsicht Folge zu leisten. Auch diese Kompetenz bezieht sich lediglich auf Maßnahmen, die zur Erreichung des Vollzugsziels notwendig sind. Eine darüber hinausgehende Begrenzung der Weisungsbefugnis, etwa bezüglich Anzahl, Intensität oder einer Beschränkung auf bestimmte Maßnahmen, fehlt im Gesetz völlig. Zudem können gemäß § 11 EAStVollzG Daten über den Aufenthaltsort des Gefangenen und den Zeitpunkt der Datenerhebung mittels der nach § 3 EAStVollzG zulässigen Technik durch Empfangsgeräte automatisiert erhoben und diese Daten gemäß § 12 I 1 EAStVollzG übermittelt, genutzt, verändert und gespeichert werden. Aufgrund dieser Befugnisse kann die für die elektronische Aufsicht zuständige Stelle potentiell in verschiedene Grundrechte der Gefangenen eingreifen. Zu nennen sind hier Art. 2 I GG (freie Entfaltung der Persönlichkeit), Art. 2 II 2 GG (Freiheit der Person), Art. 2 I i. V. m. 1 I GG (allgemeines Persönlichkeitsrecht in der Ausprägung des Rechts auf informationelle Selbstbestimmung), Art. 8 I GG (Versammlungsfreiheit), Art. 10 I (Brief-, Post- und Fernmeldegeheimnis), Art. 11 I (Freizügigkeit), Art. 12 I (Berufsfreiheit), Art. 13 I (Wohnung) und Art. 14 I 1 (Eigentumsfreiheit). Aufgrund dieser weitreichenden Eingriffsbefugnisse scheidet auch ein Einsatz von Privaten als selbstständige Verwaltungshelfer aus.

Eine Beleihung ist zwingend notwendig, um die Aufgaben der für die elektronische Aufsicht zuständigen Stelle erfüllen zu können.

cc) Vorliegen einer Beleihungsgrundlage

Da die Wahrnehmung der Aufgaben der für die elektronische Aufsicht zuständigen Stelle zwingend eine Beleihung erfordert, müsste eine taugliche Beleihungsgrundlage vorliegen, die das letzte Glied einer ununterbrochenen Legitimationskette darstellt.[1349] Klassischerweise erfolgt eine Beleihung abstrakt-generell durch Gesetz oder Verordnung.[1350] Immer häufiger werden jedoch auch konkret-individuelle Beleihungsformen wie Verwaltungsakte oder öffentlich-rechtliche Verträge genutzt.[1351] Die genutzte Beleihungsgrundlage muss dabei Art und Umfang der auf den Beliehenen übertragenen Befugnisse im Einzelnen normieren.[1352]

Es ist fraglich, ob das EAStVollzG eine solche Beleihungsgrundlage enthält. Im Gesetzestext finden sich keinerlei Hinweise darauf, dass die Aufgaben der für die elektronische Aufsicht zuständigen Stelle auf Private übertragen werden können. Lediglich die Gesetzesbegründung eröffnet, dass die zuständige Stelle bewusst offen definiert ist, um auch die Vergabe an eine private Organisation zu ermöglichen.[1353] Allein für die psychosoziale Beratung und Betreuung normiert § 6 I 3 EAStVollzG die Möglichkeit einer ganzen oder teilweisen Übertragung auf Dritte.

Eine Beleihungsgrundlage sollte im Idealfall Ausmaß und Inhalt von Eingriffsrechten,[1354] Anforderungen an Beleihungssubjekte oder Auswahlkriterien bei mehreren Bewerbern[1355] sowie Kontroll- und Aufsichtsmöglichkeiten[1356] bestimmen, wenn auch anerkannte Beleihungsgrundlagen existieren, die diese Angaben nur vereinzelt enthalten.[1357] Da das EAStVollzG nicht einmal ausdrücklich eine Übertragung auf Private vorsieht, fehlen auch all diese Angaben.[1358] Zwar

---

1349 Siehe 1. Kapitel, D., II., 3), a), aa).

1350 *Schmidt am Busch*, DÖV 2007, 533 (538).

1351 *Schmidt am Busch*, DÖV 2007, 533 (538).

1352 BVerfG, BayVBl. 1985, 25 (26); *Burgi*, in: Stober (Hrsg.), Privatisierung im Strafvollzug?, 43 (49); *Mösinger*, BayVBl. 2007, 417 (423).

1353 Gesetzentwurf EAStVollzG, BW. LT-Drs. 14/4670, 19.

1354 *Lange*, DÖV 2001, 898 (903); Arbeitsbericht „Modellprojekt", 27, 32; *Bonk*, JZ 2000, 435 (441); *Mösinger*, BayVBl. 2007, 417 (423); *Burgi*, in: Stober (Hrsg.), Privatisierung im Strafvollzug?, 43 (49); *Schimpfhauser*, Das Gewaltmonopol des Staates, 196; *Kulas*, Privatisierung hoheitlicher Verwaltung, 83; *Laubenthal*, Strafvollzug, Rn. 52.

1355 *Winterhoff*, FS Starck, 463 (474).

1356 *Burgi*, in: Stober (Hrsg.), Privatisierung im Strafvollzug?, 43 (49); *Winterhoff*, FS Starck, 463 (474).

1357 *Winterhoff*, FS Starck, 463 (474 Fn. 84).

1358 Für die unzureichende Regelung zur Beteiligung Privater auch der Landesdatenschutzbeauftragte: Bericht des ständigen Ausschusses, BW. LT-Drs. 14/4901, 8, 12.

werden die Aufgaben der für die elektronische Aufsicht zuständigen Stelle im Gesetz an mehreren Stellen beschrieben, dies ist jedoch unzureichend, was ein Vergleich mit dem StVollzG zeigt. Dort findet sich im gesamten Gesetz verteilt eine wesentlich detailliertere Aufgaben- und Befugnisbeschreibung für die in einer Vollzugsanstalt anfallenden Tätigkeiten. Dennoch stellt § 155 I 2 StVollzG aufgrund der fehlenden Angaben keine Beleihungsgrundlage dar.[1359] Wenn diese Norm schon keine Beleihung ermöglicht, dann muss dies erst Recht für das EAStVollzG gelten, das nicht einmal die Übertragung auf Private an sich ausdrücklich normiert und keine weiteren Angaben dazu macht. Die Tätigkeiten der für die elektronische Aufsicht zuständigen Stelle sind zwar nicht ganz so grundrechtsrelevant wie die Aufgaben, die in einer Justizvollzugsanstalt anfallen,[1360] die Regelungsdichte müsste sich folglich nicht vollständig auf dem gleichen Niveau befinden. Fehlen solche Regelungen jedoch vollständig, ist dies nicht ausreichend. Zudem enthält das EAStVollzG keinerlei Angaben zu einer staatlichen Kontrolle oder Aufsicht über die für die elektronische Aufsicht zuständige Stelle. Eine unmittelbare Beleihung durch das EAStVollzG scheidet somit aus. Fraglich ist, ob das EAStVollzG Bezug auf eine in einem anderen Gesetz enthaltene Beleihungsgrundlage nimmt oder nahm. Ursprünglich beinhaltete § 1 II EAStVollzG eine Verweisung auf die §§ 2 bis 121 des StVollzG und regelte deren entsprechende Anwendbarkeit. Das StVollzG enthält jedoch keine Beleihungsgrundlage.[1361] Mit der Einführung des JVollzGB wurde die Regelung dahingehend ersetzt, dass nunmehr eine entsprechende Anwendbarkeit der §§ 1 bis 93 des Dritten Buches des JVollzGB gegeben ist.[1362] Regelungen zu Aufgabenübertragungen auf Private sind jedoch ausschließlich in § 12 des Ersten Buches JVollzGB enthalten. Da sich die Verweisung nicht auf diesen bezieht, kann dahingestellt bleiben, ob die Norm eine Beleihungsgrundlage darstellt oder nicht. Ebenfalls nicht durch § 1 II EAStVollzG einbezogen wurden und werden die Aufsichtsregeln der §§ 151 ff. StVollzG und der §§ 19 ff. des Ersten Buches JVollzGB. Eine Beleihung aufgrund in das EAStVollzG einbezogener Normen scheidet in der Folge ebenfalls aus. Darüber hinaus enthält das Gesetz auch keine Verordnungsermächtigung[1363] oder die Möglichkeit, entsprechende Verwaltungsakte zu erlassen oder öffentlich-rechtliche Verträge zu schließen. Eine gesetzliche Ermächtigungsgrundlage ist jedoch auch bei diesen konkret-individuellen

1359 Siehe 2. Kapitel, A., I., 3), a).

1360 Bericht des ständigen Ausschusses, BW. LT-Drs. 14/4901, 3, 5, 8, 11.

1361 Siehe 2. Kapitel, A., I., 3), a).

1362 Art. 2 des Gesetzes zur Umsetzung der Föderalismusreform im Justizvollzug, BW. LT-Drs. 14/5411, 80.

1363 Bericht des ständigen Ausschusses, BW. LT-Drs. 14/4901, 8.

Beleihungsformen notwendig.[1364] Ohne eine solche Normierung wäre die erforderliche Legitimationskette unterbrochen, die Legitimation der Exekutive durch die Legislative würde fehlen. Des Weiteren wäre der Gesetzesvorbehalt nicht erfüllt. Auch sämtliche Formen der konkret-individuellen Beleihung Privater aufgrund des EAStVollzG scheiden folglich aus.

Die vom Gesetzgeber vorgesehene vollständige Übertragung der Aufgaben der für die elektronische Aufsicht zuständigen Stelle ist somit nicht mit dem Demokratieprinzip vereinbar und würde einen Verfassungsverstoß darstellen. Fraglich ist, ob dies zwingend zu einer Verfassungswidrigkeit des EAStVollzG führt. Grundsätzlich gilt, dass ein Gesetz nicht für nichtig zu erklären ist, wenn es im Einklang mit der Verfassung ausgelegt werden kann.[1365] Möglich erscheint eine verfassungskonforme Auslegung des EAStVollzG dahingehend, dass die für die elektronische Aufsicht zuständige Stelle zwingend öffentlich-rechtlicher Natur sein muss. Ihre Grenze findet eine verfassungskonforme Auslegung jedoch, wenn dadurch dem Gesetzeszweck widersprochen oder dieser in einem wesentlichen Punkt verfehlt oder verfälscht werden würde.[1366] Für eine verfassungskonforme Auslegung ist dort kein Platz, wo der „aus Wortlaut und Entstehungsgeschichte eindeutig zu folgernde Wille des Gesetzes" dieser keinen Raum lässt, da sie „dem klaren Gesetzeswortlaut einen geradezu entgegengesetzten Sinn" geben würde.[1367] Was das EAStVollzG angeht, so entspricht es dem ausdrücklichen Willen des Gesetzgebers, dass auch Private die Aufgaben der für die elektronische Aufsicht zuständigen Stelle erfüllen können. Allerdings hat das Bundesverfassungsgericht entschieden, dass im Zuge einer verfassungskonformen Auslegung „von der Absicht des Gesetzgebers das Maximum dessen aufrechterhalten (werden soll), was nach der Verfassung aufrechterhalten werden" kann und es „unerheblich (ist), ob die Absichten des Gesetzgebers etwa hierüber hinausgingen".[1368] Falls eine einschränkende verfassungskonforme Auslegung möglich ist, kommt es nicht darauf an, „ob dem subjektiven Willen des Gesetzgebers die weitergehende, mit dem Grundgesetz nicht zu vereinbarende Auslegung eher entsprochen hätte".[1369]

Hauptziel des EAStVollzG ist es, die elektronische Aufsicht im Vollzug der Freiheitsstrafe einzuführen. Ob die überwachende Stelle öffentlich-rechtlicher oder privater Natur ist, ist dabei von sekundärer Bedeutung. Hier gereicht es dem

1364 BremStGH, NVwZ 2003, 81 (82); *Schmidt am Busch*, DÖV 2007, 533 (538); *Helfrich*, DÖV 1990, 553 (555).
1365 BVerfGE 2, 266 (282).
1366 BVerfGE 2, 266 (282); 8, 28 (33 ff.).
1367 BVerfGE 9, 194 (199).
1368 BVerfGE 9, 194 (199).
1369 BVerfGE 9, 194 (199); 47, 327 (380); 59, 360 (387).

Gesetz zum Vorteil, dass auf eine ausdrückliche Normierung einer Privatisierungsmöglichkeit verzichtet wurde. Auch im Zuge der Gesetzesdiskussion wurde eine private Erfüllung lediglich als Alternative zu der staatlichen genannt. So heißt es in der Begründung zum Gesetzentwurf ausdrücklich „Möglich ist aber auch die Vergabe an eine private Organisation, (…)“.[1370] Justizminister *Goll* führte aus, dass „es unter Umständen sinnvoll ist, eine Spezialfirma“ mit der Überwachung zu betrauen und „nichts dabei“ wäre, wenn private Sozialarbeiter die Gefangenen betreuen.[1371] Daher kann nicht davon ausgegangen werden, dass eine einschränkende, verfassungskonforme Auslegung dem EAStVollzG einen entgegengesetzten Sinn geben oder dem Gesetzeswerk widersprechen bzw. diesen verfälschen würde. Vielmehr würde eine solche, eine Beleihung ausschließende Auslegung dem primären Gesetzeszweck, die Einführung der elektronischen Aufsicht im Vollzug der Freiheitsstrafe, unter diesen Bedingungen am besten entsprechen. Das Nebenziel einer möglichen vollständigen privaten Erfüllung würde so zwar nicht erreicht, das Gesetz wäre jedoch nicht insgesamt verfassungswidrig, eine Durchführung der elektronischen Aufsicht deshalb möglich. Folglich ist das EAStVollzG verfassungskonform dahingehend zu reduzieren, dass die für die elektronische Aufsicht zuständige Stelle nur eine staatliche Stelle sein kann. Dadurch wird ein Verstoß des Gesetzes gegen das Demokratieprinzip vermieden. Alternativ könnte man das Gesetz verfassungskonform so interpretieren, dass diejenigen Dienstposten, die Eingriffsbefugnisse beinhalten, zwingend von Beamten besetzt werden müssen. Eine vollständige Privatisierung der Stelle wäre jedoch auch damit ausgeschlossen.

b) Psychosoziale Beratung und Betreuung

aa) Aufgaben und Befugnisse

Gemäß dem Gesetzentwurf ist die psychosoziale Betreuung der Gefangenen notwendig, da der Hausarrest für sie belastend ist und wissenschaftliche Studien ergeben hätten, dass ohne eine entsprechende Begleitung schlechtere Ergebnisse erzielt werden.[1372] Häufigkeit und Intensität richten sich dabei an der Dauer der Überwachung aus. Gefangene, die eine Ersatzfreiheitsstrafe verbüßen, erhalten nur eine geringe Betreuung. Bei vollzugsöffnenden Maßnahmen ist eine mittlere, bei einer Entlassungsfreistellung eine intensive Unterstützung vorgesehen.[1373]

1370 Gesetzentwurf EAStVollzG, BW. LT-Drs. 14/4670, 19.

1371 BW. LT-PlPr. 14/72, 5193 (Abg. *Goll*).

1372 Gesetzentwurf EAStVollzG, BW. LT-Drs. 14/4670, 19; *Ratzel/Wulf*, FS 2010, 336 (337).

1373 Gesetzentwurf EAStVollzG, BW. LT-Drs. 14/4670, 19.

Weitere Angaben zu den Aufgaben der dafür verantwortlichen Dienstposten werden nicht gemacht. Allerdings räumt das EAStVollzG oftmals den Bediensteten der für die elektronische Aufsicht zuständigen Stelle insgesamt Aufgaben oder Befugnisse ein. Dazu zählen beispielsweise die Weisungsbefugnis gegenüber den Gefangenen gemäß § 6 II EAStVollzG, die Befugnis gemäß § 6 III EAStVollzG die vom Gefangenen verpflichtend abzugebenden Mitteilungen entgegenzunehmen und diese gemäß § 6 IV EAStVollzG weiterzugeben. Für die automatisierte Datenerhebung gemäß § 11 EAStVollzG werden die mit der psychosozialen Betreuung Beauftragen kaum verantwortlich sein, jedoch sind auch sie befugt, die dadurch gewonnenen Daten gemäß § 12 I EAStVollzG zu nutzen und zu verarbeiten.

bb) Folgen für den Rechtscharakter der einzusetzenden Privaten und Erfordernis einer Beleihungsgrundlage

Sofern diese Befugnisse, die allgemein für alle Mitarbeiter der für die elektronische Aufsicht zuständigen Stelle gelten, nicht speziell für die psychosozial Betreuenden eingeschränkt werden, wäre für sie deshalb ebenfalls eine Beleihungsgrundlage erforderlich. Das EAStVollzG enthält eine solche wie dargestellt zumindest hinsichtlich einer vollständigen Übertragung der Aufgaben der für die elektronische Aufsicht zuständigen Stelle nicht. Fraglich ist, ob § 6 I 3 EAStVollzG eine taugliche Beleihungsgrundlage für die psychosoziale Beratung und Betreuung darstellt. Gemäß der Norm kann „die Aufgabe (…) ganz oder teilweise auf Dritte übertragen werden." Sie bezieht sich dabei auf den vorausgehenden Satz des § 6 I 2 EAStVollzG, nach dem Dritte an der psychosozialen Beratung und Betreuung beteiligt werden können. In der Folge ist unter der „Aufgabe" im Sinne des § 6 I 3 EAStVollzG allein die psychosoziale Beratung und Betreuung zu verstehen. Wie bereits dargelegt werden an eine Beleihungsgrundlage relativ hohe Anforderungen gestellt. Idealerweise soll sie Ausmaß und Inhalt von Eingriffsrechten, Anforderungen an Beleihungssubjekte oder Auswahlkriterien bei mehreren Bewerbern sowie Kontroll- und Aufsichtsmöglichkeiten normieren.[1374] Wie § 155 I 2 StVollzG[1375] enthält § 6 I 3 EAStVollzG keine dieser Angaben, weshalb sie ebenso wenig wie diese eine taugliche Beleihungsgrundlage darstellt.[1376] In der Folge ist auch sie verfassungskonform zu reduzieren. Und zwar

1374 Siehe 1. Kapitel, D., II., 3), a), aa).

1375 Siehe 2. Kapitel, A., I., 3), a).

1376 Zur Möglichkeit Private dennoch im Rahmen der Norm einbinden zu können, siehe sogleich 3. Kapitel, B., II., 3), c), bb), (1).

dahingehend, dass eingreifende Tätigkeiten im Rahmen der psychosozialen Betreuung nur von Beamten wahrgenommen werden können.

c) Im Rahmen des Modellversuchs vorgenommene Übertragungen

aa) Ablauf und Aufgabenverteilung im Modellversuch

Für den Modellversuch wurden die einzelnen Vollzugsanstalten als für die elektronische Aufsicht zuständigen Stellen bestimmt.[1377] Sie sprechen potentielle Teilnehmer an und entscheiden, ob Gefangene die Zulassungsvoraussetzungen voraussichtlich erfüllen.[1378]

Die Mitarbeiter von *Neustart* prüfen danach die Wohnverhältnisse vor Ort, holen das Einverständnis erwachsener Mitbewohner ein und beurteilen Ausbildungs- oder Arbeitsstelle des potentiellen Teilnehmers. Damit sind sie für die gesamte Prüfung der zu erfüllenden Voraussetzungen gemäß § 4 I EAStVollzG verantwortlich.[1379] Die Ergebnisse werden in einem Bericht zusammengefasst, dessen wesentlicher Bestandteil ein Vorschlag für das Vollzugsprogramm ist, das zuvor mit dem Gefangenen besprochen wurde.[1380] Darin enthalten sind Einschluss- und Ausschlusszonen sowie die zeitliche Vorgabe von Aufenthaltsorten.[1381] Auf Grundlage des erstellten Berichts entscheidet die Anstalt über die Aufnahme der potentiellen Teilnehmer. Bei einer Zulassung zur elektronischen Überwachung setzt sie, unter Berücksichtigung des Vorschlags der psychosozialen Betreuer, das Vollzugsprogramm fest.[1382]

Nach Festlegung des Vollzugsprogramms wird dieses anonymisiert an den Technikdienstleister übermittelt, der die Fußfesseln entsprechend vorbereitet und sie den Anstalten zur Verfügung stellt.[1383] Vollzugsbeamte legen den Gefangenen die Fußfesseln in den einzelnen Anstalten an und nehmen sie dort auch wieder ab.[1384]

1377 Persönliche Information von Prof. *Wulf*, Referatsleiter Justizministerium Baden-Württemberg.

1378 *Ratzel/Wulf*, FS 2010, 336 (338).

1379 Aussage Frau *Waidhofer*, *Neustart elektronische Aufsicht* gGmbH, Pressekonferenz 10. November 2010, Justizvollzugsschule Baden-Württemberg.

1380 *Ratzel/Wulf*, FS 2010, 336 (338); Persönliche Information von Prof. *Wulf*, Referatsleiter Justizministerium Baden-Württemberg; Aussage Frau *Waidhofer*, *Neustart elektronische Aufsicht* gGmbH, Pressekonferenz 10. November 2010, Justizvollzugsschule Baden-Württemberg.

1381 *Ratzel/Wulf*, FS 2010, 336 (338).

1382 *Ratzel/Wulf*, FS 2010, 336 (338); Persönliche Information von Prof. *Wulf*, Referatsleiter Justiz.ministerium Baden-Württemberg.

1383 *Ratzel/Wulf*, FS 2010, 336 (338).

1384 *Ratzel/Wulf*, FS 2010, 336 (338); Persönliche Information von Prof. *Wulf*, Referatsleiter Justizministerium Baden-Württemberg.

Die gesamte Technik basiert im Modellversuch auf einer GPS-Überwachung.[1385] Auf den Einsatz der anderen im Gesetzentwurf vorgesehenen Überwachungsmöglichkeiten wurde damit verzichtet. Die Daten werden per Satellit an einen Server in den Niederlanden geschickt und von dort in ein Callcenter in Ratingen weitergeleitet, in dem das Monitoring stattfindet.[1386] Auftretende Störungen werden dort anonymisiert erfasst[1387] und an die zuständige Vollzugsanstalt weitergeleitet, wo der betroffene Gefangene identifiziert werden kann.[1388] Mögliche weniger relevante Störungen sind beispielsweise eine zur Neige gehende Batterie oder eine Verletzung der Zonen, in der sich der Gefangene aufzuhalten hat. Einen gravierenden Verstoß stellt dagegen etwa das Betreten von für den Gefangenen verbotenen Zonen, beispielsweise Wohnhäusern von Opfern oder Kinderspielplätzen, dar.[1389] Auf die – technisch ohne Weiteres mögliche – Kontrolle des Alkohol- und Drogenkonsums per elektronischer Fußfessel wird im Modellversuch verzichtet.[1390] Für die Sanktionierung eventueller Störfälle ist allein die Anstalt zuständig.[1391]

Im Rahmen der von der *Neustart elektronische Aufsicht* gGmbH durchgeführten psychosozialen Betreuung finden, auch bei einem reibungslosen Ablauf, regelmäßige Treffen mit den Gefangenen statt.[1392] Dabei werden die Belastungen, die sich durch die Überwachung für den Betroffenen ergeben, sowie dessen allgemeine soziale Situation besprochen.[1393] Daneben zählen beispielsweise auch die Vermittlung an Schuldnerberatungen oder Sozial- und Jugendämter zu den wahrgenommenen Tätigkeiten.[1394] Auf eine Betreuung der Gefangenen durch einen Mitarbeiter der für die elektronische Aufsicht zuständigen Stelle, wie sie für alle Vollzugsfragen in § 6 I 1 EAStVollzG vorgesehen ist, wurde für den Modellversuch allerdings verzichtet.[1395] Alle Beteiligten sind zu einem möglichst ei-

1385 Persönliche Information von Prof. *Wulf*, Referatsleiter Justizministerium Baden-Württemberg.

1386 Information von Prof. *Wulf*, Referatsleiter Justizministerium Baden-Württemberg.

1387 *Ratzel*/*Wulf*, FS 2010, 336 (338); http://www.jum.baden-wuerttemberg.de/servlet/PB/menu/1259833/index.html? (Stand: 24.02.2011); Persönliche Information von Prof. *Wulf*, Referatsleiter Justizministerium Baden-Württemberg.

1388 *Ratzel*/*Wulf*, FS 2010, 336 (338); http://www.jum.baden-wuerttemberg.de/servlet/PB/menu/1259833/index.html? (Stand: 24.02.2011).

1389 Persönliche Information von Prof. *Wulf*, Referatsleiter Justizministerium Baden-Württemberg.

1390 Persönliche Information von Prof. *Wulf*, Referatsleiter Justizministerium Baden-Württemberg.

1391 *Ratzel*/*Wulf*, FS 2010, 336 (338); Persönliche Information von Prof. *Wulf*, Referatsleiter Justizministerium Baden-Württemberg.

1392 *Ratzel*/*Wulf*, FS 2010, 336 (338).

1393 *Ratzel*/*Wulf*, FS 2010, 336 (338); Persönliche Information von Prof. *Wulf*, Referatsleiter Justizministerium Baden-Württemberg.

1394 Persönliche Information von Prof. *Wulf*, Referatsleiter Justizministerium Baden-Württemberg.

1395 Persönliche Information von Prof. *Wulf*, Referatsleiter Justizministerium Baden-Württemberg.

genständigen Verhalten angehalten. Schon zu Beginn des Versuchs zeigte sich, dass die meisten aufgetretenen Probleme unter den Gefangenen und privaten Beteiligten gelöst werden konnten, ohne dass die Anstalt informiert werden musste.[1396]

bb) Folgen für den Rechtscharakter der einzusetzenden Privaten

(1) Psychosoziale Betreuung

Die für den elektronisch überwachten Hausarrest vollständig von der *Neustart elektronische Aufsicht* gGmbH durchgeführte psychosoziale Betreuung wird von ihr sehr eigenständig wahrgenommen. Mitarbeiter der gGmbH prüfen selbstständig, ob ein Gefangener die Voraussetzungen des § 4 I EAStVollzG erfüllt. Ebenso eigenständig erstellen sie in Zusammenarbeit mit den Probanden einen Vorschlag für den Vollzugsplan, inklusive Einschluss- und Ausschlusszonen. Nach Beginn des Hausarrests betreuen sie die Teilnehmer in regelmäßigen Abständen und beraten diese umfangreich. Eine mitschreitende Kontrolle und Anleitung durch staatliche Bedienstete findet dabei nicht statt. Faktisch ist die gGmbH damit in weitem Umfang für die Gefangenen verantwortlich.[1397] Dies entspricht nicht dem Bild des klassischen, unselbstständigen Verwaltungshelfers, der als weisungsgebundenes Hilfsorgan, gekennzeichnet durch eine enge räumlich-zeitliche Anbindung an einen staatlichen Aufgabenträger, unterstützend oder vorbereitend als dessen Werkzeug tätig wird. Dass Entscheidungskompetenz und Leistungsverantwortung bei der Vollzugsanstalt verbleiben, tut dem, aufgrund der umfangreichen eigenständigen Vorarbeit der *Neustart elektronische Aufsicht* gGmbH, keinen Abbruch. Eine Heranziehung der Privaten als unselbstständige Verwaltungshelfer scheidet damit aus.

Andererseits stehen dem privaten Partner keinerlei Kompetenzen für eine Ausübung physischer Gewalt zu. Auch ist er nicht dazu berechtigt, den Gefangenen irgendwie geartete Weisungen zu erteilen. Die Mitarbeiter der *Neustart elektronische Aufsicht* gGmbH unterrichten lediglich die Anstalt, die dafür zuständig ist.[1398] Den Mitarbeitern der gGmbH stehen damit keinerlei eigenständige Eingriffsbefugnisse zu. Eine Beleihung ist deshalb nicht notwendig.

Vielmehr entspricht die im Rahmen der psychosozialen Betreuung von *Neustart* ausgeübte Tätigkeit der eines selbstständigen Verwaltungshelfers. Es handelt sich um die selbstständige Wahrnehmung von öffentlichen Aufgaben ohne

1396 *Ratzel/Wulf*, FS 2010, 336 (338 f.).

1397 Persönliche Information von Prof. *Wulf*, Referatsleiter Justizministerium Baden-Württemberg.

1398 Persönliche Information von Prof. *Wulf*, Referatsleiter Justizministerium Baden-Württemberg.

Eingriffs- oder Letztendscheidungsbefugnis, die die Vorbereitung von hoheitlichen Entscheidungen bis zur Entscheidungsreife, hier durch den Anstaltsleiter, beinhaltet. In der Folge muss die notwendige gesetzliche Grundlage nicht die strengen Anforderungen, die an eine Beleihungsgrundlage gestellt werden, erfüllen. Ausreichend ist eine Norm, die eine Aufgabenübertragung auf Private überhaupt vorsieht. Einzelheiten, etwa zu seinen Befugnissen, können im Zuge der Wesentlichkeitstheorie der Verwaltung überlassen werden. Eine solche gesetzliche Grundlage ist für die psychosoziale Betreuung mit § 6 I 2, 3 EAStVollzG gegeben. Die vorgenommene Übertragung auf die *Neustart elektronische Aufsicht* gGmbH ist folglich mit dem Demokratieprinzip vereinbar.

(2) Bereitstellung der Technik

Die Firmen, die die Technik für den Modellversuch bereitstellen, üben ihre Aufgaben nicht in vergleichbarem Umfang eigenständig aus. Sie haben keinerlei Kontakt zu den Gefangenen und verfügen ebenfalls über keine eigenständigen Entscheidungs- oder Weisungskompetenzen.[1399] Mitarbeiter der privaten Unternehmen bereiten nur die Fußfesseln vor, die dann von Beamten angelegt und abgenommen werden. Während der laufenden Überwachung werden Störfälle lediglich anonymisiert erfasst und ohne weitere Bearbeitung an die zuständige Anstalt weitergeleitet. Zugriff auf personenbezogene Daten besteht zu keinem Zeitpunkt. Die Mitarbeiter der privaten Firmen handeln damit lediglich als unselbstständiges, weisungsgebundenes Werkzeug der für die elektronische Aufsicht zuständigen Stelle. Sie werden nur unterstützend und vorbereitend tätig. Dies entspricht, bis auf die fehlende enge räumliche Anbindung, dem Bild des klassischen Verwaltungshelfers. Eine stark ausgeprägte zeitliche Verbindung besteht durch die Nutzung moderner Kommunikationsmittel ohnehin. Diese Kommunikationsmöglichkeiten helfen auch über die fehlende räumliche Beziehung hinweg. Durch die Verwendung von Telefon und E-Mail können Nachrichten in beide Richtungen sehr schnell ausgetauscht werden. So erreichen potentielle Verstöße die Anstalt ebenso in kurzer Zeit wie eventuelle Weisungen der Anstalt die Privaten. Würden sich die Mitarbeiter der technischen Dienstleister in den Räumlichkeiten der jeweiligen Vollzugsanstalt befinden, würde sich dadurch keine engere Anbindung ergeben. Folglich liegt im Rahmen der Bereitstellung der Technik lediglich ein Tätigwerden als unselbstständiger Verwaltungshelfer vor. Hierfür ist keine gesetzliche Grundlage erforderlich.[1400] Dem Demokratieprinzip ist damit auch für diesen Bereich Genüge getan.

1399 Persönliche Information von Prof. *Wulf*, Referatsleiter Justizministerium Baden-Württemberg.
1400 Siehe 2. Kapitel, A., I., 3), b).

Die im Rahmen des Modellversuchs vorgenommene Übertragung von Aufgaben auf Private ist damit insgesamt mit diesem Verfassungsprinzip vereinbar.

4) Funktionsvorbehalt des Art. 33 IV GG

Art. 33 IV GG normiert einen Funktionsvorbehalt für Berufsbeamte. Die Ausübung hoheitsrechtlicher Befugnisse als ständige Aufgabe ist in der Regel ihnen vorbehalten. Ob eine Tätigkeit unter den Beamtenvorbehalt fällt, entscheidet sich daran, ob sie die besonderen Verlässlichkeits-, Stetigkeits- und Rechtsstaatlichkeitsgarantien des Berufsbeamtentums erfordert.[1401] Dies ist – unabhängig von der Zuordnung einer Tätigkeit zur Eingriffs- oder Leistungsverwaltung, Rechtsform des Handelns, Bürgerkontakt und Vorliegen eines Subordinationsverhältnisses – anhand der Grundrechtsrelevanz und dem Gewicht der Aufgabe im staatlichen Gefüge zu beurteilen.[1402] Relevant ist dabei allein die konkrete Aufgabe, nicht der Dienstposten, zu dessen Aufgabenkreis sie gehört oder in welchem Umfeld die Aufgabe ausgeübt wird. Auch bei prinzipieller Zuordnung der Tätigkeit zur Ausübung hoheitsrechtlicher Befugnisse sieht Art. 33 IV GG jedoch Ausnahmemöglichkeiten vor.

a) Die für die elektronische Aufsicht zuständige Stelle

aa) Ausübung hoheitsrechtlicher Befugnisse

Die für die elektronische Aufsicht zuständige Stelle ist nicht zu einer Anwendung unmittelbaren Zwangs berechtigt. Ihre Aufgaben bewegen sich deshalb nicht im absoluten Kernbereich hoheitsrechtlicher Befugnisse. Zu den Tätigkeiten, die durch die für die elektronische Aufsicht zuständige Stelle ausgeführt werden müssen, zählt jedoch die Festlegung des Vollzugsprogramms gemäß § 5 II EAStVollzG, was eine umfassende Regelung der Lebensführung des Gefangenen ermöglicht.[1403] § 6 II EAStVollzG verpflichtet die Gefangenen während der gesamten Dauer der elektronischen Aufsicht, den Anweisungen der Mitarbeiter der für die elektronische Aufsicht zuständigen Stelle Folge zu leisten. Tun sie dies nicht, bricht der Anstaltsleiter gemäß § 8 I EAStVollzG die elektronische Aufsicht ab oder wählt gemäß Absatz 2 eine andere Disziplinarmöglichkeit. Man könnte hier argumentieren, dass die Letztverantwortung deshalb beim Anstaltsleiter liegt und von der für die elektronische Aufsicht zuständigen Stelle selbst

1401 Siehe 2. Kapitel, A., I., 4), b), bb), (4), (b).
1402 Siehe 2. Kapitel, A., I., 4), b), bb), (4), (c).
1403 Gesetzentwurf EAStVollzG, BW. LT-Drs. 14/4670, 19.

keine hoheitsrechtlichen Befugnisse ausgeübt werden. Wie dargestellt[1404] könnte der Funktionsvorbehalt aber einfach umgangen werden, wenn die formelle Verantwortung bei einem „Unterschriftenbeamten" läge, die Aufgabe verwaltungsintern jedoch materiell maßgeblich von einem Nichtbeamten erfüllt werden würde.[1405] Auch wer lediglich vorbereitend, beratend oder unterstützend tätig wird, kann bereits die spätere Entscheidung erheblich beeinflussen.[1406] Dadurch könnte die eigentlich relevante Willensbildung bereits erfolgen, bevor ein Beamter überhaupt involviert ist.[1407] Da auch vorbereitende Handlungen in dieser Weise erhebliche Grundrechtsrelevanz erlangen können, muss diese unabhängig davon, ob formell ein Beamter die Letztverantwortung hat, anhand des materiellen Gehalts der Tätigkeit beurteilt werden.[1408] Auch wenn Sanktionsmaßnahmen letztendlich in der Hand des Anstaltsleiters liegen, besteht zumindest ein hoher faktischer Druck für die Gefangenen, den Anweisungen der für die elektronische Aufsicht zuständigen Stelle Folge zu leisten. Trotz der Möglichkeit des Anstaltsleiters, bei Verstößen gegen die Anordnungen der für die elektronische Aufsicht zuständigen Stelle die elektronische Aufsicht nicht abzubrechen, sondern gemäß § 8 II EAStVollzG mildere Sanktionsmaßnahmen zu verhängen, beruht seine Entscheidung maßgeblich auf den Empfehlungen und Informationen der zuständigen Stelle. Diese Handlungen gewinnen dadurch erhebliche Grundrechtsrelevanz, auch wenn die eigentliche Sanktionsmaßnahme letztendlich durch den Anstaltsleiter ausgesprochen wird. Gemäß § 6 III EAStVollzG muss der Gefangene unverzüglich dem Mitarbeiter der für die elektronische Aufsicht zuständigen Stelle mitteilen, wenn er das zugewiesene Programm nicht einhalten kann oder sich sonstige Vorgaben verändern. Alle genannten Aufgaben sind entgegen der ausdrücklichen im Gesetzentwurf geäußerten Ansicht[1409] mit dem Eingriff in Grundrechte verbunden[1410] und zählen damit zu der Ausübung hoheitsrechtlicher Befugnisse im Sinne des Art. 33 IV GG. Darüber hinaus können gemäß § 11 EAStVollzG Daten über den Aufenthaltsort des Gefangenen und den

1404 Siehe 2. Kapitel, A., I., 4), b), bb), (4), (c), (dd).

1405 *Maunz*, in: Maunz/Dürig (GG), Art. 33 Rn. 35; *Isensee*, in: HdbVerfR II, § 32 Rn. 56; *Schimpfhauser*, Das Gewaltmonopol des Staates, 90; *Jung*, Die Zweispurigkeit des öffentlichen Dienstes, 122.

1406 *Warbeck*, RiA 1998, 22 (24); *Isensee*, in: HdbVerfR II, § 32 Rn. 56.

1407 *Jachmann*, in: v. Mangoldt/Klein/Starck (GG), Art. 33 Rn. 34; *Jachmann/Strauß*, ZBR 1999, 289 (294); *Strauß*, Funktionsvorbehalt und Berufsbeamtentum, 111 f.; *Jung*, Die Zweispurigkeit des öffentlichen Dienstes, 122.

1408 Siehe 2. Kapitel, A., I., 4), b), bb), (4), (c), (dd).

1409 Gesetzentwurf EAStVollzG, BW. LT-Drs. 14/4670, 19, jedoch ohne hinreichende Begründung.

1410 Siehe zu den potentiell möglichen Grundrechtseingriffen durch die für die elektronische Aufsicht zuständige Stelle auch bereits 3. Kapitel, B., II., 3), a), bb).

Zeitpunkt der Datenerhebung erhoben und gemäß § 12 I EAStVollzG verarbeitet werden. Auch diese Tätigkeiten stellen einen Eingriff in das Recht auf informationelle Selbstbestimmung gemäß Art. 2 I i. V. m. Art. 1 I GG dar, sofern die Daten nicht anonymisiert erhoben werden. Die Feststellung, dass von der für die elektronische Aufsicht zuständigen Stelle Grundrechtseingriffe vorgenommen werden, gilt auch trotz § 4 I lit. a) EAStVollzG, der vorsieht, dass der Gefangene sein Einverständnis erklärt. So ist ein Grundrechtsverzicht bzw. die Einwilligung in einen Eingriff zwar möglich,[1411] jedoch kann hier kaum von der Freiwilligkeit einer solchen Erklärung ausgegangen werden, da die Alternative in einer wesentlich eingriffsintensiveren Gefängnisstrafe liegt. Zudem führt auch ein vorliegender Grundrechtsverzicht nicht zu einem Entfall der Grundrechtsrelevanz einer Tätigkeit im Rahmen des Art. 33 IV GG, da dieser nicht nur Individualrechtsschutzcharakter besitzt.[1412] Über diese eingreifenden Tätigkeiten hinaus obliegt der für die elektronische Aufsicht zuständigen Stelle gemäß § 6 I EAStVollzG die Betreuung der Gefangenen, soweit dies zur Erreichung des Vollzugsziels notwendig ist, für die gesamte Dauer der elektronischen Aufsicht. Dies beinhaltet grundsätzlich auch die psychosoziale Betreuung der Gefangenen.[1413] Es handelt sich dabei um eine Ausprägung des Behandlungsvollzugs, der wiederum zu den grundrechtswesentlichen Leistungen und damit zur Ausübung hoheitsrechtlicher Befugnisse zählt. Auch hier gilt, dass eine trennscharfe Abgrenzung vom Eingriffsbereich, etwa im Rahmen des Vollzugsprogramms, ohnehin nicht immer möglich ist. Die elektronische Überwachung ist zudem Teil des Strafvollzugs,[1414] weshalb auch hier die vom Bundesverfassungsgericht aus Art. 2 I i. V. m. Art. 1 I GG hergeleitete Maßgabe Anwendung finden muss, dass der grundrechtliche Resozialisierungsanspruch der Gefangenen bei allen ihnen gegenüber getätigten Maßnahmen zu beachten ist.[1415] Wenn diese Vorgabe im regulären Vollzug dazu führt, dass nahezu jede durchgeführte Handlung Grundrechtsrelevanz hat,[1416] muss dies auch für die elektronische Überwachung gelten. Zudem wird auch bei einer elektronischen Überwachung die Lebensführung der Gefangenen in wesentlichen Punkten vom Staat, insbesondere von der für die elektronische Aufsicht zuständigen Stelle, bestimmt. Durch die ohnehin dauerhaft vor-

1411 *Jarass*, in: Jarass/Pieroth (GG), Vorb. vor Art.1 Rn. 36.

1412 Siehe 2. Kapitel, A., I., 4), b), bb), (4), (c), (ff).

1413 Gesetzentwurf EAStVollzG, BW. LT-Drs. 14/4670, 19.

1414 Siehe 3. Kapitel, A., II.

1415 Für die Geltung dieser Vorgabe im Strafvollzug: BVerfGE 35, 202 (236); 36, 174 (188); 45, 187 (239); 98, 169 (200). Dem folgend: *Mösinger*, BayVBl. 2007, 417 (424); *Meyer*, BewHi 2004, 272 (276); *Lange*, DÖV 2001, 898 (902); *Arloth*, JuS 2003, 1041 (1044); *Gusy/Lührmann*, StV 2001, 46 (51).

1416 *Calliess/Müller-Dietz* (StVollzG), § 155 Rn. 5; *Meyer*, BewHi 2004, 272 (276).

liegende Eingriffssituation wird auch hier die Wirkung der einzelnen Maßnahmen potenziert.

Insgesamt ist festzuhalten, dass die Grundrechtsrelevanz der Aufgaben der für die elektronische Aufsicht zuständigen Stelle nicht ganz denen der im regulären Vollzug anfallenden entspricht.[1417] Sie ist diesen jedoch angenähert und befindet sich auf einem relativ hohen Niveau. Ein relevantes Gewicht der genannten Tätigkeiten im staatlichen Gesamtgefüge besteht darüber hinaus nicht. Die für die elektronische Aufsicht zuständige Stelle weist keine signifikante Nähe zu den Entscheidungsträgern im Justizministerium auf.

Verschiedene Tätigkeiten, die von ihr ausgeführt werden, zählen jedoch aufgrund ihrer Grundrechtsrelevanz zur Ausübung hoheitsrechtlicher Befugnisse.[1418] Eine nach dem EAStVollzG mögliche private Erfüllung müsste sich deshalb an Art. 33 IV GG messen lassen. Die Norm sieht jedoch Ausnahmemöglichkeiten vor. Einerseits ist die Ausübung hoheitsrechtlicher Befugnisse lediglich als „ständige" Aufgabe Berufsbeamten zu übertragen, andererseits impliziert die Formulierung „in der Regel" die Möglichkeit von Ausnahmen. Prinzipiell ist dabei jeder zu übertragende Dienstposten gesondert zu betrachten. Da hier jedoch die vollständige Erfüllung der Aufgaben der für die elektronische Überwachung zuständigen Stelle beurteilt wird, muss eine Gesamtbetrachtung erfolgen.

bb) Nichtständige Wahrnehmung

Eine vorübergehende Übertragung der Ausübung hoheitsrechtlicher Befugnisse auf Nichtbeamte ist nicht von Art. 33 IV GG erfasst. Entscheidend dabei ist allein die zeitliche Komponente. Sachliche Erwägungen wie der Anteil der hoheitsrechtlichen Befugnisse an den Gesamtaufgaben eines Dienstpostens sind unbeachtlich. Die Dauer der Übertragung ist unerheblich, selbst wenn sie mehrere Jahre beträgt, sofern ein Ende absehbar ist.[1419]

Gemäß § 16 EAStVollzG tritt das Gesetz vier Jahre nach seiner Verkündung außer Kraft. Mit der vorübergehenden Wahrnehmung durch Private sollte auch der Gefahr vorgebeugt werden, dass nach einem eventuellen Misserfolg überflüssige Beamtenstellen bestünden.[1420] Sämtliche durch Gesetz ermöglichte Aufgabenübertragungen auf Private sind deshalb von vorübergehender Natur und deshalb nicht von Art. 33 IV GG erfasst. Der Funktionsvorbehalt beschränkt eine Übertragung durch das EAStVollzG in seiner jetzigen Form daher nicht.

1417 In diese Richtung auch: Bericht des ständigen Ausschusses, BW. LT-Drs. 14/4901, 3, 5, 8, 11.

1418 So auch die Einschätzung des Landesbeauftragten für den Datenschutz: Bericht des ständigen Ausschusses, BW. LT-Drs. 14/4901, 11 f.

1419 Siehe 2. Kapitel, A., I., 4), c), aa), (1).

1420 Persönliche Information von Prof. *Wulf*, Referatsleiter Justizministerium Baden-Württemberg.

cc) Ständige Wahrnehmung

Nach diesen vier Jahren sollen die in einem Modellversuch gewonnenen Erkenntnisse jedoch evaluiert und über eine unbefristete Einführung der elektronischen Aufsicht entschieden werden.[1421] Die Regelungen des EAStVollzG sollen anschließend in ein Landes-StVollzG einfließen.[1422] Bei einer solchen Übernahme der Regelungen würde eine dauerhafte Übertragung vorliegen. Diese könnte aufgrund des Ausnahmevorbehalts des Art. 33 IV GG zulässig sein.

(1) Legitimierende sachliche Gründe

Grundvoraussetzung für eine ausnahmsweise dauerhafte Übertragung hoheitsrechtlicher Befugnisse auf Nichtbeamte ist das Vorliegen sachlicher Gründe, da der Gesetzgeber die Abweichung vom grundgesetzlich vorgesehenen Regelfall zu rechtfertigen hat und insofern in der Begründungspflicht steht.[1423] Würde man auf das Erfordernis eines legitimierenden sachlichen Grundes verzichten, könnte der Funktionsvorbehalt einfach umgangen werden und würde damit leerlaufen. Ausreichend sind alle angebbaren, nachvollziehbaren, sachlich begründbaren Erwägungen, etwa auch finanzieller Natur. Relativiert werden diese geringen Anforderungen allerdings durch die folgende Durchführung einer vollständigen Verhältnismäßigkeitsprüfung.[1424]

Im Zuge der Gesetzesberatungen zum EAStVollzG wurden lediglich die Vorteile einer elektronischen Überwachung gegenüber dem regulären Strafvollzug herausgearbeitet.[1425] Ein Vergleich zwischen der Wahrnehmung der Aufgaben der für die elektronische Aufsicht zuständigen Stelle durch Beamte und Nichtbeamte fand demgegenüber kaum statt. Nach der Gesetzesbegründung wurde die für die elektronische Aufsicht zuständige Stelle bewusst offen definiert. Private könnten diese Aufgabe erfüllen, da sie keinen Grundrechtseingriff darstellten.[1426] Gründe, warum dies geschehen solle, werden an dieser Stelle nicht genannt. Justizminister *Goll* führte lediglich aus, dass es, insbesondere während des Modellversuchs[1427] sinnvoll und praktikabel sei, die technische

1421 Gesetzentwurf EAStVollzG, BW. LT-Drs. 14/4670, 25; BW. LT-PlPr. 14/70, 5050 (Abg. *Wetzel*); http://www.jum.baden-wuerttemberg.de/servlet/PB/menu/1240695/index.html (Stand: 24.02.2011).

1422 Gesetzentwurf EAStVollzG, BW. LT-Drs. 14/4670, 12.

1423 Zum Umfang derselben siehe 2. Kapitel, A., I., 4), c), bb), (2).

1424 Siehe 2. Kapitel, A., I., 4), c), bb), (3).

1425 Siehe 3. Kapitel, A., I.

1426 Gesetzentwurf EAStVollzG, BW. LT-Drs. 14/4670, 19.

1427 Bericht des ständigen Ausschusses, BW. LT-Drs. 14/4901, 8.

Durchführung und die Betreuung der Überwachungsanlagen durch die Hersteller bzw. Betreiber der eingesetzten Anlagen ausführen zu lassen, da diese über die entsprechende Erfahrung verfügten.[1428] Kosten würden unabhängig davon entstehen, ob die Aufgabe durch Private oder das Land selbst erfüllt werden würde.[1429] Beamte benötigten darüber hinaus spezielle Schulungen für technische Systeme, obwohl die rein technische Betreuung mindestens genauso gut von Privaten erledigt werden könne.[1430] Auch die soziale Betreuung durch einen privaten Träger solle nicht ausgeschlossen werden.[1431] Diese erfordere nicht den Einsatz von Landesbeamten.[1432] Wenn Sozialarbeiter der AWO die Gefangenen betreuten, wäre „nichts dabei". Es sei sogar sinnvoll, diesen die Betreuung zu übertragen.[1433] Weitere Gründe wurden in der gesamten Diskussion nicht genannt.

Zusammenfassend bleibt lediglich die größere Erfahrung privater Betreiber mit der verwendeten Technik. Das entsprechende Know-how sei auf dieser Seite bereits vorhanden, während die Schulung von Beamten mit einem gewissen Kosten- und Zeitaufwand verbunden wäre. Für die private Bereitstellung und Betreuung der Technik liegt somit ein nachvollziehbarer, sachlich begründeter und damit ausreichender legitimierender Grund vor. Was die privat durchgeführte psychosoziale Betreuung angeht, wurden jedoch, abgesehen von der Bemerkung, dass diese sinnvoll sei, keine Gründe angeführt. Da pauschal nicht davon ausgegangen werden kann, dass die Erfüllung durch Private kostengünstiger, qualitativ hochwertiger oder in einer sonstigen Form der durch Beamte überlegen ist, läge für die Übertragung der psychosozialen Betreuung auf einen privaten Träger – nur aufgrund der im Zuge der Gesetzesberatung geführten Diskussion – kein ausreichender legitimierender sachlicher Grund im Sinne des Art. 33 IV GG vor. Allerdings darf sich die Betrachtung an dieser Stelle nicht auf die genannten Argumente beschränken.

Da eine Beurteilung der nach dem EAStVollzG bzw. einer gleichlautenden Nachfolgeregelung potentiell möglichen Aufgabenübertragungen stattfindet, müssen auch weitere, wohlmöglich in der Zukunft relevante, Begründungen beachtet werden, die vom Gesetzgeber in die jeweiligen Gesetzesbegründung eingebracht werden könnten. Hierbei können Parallelen zu den für Privatisierungsmaßnahmen im regulären Vollzug vorgebrachten Argumenten gezogen wer-

1428 Bericht des ständigen Ausschusses, BW. LT-Drs. 14/4901, 6, 8. Es kämen etwa Firmen in Betracht, die bereits durch die Bereitstellung von Sicherungssystemen für alte Menschen Erfahrungen gesammelt haben: BW. LT-PlPr. 14/72, 5193 (Abg. *Goll*).

1429 BW. LT-PlPr. 14/72, 5193 (Abg. *Goll*).

1430 BW. LT-PlPr. 14/72, 5193 (Abg. *Goll*).

1431 Bericht des ständigen Ausschusses, BW. LT-Drs. 14/4901, 6.

1432 BW. LT-PlPr. 14/72, 5193 (Abg. *Goll*).

1433 BW. LT-PlPr. 14/72, 5193 (Abg. *Goll*).

den.[1434] Dazu zählen die erwarteten finanziellen Vorteile sowie die gegenüber dem öffentlichen Recht erhöhte Flexibilität des Privatrechts, die sich beispielsweise in einer vertraglich absicherbaren bedarfsorientierten Personalüberlassung und der Möglichkeit, Personen einzustellen, die für den öffentlichen Dienst nicht in Frage kommen, äußert. Des Weiteren werden eine durch die Konkurrenz angeregte Prozess- und Produktinnovation sowie eine allgemeine Qualitätssteigerung als Gründe für Privatisierungsmaßnahmen im Strafvollzug angeführt.

Diese müssten jedoch für alle Dienstposten, die der für die elektronische Aufsicht zuständigen Stelle zuzuordnen sind, zutreffen und entsprechend vorgebracht werden.[1435] Ob dies der Fall ist, kann nur im Einzelfall beurteilt werden. Falls dagegen etwa keine über die Gesetzesbegründung hinausgehende Argumentation erfolgt, würde eine dauerhafte Übertragung der für die elektronische Aufsicht zuständigen Stelle nach Außerkrafttreten des EAStVollzG gegen Art. 33 IV GG verstoßen. Warum allein die bessere technische Qualifikation Privater eine Privatisierung – allein diese wurde in der Gesetzesbegründung vorgebracht – der gesamten für die elektronische Aufsicht zuständigen Stelle legitimieren sollte, ist nicht ersichtlich. Auch eine zusätzliche Begründung, weshalb die psychosoziale Betreuung privat erfolgen soll, wie sie etwa für den Modellversuch vorgebracht wurde, wäre nicht ausreichend, da noch immer nicht alle Dienstposten der für die Aufsicht zuständigen Stelle erfasst wären.

(2) Verhältnismäßigkeitsprüfung

Falls nach dem Außerkrafttreten des EAStVollzG ausreichende Gründe vorgebracht werden würden, wäre relevant, welchen Anforderungen sie im Hinblick auf ihre Zuordnung zum Funktionsvorbehalt erfüllen müssten. Zunächst müsste die Übertragung auf Nichtbeamte erforderlich sein. Wenn die Erfüllung durch Private und Beamte gleichermaßen erfolgversprechend ist, entspricht es Art. 33 IV GG, die Erfüllung durch Beamte zu wählen, da diese keine Verletzung des grundgesetzlichen Funktionsvorbehalts darstellt.[1436] Was die Technikbetreuung angeht, ging der Gesetzgeber davon aus, dass Private diese mindestens genauso gut erfüllen könnten und in beiden Fällen Kosten anfielen.[1437] Bei einer voraussichtlich gleich guten Erfüllung wäre jedoch der Beamteneinsatz ein milderes Mittel und eine Übertragung nicht erforderlich. Allerdings hat eine Erfüllung durch Private den Vorteil, dass diese bereits über die technischen Kenntnisse

1434 Siehe dazu 2. Kapitel, A., I., 4), c), bb), (5), (a).
1435 Zur Begründungspflicht des Gesetzgebers siehe 2. Kapitel, A., I., 4), c), bb), (2).
1436 Siehe 2. Kapitel, A., I., 4), c), bb), (3).
1437 BW. LT-PlPr. 14/72, 5193 (Abg. *Goll*).

verfügen. Infolgedessen ist ihr Einsatz das effektivere Mittel und deshalb erforderlich.

Bei der anschließend notwendigen Angemessenheitsprüfung müssen die Vorteile, die von einer Aufgabenübertragung auf Nichtbeamte zu erwarten sind sowie das Gewicht des sachlichen Grundes für eine solche Übertragung mit der Beeinträchtigung des Funktionsvorbehaltes und den damit verbundenen Gefahren und Nachteilen abgewogen werden.[1438] Zu beachten ist dabei auch die Intensivität der Beeinträchtigung des verfassungsrechtlich vorgesehenen Strukturprinzips.[1439] Je relevanter ein Dienstposten im Sinne des Funktionsvorbehaltes ist und je enger er mit dem Kernbereich hoheitsrechtlicher Befugnisse, also der Ausübung von Eingriffsbefugnissen, verbunden ist, desto eher ist eine Wahrnehmung durch Nichtbeamte abzulehnen.[1440] Je stärker grundrechtliche Rechtskreise berührt werden können und je schwerwiegender eventuelle Fehler in der Rechtsanwendung wiegen, desto weniger ist eine Übertragung zu rechtfertigen.[1441] Dies gilt insbesondere für nicht nur unerhebliche Eingriffsmöglichkeiten in höchstpersönliche Rechtsgüter wie Leben, körperliche Unversehrtheit, Freiheit und Eigentum.[1442] Ebenfalls zu beachten ist, wie groß die Wahrscheinlichkeit einer bewusst oder versehentlich fehlerhaften Anwendung hoheitsrechtlicher Befugnisse, etwa aufgrund einer möglichen Interessenbindung Privater im Vergleich zu Beamten ist.[1443] Dienstposten, die die Ausübung von hoheitsrechtlichen Tätigkeiten von nur untergeordneter Bedeutung beinhalten, sind eher privatisierbar als andere.[1444]

Auf Seiten der Gründe für und Vorteile durch die Übertragung auf Private ist vornehmlich auf die wenigen in der Gesetzesdiskussion genannten einzugehen. In der besseren technischen Qualifikation könnte ein relativ schwaches Argument gesehen werden. Es handelt sich um eine mittelbar fiskalisch motivierte Begründung. Man könnte annehmen, dass bei entsprechendem finanziellem Aufwand Beamte im Verlauf eines Seminares, das den Zeitraum von wenigen Tagen

---

1438 BVerwG, NuR 2006, 499 (499); *Krölls*, GewArch 1997, 445 (452); *Kötter*, BewHi 2004, 211 (223 f.); *Gramm*, VerwArch 1999, 329 (358 f.); *Bracher*, Gefahrenabwehr durch Private, 76; *Jachmann/Strauß*, ZBR 1999, 289 (298); *Strauß*, Funktionsvorbehalt und Berufsbeamtentum, 147; *Landau*, Tagungsbericht 27. Triberger Symposium, 30 (38).

1439 BVerwG, NuR 2006, 499 (499); *Krölls*, GewArch 1997, 445 (452); *Strauß*, Funktionsvorbehalt und Berufsbeamtentum, 147.

1440 *Schimpfhauser*, Das Gewaltmonopol des Staates, 96; *Krölls*, GewArch 1997, 445 (452).

1441 *Mösinger*, BayVBl. 2007, 417 (425); *Schimpfhauser*, Das Gewaltmonopol des Staates, 96; *Gramm*, VerwArch 1999, 329 (358 f.); *Strauß*, Funktionsvorbehalt und Berufsbeamtentum, 214; *Landau*, Tagungsbericht 27. Triberger Symposium, 30 (38).

1442 *Mösinger*, BayVBl. 2007, 417 (425).

1443 *Kötter*, BewHi 2004, 211 (223 f.).

1444 BVerwG, NuR 2006, 499 (499).

kaum überschreiten dürfte, hinsichtlich der notwendigen Technik zu schulen wären. Bei schwerwiegenden Problemen könnte der Hersteller der Geräte konsultiert werden. Allerdings handelt es sich bei der technischen Komponente nicht etwa nur um das An- und Ablegen der Fußfesseln, sondern beispielsweise auch um die Programmierung der Geräte mit den entsprechenden Vollzugsplänen. Darüber hinaus müssen vielfältige technische Systeme bereitgestellt und ein reibungsloser Ablauf gewährleistet werden. So reicht der Aufgabenbereich der technischen Seite von der Bereitstellung der Anlagen bei den Überwachten über die Übertragung der erhobenen Daten zu einer Überwachungsstelle bis hin zu deren Betrieb.[1445] Rein mechanische Arbeiten mit der Fußfessel sowie die schlichte Erkennung und Weiterleitung von Störfällen werden auch Laien in relativ kurzer Zeit zu vermitteln sein. Wenn es um die Gewährleistung der technischen Systeme als „Rückgrat" der Überwachung geht, ist es jedoch von immenser Bedeutung, dass entsprechende Spezialisten sofort zur Verfügung stehen, um eventuelle Probleme beheben zu können. Die Besetzung solcher Posten mit Beamten wird ohne erheblichen Aufwand und zeitliche Verzögerung nicht zu bewerkstelligen sein.

Daneben sind auch andere, nicht in der Gesetzesdiskussion genannte, Gründe, die potentiell angeführt werden könnten, zu beachten.[1446] In Betracht kommt auch hier eine bessere Qualifikation Privater, insbesondere im Bereich der psychosozialen Betreuung, etwa durch eine langjährige Erfahrung des privaten Partners wie es im Modellversuch der Fall ist.[1447] Die für eine Privatisierung des regulären Vollzugs vorgebrachten Argumente[1448] könnten zwar auf die elektronische Aufsicht übertragen werden, überzeugen jedoch tendenziell nicht.[1449] Die größere Flexibilität des Privatrechts würde potentiell zwei Vorteile bringen. Zum einen könnte vereinbart werden, dass der private Anbieter stets das benötigte Personal zur Verfügung stellt, weshalb der Staat keine eigenen Personalreserven bilden müsste. Eine kostengünstige Umsetzung dieses Modelles in der Praxis bleibt jedoch fraglich. Zum anderen könnte Personal eingesetzt werden, das nicht für eine Einstellung in den öffentlichen Dienst in Frage kommt. So könnten den Gefangenen beispielsweise Betreuer zur Seite gestellt werden, die mit ihrer Kultur und Sprache vertraut sind. Jedoch ist auch die praktische Umsetzbarkeit dieses Gedankens angesichts der zahlreichen im baden-württembergischen Vollzug vertretenen Staatsangehörigkeiten zumindest fragwürdig. Zudem muss ein Gefangener gemäß § 4 I lit. e) EAStVollzG eine Arbeits- oder Ausbildungsstelle

1445 Information von Prof. Wulf, Referatsleiter Justizministerium Baden-Württemberg.

1446 Siehe 3. Kapitel, B., II., 4), a), cc), (1).

1447 *Ratzel/Wulf*, FS 2010, 336 (337).

1448 Siehe 2. Kapitel, A., I., 4), c), bb), (5), (a).

1449 Ebenso wenig wie bezüglich des regulären Vollzugs: 2. Kapitel, A., I., 4), c), bb), (5), (b).

aufweisen, um am Programm teilnehmen zu können. Wer einer solchen Tätigkeit nachgeht, ist in der Regel soweit gesellschaftlich integriert, dass keine spezielle kulturelle oder sprachliche Betreuung notwendig ist. Auch eine durch die Öffnung des Marktes angeregte Konkurrenz, die zu einer Prozess- und Produktinnovation führen könnte, ist hier nicht ersichtlich. Die in Baden-Württemberg vorgesehenen Systeme sind auf dem neuesten Stand der Technik. Eine elektronische Überwachung wird weltweit in so vielen Ländern durchgeführt, dass ein weiteres Voranschreiten der Überwachungsmethoden keiner Privatisierung bedarf. Entstehende modernere Systeme könnten problemlos von Drittanbietern eingekauft werden. Auch die Rückkehr zum „schlanken Staat“ stellt kein Argument für eine vollständige Privatisierung der für die elektronische Aufsicht zuständigen Stelle dar. Deren Aufgaben gehören zum Strafvollzug und damit zum Kernbereich staatlicher Tätigkeit. Finanzielle Überlegungen könnten einen Grund darstellen, etwa wenn sich zeigen sollte, dass die Durchführung durch Private erheblich billiger ist und das Land deshalb mehr Gefangene in das Programm aufnehmen könnte als bei einer staatlichen Erfüllung. Anhaltspunkte dafür sind jedoch nicht erkennbar. Welche konkreten Vorteile sich ergeben könnten und welches Gewicht die potentiell anführbaren Gründe haben können, lässt sich abstrakt jedoch abschließend nicht bestimmen. Es muss eine Betrachtung im Einzelfall erfolgen.

Bestimmbar sind zu diesem Zeitpunkt jedoch – auf der anderen Seite – mehrere Kriterien, die in ihrer Gesamtheit gesehen hohe Anforderungen an die legitimierenden Gründe stellen. Der für die elektronische Aufsicht zuständigen Stelle stehen zwar keine über die Jedermannrechte hinausgehende Kompetenzen für eine Ausübung physischer Gewalt zu. Ihre Aufgaben bewegen sich deshalb nicht im absoluten Kernbereich der Ausübung hoheitsrechtlicher Befugnisse. § 5 II EAStVollzG erlaubt es der für die elektronische Aufsicht zuständigen Stelle jedoch, den Vollzugsplan für die Gefangenen festzulegen und damit umfassend deren Lebensführung zu regeln. Gemäß § 6 II EAStVollzG liegt eine Weisungsbefugnis gegenüber den Gefangenen vor, welche zwar nicht mit unmittelbarem Zwang durchsetzbar ist, jedoch die Grundlage für Sanktionsmaßnahmen des Anstaltsleiters gemäß § 8 EAStVollzG darstellt. Die Stelle handelt größtenteils eigenständig und unabhängig von der zuständigen Vollzugsanstalt, etwa bei der Erstellung des Vollzugsprogramms gemäß § 5 II EAStVollzG. Da die für die elektronische Aufsicht zuständige Stelle die Gefangenen eigenständig und ohne mitschreitende Kontrollen betreut, ist der Anstaltsleiter zudem vollständig auf die durch die Stelle bereitgestellten Informationen angewiesen. Diese Tätigkeiten stellen, wie auch die Datenerhebungs- und Verarbeitungsmöglichkeiten gemäß §§ 11 und 12 EAStVollzG, nicht nur unerhebliche Eingriffsmöglichkeiten in die Grundrechte der Gefangenen dar. Eventuelle Fehler in der Rechtsanwendung könnten zu durch den Anstaltsleiter ausgesprochenen Sanktionen, schlimmstenfalls zur Unterbringung in einer Vollzugsanstalt,[1450] führen. Zudem handelt es sich auch bei der elektronischen Aufsicht um eine Form des Strafvollzugs, wenn auch in abgemilderter Form. Auch hier gilt, dass das Leben der Gefangenen in erheblichem Maße fremdbestimmt ist. In jeder gegenüber ihnen getroffenen Maßnahme manifestiert sich das bestehende dauerhafte Eingriffsverhältnis. Des Weiteren ist gemäß § 6 I EAStVollzG die für die elektronische Aufsicht zuständige Stelle für eine umfassende Betreuung der Gefangenen, inklusive der psychosozialen Betreuung, verantwortlich.[1451] Sie handelt dabei im Bereich der grundrechtswesentlichen Leistungsverwaltung. Für den Fall einer fehlerhaften Ausübung dieser Aufgaben könnten sich für die Gefangenen erhebliche Konsequenzen für ihr weiteres Leben ergeben. Der grundrechtliche Resozialisierungsanspruch der Gefangenen ist zudem bei allen ihnen gegenüber getätigten Maßnahmen zu beachten, was jeder Handlung der für die elektronische Aufsicht zuständigen Stelle Grundrechtsrelevanz verleiht.

Insgesamt handelt es sich somit nicht etwa nur um eine untergeordnete Ausübung hoheitsrechtlicher Befugnisse im Sinne des Art. 33 IV GG. Vielmehr reichen die entsprechenden Tätigkeiten teilweise eng an deren Kernbereich heran. Grundrechtliche Rechtskreise werden durch die für die elektronische Aufsicht zuständige Stelle in ganz erheblicher Weise berührt. Eine Übertragung würde deshalb eine empfindliche Beeinträchtigung des verfassungsrechtlich vorgesehenen Prinzips darstellen. Fehler in der Rechtsanwendung können gravierende Folgen für die Gefangenen haben. Eine vollständige Übertragung auf Private könnte deshalb nur durch ganz erhebliche Vorteile bzw. durch überragend wichtige Gründe gerechtfertigt werden. Erschwerend kommt hinzu, dass Gegenstand der Prüfung eine vollständige Privatisierung der für die elektronische Aufsicht zuständigen Stelle ist und die eine Übertragung legitimierenden Gründe somit auch aufgrund quantitativer Aspekte ein ganz erhebliches Gewicht haben müssten. Solche Gründe sind bisher nicht vorgebracht und auch nicht ersichtlich. Falls die Aufgaben der für die elektronische Aufsicht zuständigen Stelle dauerhaft vollständig auf Private übertragen werden sollen, würde dies einen erheblich höheren Begründungsaufwand erfordern, als dies bisher erfolgt ist. Gründe, die nur auf einzelne Teilbereiche zutreffen, wie sie in der Gesetzesdiskussion genannt wurden, reichen jedenfalls nicht aus.

1450 *Ratzel/Wulf*, FS 2010, 336 (338).

1451 Gesetzentwurf EAStVollzG, BW. LT-Drs. 14/4670, 19.

b) Psychosoziale Beratung und Betreuung

aa) Ausübung hoheitsrechtlicher Befugnisse

Aufgrund der allgemeinen Formulierung der §§ 6 II, III, IV, 11 und 12 I EAStVollzG ermächtigt das Gesetz auch die Mitarbeiter der psychosozialen Betreuung zur Ausübung von Eingriffsbefugnissen. Hauptsächlich ist ihre Tätigkeit jedoch der grundrechtswesentlichen Leistungsverwaltung zuzuordnen, die ebenfalls zur Ausübung hoheitsrechtlicher Befugnisse zählt.[1452] Auch hier sind das insgesamt prägende besondere Gewaltverhältnis sowie der bei jeder gegenüber Gefangenen getätigten Maßnahme zu beachtende Resozialisierungsanspruch[1453] zu beachten. Die Ausübung hoheitsrechtlicher Befugnisse liegt deshalb vor.

bb) Nichtständige Wahrnehmung

Auch bezüglich der psychosozialen Betreuung gilt, dass das EAStVollzG gemäß § 16 des Gesetzes nach vier Jahren außer Kraft tritt. Es handelt sich deshalb um eine nichtständige Ausübung hoheitsrechtlicher Befugnisse. Art. 33 IV GG stellt deshalb derzeit auch keine Schranke für die private Übertragung dieser Tätigkeiten dar.

cc) Ständige Wahrnehmung

Jedoch bleibt auch hier zu untersuchen, welche Anforderungen gemäß dem Funktionsvorbehalt erfüllt werden müssten, falls nach dieser Zeit eine entsprechende Norm in eine dauerhafte Regelung übertragen werden würde.

(1) Legitimierende sachliche Gründe

Der Gesetzgeber ist die Nennung eines legitimierenden sachlichen Grundes für eine Übertragung der psychosozialen Betreuung auf Private schuldig geblieben.[1454] Es wurde lediglich angeführt, dass diese sinnvoll sei.[1455] Ein solcher Grund ist jedoch notwendig, um von der grundgesetzlich vorgesehenen Regelform abweichen zu können. Unter diesen Voraussetzungen würde eine dauerhafte Übertragung dieses Bereichs nach Außerkrafttreten des EAStVollzG gegen

---

1452 Zu den einzelnen Tätigkeiten, die im Rahmen der psychosozialen Beratung und Betreuung ausgeübt werden, siehe 3. Kapitel, B., II., 3), b), aa).

1453 Siehe 2. Kapitel, A., I., 2), a).

1454 Zur Begründungspflicht siehe 2. Kapitel, A., I., 4), c), bb), (2).

1455 Siehe 3. Kapitel, B., II., 4), a), cc), (1).

Art. 33 IV GG verstoßen. Was potentiell anführbare Gründe für die Übertragung der psychosozialen Beratung und Betreuung auf Private angeht, kann auf die oben gemachten Aussagen zur für die elektronische Aufsicht zuständigen Stelle insgesamt verwiesen werden.[1456] Insbesondere eine bessere Qualifikation Privater kommt in diesem Bereich in Betracht, jedoch lassen sich auch die anderen Argumente wie beispielsweise die höhere Flexibilität des Privatrechts oder Kostenvorteile übertragen. Auch die im Rahmen des Modellversuchs gemachten Überlegungen[1457] könnten relevant sein, falls sich die gestellten Erwartungen in der Erprobungsphase erfüllen.

(2) Verhältnismäßigkeitsprüfung

Falls entsprechende Gründe für eine Übertragung angeführt werden sollten, müssten diese im Zuge einer vollständigen Verhältnismäßigkeitsprüfung gegenüber dem verfassungsrechtlich vorgesehenen Strukturprinzip überwiegen. Bei einer zu erwartenden gleich guten Erfüllung ist im Sinne der Erforderlichkeit eine Wahrnehmung durch Beamte vorzuziehen. Die Gründe müssten gewichtig genug sein, um eine Beeinträchtigung des Funktionsvorbehaltes und eventuell damit verbundene Gefahren und Nachteile zu rechtfertigen. Was die möglichen Gründe für eine Übertragung auf Private angeht, kann nach oben verwiesen werden.[1458] Einige in der Diskussion um den regulären Strafvollzug vorgebrachte Argumente können übertragen werden, überzeugen aber tendenziell nicht. Allein finanzielle Aspekte könnten eine Privatisierung potentiell rechtfertigen, falls der Staat nur durch den Einsatz günstigerer Privater in der Lage wäre, das Programm aufrechtzuerhalten oder auszuweiten. Auf der anderen Seite steht jedoch auch hier die hohe Eingriffsintensität. Zwar zählt die psychosoziale Betreuung eigentlich zur Leistungsverwaltung, weshalb die entsprechenden Dienstposten einfacher zu übertragen wären. Aufgrund der allgemeinen Formulierungen der §§ 6 II, III, IV, 11 und 12 I EAStVollzG stehen jedoch allen Mitarbeitern der für die elektronische Aufsicht zuständigen Stelle Eingriffsbefugnisse zu. Dazu kommt die allgemeine dauerhafte Einschränkung des Gefangenen durch den Strafvollzug. Sofern die entsprechenden Befugnisse für die psychosoziale Betreuung nicht eingeschränkt werden, sind auch an die Privatisierung dieser Posten hohe Anforderungen zu stellen. Unter quantitativen Gesichtspunkten fallen diese gegenüber einer vollständigen Privatisierung der für die elektronische Aufsicht zuständigen Stelle jedoch ab.

1456 Siehe 3. Kapitel, B., II., 4), a), cc), (1).

1457 Dazu sogleich 3. Kapitel, B., II., 4), c), cc), (1).

1458 Siehe 3. Kapitel, B., II., 4), b), cc), (1), bzw. 3. Kapitel, B., II., 4), a), cc), (1).

c) Im Rahmen des Modellversuchs vorgenommene Übertragungen

aa) Ausübung hoheitsrechtlicher Befugnisse

Im Rahmen des Modellversuchs wurden sowohl die komplette Durchführung der technischen Komponente als auch die psychosoziale Beratung und Betreuung auf Private übertragen. Auch hier gilt, dass alle Beteiligten nicht dazu ermächtigt sind, physische Gewalt auszuüben. Darüber hinaus sind die Privaten nicht dazu berechtigt, den Gefangenen irgendwie geartete Weisungen zu erteilen. Die Mitarbeiter von *Neustart* leiten lediglich Informationen an die Anstalt weiter, die bei Bedarf Anordnungen trifft.[1459] Die Möglichkeiten Privater, in Grundrechte der Gefangenen einzugreifen, bleibt damit deutlich hinter den im Gesetz potentiell vorgesehenen zurück. Dennoch liegt ein Handeln im grundrechtsrelevanten Bereich vor:

Mitarbeiter von *Neustart* prüfen vor Ort alle nach § 4 I EAStVollzG vom Gefangenen zu erfüllenden Voraussetzungen.[1460] Anschließend fassen sie die Ergebnisse zusammen und legen sie, zusammen mit einem Vorschlag für ein individuelles Vollzugsprogramm, dem jeweiligen Anstaltsleiter vor. Enthalten sind auch Einschluss- und Ausschlusszonen sowie die zeitliche Vorgabe von Aufenthaltsorten.[1461] Es handelt sich dabei um eingreifende Tätigkeiten mit erheblicher Grundrechtsrelevanz für die Gefangenen. Auch wenn der Anstaltsleiter letztendlich darüber entscheidet, ob ein Gefangener zugelassen wird oder nicht und wie der Vollzugsplan ausgestaltet wird, beruhen diese Entscheidungen jedoch in ganz erheblichem Umfang auf den von *Neustart* gemachten Angaben. Eine erneute Prüfung durch Beamte kann nicht erwartet werden. Da es nicht darauf ankommt, wer nach außen wirksam gegenüber einem Bürger handelt, sondern der materielle Gehalt einer Tätigkeit entscheidend ist,[1462] fallen diese Aktivitäten unter die Ausübung hoheitsrechtlicher Befugnisse.

Neustart führt, auch bei einem reibungslosen Ablauf, regelmäßige Treffen mit den Gefangenen durch.[1463] Diese finden in den ersten zwei Monaten wöchentlich, im dritten und vierten Monat ein Mal alle zwei Wochen und im fünften und sechsten Monat monatlich statt.[1464] Gesprächsinhalte sind die allgemeine soziale

---

1459 Persönliche Information von Prof. *Wulf*, Referatsleiter Justizministerium Baden-Württemberg.

1460 Aussage Frau *Waidhofer*, *Neustart elektronische Aufsicht* gGmbH, Pressekonferenz 10. November 2010, Justizvollzugsschule Baden-Württemberg.

1461 *Ratzel/Wulf*, FS 2010, 336 (338).

1462 Siehe 2. Kapitel, A., I., 4), b), cc).

1463 *Ratzel/Wulf*, FS 2010, 336 (338).

1464 Aussage Frau *Waidhofer*, *Neustart elektronische Aufsicht* gGmbH, Pressekonferenz 10. November 2010, Justizvollzugsschule Baden-Württemberg.

Situation des Gefangenen, die Belastungen, die sich durch die Überwachung ergeben[1465] und mögliche Vermittlungen an externe Beratungsstellen.[1466] Falls sich bei diesen Treffen erhebliche Änderungen ergeben, macht der jeweilige Mitarbeiter von *Neustart* einen Vorschlag für eine Anpassung des Wochenplans.[1467] Daneben unterhält das Unternehmen wochentags von 8 – 18 Uhr einen Bereitschaftsdienst, an den die Gefangenen sich bei Problemen, beispielsweise bei Fragen zu Ein- und Ausschlusszonen, wenden können.[1468] In Notfällen leisten die Mitarbeiter von *Neustart* auch Krisenintervention und statten im Extremfall außerplanmäßige Hausbesuche ab.[1469] Faktisch ist *Neustart* damit in weitem Umfang für die Gefangenen verantwortlich.[1470] Diese Tätigkeiten zählen jedenfalls zur grundrechtsrelevanten Leistungsverwaltung, sofern Änderungsvorschläge zu einem strengeren Vollzugsplan führen oder die Treffen einer Kontrolle des Gefangenen dienen, auch zur Eingriffsverwaltung und damit zur Ausübung hoheitsrechtlicher Befugnisse.

Computertechnik und Telefonzentrale werden für den Modellversuch von den Firmen *ADT Service-Center* GmbH und *Total Walther* GmbH zur Verfügung gestellt. Die elektronischen Fußfesseln werden von der *elmotec* Ltd. gekauft bzw. geleast.[1471] Die Firmen programmieren die Geräte mit den individuellen Vollzugsplänen, überwachen die Einhaltung des vorgegebenen Tagesablaufs in einem Callcenter[1472] und leiten eventuell auftretende Störfälle an die zuständige Anstalt weiter, die dann angemessen reagiert. Es besteht dabei zu keiner Zeit ein persönlicher Kontakt zwischen Mitarbeitern der privaten Firmen und den Gefangenen. Der komplette Prozess läuft vollständig anonymisiert ab.[1473] Lediglich in der Vollzugsanstalt kann ein Signal einem bestimmten Gefangenen zugeordnet

1465 *Ratzel/Wulf*, FS 2010, 336 (338); Persönliche Information von Prof. *Wulf*, Referatsleiter Justizministerium Baden-Württemberg.

1466 Persönliche Information von Prof. *Wulf*, Referatsleiter Justizministerium Baden-Württemberg.

1467 Aussage Frau *Waidhofer*, *Neustart elektronische Aufsicht* gGmbH, Pressekonferenz 10. November 2010, Justizvollzugsschule Baden-Württemberg.

1468 Aussage Frau *Waidhofer*, *Neustart elektronische Aufsicht* gGmbH, Pressekonferenz 10. November 2010, Justizvollzugsschule Baden-Württemberg.

1469 Aussage Frau *Waidhofer*, *Neustart elektronische Aufsicht* gGmbH, Pressekonferenz 10. November 2010, Justizvollzugsschule Baden-Württemberg.

1470 Persönliche Information von Prof. *Wulf*, Referatsleiter Justizministerium Baden-Württemberg.

1471 http://www.jum.baden-wuerttemberg.de/servlet/PB/menu/1259833/index.html? (Stand: 24.02.2011); Persönliche Information von Prof. *Wulf*, Referatsleiter Justizministerium Baden-Württemberg.

1472 Information von Prof. Wulf, Referatsleiter Justizministerium Baden-Württemberg.

1473 *Ratzel/Wulf*, FS 2010, 336 (338); http://www.jum.baden-wuerttemberg.de/servlet/PB/menu/1259833/index.html? (Stand: 24.02.2011); Persönliche Information von Prof. *Wulf*, Referatsleiter Justizministerium Baden-Württemberg.

werden.[1474] Für die Sanktionierung von Verstößen ist allein die Anstalt zuständig.[1475] Die von privaten Firmen wahrgenommenen technischen Tätigkeiten weisen einen relativ unselbstständigen Charakter auf. Sie arbeiten lediglich als „Werkzeug“ der jeweiligen Anstalt.[1476]

Fraglich ist, ob diese Aufgaben deshalb zu den einfachen, untergeordneten Hilfstätigkeiten bzw. rein technisch-mechanische Verrichtungen zählen und damit nicht unter den Funktionsvorbehalt fallen.[1477] Jedenfalls ist dies etwa bei Programmierern und Technikern ohne sonstige Tätigkeiten und Befugnisse der Fall. Problematischer sind solche Tätigkeiten, die das Monitoring an sich und die Weitergabe von Verstößen an die Vollzugsanstalt beinhalten. Diese würden nicht unter die Ausübung hoheitsrechtlicher Befugnisse fallen, wenn sie Entscheidungsverantwortung lediglich in einem höchst unerheblichen Maß enthielten und keine Grundrechtsrelevanz besäßen.[1478]

Man könnte argumentieren, dass die Firmen aufgrund ihres überlegenen Fachwissens und ihrer technischen Ausstattung allein für den reibungslosen Ablauf der elektronischen Überwachung verantwortlich sind. Diese ist das Grundgerüst für den gesamten Modellversuch. Bei einem Ausfall der Technik, etwa bei einem Streik, müssten alle Gefangenen, zumindest vorübergehend, in den geschlossenen Vollzug verbracht werden. Deshalb könnte eine Zuordnung der genannten Tätigkeiten zum Funktionsvorbehalt angebracht sein. Allerdings löst allein die Möglichkeit von Fachkräften, bei einer etwaigen Arbeitsniederlegung die Verwaltung lahm zu legen, nicht die Ausübung hoheitsrechtlicher Befugnisse aus. Aufgrund der zahlreichen Dienstposten, bei denen dies potentiell möglich ist, wäre eine nahezu uferlose Verbeamtungspflicht die Folge.[1479]

Entscheidend ist, ob eine staatliche Handlung den grundrechtlich gewährleisteten Rechtskreis in nicht nur unerheblicher oder untergeordneter Weise berührt.[1480] Auf eine reine Schutzbereichsberührung, welche bei nahezu jedem Verwaltungshandeln gegeben ist, kann es dabei nicht ankommen. Vielmehr muss die Handlung eine Erheblichkeit erreichen, die eine gesteigerte Schutzbedürftig-

---

1474 *Ratzel/Wulf*, FS 2010, 336 (338); http://www.jum.baden-wuerttemberg.de/servlet/PB/menu/1259833/index.html? (Stand: 24.02.2011).

1475 *Ratzel/Wulf*, FS 2010, 336 (338); Persönliche Information von Prof. *Wulf*, Referatsleiter Justizministerium Baden-Württemberg.

1476 Siehe 3. Kapitel, B., II., 3), c), bb), (2).

1477 Zum Ausschluss solcher Tätigkeiten aus dem Funktionsvorbehalt: 2. Kapitel, A., I., 4), b), bb), (4), (c), (hh).

1478 Siehe 2. Kapitel, A., I., 4), b), cc).

1479 Siehe 2. Kapitel, A., I., 4), b), bb), (4), (c), (hh).

1480 *Jachmann*, in: v. Mangoldt/Klein/Starck (GG), Art. 33 Rn. 34; *Jachmann/Strauß*, ZBR 1999, 289 (293).

keit des Bürgers auslöst.[1481] Entscheidend dabei ist, mit welcher Intensität auf dem Rechtskreis des Bürgers eingewirkt bzw. die Ausübung von Grundrechten beeinflusst wird.[1482]

Als beeinflusstes Grundrecht kommt hier vor allem das aus Art. 2 I i. V. m. 1 I GG entwickelte allgemeine Persönlichkeitsrecht in seiner Ausprägung als Recht auf informationelle Selbstbestimmung in Betracht. Fraglich ist, ob dieses durch den technischen Dienstleister erheblich berührt wird. Der Schutzbereich des Rechts auf informationelle Selbstbestimmung umfasst die Möglichkeit des Einzelnen, „selbst über die Preisgabe und Verwendung persönlicher Daten (…) bestimmen" zu können.[1483] Eingriffe sind bei Erhebung, Sammlung, Speicherung, Verwendung und Weitergabe von personenbezogenen Daten geben,[1484] sofern sie individualisiert oder individualisierbar sind.[1485] Die Daten müssen auf persönliche oder sachliche Verhältnisse einer bestimmten Person bezogen sein.[1486] Kein Eingriff in das allgemeine Persönlichkeitsrecht liegt dagegen vor, wenn Daten allein technikbedingt miterfasst, unmittelbar danach jedoch technisch spurenlos und anonym, ohne die Möglichkeit einen Personenbezug herzustellen, ausgesondert werden.[1487] Gemeint ist damit etwa die routinemäßige automatisierte Erfassung von Kfz-Kennzeichen für einen Abgleich mit polizeilichen Fahndungsdateien. Falls bei einem negativen Ergebnis die angelegten Dateien ohne Rückverfolgungsmöglichkeit gelöscht werden, liegt kein Eingriff vor.[1488] Hier ist jedoch eine andere Ausgangslage gegeben. Die Daten werden vom privaten Dienstleister zwar anonymisiert erhoben, verarbeitet und weitergegeben, dies geschieht jedoch nicht technikbedingt als unerwünschte Nebenfolge, sondern ist gerade Zweck der Tätigkeit. Zudem sind die einzelnen erhobenen Daten auch nicht dauerhaft anonymisiert, sondern gerade dazu bestimmt, im

---

1481 *Strauß*, Funktionsvorbehalt und Berufsbeamtentum, 106.

1482 *Kunig*, in: v. Münch/Kunig (GG II), Art. 33 Rn. 49; *Nitz*, NZV 1998, 11 (15); *Haug*, NVwZ 1999, 816 (818); *Gramm*, VerwArch 1999, 329 (343). Mit einer eingehenden Begründung: *Strauß*, Funktionsvorbehalt und Berufsbeamtentum, 106 ff. Zum Kriterium der Intensität der Grundrechtsbeeinflussung im Rahmen der Wesentlichkeitstheorie: BVerfGE 47, 46 (79 ff.); 49, 89 (127); 83, 130 (142); 98, 218 (252); *Jarass*, in: Jarass/Pieroth (GG), Art. 20 Rn. 49; *Pieroth/Schlink*, Grundrechte, Rn. 276.

1483 BVerfGE 113, 29 (46); 115, 166 (188); *Jarass*, in: Jarass/Pieroth (GG), Art. 2 Rn. 44; *Murswiek*, in: Sachs (GG), Art. 2 Rn. 72. In diesem Sinne auch *Pieroth/Schlink*, Grundrechte, Rn. 339.

1484 BVerfGE 65, 1 (43); 67, 100 (143); 84, 239 (279); 115, 166 (188); *Jarass*, in: Jarass/Pieroth (GG), Art. 2 Rn. 53.

1485 BVerfGE 67, 100 (143); 84, 239 (279).

1486 *Jarass*, in: Jarass/Pieroth (GG), Art. 2 Rn. 53.

1487 BVerfGE 120, 378 (399); *Jarass*, in: Jarass/Pieroth (GG), Art. 2 Rn. 53; *Pieroth/Schlink*, Grundrechte, Rn. 405.

1488 BVerfGE 120, 378 (399); *Pieroth/Schlink*, Grundrechte, Rn. 406.

Falle eines Verstoßes durch die Anstalt einer bestimmten Person zugeordnet zu werden. Damit sind sie, wenn auch nicht für den privaten Dienstleister, individualisierbar. Auch im Falle der Kfz-Kennzeichen-Erfassung wird ein Eingriff bejaht, wenn ein Kennzeichen im Speicher festgehalten wird und deshalb gegebenenfalls Grundlage weiterer Maßnahmen werden kann.[1489] Ab diesem Zeitpunkt steht das erfasste Kennzeichen zur Auswertung durch staatliche Stellen zur Verfügung, wodurch die spezifische Persönlichkeitsgefährdung für die Privatheit des Einzelnen beginnt.[1490] Eine Speicherung der erhobenen Daten ist gemäß § 13 EAStVollzG routinemäßig bis zu einer Woche möglich, falls sie zur Aufklärung oder Verfolgung von dokumentierten Vorkommnissen erforderlich sind, sogar darüber hinaus. Auch bei einer lediglich anonymisierten Überwachung durch Private können die erhobenen Daten staatliche Maßnahmen begründen. Wenn sich etwa ein Fehler beim anonymen Monitoring durch die Privaten ereignet und ein Gefangener daraufhin mit Sanktionen durch die Anstalt bedroht ist, hat dies für die konkrete Einzelperson weitreichende Konsequenzen. Folglich liegt ein Handeln im grundrechtsrelevanten Bereich des Rechts auf informationelle Selbstbestimmung vor.

Fraglich ist, ob diese von ausreichender Intensität ist, um die Ausübung hoheitsrechtlicher Befugnisse darzustellen. Entscheidend dafür sind der Grad[1491], die Dauer[1492], die Reversibilität[1493] und die verbleibende Mitgestaltungsmöglichkeit des Bürgers bei der Grundrechtsbeeinflussung.[1494] Die Überwachung kann zwar jederzeit beendet werden; die bereits erfolgten Einschränkungen in der Zeit, in der der Gefangene die Fußfessel getragen hat und kontrolliert wurde, sind nicht reversibel. Ein Mitspracherecht des Probanden besteht gemäß § 5 II EAStVollzG bei der Festlegung des Vollzugsprogramms, nicht aber bei der Durchführung der technischen Überwachung an sich. Zwar findet sie nur statt, wenn er gemäß § 4 I lit. a) EAStVollzG sein Einverständnis erklärt, angesichts der alternativen Verbüßung einer Gefängnisstrafe kann dieser Erklärung jedoch kein allzu hohes Gewicht beigemessen werden. Die Dauer der Überwachung liegt je nach Einzelfall zwischen mehreren Wochen und mehreren Monaten, wobei Verletzungen des Vollzugsplans rund um die Uhr erfasst und gemeldet werden. Auch die Tatsache, dass die technischen Dienstleister lediglich als unselbstständige Verwaltungshelfer eingesetzt werden und ihr Handeln deshalb der Behörde

1489 BVerfGE 120, 378 (399).
1490 BVerfGE 120, 378 (399 f.).
1491 *Pieroth/Schlink*, Grundrechte, Rn. 277; *Haug*, NVwZ 1999, 816 (818);
1492 *Pieroth/Schlink*, Grundrechte, Rn. 277; *Haug*, NVwZ 1999, 816 (818); *Strauß*, Funktionsvorbehalt und Berufsbeamtentum, 108 f.
1493 *Strauß*, Funktionsvorbehalt und Berufsbeamtentum, 108 f.
1494 *Pieroth/Schlink*, Grundrechte, Rn. 277; *Haug*, NVwZ 1999, 816 (818).

zugerechnet wird, hindert nicht daran, dass ein Handeln im grundrechtsrelevanten Bereich bejaht werden kann.[1495] Die wahrgenommenen Tätigkeiten sind deshalb von erheblicher Grundrechtsrelevanz für die Gefangenen. Die Ausübung hoheitsrechtlicher Befugnisse liegt vor.

Sowohl die von *Neustart* als auch die von den technischen Dienstleistern durchgeführte Tätigkeiten weisen damit teilweise Grundrechtsrelevanz auf und unterfallen folglich prinzipiell dem Funktionsvorbehalt. Eine besondere Relevanz im staatlichen Gesamtgefüge besteht daneben nicht. Zu beachten ist jedoch, dass allein die genannten Tätigkeiten in den Regelungsbereich des Art. 33 IV GG fallen. Alle sonstigen Aufgaben können hinsichtlich des Beamtenvorbehalts problemlos von privaten Mitarbeitern erfüllt werden. Aber auch bei einer prinzipiellen Zuordnung zum Funktionsvorbehalt könnte eine Erfüllung durch die privaten Partner zulässig sein, sofern ein Ausnahmevorbehalt des Artikels einschlägig ist.

bb) Nichtständige Wahrnehmung

Das Modellprojekt ist auf die Dauer eines Jahres beschränkt. Die Wahrnehmung sämtlicher Befugnisse ist folglich nichtständiger Natur und fällt unter den Ausnahmevorbehalt des Art. 33 IV GG. Der Funktionsvorbehalt beschränkt die Aufgabenübertragung auf Private im Rahmen des Modellversuchs deshalb nicht. Alle vollzogenen Übertragungen sind damit in dieser Hinsicht zulässig.

cc) Ständige Wahrnehmung

Falls sich das gewählte Modell jedoch bewähren sollte, ist es wahrscheinlich, dass es nach einer Evaluation in dieser Form weitergeführt wird. Es stellt sich also die Frage, inwieweit eine dauerhafte Lösung zulässig wäre.

(1) Legitimierende sachliche Gründe

Im Rahmen des Pilotprojekts wurde eine Zusammenarbeit mit der Firma *Neustart* unter anderem deshalb gewählt, weil entsprechende staatliche personelle Ressourcen nicht existierten, deshalb eigens Stellen hätten geschaffen werden müssen und Personal flexibel vom privaten Partner eingekauft werden kann.[1496] Alle privaten Partner sind unabhängig von firmeninternen Problematiken wie Personalplanung, Krankheit, Streik, usw. zur vertraglich vereinbarten Leistung

1495 Siehe 2. Kapitel, A., I., 4), b), bb), (4), (c), (hh).
1496 Persönliche Information von Prof. *Wulf*, Referatsleiter Justizministerium Baden-Württemberg.

verpflichtet.[1497] Zudem ausschlaggebend war das bestehende Fachwissen auf privater Seite.[1498] *Neustart* begleitet bereits in Österreich die elektronische Aufsicht flächendeckend und hat dadurch Erfahrungen sammeln können.[1499] Dadurch hat der Verein bereits umfangreiche Kenntnisse bezüglich der besonderen Problematiken, die sich etwa in psychologischer Hinsicht bei einem elektronisch überwachten Hausarrest ergeben. Für die in Baden-Württemberg vorhandenen Beamten wären diese, auch wenn es sich um ansonsten gut geschulte Betreuer handelt, jedoch völliges Neuland. Das Bundesverwaltungsgericht hat Sachkompetenz und jahrelange Erfahrung als ausreichenden sachlichen Grund anerkannt: „Die Beigeladene verfügt (…) seit Jahren über spezielle Erfahrungen im Umgang mit besonders überwachungsbedürftigen Abfällen. Sie besitzt infolgedessen eine besondere Eignung, die damit zusammenhängenden hoheitlichen Aufgaben selbständig wahrzunehmen. Bereits diese Sachkompetenz ist ein hinreichender sachlicher Grund dafür, sie mit den entsprechenden Überwachungsaufgaben zu betrauen."[1500]

Für die hier betrachtete Übertragung in eine dauerhafte Lösung nach Ablauf des Modellversuchs sind auch die dabei gewonnenen Erkenntnisse relevant. Der private Partner ist durch den Modellversuch mindestens ein Jahr lang, bei einer Verlängerung des Projekts bis zum Ablauf des EAStVollzG sogar für längere Zeit, vollständig für die psychosoziale Betreuung verantwortlich. Währenddessen könnten die bereits aus der Betreuung in Österreich vorhandenen Kenntnisse vertieft und auf die besonderen Gegebenheiten in Baden-Württemberg erweitert werden. Dadurch hätte *Neustart* einzigartige Erfahrungen bezüglich der notwendigen Betreuung im Rahmen des EAStVollzG, die den Verein geradezu für eine weitere Heranziehung prädestinieren würden. Für andere private Träger gilt diese jedoch nicht. Für eine Zusammenarbeit mit solchen könnte jedoch wiederum die in anderen Ländern gemachte Erfahrung sprechen.

Auch im Bereich der technischen Ausführung war das Fachwissen der beteiligten Unternehmen ausschlaggebend für die vorgenommene Aufgabenübertragung. Insbesondere die internationale Erfahrung der *elmotec* Ltd., dem Weltmarktführer für Hard- und Software im Bereich der elektronischen Überwachung,[1501] sollte für den Modellversuch genutzt werden.[1502] Auch die anderen beteiligten Firmen verfügen über einschlägige Kenntnisse in besonderem Um-

---

1497 Persönliche Auskunft des Justizministeriums Baden-Württemberg, Referat Vollzugsrecht, Haushalt, Arbeitswesen und Wirtschaftsverwaltung.

1498 *Ratzel/Wulf*, FS 2010, 336 (337).

1499 *Ratzel/Wulf*, FS 2010, 336 (337).

1500 BVerwG, NuR 2006, 499 (499 f.).

1501 *Ratzel/Wulf*, FS 2010, 336 (337).

1502 *Ratzel/Wulf*, FS 2010, 336 (337).

fang. *ADT* ist mit ca. 57.000 Mitarbeitern nach eigenen Angaben das weltweit größte Unternehmen im Bereich der elektronischen Sicherheitslösungen.[1503] *TOTAL WALTHER* ist ebenfalls nach eigenen Angaben einer der führenden Anbieter von Sicherheits- und Kommunikationssystemen auf dem deutschen Markt.[1504] Das Fachwissen und die besondere Erfahrung dieser Unternehmen stellen einen ausreichenden sachlichen Grund für eine Übertragung dar.

(2) Verhältnismäßigkeitsprüfung

Die vorgenommenen Übertragungen müssten des Weiteren auch verhältnismäßig sein.

Für die psychosoziale Betreuung käme eine Erfüllung durch Beamte als milderes Mittel in Betracht. Entsprechende Stellen in ausreichendem Umfang bestehen jedoch auf staatlicher Seite bisher nicht.[1505] Solche könnten zwar geschaffen werden, da diese jedoch nicht über die langjährige Erfahrung des privaten Partners verfügen, wäre dies nicht gleich wirksam. Die Übertragung wäre deshalb erforderlich.

Fraglich ist, ob sie auch angemessen, also verhältnismäßig im engeren Sinn wäre. Die Tätigkeiten der psychosozialen Betreuung zählen nicht zum absoluten Kernbereich der Ausübung hoheitsrechtlicher Befugnisse. Allerdings gehört etwa die Erstellung von Vorschlägen für Vollzugspläne zur Eingriffsverwaltung. Tätigkeiten wie die Beratungsgespräche sind dagegen der Leistungsverwaltung zuzuordnen. Der Funktionsvorbehalt ist damit durch die Übertragung in unterschiedlichen Intensitäten beeinträchtigt. Mögliche Gefahren und Nachteile einer Wahrnehmung durch Private sind beispielsweise eine durch private Interessenbindung bedingte fehlerhafte Ausführung. Diese wird jedoch dadurch abgemildert, dass den Privaten keine Letztentscheidungsbefugnisse zustehen und mit dem Anstaltsleiter und der Anstalt, als für die elektronische Aufsicht zuständige Stelle, mögliche Beschwerde- und Kontrollinstanzen bestehen. Würde etwa eine Ungleichbehandlung von Gefangenen aufgrund privater Interessen erfolgen, könnte der benachteiligte Gefangene sich ohne Weiteres bei der Anstalt beschweren und dadurch eine Überprüfung des Vorgangs erreichen. Zudem stünden auf der Seite für eine private Wahrnehmung die umfassenden Erfahrungen die *Neustart* in Österreich und bis zum Ende des Modellversuchs auch in Baden-

---

1503 Broschüre „Unternehmensprofil, ADT und TOTAL WALTHER – das ganze Spektrum der Sicherheit".

1504 Broschüre „Unternehmensprofil, ADT und TOTAL WALTHER – das ganze Spektrum der Sicherheit".

1505 Persönliche Auskunft des Justizministeriums Baden-Württemberg, Referat Vollzugsrecht, Haushalt, Arbeitswesen und Wirtschaftsverwaltung.

Württemberg gesammelt hat. Falls sich zeigen sollte, dass das getestete System funktioniert, wäre es eine Verschwendung von Ressourcen, anschließend einen entsprechenden Beamtenapparat für die psychosoziale Betreuung aufzubauen.

Ähnliches gilt bezüglich der technischen Komponente. Die Übertragung wäre erforderlich, da der Aufbau von Know-how und eines entsprechenden Beamtenapparates zeitlich und finanziell nicht lohnenswert wäre. Auch bei der Verhältnismäßigkeitsprüfung können Parallelen gezogen werden. Zwar liegt auch hier die Ausübung von eingreifenden Tätigkeiten vor, diese erfolgt jedoch in engem Zusammenhang mit der Vollzugsanstalt und ohne Letztentscheidungsbefugnisse. Die Gefahr einer Benachteiligung Einzelner aufgrund privater Interessen tendiert gegen Null, da es dem technischen Dienstleister nicht möglich ist, die einzelnen Signale konkreten Personen zuzuordnen. Anhaltspunkte für eine hohe Wahrscheinlichkeit einer bewussten oder versehentlich fehlerhaften Ausführung bestehen nicht. Demgegenüber stehen auch hier das ganz erhebliche Fachwissen und die technische Ausrüstung, die die privaten Partner auszeichnen. Falls sich diese im Modellversuch bewährt haben, läge es nahe, sie auch im Rahmen einer Fortsetzung des Projekts heranzuziehen.

5) Freiheit von Arbeitszwang gemäß Art. 12 III GG

Gemäß Art. 12 III GG ist Zwangsarbeit nur bei einer gerichtlich angeordneten Freiheitsentziehung zulässig. Unter Zwangsarbeit ist dabei ein schwerer Fall des Arbeitszwangs zu verstehen, bei dem der Betroffene seine gesamte Arbeitskraft über einen längeren Zeitraum zur Verfügung stellen muss und unter ständiger Bewachung oder vergleichbaren Kontrollinstrumenten steht.[1506]

Das EAStVollzG sieht zwar eine ständig kontrollierte Arbeitsleistung von Gefangenen vor, diese beruht jedoch nicht auf einem staatlich angeordneten Zwang, sondern ist vielmehr Voraussetzung, um an der elektronischen Aufsicht teilnehmen zu können. Es handelt sich um die private Tätigkeit des Gefangenen, der dieser ohnehin nachgeht. Ziel des Gesetzes ist unter anderem, dass die Gefangenen vor einem Verlust solcher bestehenden Arbeitsstellen bewahrt werden.[1507] Art. 12 III GG begrenzt eine Privatisierung der für die elektronische Aufsicht zuständigen Stelle und ihrer Teilbereiche folglich nicht.

1506 Siehe 2. Kapitel, A., I., 5).

1507 Bericht des ständigen Ausschusses, BW. LT-Drs. 14/4901, 4; BW. LT-PlPr. 14/72, 5191 (Abg. *Wetzel*); http://www.jum.baden-wuerttemberg.de/servlet/PB/menu/1259833/index.html? (Stand: 24.02.2011).

6) Verwaltungs- und Organisationskompetenzen gemäß Art. 83 ff. GG

Die Art. 83 ff. GG verpflichten den Staat auch beim Einsatz Privater eine effektive und leistungsfähige Verwaltung zu gewährleisten. Ihn treffen gesteigerte Weisungs-, Kontroll-, Aufsichts- und Selbsteintrittspflichten, die er gegebenenfalls vertraglich absichern muss.[1508]

Da das EAStVollzG eine Übertragung auf Private nicht ausdrücklich vorsieht, enthält es auch keine expliziten Regelungen über staatliche Rechte und Pflichten bei einer solchen. Auch die Aufsichtsregelungen des StVollzG und des JVollzGB wurden nicht einbezogen.[1509] Allerdings ergeben sich bereits daraus, dass der Staat die Letzt- und Gesamtverantwortung für die elektronische Überwachung behält,[1510] gewisse Weisungs- und Kontrollrechte. Als ausübende Instanz kommt hier insbesondere der Leiter der zuständigen Justizvollzugsanstalt in Betracht. Im Falle einer Schlechterfüllung sind zudem keine rechtlichen Hindernisse ersichtlich, die es dem Staat versagen würden, selbst die Aufgaben der privaten Partner zu übernehmen. Allerdings ist die praktische Umsetzbarkeit eines solchen Selbsteintritts zweifelhaft. Grund für Privatisierungsüberlegungen im Zusammenhang mit dem EAStVollzG ist unter anderem, dass Know-how und Kapazitäten auf staatlicher Seite nicht zur Verfügung stehen und auch nicht geschaffen werden sollen.[1511] Fraglich ist, ob die bestehenden staatlichen Möglichkeiten deshalb als unzureichend zu betrachten sind. Dies ist zu verneinen. Da es sich hier um eine neue, experimentelle Vollzugsform handelt, liegt eine Sondersituation vor. Es ist dem Staat nicht möglich, qualifiziertes Personal aus bestehenden Einrichtungen abzuziehen und durch dieses selbst zu handeln, wie es etwa im regulären Vollzug möglich ist. Würde man vom Staat verlangen, Beamte für Fälle einer eventuellen Schlechtleistung in ausreichendem Umfang auszubilden und vorzuhalten, würde man jede Privatisierungsbemühung ad absurdum führen. Die bestehenden staatlichen Rechte sind deshalb als ausreichend im Sinne der Art. 83 ff. GG zu betrachten. Weitergehende Regelungen sind durch vertragliche Absprachen im konkreten Einzelfall möglich.

Dies gilt sowohl für eine Privatisierung der für die elektronische Aufsicht zuständigen Stelle als auch der psychosozialen Betreuung.

Was den Modellversuch angeht, besteht eine zusätzliche Kontrolle der Privaten durch das Max-Planck-Institut für ausländisches und internationales Straf-

---

1508 Arbeitsbericht „Modellprojekt", 22; *Bonk*, JZ 2000, 435 (440).

1509 Siehe 3. Kapitel, B., II., 3), a), cc).

1510 *Ratzel/Wulf*, FS 2010, 336 (337).

1511 Siehe 3. Kapitel, B., II., 4), a), cc), (1) und 3. Kapitel, B., II., 4), c), cc), (1).

recht in Freiburg, das den Modellversuch mitschreitend begleitet und evaluiert.[1512] Den Art. 83 ff. GG ist damit Genüge getan.

III. Fazit

Die Einbindung Privater stellt gerade bei neuen und experimentellen Vollzugsformen, wie es bei der elektronischen Überwachung der Fall ist, eine sinnvolle Alternative zur rein staatlichen Erfüllung dar. Durch das EAStVollzG soll eine Beteiligung privater Partner in Form einer Funktionalprivatisierung ermöglicht werden. Man hat es jedoch versäumt, eine entsprechende ausdrückliche Regelung in das Gesetz aufzunehmen. Aufgrund dieser fehlenden Normierung stellt das EAStVollzG keine ausreichende Grundlage zur Beleihung Privater dar. Die vom Gesetzgeber intendierte Möglichkeit einer vollständigen Privatisierung der für die elektronische Aufsicht zuständigen Stelle scheitert daran. Da viele der eingreifenden Befugnisse allgemein allen Mitarbeitern dieser Stelle zugestanden werden, gilt dies auch für die vorgesehene Übertragung der psychosozialen Betreuung. Falls solche Privatisierungen dennoch vorgenommen werden würden, läge ein Verstoß gegen das Demokratieprinzip vor. Das Gesetz ist deshalb dahingehend verfassungskonform zu reduzieren, dass die für die elektronische Aufsicht zuständige Stelle staatlicher Natur sein muss bzw. dass diejenigen Dienstposten, die die genannten Eingriffsbefugnisse beinhalten, zwingend mit Beamten besetzt werden müssen. Die im Modellversuch vorgenommenen Übertragungen wurden mit mehr Augenmaß vorgenommen und sind deshalb als zulässig anzusehen. An der schärfsten Privatisierungsgrenze, Art. 33 IV GG, müssen sich die durch das EAStVollzG ermöglichten Privatisierungen nicht messen lassen, da sie nichtständiger Natur sind. Bei einer Übertragung der Regelungen des EAStVollzG in eine dauerhafte Lösung erscheint jedoch auch eine ständige Ausnahme vom Funktionsvorbehalt möglich. Diese wird allerdings mit einem erheblich höheren Begründungsaufwand verbunden sein, als dies im Rahmen der Gesetzesberatung der Fall war. Tendenziell wird eine Aufgabenübertragung nur in vergleichbarem Umfang wie im Modellversuch zulässig sein. Gründe, die eine Privatisierung der gesamten für die elektronische Aufsicht zuständigen Stelle angesichts des Art. 33 IV GG rechtfertigen könnten, sind bislang nicht ersichtlich.

1512 *Ratzel/Wulf*, FS 2010, 336 (337).

Literaturverzeichnis

Achterberg, Norbert: „Allgemeines Verwaltungsrecht". 2. Auflage, Schaeffers Grundriss Verlag R. v. Decker & Verlag C.F. Müller, Heidelberg 1988

Anderl, Thorsten: „Gesetzgebung und kooperatives Regierungshandeln: Eine rechtstatsächliche und verfassungsrechtliche Untersuchung am Beispiel des 14. und 15. Deutschen Bundestages". Berliner Wissenschafts-Verlag, Berlin 2006

Anker, Axel René: „Der Einigungsvertrag, seine Rechtsqualität und die Grenzen seiner Abänderbarkeit". DÖV 1991, S. 1062

Arbeitsgruppe „Modellprojekte zur Privatisierung im Strafvollzug". „Bericht der Arbeitsgruppe". Wiesbaden 1999. Mitglieder: *Aumüller, Thomas*; *Bonk, Heinz-Joachim*; *Fromm, Heinz*; *Groß, Karl-Heinz*; *Wohlgemuth, Rüdiger*. Zitiert: Arbeitsbericht „Modellprojekt"

Arloth, Frank: „Neue Entwicklungen im Strafvollzug im internationalen Vergleich – Privatisierungstendenzen und Alternativen". ZfStrVo 2002, S. 3

–: „Grundfragen und aktuelle Probleme des Strafvollzugs". JuS 2003, S. 1041

–: „Strafvollzugsgesetz – Bund, Bayern, Hamburg, Niedersachsen – Kommentar". 2. Auflage, C. H. Beck Verlag, München 2008

Aumüller, Thomas: „Motive und Argumente für eine Privatisierung im Strafvollzug aus der Sicht der Politik". Privatisierung im Strafvollzug?, Hrsg.: Stober, Rolf. Carl Heymanns Verlag, Köln – Berlin – Bonn – München 2001. S. 59

Bachl, Anton: „Stellungnahme Bund der Strafvollzugsbediensteten". FS 2007, S. 200

Badura, Peter: „Der Sozialstaat". DÖV 1989, S. 491

–: „Die hoheitlichen Aufgaben des Staates und die Verantwortung des Berufsbeamtentums". ZBR 1996, S. 321

Bansch, Frank: „Die Beleihung als verfassungsrechtliches Problem – Zur Zulässigkeit einer Übertragung hoheitlicher Befugnisse auf Private nach dem Grundgesetz". Dissertation Frankfurt a. M. 1973. Zitiert: *Bansch*, Die Beleihung als verfassungsrechtliches Problem

Banzer, Jürgen: „Privatisierung als ergänzender und innovativer Weg". FS 2007, S. 199

Barisch, Susann: „Die Privatisierung im deutschen Strafvollzug unter Einbeziehung des Jugendstrafvollzuges und unter Berücksichtigung entsprechender

Entwicklungen in Großbritannien, Frankreich und den USA". Waxmann Verlag, Münster – New York – München – Berlin 2010. Zitiert: *Barisch*, Die Privatisierung im deutschen Strafvollzug

Baumann, Karsten: „Gegenwartsfragen der Beleihung in der Luftverkehrsverwaltung". Wirtschaft – Verwaltung – Recht: Festschrift für Rolf Stober, Hrsg.: Kluth, Winfried; Müller, Martin; Peilert, Andreas; Burgi, Martin. Carl Heymanns Verlag, Köln – Berlin – Bonn – München 2008. Zitiert: FS Stober. S. 433

Becker, Heinz B.: „Die funktionelle und berufsethische Abgrenzung von Beamten und Arbeitnehmern im öffentlichen Dienst". Lit Verlag, Münster 1988. Zitiert: *Becker*, Abgrenzung von Beamten und Arbeitnehmern

–: „Europäisches Gemeinschaftsrecht und deutsches Berufsbeamtentum". Lit Verlag, Münster1992

Bemmann, Günter: „Im Vollzug der Freiheitsstrafe soll der Gefangene fähig werden, künftig in sozialer Verantwortung ein Leben ohne Straftaten zu führen". StV 1988, S. 549

Benda, Ernst; *Maihofer, Werner*; *Vogel, Hans-Jochen*: „Handbuch des Verfassungsrechts der Bundesrepublik Deutschland". Band 2, 2. Auflage, De Gruyter Verlag, Berlin 1994. Zitierter Bearbeiter: *Isensee, Josef*

Benndorf, Michael: „Zur Bestimmung der hoheitlichen Befugnisse gemäß Art. 33 Abs. 4 GG". DVBl. 1981, S. 23

Benz, Winfried: „Beamtenverhältnis und Arbeitsverhältnis". Gustav Fischer Verlag, Göttingen 1969

Bernhardt, Rudolf: „Völkerrechtskonforme Auslegung der Verfassung? Verfassungskonforme Auslegung völkerrechtlicher Verträge?". Tradition und Weltoffenheit des Rechts: Festschrift für Helmut Steinberger. Hrsg.: Cremer, Hans-Joachim; Giegerich, Thomas; Richter, Dagmar; Zimmermann, Andreas. Springer Verlag, Berlin 2002. Zitiert: FS Steinberger. S. 391

Bonk, Heinz Joachim: „Rechtliche Rahmenbedingungen einer Privatisierung im Strafvollzug". JZ 2000, S. 435

Bosch, Nikolaus; *Reichert, Christoph*: „Konkurrenz der Strafvollzugsmodelle in den USA". ZStW 2001, S. 207

Bracher, Christian-Dietrich: „Gefahrenabwehr durch Private". Duncker & Humblot Verlag, Berlin 1987

Braum, Stefan; *Varwig, Marianne*; *Bader, Christine*: „Die ‚Privatisierung des Strafvollzugs' zwischen fiskalischen Interessen und verfassungsrechtlichen Prinzipien". ZfStrVo 1999, S. 67

Braun, Christian; *Buchmann, Anne*: „Beleihung als Ausstiegsmöglichkeit aus der Ausschreibungspflicht?". „NZBau 2007, S. 691

Brockhaus Enzyklopädie: Bände: 12, 22. 21. Auflage, F. A. Brockhaus Verlag, Leipzig, Mannheim 2006

Burgi, Martin: „Funktionale Privatisierung und Verwaltungshilfe". Mohr Siebeck Verlag, Tübingen 1999. „Statement: Beleihung im Strafvollzug". Privatisierung im Strafvollzug?, Hrsg.: Stober, Rolf. Carl Heymanns Verlag, Köln – Berlin – Bonn – München 2001. S. 43

–: „Der Beliehene – ein Klassiker im modernen Verwaltungsrecht". Staat – Kirche – Verwaltung, Festschrift für Hartmut Maurer zum 70. Geburtstag, Hrsg.: Geis, Max-Emanuel; Lorenz, Dieter. C. H. Beck Verlag, München 2001. Zitiert: FS Maurer. S. 581

–: „Die Beleihung als kartellvergaberechtlicher Ausnahmetatbestand (am Beispiel des Subventionsmittlers nach § 44 III BHO)". NVwZ 2007, S. 383

Calliess, Rolf-Peter; *Müller-Dietz, Heinz:* „Strafvollzugsgesetz". 10. Auflage, C. H. Beck Verlag, München 2005. Zitierte Bearbeiter: *Calliess, Rolf-Peter*; *Müller-Dietz, Heinz*

Cornel, Heinz: „Warum hört man so wenig wirklich gute Argumente für die Privatisierung des Strafvollzugs?". NK 2006, S. 7

David, Klaus: „Verfassung der Freien und Hansestadt Hamburg – Kommentar". 2. Auflage, Boorberg Verlag, Stuttgart – München – Hannover – Berlin – Weimar – Dresden 2004. Zitierter Bearbeiter: *David, Klaus*

Degenhart, Christoph: „Das allgemeine Persönlichkeitsrecht, Art. 2 I i. V. mit Art. 1 I GG". JuS 1992, S. 361

–: „Staatsrecht I – Staatsorganisationsrecht". 24. Auflage 2008, Verlag C.F. Müller, Heidelberg 2008

Detterbeck, Steffen: „Der praktische Fall – Öffentliches Recht: Staatshaftungsrecht". JuS 2003, S. 1003

–: „Allgemeines Verwaltungsrecht mit Verwaltungsprozessrecht". 5. Auflage, C. H. Beck Verlag, München 2007. Zitiert: *Detterbeck*, Allgemeines Verwaltungsrecht

–: „Öffentliches Recht – Staatsrecht, Verwaltungsrecht, Europarecht mit Übungsfällen: Ein Basislehrbuch". 6. Auflage, Verlag Franz Vahlen, München 2008. Zitiert: *Detterbeck*, Öffentliches Recht

Di Fabio, Udo: „Verwaltung und Verwaltungsrecht zwischen gesellschaftlicher Selbstregulierung und staatlicher Steuerung". VVDStRL 56 (1997), S. 235

–: „Privatisierung und Staatsvorbehalt". JZ 1999, S. 585

Dolzer, Rudolf; *Kahl, Wolfgang*; *Waldhoff, Christian*; *Graßhof, Karin* (Hrsg.): „Bonner Kommentar zum Grundgesetz". Stand: 149. Aktualisierung, Dezember 2010, Verlag C.F. Müller, Heidelberg. Zitierter Bearbeiter: *Lorenz, Dieter*

Dörr, Dieter: „Die Abgrenzung von Beamten- und Angestelltenfunktionen im öffentlichen Dienst (I)". ZTR 1991, S. 182

Dreier, *Horst* (Hrsg.): „Grundgesetz Kommentar". Band I, 2. Auflage, Verlag Mohr Siebeck, Tübingen 2004. Zitierte Bearbeiter: *Dreier*, *Horst*; *Wieland*, *Joachim*

–: Band II, 2. Auflage, Verlag Mohr Siebeck, Tübingen 2006. Zitierter Bearbeiter: *Masing*, *Johannes*

–: Band II, 1. Auflage, Verlag Mohr Siebeck, Tübingen 1998. Zitierter Bearbeiter: *Lübbe-Wolff*, *Gertrude*

Duden – Deutsches Universalwörterbuch: 4. Auflage, Dudenverlag, Mannheim – Leipzig – Wien – Zürich 2001

Eberle, *Carl-Eugen*: „Gesetzesvorbehalt und Parlamentsvorbehalt". DÖV 1984, S. 485

Erbguth, *Wilfried*: „Die Zulässigkeit der funktionalen Privatisierung im Genehmigungsrecht". UPR 1995, S. 369

Erbguth, *Wilfried*; *Stollmann*, *Frank:* „Erfüllung öffentlicher Aufgaben durch private Rechtssubjekte? – Zu den Kriterien bei der Wahl der Rechtsform –". DÖV 1993, S. 798

Fehling, *Michael*; *Kastner*, *Berthold*; *Wahrendorf*, *Volker* (Hrsg.): „Handkommentar Verwaltungsrecht". Nomos Verlag, Baden-Baden 2006. Zitierter Bearbeiter: *Kastner*, *Berthold*

Fischbach, *Oscar Georg*: „Zur Neugestaltung des Beamtenrechts". DÖV 1951, S. 453

Frommel, *Monika*: „Privatisierung der Strafvollstreckung". NK 2006, S. 6

Görgmaier, *Dietmar:* „Möglichkeiten und Grenzen der Entstaatlichung öffentlicher Aufgaben". DÖV 1977, S. 356

Gramm, *Christof:* „Schranken der Personalprivatisierung bei der inneren Sicherheit". VerwArch 1999, S. 329

Gusy, *Christoph:* „Zulässigkeit und Grenzen des Einsatzes privater Sicherheitsdienste im Strafvollzug". Privatisierung im Strafvollzug?, Hrsg.: Stober, Rolf. Carl Heymanns Verlag, Köln – Berlin – Bonn – München 2001. S. 5

–: „Möglichkeit und Grenzen der Privatisierung des Jugendstrafvollzugs". JZ 2006, S. 651

Gusy, *Christoph*; *Lührmann*, *Olivia:* „Rechtliche Grenzen des Einsatzes privater Sicherheitsdienste im Strafvollzug". StV 2001, S. 46

Hailbronner, *Kay*: „Völker- und europarechtliche Fragen der deutschen Wiedervereinigung". JZ 1990, S. 449

Hammer, *Felix:* „Private Sicherheitsdienste, staatliches Gewaltmonopol, Rechtsstaatsprinzip und schlanker Staat". DÖV 2000, S. 613

Haneberg, *Jutta:* „Privatisierung: Will the customer get a better service?". ZfStrVo 1993, S. 289

Haug, Volker: „Funktionsvorbehalt und Berufsbeamtentum als Privatisierungsschranken“. NVwZ 1999, S. 816

Helfrich, Marcus: „Überlegungen zur rechtlichen Problematik einer Beleihung auf dem Wege haushaltsrechtlicher Regelungen“. DÖV 1990, S. 553

Hessisches Ministerium der Justiz: „Justizvollzug in Hessen – Stand 2006“. Stand der Daten grundsätzlich 1. Januar 2007, einige Entwicklungen bis 31. Mai 2007 berücksichtigt

Hill, Hermann: „Das hoheitliche Moment im Verwaltungsrecht der Gegenwart“. DVBl. 1989, S. 321

Höch, Thomas: „Der Einigungsvertrag zwischen völkerrechtlichem Vertrag und nationalem Gesetz“. Duncker & Humblot Verlag, Berlin 1995

Hoffmann-Riem, Wolfgang: „Übergang der Polizeigewalt auf Private?“. ZRP 1977, S. 277

–: “Justizdienstleistung im kooperativen Staat – Verantwortungsteilung und Zusammenarbeit von Staat und Privaten im Bereich der Justiz“. JZ 1999, S. 421

Hömig, Dieter (Hrsg.): „Grundgesetz für die Bundesrepublik Deutschland – Kommentar“. 9. Auflage, Nomos Verlag, Baden-Baden 2010. Zitierte Bearbeiter: *Antoni, Michael*; *Bergmann, Reinhard*; *Hömig, Dieter*

Hoppe, Werner; *Bleicher, Herbert*: „Rechtsprobleme bei der Verfahrensprivatisierung von Standortauswahlverfahren im Abfallrecht“. NVwZ 1996, S. 421

Huber, Peter M.: „Das Berufsbeamtentum im Umbruch“. DV 1996, S. 437

Hummler, Alexander Josef: „Staatliches Gewaltmonopol und Notwehr – Grenzverschiebungen in Rechtsprechung und Literatur“. Dissertation Tübingen 1998. Zitiert: *Hummler*, Staatliches Gewaltmonopol und Notwehr

Illert, Haike: „Aspekte einer Implementierung des elektronisch überwachten Hausarrests in das deutsche Recht“. Cuvillier Verlag, Göttingen 2005

Ipsen, Jörn: „Allgemeines Verwaltungsrecht“. 5. Auflage, Carl Heymanns Verlag, Köln – Berlin – Bonn – München 2007

–: „Staatsrecht I – Staatsorganisationsrecht“. 18. Auflage, Luchterhand 2006. Zitiert: *Ipsen*, Staatsorganisationsrecht

Isensee, Josef: „Der Fiskalbeamte – ein Fiskalprivileg“. DÖV 1970, S. 397

–: „Affekt gegen Institution – überlebt das Berufsbeamtentum? Die neue Legitimationskrise“. ZBR 1998, S. 295

Isensee, Josef; *Kirchhof, Paul* (Hrsg.): „Handbuch des Staatsrechts der Bundesrepublik Deutschland“. Band 2, 3. Auflage, Verlag C.F. Müller, Heidelberg 2004. Zitierter Bearbeiter: *Isensee, Josef*

–: Band 4, 3. Auflage Verlag C.F. Müller, Heidelberg 2006. Zitierter Bearbeiter: *Burgi, Martin*

–: Band 9, 1. Auflage Verlag C.F. Müller, Heidelberg 1997. Zitierter Bearbeiter: *Rupp, Hans Heinrich*

Jachmann, Monika: „Bundesrecht (insbesondere Bundesverfassungsrecht) und Landesverfassungen". JuS 1994, S. L 81

Jachmann, Monika; *Strauß, Thomas*: „Berufsbeamtentum, Funktionsvorbehalt und der ‚Kaperbrief für den Landeinsatz'". ZBR 1999, S. 289

Jarass, Hans: „Das allgemeine Persönlichkeitsrecht im Grundgesetz". NJW 1989, S. 857

Jarass, Hans; *Pieroth, Bodo:* „Grundgesetz für die Bundesrepublik Deutschland". 10. Auflage, C. H. Beck Verlag, München 2009. Zitierte Bearbeiter: *Jarass, Hans*; *Pieroth, Bodo*

Jeand'Heur, Bernd: „Von der Gefahrenabwehr als staatlicher Angelegenheit zum Einsatz privater Sicherheitskräfte – Einige rechtspolitische und verfassungsrechtliche Anmerkungen –". AöR 1994, S. 107

Jöhnk, Wulf: „Privatisierung im Strafvollzug". Privatisierung im Strafvollzug?, Hrsg.: Stober, Rolf. Carl Heymanns Verlag, Köln – Berlin – Bonn – München 2001. S. 55

Jung, Jörg: „Die Zweispurigkeit des öffentlichen Dienstes – Eine Untersuchung über die Veränderungen der Personalstruktur im öffentlichen Dienst und die Verankerung des Berufsbeamtentums im Grundgesetz". Duncker & Humblot Verlag, Berlin 1971. Zitiert: *Jung*, Die Zweispurigkeit des öffentlichen Dienstes

Kämmerer, Jörn Axel: „Privatisierung: Typologie – Determinanten – Rechtspraxis – Folgen". Mohr Siebeck Verlag, Tübingen 2001. Zitiert: *Kämmerer*, Privatisierung

–: „Der lange Abschied vom staatlichen Gewaltmonopol". Wirtschaft – Verwaltung – Recht: Festschrift für Rolf Stober, Hrsg.: Kluth, Winfried; Müller, Martin; Peilert, Andreas; Burgi, Martin. Carl Heymanns Verlag, Köln – Berlin – Bonn – München 2008. Zitiert: FS Stober. S. 595

Kenntner, Markus: „Sinn und Zweck der Garantie des hergebrachten Berufsbeamtentums". DVBl. 2007, S. 1321

Kiefer, Günther: „Regelungsbedarf und Gestaltungsspielräume bei der Beleihung". LKRZ 2009, S. 441

Kirchhof, Gregor: „Rechtsfolgen der Privatisierung – Jede Privatisierung lockert, löst öffentliche Bindungen". AöR 2007, S. 215

Kirchhof, Paul: „Der Begriff der hoheitsrechtlichen Befugnisse in Artikel 33 Absatz IV des Grundgesetzes". Dissertation, München 1968. Zitiert: *Kirchhof*, Der Begriff der hoheitsrechtlichen Befugnisse

Klement, Jan Henrick: „Ungereimtheiten in der Beleihungsdogmatik des BGH – Eine Kritik am Beispiel der Staatshaftung für Fehler privater Sachverständiger –". VerwArch 2010, S. 112

Köhne, Michael: „Resozialisierungsunfähige Strafgefangene". ZRP 2003, S. 207

König, Michael: „Die Privatisierung im Landesorganisationsrecht“. DÖV 1999, S. 322

Kopp, Ferdinand (Begr.); *Ramsauer, Ulrich*: „Verwaltungsverfahrensgesetz: Kommentar“. 11. Auflage, C. H. Beck Verlag, München 2010. Zitierter Bearbeiter: *Ramsauer, Ulrich*

Kötter, Lena Barbara: „Privatisierung der Bewährungshilfe“. BewHi 2004, S. 211

Kranz, Hubert: „Sind Richter Beamte?“. DÖV 1955, S. 166

Kratz, Andreas: „PPP-Projekt JVA Burg“. FS 2007, S. 215

Krölls, Albert: „Die Privatisierung der inneren Sicherheit“. GewArch 1997, S. 445

Kruis, Konrad: „Haftvollzug als Staatsaufgabe“. ZRP 2000, S. 1

Kruis, Konrad; Cassardt, Gunnar: „Verfassungsrechtliche Leitsätze zum Vollzug von Straf- und Untersuchungshaft“. NStZ 1995, S. 521

Kulas, Axel: „Die gesetzlichen Grundlagen der Privatisierung im Strafvollzug“. Privatisierung im Strafvollzug?, Hrsg.: Stober, Rolf. Carl Heymanns Verlag, Köln – Berlin – Bonn – München 2001. S. 35

–: „Privatisierung hoheitlicher Verwaltung“. 2. Auflage, Carl Heymanns Verlag, Köln – Berlin – Bonn – München 2001

Kunz, Karl-Ludwig: „Die organisierte Nothilfe“. ZStW 1983, S. 973

Landau, Herbert: „So viel Staat muss sein – Verfassungsrechtliche Grenzen der Privatisierung“. 27. Triberger Symposium des Justizministeriums Baden-Württemberg – Wie viel Staat braucht das Land?, Hrsg.: Justizministerium Baden-Württemberg. Heilbronn 2007. Zitiert: Tagungsbericht 27. Triberger Symposium. S. 30

–: „Zur Zukunft des Berufsbeamtentums in Deutschland“. DVBl. 2007, S. 133

Lange, Meik: „Privatisierungspotentiale im Strafvollzug“. DÖV 2001, S. 898

Laubenthal, Klaus: „Strafvollzug“. 5. Auflage, Springer Verlag, Berlin – Heidelberg 2008

Lecheler, Helmut: „Die Beamtenaufgaben nach dem Funktionsvorbehalt des GG“. Godesberger Taschenbuch-Verlag, Bonn-Bad Godesberg 1986

–: „Die Verfassungspflicht der Dienstherren zum Einsatz von Beamten bei der Erfüllung staatlicher Daueraufgaben dargestellt am Beispiel der Bundesbahn, der Bundespost und der staatlichen allgemeinbildenden Schulen“. Pädagogik & Hochschul Verlag Krefeld 1989. Zitiert: *Lecheler*, Verfassungspflicht bei der Erfüllung staatlicher Daueraufgaben

Lehnguth, Gerold: „Die Entwicklung des Funktionsvorbehalts nach Art. 33 Abs. 4 GG und seine Bedeutung in der heutigen Zeit“. ZBR 1991, S. 266

Leisner, Walter: „Der Beamte als Leistungsträger – Die Anwendbarkeit des beamtenrechtlichen Funktionsvorbehalts (Art. 33 Abs. IV GG) auf die Leistungsverwaltung“. Das Berufsbeamtentum im demokratischen Staat – Beiträge zum Dienstrecht und zur Dienstrechtsreform, Hrsg.: Leisner, Walter. Duncker & Humblot Verlag, Berlin 1975. Zitiert: Das Berufsbeamtentum im demokratischen Staat. S. 121

–: „Berufsbeamtentum und Entstaatlichung“. DVBl. 1978, S. 733

–: „Legitimation des Berufsbeamtentums aus der Aufgabenerfüllung“. Verlagsanstalt des Deutschen Beamtenbundes, Bonn 1988. Zitiert: *Leisner*, Legitimation des Berufsbeamtentums

–: „Grundlagen des Berufsbeamtentums“. Beamtentum – Schriften zum Beamtenrecht und zur Entwicklung des öffentlichen Dienstes 1968 – 1991, Hrsg.: Isensee, Josef. Duncker & Humblot Verlag, Berlin 1995. Zitiert: Beamtentum. S. 109

Lerche, Peter: „Verbeamtung als Verfassungsauftrag?“. Godesberger Taschenbuch-Verlag, Bonn-Bad Godesberg 1973

Lindenlaub, Bernd-Axel: „PPP im Justizvollzug“. FS 2007, S. 201

Lindner, Josef Franz: „Berufsbeamtentum und Demokratieprinzip – ein Zwischenruf“. ZBR 2010, S. 26

Loschelder, Wolfgang: „Die Aufgaben der Bundesanstalt für Arbeit – ‚hoheitsrechtliche Befugnisse‘?“. ZBR 1977, S. 265

Lüderssen, Klaus: „Resozialisierung und Menschenwürde“. KJ 1968, S. 179

Mahlberg, Lothar: „Gefahrenabwehr durch gewerbliche Sicherheitsunternehmen“. Duncker & Humblot Verlag, Berlin 1988

Maunz, Theodor; *Dürig, Günter* (Begr.): „Grundgesetz Kommentar“. Stand: 60. Aktualisierung, Oktober 2010, C. H. Beck Verlag, München. Zitierte Bearbeiter: *Di Fabio, Udo*; *Grzeszick, Bernd*; *Maunz, Theodor*; *Papier, Hans-Jürgen*

Maurer, Hartmut: „Allgemeines Verwaltungsrecht“. 17. Auflage, C. H. Beck Verlag, München 2009

Meder, Theodor: „Die Verfassung des Freistaates Bayern – Handkommentar“. 4. Auflage, Boorberg Verlag, Stuttgart – München – Hannover – Berlin – Weimar – Dresden 1992. Zitierter Bearbeiter: *Meder, Theodor*

Menzer, Jörg K.: „Privatisierung der atomaren Endlagerung“. DVBl. 1998, S. 820

Meyer, Frank: „Privatisierung und Strafvollzug“. BewHi 2004, S. 272

Mösinger, Thomas: „Privatisierung des Strafvollzugs“. BayVBl. 2007, S. 417

Mühlenkamp, Holger: „(Teil-)Privatisierung von Justizvollzugsanstalten – Ökonomische Überlegungen und empirischer Befund –“. DÖV 2008, S. 525

Müller-Dietz, Heinz: „Verfassungs- und strafvollzugsrechtliche Aspekte der Privatisierung im Strafvollzug“. NK 2006, S. 11

Nitz, Gerhard: „Neuere Rechtsprechung zu Privatisierung der Verkehrsüberwachung". NZV 1998, S. 11
Oehlerking, Jürgen: „Private Auslagerung von Funktionen der Justiz und Gefahrenabwehr". Nomos Verlag, Baden-Baden 2010. Zitiert: *Oehlerking*, Auslagerung von Funktionen der Justiz
Ossenbühl, Fritz: „Die Erfüllung von Verwaltungsaufgaben durch Private". VVDStRL 29 (1971), S. 137
–: „Eigensicherung und hoheitliche Gefahrenabwehr – Rechtsgutachten zum 9. Änderungsgesetz des Luftverkehrsgesetzes". Hrsg.: Hauptvorstand der Gewerkschaft Öffentliche Dienste, Transport und Verkehr Stuttgart 1981. Zitiert: *Ossenbühl*, Eigensicherung und hoheitliche Gefahrenabwehr
Otto, Walter: „Der Beamte als Träger der Staatshoheit". ZBR 1956, S. 233
Päckert, Werner: „Teilprivatisierter Justizvollzug am Beispiel der JVA Hünfeld". FS 2007, S. 217
Peine, Franz-Joseph: „Der Funktionsvorbehalt des Berufsbeamtentums". DV 1984, S. 415
–: „Grenzen der Privatisierung – Verwaltungsrechtliche Aspekte". DÖV 1997, S. 353
Pieroth, Bodo; *Schlink, Bernhard:* „Grundrechte – Staatsrecht II". 26. Auflage, Verlag C.F. Müller, Heidelberg 2010
Pilz, Stefan: „Verfassungsrechtliche Grenzen der Privatisierung des Gerichtsvollzieherwesens". DÖV 2009, S. 102
Pitschas, Rainer: „Gefahrenabwehr durch private Sicherheitsdienste?". DÖV 1997, S. 393
Ploog, Wolfhard: „Standpunkt des Bundes der Strafvollzugsbediensteten Deutschlands zur Frage der Privatisierung des Strafvollzugs". Privatisierung im Strafvollzug?, Hrsg.: Stober, Rolf. Carl Heymanns Verlag, Köln – Berlin – Bonn – München 2001. S. 109
Pollähne, Helmut: „Justizvollzug – Eckpfeiler der inneren Sicherheit?". ZfStrVo 1994, S. 131
Püttner, Günter: „Privatisierung". LKV 1994, S. 193
Quidde, Torsten: „Die Dienstherrenfähigkeit juristischer Personen des öffentlichen Rechts". ZBR 1958, S. 229
Ratzel, Oliver; *Wulf, Rüdiger*: „Elektronische Aufsicht im Vollzug der Freiheitsstrafe – Der baden-württembergische Modellversuch". FS 2010, S. 336
Reidt, Olaf: „§ 4 b BauGB – Die Einschaltung Dritter in die Bauleitplanung". NVwZ 1998, S. 592
Remmert, Barbara: „Private Dienstleistungen in staatlichen Verwaltungsverfahren". Mohr Siebeck Verlag, Tübingen 2003. Zitiert: Remmert, Private Dienstleistungen in Verwaltungsverfahren.

Rinne, Eberhard; *Schlick, Wolfgang*: „Die Rechtsprechung des BGH zu den öffentlich-rechtlichen Ersatzleistungen". NJW 2004, S. 1918

Rudolf, Walter: „Der öffentliche Dienst im Staat der Gegenwart". VVDStRL 1979 (37), S. 175

Ruland, Franz: „Verfassungsrecht und Beamtenrecht". ZRP 1983, S. 278

Sachs, Michael (Hrsg.): „Grundgesetz Kommentar". 5. Auflage, C. H. Beck Verlag, München 2009. Zitierte Bearbeiter: *Battis, Ulrich*; *Dittmann, Armin*; *Mann, Thomas*; *Murswiek, Dietrich*; *Sachs, Michael*

Sandmann, Johannes: „Teilprivatisierung als Innovationsstrategie". Das Gefängnis als Risikounternehmen, Hrsg.: Preusker, Harald; Maelicke, Bernd; Flügge, Christoph. Nomos Verlag, Baden-Baden 2010. S. 259

Schimpfhauser, Eva Maria: „Das Gewaltmonopol des Staates als Grenze der Privatisierung von Staatsaufgaben – Dargestellt am Beispiel des Strafvollzuges". Peter Lang Verlag, Frankfurt am Main – Berlin – Bern – Bruxelles – New York – Oxford – Wien 2009. Zitiert: *Schimpfhauser*, Das Gewaltmonopol des Staates

Schlömer, Uwe: „Der elektronisch überwachte Hausarrest". Peter Lang Verlag, Frankfurt am Main – Berlin – Bern New York – Paris – Wien 1998

Schmidt, Thorsten Ingo: „Gesetzliche Regelung der Rechtsverhältnisse der Beleihung". ZG 2002, S. 353

Schmidt-Bleibtreu, Bruno; *Hofmann, Hans*; *Hopfauf, Axel* (Hrsg.): „GG – Kommentar zum Grundgesetz". 11. Auflage, Carl Heymanns Verlag, Köln – Berlin – Bonn – München 2008. Zitierte Bearbeiter: *Henneke, Hans-Günther*; *Hofmann, Hans*; *Sannwald, Rüdiger*

Schmidt-Preuß, Matthias: „Soziale Marktwirtschaft und Grundgesetz vor dem Hintergrund des Staatsvertrages zur Währungs- Wirtschafts- und Sozialunion". DVBl. 1993, S. 236

Schmidt am Busch, Birgit: „Die Beleihung: Ein Rechtsinstitut im Wandel". DÖV 2007, S. 533

Schneider, Hendrik: „Besuchsausgang eines Gefangenen im geschlossenen Vollzug". NStZ 1999, S. 157

Schoch, Friedrich: „Privatisierung von Verwaltungsaufgaben". DVBl. 1994, S. 962

–: „Privatisierung polizeilicher Aufgaben". Wirtschaft – Verwaltung – Recht: Festschrift für Rolf Stober, Hrsg.: Kluth, Winfried; Müller, Martin; Peilert, Andreas; Burgi, Martin. Carl Heymanns Verlag, Köln – Berlin – Bonn – München 2008. Zitiert: FS Stober. S. 559

Scholz, Rupert: „Verkehrsüberwachung durch Private". NJW 1997, S. 14

Schulte, Martin: „Gefahrenabwehr durch private Sicherheitskräfte im Lichte des staatlichen Gewaltmonopols". DVBl. 1995, S. 130

Schwind, Hans-Dieter; *Böhm, Alexander*; *Jehle, Jörg-Martin*; *Laubenthal, Klaus* (Hrsg.): „Strafvollzugsgesetz – Kommentar – Bund und Länder“. 5. Auflage, De Gruyter Verlag, Berlin 2009. Zitierte Bearbeiter: *Böhm, Alexander*; *Jehle, Jörg*; *Wydra, Bernhard*

Sellmann, Christian: „Privatisierung mit oder ohne gesetzliche Ermächtigung“. NVwZ 2008, S. 817

Stegmann, Thorolf: „Beamte oder Angestellte? – Anmerkung zu einem Kostenvergleich in Baden-Württemberg –“. ZBR 1996, S. 6

Steindorfner, Michael: „Die Einbeziehung Dritter in der baden-württembergischen Justiz“. FS 2007, S. 205

Sterzel, Dieter: „Zur Verfassungsmäßigkeit der Übertragung der Bewährungs- und Gerichtshilfe in Baden-Württemberg auf einen privaten Rechtsträger durch das Landesgesetz über die Bewährungs- und Gerichtshilfe sowie die Sozialarbeit im Justizvollzug (LBGS)“. Oldenburg i. O. 2006
Abrufbar unter http://www.verdi.de/bund-laender/fachgruppen/justiz/bewaehrungshilfe_sozialdienst/data/Gutacht-Gerichtshilfe-Endfassg%2002-06-06.pdf.
Zitiert: *Sterzel*, LBGS Gutachten

Stober, Rolf: „Öffentliches Dienstrecht und Gestaltungsfreiheit der Exekutive – dargestellt am Beispiel des privatrechtlich auf Probe angestellten Lehrers“. JZ 1980, S. 249

–: „Staatliches Gewaltmonopol und privates Sicherheitsgewerbe“. NJW 1997, S. 889

–: „Anmerkungen zu einer Gesetzesinitiative – Private Sicherheitsdienste –“. GewArch 1999, S. 217

–: „Police-Private-Partnership aus juristischer Sicht“. DÖV 2000, S. 261

–: „Privatisierung öffentlicher Aufgaben – Phantomdiskussion oder Gestaltungsoption in einer verantwortungsgeteilten, offenen Wirtschafts-, Sozial- und Sicherheitsverfassung?“. NJW 2008, S. 2301

Strauß, Thomas: „Funktionsvorbehalt und Berufsbeamtentum – Zur Bedeutung des Art. 33 Abs. 4 GG“. Duncker & Humblot Verlag, Berlin 2000. Zitiert: *Strauß*, Funktionsvorbehalt und Berufsbeamtentum

Suhrbier, Wolfgang: „Privatisierung im Justizvollzug“. Privatisierung im Strafvollzug?, Hrsg.: Stober, Rolf. Carl Heymanns Verlag, Köln – Berlin – Bonn – München 2001. S. 71

Tams, Christian J.: „Art. 87d I GG und die Neuordnung der Flugsicherung“. NVwZ 2006, S. 1226

Thiele, Willi: „Das Problem der Privatisierung – rechtlich gesehen“. GewArch 1980, S. 105

–: „Zur Problematik der sogenannten hergebrachten Grundsätze des Berufsbeamtentums“. DÖV 1981, S. 773

Thieme, *Werner*: „Der Aufgabenbereich der Angestellten im Öffentlichen Dienst und die hoheitsrechtlichen Befugnisse nach Artikel 33 Absatz 4 des Grundgesetzes“. Hrsg.: Deutsche Angestellten-Gewerkschaft, Hamburg 1962. Zitiert: *Thieme*, Der Aufgabenbereich der Angestellten im Öffentlichen Dienst

Tiemann, *Burkhard*: „Privatisierung öffentlicher Verwaltungstätigkeit“. BayVBl. 1976, S. 261

Trampler, *Hans-Peter:* „Verfassungs- und unternehmensrechtliche Probleme der bundesdeutschen Flugsicherung“. Duncker & Humblot Verlag, Berlin 1993. Zitiert: *Trampler*, Probleme der bundesdeutschen Flugsicherung

Trute, *Hans-Heinrich*: „Die Verwaltung und das Verwaltungsrecht zwischen gesellschaftlicher Selbstregulierung und staatlicher Steuerung“. DVBl. 1996, S. 950

Umbach, *Dieter*: „Das Wesentliche an der Wesentlichkeitstheorie“. Festschrift für Hans-Joachim Faller, Hrsg.: Zeidler, Wolfgang; Maunz, Theodor; Roellecke, Gerd. C. H. Beck Verlag, München 1984. Zitiert: FS Faller. S. 111

Unternehmensprofil: „*ADT* und *TOTAL WALTHER* – das ganze Spektrum der Sicherheit“ Broschüre

v. Doemming; *Klaus-Berto*; *Füßlein, Rudolf Werner*; *Matz*, *Werner*: „Entstehungsgeschichte der Artikel des Grundgesetzes“. JöR n. F., Bd. 1

v. Mangoldt, *Hermann* (Begr.); *Klein*, *Friedrich*; *Starck*, *Christian* (Hrsg.): „Kommentar zum Grundgesetz“. Band 1, 5. Auflage, Verlag Franz Vahlen, München 2005. Zitierte Bearbeiter: *Manssen*, *Gerrit*; *Kemper*, *Michael*

–: Band 2, 5. Auflage, Verlag Franz Vahlen, München 2005. Zitierter Bearbeiter: *Jachmann, Monika*

v. Münch, *Ingo* (Begr.); *Kunig*, *Philip* (Hrsg.): „Grundgesetz-Kommentar“. Band 1, 5. Auflage, C. H. Beck Verlag, München 2001. Zitierter Bearbeiter: *Gubelt*, *Manfred*

–: Band 2, 5. Auflage, C. H. Beck Verlag, München 2001. Zitierter Bearbeiter: *Kunig*, *Philip.*

Veith, *Jürgen*: „Sicherungsmaßnahmen und Resozialisierung im Erwachsenenvollzug“. Dissertation Bonn 1993. Zitiert: *Veith*, Sicherungsmaßnahmen und Resozialisierung

von Heimburg, *Sibylle*: „Verwaltungsaufgaben und Private“. Duncker & Humblot Verlag, Berlin 1982

Wacke, *Gerhard*: „Grundlagen des Öffentlichen Dienstrechts“. J. C. B. Mohr (Paul Siebeck) Verlag, Tübingen 1957

Waechter, *Kay:* „Die Organisation der Verkehrsüberwachung – Auch zur Auslegung des Art. 33 IV GG“. NZV 1997, S. 329

Wagner, *Christean:* „Privatisierung im Justizvollzug – Ein Konzept für die Zukunft“. ZRP 2000, S. 169

Wagner, Heiko: „Der Einigungsvertrag nach dem Beitritt". Duncker & Humblot Verlag, Berlin 1994

Wamser, Ingo: „Maßnahmen der privaten Gefahrenabwehr zur Verkehrssicherung auf See". NZV 2010, S. 436

Warbeck, Anke: „Die Reichweite des Funktionsvorbehalts des Art. 33 Abs. 4 GG". RiA 1998, S. 22

Winterhoff, Christian: „Möglichkeiten und Grenzen der Public Private Partnership im Strafvollzug". Die Ordnung der Freiheit – Festschrift für Christian Starck zum siebzigsten Geburtstag, Hrsg.: Grote, Rainer; Härtel, Ines; Hain, Karl-E.; Schmidt, Thorsten I.; Schmitz, Thomas; Schuppert, Gunnar F.; Winterhoff, Christian. Mohr Siebeck Verlag, Tübingen 2007. Zitiert: FS Starck. S. 463

Wittstamm, Katja: „Elektronischer Hausarrest? – Zur Anwendbarkeit eines amerikanischen Sanktionsmodells in Deutschland". Nomos Verlag, Baden-Baden 1999

Webseiten (Stand: 24.02.2011):

http://www.amtsgericht-aalen.de/servlet/PB/menu/1242455/index.html?ROOT=1153239&ARCHIV=1153564. „Neue JVA Offenburg ist fertig gestellt"

http://www.jum.baden-wuerttemberg.de/servlet/PB/menu/1153452/index.html?. „Daten und Fakten – Haftplätze und Belegung"

http://www.jum.baden-wuerttemberg.de/servlet/PB/show/1228133/Justizvollzug%20Diagramm%20Einnahmen%20und%20Ausgaben%202008.pdf. „Kosten des Justizvollzuges im Haushaltsjahr 2010"

http://www.jum.baden-wuerttemberg.de/servlet/PB/show/1213943/Ausl%E4nderanteil.pdf. „Ausländeranteil im b.-w. Justizvollzug"

http://www.jum.baden-wuerttemberg.de/servlet/PB/menu/1153461/index.html. „Justizvollzug kompakt"

http://www.landgericht-mannheim.de/servlet/PB/menu/1244374/index.html. „Allgemeiner Vollzugsdienst (AVD) – Aufgabenbeschreibung"

http://www.jum.baden-wuerttemberg.de/servlet/PB/menu/1259833/index.html?. „Modellversuch zur elektronischen Fußfessel startet heute"

http://www.jum.baden-wuerttemberg.de/servlet/PB/menu/1240695/index.html. „Anhörungsverfahren zur elektronischen Fußfessel im Strafvollzug abgeschlossen"

http://www.justizportal-bw.de/servlet/PB/menu/1238838/index.html?. „Schwitzen statt Sitzen"

Mündliche Quellen:

Waidhofer, Karin: *Neustart elektronische Aufsicht* gGmbH, Pressekonferenz 10. November 2010, Justizvollzugsschule Baden-Württemberg

Justizministerium Baden-Württemberg: Referat Vollzugsrecht, Haushalt, Arbeitswesen und Wirtschaftsverwaltung, telefonisches Gespräch im Februar 2011

Wulf, Rüdiger: Referatsleiter Justizministerium Baden-Württemberg, telefonisches Gespräch am 11. Oktober 2010

Gesetz über elektronische Aufsicht im Vollzug der Freiheitsstrafe (EAStVollzG)

Teil 1
Anwendungsbereich

§ 1
(1) Dieses Gesetz regelt die elektronische Aufsicht im Vollzug der Freiheitsstrafe in Baden-Württemberg.
(2) Die §§ 1 bis 93 des Dritten Buches Justizvollzugsgesetzbuch sind entsprechend anwendbar, soweit dieses Gesetz nichts Abweichendes bestimmt.

Teil 2
Vollzugsgestaltung
Abschnitt 1
Hausarrest mit elektronischer Aufsicht

§ 2
Hausarrest
(1) Hausarrest im Sinne dieses Gesetzes ist die Anweisung an den Gefangenen, sich während des laufenden Strafvollzuges in einer bestimmten Wohnung aufzuhalten und sie zu bestimmten Zeiten nicht zu verlassen.
(2) Hausarrest mit elektronischer Aufsicht kann eingesetzt werden
a) im Vollzug der Ersatzfreiheitsstrafe,
b) zur Vorbereitung der Entlassung.
(3) Zur Vorbereitung der Entlassung kann dem Gefangenen eine bis zu sechs Monate lange Entlassungsfreistellung gewährt werden. Soll sie länger als vier Wochen ununterbrochen andauern, ist die Zustimmung der Vollstreckungsbehörde erforderlich.

§ 3
Elektronische Aufsicht
(1) Die elektronische Aufsicht richtet sich nach der individuellen Flucht- und Rückfallgefahr des Gefangenen und nach dem Grundsatz der Verhältnismäßigkeit.
(2) Die elektronische Aufsicht erfolgt durch
a) die technische Beaufsichtigung der An- oder Abwesenheit in der eigenen Wohnung,
b) ein Bewegungsprofil des Gefangenen.
(3) Die elektronische Aufsicht kann bis zu einem Drittel der Dauer des Hausarrestes durch Meldeauflagen oder das Platzgebot sichernde Weisungen ersetzt werden, wenn

der Gefangene an der Erreichung des Vollzugszieles mitwirkt und nicht zu erwarten ist, dass er sich dem Vollzug entzieht oder den Hausarrest zu Straftaten missbraucht.

§ 4
Voraussetzungen, Widerruf

(1) Hausarrest mit elektronischer Aufsicht setzt voraus, dass
   a) der Gefangene sein Einverständnis zum Hausarrest mit elektronischer Aufsicht erklärt,
   b) der Gefangene über eine Wohnung oder eine andere geeignete feste Unterkunft verfügt und bereit ist, den zuständigen Mitarbeitern im Rahmen des Programms Zugang zu gewähren,
   c) die Wohnung des Gefangenen über einen angeschlossenen Telefonapparat verfügt, soweit die An- oder Abwesenheit des Gefangenen in der Wohnung beaufsichtigt werden soll,
   d) das Einverständnis der mit dem Gefangenen in derselben Wohnung lebenden erwachsenen Personen vorliegt, soweit die An- oder Abwesenheit des Gefangenen in der Wohnung beaufsichtigt werden soll,
   e) der Gefangene eine Arbeits- oder Ausbildungsstelle oder eine entsprechende anderweitige Tagesstruktur aufweist und in der Lage ist, dieser nachzugehen,
   f) der Gefangene bereit ist, sich einem im Voraus vereinbarten Tages- und Wochenablauf sowie weiteren Weisungen zu unterziehen und anzunehmen ist, er werde den Belastungen der elektronischen Aufsicht gewachsen sein und das entgegengebrachte Vertrauen nicht missbrauchen,
   g) der Gefangene, der aus einer anderen Vollzugsform in den Hausarrest mit elektronischer Aufsicht übertritt, sich während des bisherigen Vollzugs bewährt hat und
   h) nicht zu befürchten ist, dass der Gefangene sich dem Vollzug der Freiheitsstrafe entziehen oder den Hausarrest zu Straftaten missbrauchen werde.

(2) Entfällt eine der Voraussetzungen nach Absatz 1, so widerruft der Anstaltsleiter die Zulassung zum elektronisch beaufsichtigten Hausarrest.

§ 5
Bewilligungsverfahren

(1) Das Gesuch, die Strafe ganz oder teilweise im Hausarrest mit elektronischer Aufsicht zu verbüßen, ist nach der Ladung zum Strafantritt spätestens 14 Tage vor dem Strafantritt oder vor dem Übertritt in die elektronische Aufsicht schriftlich bei der Justizvollzugsanstalt einzureichen. Diese prüft die formellen Voraussetzungen und überweist das Gesuch zur Stellungnahme an die für die elektronische Aufsicht zuständige Stelle.

(2) Die für die elektronische Aufsicht zuständige Stelle legt in Zusammenarbeit mit dem Gefangenen das Vollzugsprogramm fest.

(3) Der Leiter der zuständigen Justizvollzugsanstalt kann den Hausarrest mit elektronischer Aufsicht bewilligen, wenn die Voraussetzungen vorliegen.

(4) Das Vollzugsprogramm kann neben Arbeit, Ausbildung, Freizeit und Sport die Teilnahme an Einzel- oder Gruppentherapien sowie besonderen Erziehungs- oder Schulungsprogrammen vorsehen. Insbesondere kann es Weisungen enthalten über Aufenthalt, ärztliche Betreuung, Verzicht auf alkoholische Getränke oder andere Drogen, Schadenswiedergutmachung und Einkommensverwaltung. Es kann festlegen, welche Bedingungen vor der Aufnahme in die elektronische Aufsicht zu erfüllen sind.

§ 6
Vollzugsprogramm

(1) Während der elektronischen Aufsicht wird der Gefangene in allen Vollzugsfragen durch einen Mitarbeiter der für die elektronische Aufsicht zuständigen Stelle betreut, soweit dies zur Erreichung des Vollzugsziels notwendig ist. An der psychosozialen Beratung und Betreuung können Dritte beteiligt werden. Die Aufgabe kann ganz oder teilweise auf Dritte übertragen werden.
(2) Während der gesamten Dauer der elektronischen Aufsicht ist den Anweisungen der Mitarbeiter der für die elektronische Aufsicht zuständigen Stelle Folge zu leisten.
(3) Kann der Gefangene das zugewiesene Programm nicht einhalten oder verändern sich die festgelegten Programmvorgaben, insbesondere betreffend Arbeitsort und -zeit, so hat er dies unverzüglich dem Mitarbeiter der für die elektronische Aufsicht zuständigen Stelle mitzuteilen.
(4) Die für die elektronische Aufsicht zuständige Stelle teilt Änderungen im Vollzugsprogramm dem Anstaltsleiter mit, damit die Bewilligung des elektronisch beaufsichtigten Hausarrestes geprüft werden kann.

§ 7
Arbeit und Freizeit

(1) Der Gefangene muss während der elektronischen Aufsicht einer Beschäftigung (Arbeit, Ausbildung, Kinderbetreuung) im Umfang von mindestens 20 Stunden pro Woche nachgehen.
(2) Es besteht kein Anspruch auf Freizeit außerhalb der Wohnung. Die Gewährung von Freizeit außerhalb der Wohnung bemisst sich nach der in der elektronischen Aufsicht durchlaufenen Zeit
   a) Woche 1 bis 4: 5 Stunden samstags und 5 Stunden sonntags;
   b) Woche 5 bis 8: 8 Stunden samstags und 8 Stunden sonntags;
   c) Woche 9 und folgende: von Freitag, 17.00 Uhr, bis Montag, 08.00 Uhr.
(3) Geht der Gefangene an Samstagen oder Sonntagen einer Arbeit nach, kann die Freizeit außerhalb der Wohnung auf andere Wochentage gelegt werden.

§ 8
Verwarnung, Rückversetzung und Abbruch

(1) Bei Verstößen gegen die Bedingungen der elektronischen Aufsicht oder die Anordnungen der für die elektronische Aufsicht zuständigen Stelle bricht der Anstaltsleiter die elektronische Aufsicht ab und veranlasst die Überführung des Gefangenen in die Justizvollzugsanstalt durch Justizvollzugsbedienstete.

(2) Der Anstaltsleiter sieht vom Abbruch ab, wenn es ausreicht, den Gefangenen zu verwarnen, die Freizeit außerhalb der Wohnung zu kürzen oder zu streichen, eine Stufe nach § 7 Abs. 2 zu verlängern oder ihn in eine frühere Stufe zurückzuversetzen.
(3) Verzichtet der Gefangene auf die Weiterführung der elektronischen Aufsicht, überführt die für die elektronische Aufsicht zuständige Stelle den Gefangenen in die Justizvollzugsanstalt. Der Anstaltsleiter entscheidet über den weiteren Vollzug.

Abschnitt 2
Elektronische Aufsicht ohne Hausarrest

§ 9
Elektronische Überwachung bei vollzugsöffnenden Maßnahmen
(1) Zur Überwachung von vollzugsöffnenden Maßnahmen, insbesondere Freigang bis zu sechs Monaten, kann die elektronische Aufsicht angeordnet werden.
(2) Es gelten die §§ 2 Abs. 3, 3 Abs. 1 und 2, 4 Abs. 1 Buchst. a und Abs. 2, §§ 5, 6, 8 Abs. 1, 14.

Teil 3
Begleitende Regelungen

§ 10
Anwendung des Justizvollzugsgesetzbuches
Die §§ 27 bis 55 des Ersten Buches Justizvollzugsgesetzbuch gelten für die elektronische Aufsicht im Vollzug der Freiheitsstrafe entsprechend, soweit in diesem Abschnitt nicht etwas anderes bestimmt ist.

§ 11
Erhebung von Daten
Zur elektronischen Aufsicht im Vollzug der Freiheitsstrafe kann die Justizvollzugsbehörde oder die für die elektronische Aufsicht zuständige Stelle Daten über den Aufenthaltsort des Gefangenen und den Zeitpunkt der Datenerhebung mittels der nach § 3 zulässigen Technik durch Empfangsgeräte automatisiert erheben. Mit Einwilligung des Gefangenen kann ein Sender zur automatisierten Identifikation und Lokalisierung mit dem Körper verbunden werden, sodass eine ordnungsgemäße Trennung nur durch die Justizvollzugsbehörde erfolgen kann. Mit Einwilligung des Gefangenen können vorhandene technische Geräte in der Wohnung zur elektronischen Aufsicht im Vollzug der Freiheitsstrafe benutzt werden.

§ 12
Übermittlung, Nutzung, Veränderung
und Speicherung von Daten
(1) Die Justizvollzugsbehörde oder die für die elektronische Aufsicht zuständige Stelle kann die nach § 11 erhobenen Daten übermitteln, nutzen, verändern und speichern, soweit dies für die elektronische Aufsicht im Vollzug der Freiheitsstrafe erforderlich

ist. Die Daten können elektronisch in Dateien gespeichert sowie zu den Gefangenenpersonalakten genommen werden.

(2) Die Übermittlung, Nutzung, Veränderung und Speicherung der nach § 11 erhobenen Daten durch die Justizvollzugsbehörde ist ferner zulässig, soweit sie der Wahrnehmung von Aufsichts- und Kontrollbefugnissen oder gerichtlichen Verfahren im Zusammenhang mit dem Vollzug der Freiheitsstrafe dient.

(3) Die Justizvollzugsbehörde darf die nach § 11 erhobenen Daten auch übermitteln, nutzen, verändern und speichern, soweit dies

1. zur Abwehr von sicherheitsgefährdenden oder geheimdienstlichen Tätigkeiten für eine fremde Macht oder von Bestrebungen im Geltungsbereich dieses Gesetzes, die durch Anwendung von Gewalt oder darauf gerichtete Vorbereitungshandlungen
   a) gegen die freiheitliche demokratische Grundordnung, den Bestand oder die Sicherheit des Bundes oder eines Landes gerichtet sind,
   b) eine ungesetzliche Beeinträchtigung der Amtsführung der Verfassungsorgane des Bundes oder eines Landes oder ihrer Mitglieder zum Ziele haben oder
   c) auswärtige Belange der Bundesrepublik Deutschland gefährden,
2. zur Abwehr erheblicher Nachteile für das Gemeinwohl oder einer erheblichen Gefahr für die öffentliche Sicherheit,
3. zur Abwehr einer schwerwiegenden Beeinträchtigung der Rechte einer anderen Person,
4. zur Abwehr einer erheblichen Gefahr für Leib oder Leben des Gefangenen,
5. zur Verhinderung oder Verfolgung von erheblichen Straftaten oder zur Identifizierung, Fahndung oder Festnahme von Gefangenen durch Vollstreckungs- und Strafverfolgungsbehörden in den Fällen, in denen sich der Gefangene der Strafvollstreckung entzogen hat oder entziehen will,

erforderlich ist.

(4) Die Justizvollzugsbehörde darf den für die Eingabe von Daten in das polizeiliche Informations- und Auskunftssystem zuständigen Polizeidienststellen den Beginn und das Ende der elektronischen Aufsicht im Vollzug der Freiheitsstrafe anlassunabhängig übermitteln.

§ 13
Löschung von Daten
Die nach § 11 erhobenen Daten sind spätestens eine Woche nach ihrer Erhebung zu löschen, soweit nicht ihre Speicherung oder Aufbewahrung im Einzelfall zur Aufklärung oder Verfolgung von dokumentierten Vorkommnissen erforderlich ist. Sie sind unverzüglich zu löschen, wenn überwiegende schutzwürdige Interessen des Gefangenen einer weiteren Speicherung entgegenstehen.

§ 14
Wissenschaftliche Begleitung
Die Anwendung dieses Gesetzes sowie die Wirkungen der elektronischen Aufsicht auf die Gefangenen und die Allgemeinheit sollen wissenschaftlich untersucht werden. Die Ergeb-

nisse der wissenschaftlichen Begleitung sollen bei der Fortentwicklung der elektronischen Aufsicht im Vollzug der Freiheitsstrafe berücksichtigt werden.

Teil 4
Schlussvorschriften

§ 15
Einschränkung von Grundrechten
Durch dieses Gesetz werden die Grundrechte aus Artikel 2 Abs. 1 (freie Entfaltung der Persönlichkeit), Artikel 2 Abs. 2 Satz 1 und 2 (körperliche Unversehrtheit und Freiheit der Person) und Artikel 10 (Brief-, Post- und Fernmeldegeheimnis) des Grundgesetzes eingeschränkt.

§ 16
Inkrafttreten, Außerkrafttreten
Dieses Gesetz tritt am Tag seiner Verkündung in Kraft und mit Ablauf von vier Jahren nach seiner Verkündung außer Kraft.

Studien zum Internationalen, Europäischen und Öffentlichen Recht

Herausgegeben von Eibe Riedel

Band 1 Christian Jutzi: Das Brandwaffenprotokoll. Regelungen und Verbindlichkeit. 1997.

Band 2 Jutta Schumann: Faktische Gleichberechtigung. Die Grundgesetzerweiterung des Art. 3 II S. 2. 1997.

Band 3 Christian Keim: Der institutionelle Rahmen im Wettbewerbsrecht der Europäischen Union und mögliche Reformmodelle. Eine Darstellung des europäischen institutionellen Gefüges und eine Entwicklung eines neuen Modells durch Vergleich mit dem institutionellen Rahmen in den USA, Deutschland, Großbritannien und Frankreich. 1998.

Band 4 Andreas Torka: Nichtnavigatorische Wassernutzungen. Mechanismen der Internationalen Zusammenarbeit. Von der Konfrontation über die Kooperation zu koadministrativen Formen der Zusammenarbeit. 1999.

Band 5 Markus Reimann: Die nicht-navigatorische Nutzung internationaler Süßwasserressourcen im Umweltvölkerrecht. 1999.

Band 6 Felix William Stoecker: NGOs und die UNO. Die Einbindung von Nichtregierungsorganisationen (NGOs) in die Strukturen der Vereinten Nationen. 2000.

Band 7 Torsten Weigt: Die ökologische Aktion zur Vermeidung und Bekämpfung transnationaler Umweltkatastrophen. Ein Beitrag zu Möglichkeiten und Problemen der Durchsetzung umweltschützender Verpflichtungen im Völkerrecht. 2000.

Band 8 Markus Tjaden: Genanalyse als Verfassungsproblem. Zulässigkeit genanalytischer Anwendungen im Lichte von Menschenwürde und genetischem Selbstbestimmungsrecht. 2001.

Band 9 Thorsten Wagner: Funktion und praktische Auswirkungen der richterlichen Vorlagen an den Gerichtshof der Europäischen Gemeinschaften. Dargestellt an Beispielen aus der Rechtsprechung zur Anwendung und Auslegung der Richtlinie 77/187/EWG und deren Einfluss auf das deutsche Recht. 2001.

Band 10 Thomas F. Kremer: Die "wissenschaftliche Rechtsphilosophie" Carl Magnus Bergbohms. Versuch einer analytisch-kritischen Rekonstruktion. 2001.

Band 11 Hüseyin Özcan: Rundfunkfreiheit in Deutschland und in der Türkei. Unter Berücksichtigung der Staatsferne des Rundfunks. 2002.

Band 12 Valentin Aichele: Nationale Menschenrechtsinstitutionen. Ein Beitrag zur nationalen Implementierung von Menschenrechten. 2003.

Band 13 Seong-Woo Ji: Die Ausgestaltung der Rundfunkfreiheit im dualen System. Eine rechtsvergleichende Untersuchung zum deutschen und koreanischen Verfassungsrecht. 2004.

Band 14 Andreas Blüthner: Welthandel und Menschenrechte in der Arbeit. The Compatibility of Human Rights at Work with the WTO-System. 2004.

Band 15 Christoph Steiner: Das Recht auf soziale Gesundheitsversorgung. Unter besonderer Berücksichtigung des Artikel 9 ICESCR. 2004.

Band 16 Joachim Spalcke: Arzneimittelzulassungsverfahren in der Europäischen Union und den Vereinigten Staaten von Amerika. Entwicklung und Harmonisierung. 2004.

Band 17 Bernd Neumann: Zeugnisverweigerungsrechte und strafprozessuale Ermittlungsmaßnahmen. 2005.

Band 18 Randolf Straky: Das Privatleben Prominenter als Verfassungsproblem. Ein Rechtsvergleich mit Frankreich und England unter Einbezug von Internetpublikationen. 2006.

Band 19 Fabian Böhm: Strukturen internationalen Subventionsrechts. EG-Beihilfenrecht und WTO- Subventionsrecht aus rechtsvergleichender Perspektive. 2007.

Band 20 Katharina Engbruch: Das Menschenrecht auf einen angemessenen Lebensstandard. Ernährung, Wasser, Bekleidung, Unterbringung und Energie als Elemente des Art. 11 (1) IPWSKR. 2008.

Band 21 Sandra Reinheimer: Das Verbindungskonzept der Bundeswasserstraßenverwaltung. 2008.

Band 22 Danny Reinhold: Der Schutz der Umwelt in der Binnenschifffahrt unter besonderer Berücksichtigung ausgewählter zukünftiger Handlungsansätze auf dem Weg zu einer ökologischen Binnenschifffahrtspolitik. 2009.

Band 23 Katrin Träbert: Sanktionen der Europäischen Union gegen ihre Mitgliedstaaten. Die Sanktionsverfahren nach Art. 228 Abs. 2 EGV und Art. 7 EUV. 2010.

Band 24 Ana Maria Suárez Franco: Die Justiziabilität wirtschaftlicher, sozialer und kultureller Menschenrechte. Eine Untersuchung über den aktuellen Zustand in Lateinamerika, unter Beachtung der völkerrechtlichen Menschenrechtsstandards. Kolumbien als Beispiel. 2010.

Band 25 Robert Kessel: Die Kontrolldichte der Normenkontrolle in Skandinavien aus deutscher Sicht. Eine rechtsvergleichende Untersuchung der richterlichen Überprüfung der Verfassungsmäßigkeit von Gesetzen in Dänemark, Norwegen und Schweden. 2011.

Band 26 Stephan Fehrentz: Rechtliche Grenzen von Privatisierungen im Strafvollzug. Unter besonderer Beachtung des Gesetzes über elektronische Aufsicht im Vollzug der Freiheitsstrafe. 2013.

www.peterlang.de